Unterelbe

EDITION TEMMEN

ELBE

Brigitte Jäger-Dabek

Unterelbe

Das Reise- und Lesebuch für das Land am Strom

Mit 206 Abbildungen

EDITION TEMMEN

Inhalt

Vorwort

Der plattdeutsche Abschiedsgruß »Kiek mol wedder in«, oder »Kommen Sie bald wieder«, wie es auf Hochdeutsch heißt, ist eine Aufforderung, der Sie gern nachkommen werden, wenn Sie das Land an der Unterelbe erst einmal kennen gelernt haben.

»Nasses Dreieck« wird die Region zwischen Weser und Elbe von Lästermäulern gern genannt. Nass werde man dort von oben durch sommerlichen Dauerregen, von unten durch winterliche Sturmfluten, heißt es. So manches Mal werden wir Nordlichter deshalb mitleidig angeschaut. Und in solch einem Landstrich soll man Urlaub machen?

Vorurteile, nichts als Vorurteile! Und das sage ich nicht nur, weil ich dort geboren bin. Schauen wir doch mal in den Statistiken nach, wo es denn tatsächlich die meisten Sonnen- bzw. die wenigsten Regentage in Deutschland gibt. Sie werden staunen: Da stehen Helgoland und Fehmarn ganz weit oben, noch vor den Gegenden, in denen deutscher Wein von der Sonne verwöhnt wird! Natürlich ist nicht jedes Jahr mit einem solchen Sommer gesegnet wie 2003, in dem noch im September badewarmes Wasser an den Stränden der Nordseeküste und Elbmündung, von Cuxhaven bis Friedrichskoog, zahlreiche Besucher anlockte. Es gibt auch verregnete Sommer an der Elbmündung. Aber wo in Deutschland gibt es die nicht?

Sieht man sich die Fremdenverkehrs-Statistiken mit den ständig wachsenden Gästezahlen an, muss diese Region ja wohl tatsächlich ihre Reize für Touristen haben. Und die meisten Urlauber, die einmal hier waren, kommen wieder, viele sogar als Dauergäste. Und das nicht nur im Hochsommer. Die Region zwischen Hamburg und der Nordsee hat zu jeder Jahreszeit ihre ganz besonderen Reize. Nie werden Sie dramatischere Himmel über dem weiten, platten Land sehen als im Herbst. Nie werden Sie vom Wind kräftiger durchgepustet werden und tiefer durchatmen als bei einem winterlichen Deichspaziergang. Nie werden Sie den Frühling intensiver erleben als zur Apfel- und Kirschblüte in den Obstmarschen.

Dieses Buch möchte Sie neugierig machen auf das erstaunlich vielfältige Land am großen Strom und seine Menschen, möchte Ihnen zeigen, wo Sie attraktive Ausflugsziele finden, ob Sie nun mit dem Rad, zu Fuß, mit dem Boot, dem Schiff oder mit dem Auto unterwegs sind. Entdecken Sie Vogelparadiese, das Leben im Watt, mittelalterliche, hinter hohe Deiche geduckte Städte, verträumte kleine Häfen und interessante Museen.

Und natürlich will ich Ihnen nicht nur die attraktivsten Sehenswürdigkeiten zeigen, sondern auch Erstaunliches, Schrulliges, Sagenhaftes und Historisches erzählen, Sie zu den kleinen Schönheiten am Rande führen und Ihnen einige uralte Bräuche sowie etliche regionale Besonderheiten vorstellen.

Also kommen Sie einfach mit, aber Vorsicht! Diese Landschaft der Weite, in der meist nur der Horizont den Blick begrenzt, macht süchtig. Dann könnte sich das bewahrheiten, was ich einen norddeutschen Gastwirt sagen hörte:

»Ick vertell di wat: büst du eenmol dorween, kümmst du jümmers wedder.« Übersetzung gefällig? »Ich sage dir etwas: Wenn du einmal da gewesen bist, kommst du immer wieder.«

Land am Strom – eine Landeskunde

Die Elbe

Mit ihren 1165 Kilometern Länge gehört die Elbe zu den großen europäischen Strömen. Nach dem Rhein mit seinen insgesamt 1320 Flusskilometern ist sie der **zweitgrößte Fluss Deutschlands.** Die Elbe entspringt unweit von Spindleruv Mlyn (Spindlermühle) im tschechischen Riesengebirge, erreicht bei Flusskilometer 404 deutsches Gebiet und mündet bei Cuxhaven in die Nordsee.

Für Gewässerkundler ist die Elbe in Cuxhaven noch immer nicht am Ende ihres Weges angelangt, sie reicht als **Außenelbe** gut 32 Kilometer weit in die Deutsche Bucht hinaus, also noch weit an Neuwerk, Scharhörn und den Sandbänken vorbei. Im Luftbild sieht man es deutlich, denn noch so weit im Meer ist die scharf abgegrenzte, charakteristisch milchige Wasserfarbe des Stroms zu erkennen. Außerdem kann die genaue Ausdehnung über den Salzgehalt des Wassers bestimmt werden. Die Außenelbe reicht demnach so weit, wie der durchschnittliche Salzanteil des umgebenden Nordseewassers (33 Promille in der Deutschen Bucht) noch nicht erreicht ist.

An Größe steht die Elbe dem viel besungenen Rhein also kaum nach, und auch die **wirtschaftliche Bedeutung** als großer europäischer Verkehrsweg mit insgesamt 940 schiffbaren Flusskilometern war über die Jahrhunderte durchaus vergleichbar. Die großen Flüsse waren ja quasi die »Autobahnen« früherer Epochen. Manche Regionen waren damals urwaldähnlich bewachsen, so dass Landtransporte schwierig, wenn nicht so gut wie unmöglich waren, wie im Fall der Elbauen mit ihren tiefen Marschlandschaften und den vielen Wasserläufen. In jedem Falle war der Transport über Land mühsam, bevor im 19. Jh. die Eisenbahnen ins Spiel kamen.

Der **Gezeitenwechsel** begünstigte die **Elbschifffahrt** seit jeher, trieb doch die Flut die Schiffe bis weit ins Landesinnere hinein, und die Ebbe zog sie wieder hinaus. Das ging relativ bequem und vor allem ganz ohne Treideln: das Ziehen des Schiffes von Land aus. Bis nach Hamburg gelangten die Schiffe auf diese Art relativ mühelos, und auch auf den Nebenflüssen kam man so weit ins Binnenland.

Schon in frühen Zeiten zeigte sich dazu ein weiteres Plus für die Elbe. Die Küstenstruktur und das Wattenmeer boten nämlich an diesem Teil der Nordseeküste keine natürlichen, sicheren **Häfen.** Die gab es aber an der Unterelbe und ihren Nebenflüssen in Hülle und Fülle, und sie trugen zum Aufblühen der **Hanse** kräftig bei.

Der **Name des Flusses** ist nordgermanischen Ursprungs, er leitet sich vom Wort *ælf,* »glänzen«, ab. Die Römer nannten den Strom wegen seines weiß schäumenden Wassers »Albia«, in Anlehnung an das Adjektiv »albus«, weiß. Der traditionelle Name der Region lautet **»Niederelbe«.** Hier ist nämlich scheint's alles »nieder«: Die Sprache, Niederdeutsch, das Bundesland, Niedersachsen, und die Landschaft mit ihren Niederungen, die so charakteristisch für diesen Flussabschnitt sind. Der Name »Niederelbe« stammt aus dem Niederdeutschen, während der an die Bezeichnungen Ober- und Unterlauf eines Flusses angelehnte Begriff **»Unterelbe«** aus dem Mitteldeutschen kommt; er tauchte erst im 19. Jahrhundert auf. Da er aber mit dem **Behördendeutsch** der ungeliebten Preußen als verbindliche Bezeichnung eingeführt wurde, bürgerte er sich rasch ein und wurde bald zur amtlichen Bezeichnung der Region. Unterelbe, so steht es nun auf jeder Karte, in jedem Buch. Die Eingeborenen ficht das nicht weiter an: Im Plattdeutschen gibt es keine Unterelbe, da ist das »us Nedderelv«, unsere Niederelbe.

Die Unterelbe beginnt unweit der einstigen Grenze zwischen Deutscher Demokratischer Republik und Bundesrepublik in

Das Elbvorland bei Haseldorf

Geesthacht, wo dem natürlichen Spiel von Ebbe und Flut per Staustufe eine künstliche Barriere gesetzt wurde. Von hier an ist die Elbe auf den restlichen 142 Kilometern bis zur Nordsee ein **Tidegewässer.**

Kurz bevor die Elbe Hamburg erreicht, teilt sie sich in **Norder- und Süderelbe** und erweitert das Elbtal damit auf gut eineinhalb Kilometer Breite. Die beiden Elbarme finden sich nach fünfzehn Kilometern etwa in Höhe der Hamburger Köhlbrandbrücke hinter dem Hafengebiet wieder zusammen. Diese Arme sind Überreste eines alten Binnendeltas mit weiteren Nebenarmen und zahlreichen Inseln, von denen es heute nur noch eine Hand voll gibt.

Einen deutlichen **Charakterwechsel** des Flusses und der ihn umgebenden Landschaft bemerkt man kurz hinter den Grenzen des Hamburger Hafens. Nach dem hohen Blankeneser Elbufer, einem bis ans Nordufer des Flusses reichenden Geestrücken, weitet sich die Uferlandschaft zu weiten, waldarmen Marschen. Der Fluss wird nun zu einem von riesigen Seeschiffen befahrenen, beeindruckenden Strom.

Hört man an der Oberelbe nur ab und an einmal ein ruhig vorbeituckerndes Binnenschiff, bestimmt von hier an die **Seeschifffahrt** das Geschehen auf dem Wasser.

Hamburgs Hafen gilt als Tor zur Welt. Man spürt nun die Nähe des Meeres, der Strom

Eine Lieblingsbeschäftigung von »Eingeborenen« und Touristen: Schiffe gucken

mit seinen zahlreichen Inseln ist schon fast zwei Kilometer breit. Er nimmt, je weiter man ihn elbabwärts befährt, spätestens jedoch hinter Glückstadt, immer mehr den Charakter einer **Meeresbucht** an.

Die fruchtbare Marschlandschaft wird schon hinter Wedel breiter. Gleich hinter Cranz beginnen die Obstgärten. Immer weiter rücken die Geestkanten vom Fluss ab. Der Wechsel von Sand- und Grünstränden und der einzigartige Lebensraum Watt in der Elbmündung bestimmen nun das Bild. Bei Cuxhaven ist die Elbe dann stolze 18 Kilometer breit, das gegenüberliegende Ufer ist nur bei klarer Sicht noch auszumachen.

Wie ein breiter Meeresarm reicht der Mündungstrichter der Elbe an die 100 Kilometer bis nach Hamburg hinein ins Landesinnere. Mit ihm gelangen auch **Ebbe und Flut** ungewöhnlich weit ins Binnenland hinein; hierdurch entstand ein außergewöhnlicher Lebensraum für zum Teil hochspezialisierte **seltene Tiere** und **Pflanzen.** Dieses Ökosystem ist sehr leicht aus seinem Gleichgewicht zu bringen.

Zweimal täglich ändert sich mit Ebbe und Flut die **Fließrichtung** des Stromes im festen Rhythmus, und das mit jeder Flut landeinwärts gedrückte Salzwasser verliert sich mehr und mehr im stetig von der Quelle elbabwärts fließenden Süßwasser.

Im weiten Bereich des Mündungstrichters seewärts von Glückstadt spürt man den Salzgehalt deutlich, dort entstand aus dem Gemisch von Salz- und Süßwasser eine **Brackwasserzone.** Die bei Ebbe trockenfallenden Uferpartien haben schon deutlich den Charakter von **Salzwatten.**

Von Glückstadt Richtung Hamburg gesehen, bekommen die großen, bei Ebbe trockenfallenden Böden immer mehr den Charakter von **Süßwasserwatten.** Diese sind weltweit sehr selten. Die Gebiete des Giesensandes und des Fährmannsandes bei Wedel gehören zu den größten Süßwasserwatten Europas. Dort findet man einzigartige **Pflanzengemeinschaften** von Röhrichtarten, Simsen (Seebinsen) sowie Schilfrohrarten, die übermannshoch sind.

All diese Elbwatten sind nicht nur der regelmäßigen **Ausbaggerung** und den ständigen **Sedimentsumwälzungen** durch die Wasserbewegung des Schiffsverkehrs ausgesetzt (zwischen Brunsbüttel und Cuxhaven ist die Unterelbe die meistbefahrene Wasserstraße der Welt), sondern sie müssen auch mit den nicht eben seltenen **Sturmfluten** zurechtkommen.

Besonders anfällig sind die Lebensräume der Unterelbe durch die spezifischen Strömungsverhältnisse. So können **Wasserverschmutzungen** hier eine viel verheerendere Wirkung haben als am oberen Flusslauf. Von der Quelle bis zur Tidegrenze hat das Wasser eine Fließrichtung. Mit ihm fließen alle Ablagerungen und Verschmutzungen zügig ab ohne Wiederkehr. Von der deutsch-tschechischen Grenze bis nach Geesthacht braucht das Elbwasser im Schnitt 13, für das kleine Stückchen von Geesthacht bis zur Mündung hingegen durchschnittlich 26 Tage. Das bedeutet, dass mit dem Wasser hier alle seine Verschmutzungen nicht nur einmal, sondern mehrmals vorbeiströmen, bevor sie endgültig in die Nordsee abfließen.

Obwohl die Elbe im Verhältnis zu anderen Flüssen wenig ausgebaut und begradigt ist, ist doch überdeutlich, dass der Mensch Hand an diesen Fluss gelegt hat. Damit ist nicht nur die ungebrochene Fortschrittsgläubigkeit der 1970er Jahre gemeint, die unter anderem den Bau von vier **Atomkraftwerken** mit sich brachte. Fast gravierender ist, was man nicht sieht. Immer wieder wurde die Elbe **ausgebaggert,** um den immer größeren und tiefer gehenden Seeschiffen gerecht zu werden. Betrug die Tiefe bei mittlerem Niedrigwasser 1859 nur 3,30 Meter, waren es 1978 schon 13,5 Meter, und die Vertiefung auf 16 Meter ist in Planung. Man kann sich leicht vorstellen, was für eine Umschichtung der Lebensverhältnisse das für die Natur bedeutet.

Auch der **Deichbau** veränderte die Landschaft rigoros. Nach den Sturmflutkatastrophen von 1962 und 1976 deichte man die Unterelbe rigoros ein, die meisten Nebenflüsse wurden durch Sperrwerke abgeriegelt, die Fahrrinnen nicht mehr ausgebaggert. Die Deichlinien wurden kürzer und rückten fast überall direkt an den Fluss heran, ein Drittel der tideabhängigen Wattflächen verschwanden; heute gibt es keine Überflutungsflächen für Sturmfluten im Außendeichraum mehr. Ausbaggerung und Eindeichung stehen dabei in direktem Zusammenhang mit der **Trichterwirkung** der Unterelbe, immer höher laufen nun die Sturmfluten auf, immer höher müssen die Deiche werden. Nicht nur die am Strom lebenden Menschen zahlen einen hohen Preis für die Sicherheit von Leben, Hab und Gut, dies tut auch die Natur: Viele an die Gezeiten oder die saisonalen Überflutungen gebundene Lebensgemeinschaften gibt es nicht mehr.

Charakteristisch für die Landschaft an der Unterelbe war immer ein naturgegebenes feinmaschiges **Wasserstraßennetz** aus größeren und kleineren Nebenflüssen, Hafenprielen, Kanälen, Strandhäfen und mit der Ebbe trockenfallenden Anlegeplätzen, das bis weit in die Elbmarschen hineinreichte. So war dieser Flussabschnitt bis vor drei Jahrzehnten auch von vielen kleinen **Häfen** geprägt, die meist die Wirtschaftsmotoren

Am Haseldorfer Hafen

der Orte waren und den Anwohnern ein Auskommen garantierten. Das hat sich radikal geändert. Die kleinteilige Küstenschifffahrt wurde im Laufe der Jahre immer unrentabler, Lastwagen übernahmen die Dienste der kleinen Kümos. Heute dienen viele Häfen nur noch der Sportschifffahrt und liegen als gepflegte Idylle verträumt da. Mit dem Häfensterben verschwanden auch die vielen kleinen Werften.

Obgleich man also an der Unterelbe nicht mehr überall **unberührte Natur** finden kann, hat doch mittlerweile ein Umdenken eingesetzt, was das Eingreifen in diesen Lebensraum angeht. Man weiß jetzt unter anderem, dass jede weitere Ausbaggerung eine weitere Verschlickung der Seitenarme und große Uferabbrüche zur Folge hat. Auch **Renaturierungen** stehen, wo immer möglich, auf dem Plan. Das flache Land am Strom ist heute weder von Industrie noch von der modernen Zivilisation allzu sehr geprägt, und je weiter man Richtung Mündung kommt, desto mehr bestimmen Wasser, weite Marschen und ein unendlicher Himmel darüber das Bild.

Die Gezeiten

Das kann nicht jeder Fluss: Zweimal täglich macht die Elbe einfach kehrt und **fließt** dann für sechs Stunden **bergauf.** Die Gezeiten - auch Tide genannt - lassen das Wasser zweimal am Tag ansteigen, bis es mit der Flut seinen Höchststand erreicht. Der liegt im Gebiet der Unterelbe immerhin fast **drei Meter** höher als beim Tiefststand, der Ebbe. Zwischen Ebbe und Flut liegen jeweils etwa sechs Stunden. Ungefähr eine Stunde lang tut sich bei Hochwasser wenig, es gibt so gut wie keine Strömung, die Elbe scheint sich wie ein See nicht zu rühren - **Stillwasser** wird diese Zeit zwischen Flut- und einsetzendem Ebbstrom genannt. Ähnliches passiert bei der Ebbe, auch hier gibt es diese Phase des Stillwassers. Noch einen weiteren Begriff hört man in diesem Zusammenhang: **Normal Null** (NN), das ist der mittlere Wasserstand zwischen Hoch- und Niedrigwasser.

Weil sich die Tide täglich um ein paar Minuten verschiebt und mannigfachen Einflüssen unterliegt, braucht man zur Orientierung **Tabellen,** in denen man die sich täglich ändernden Zeitpunkte für Ebbe und Flut ermitteln kann. Diese finden sich zum Beispiel in jeder regionalen Zeitung, denn sie sind wichtig für Aktivitäten wie Wattwanderungen oder Bootstouren, aber auch für die Schifffahrt, denn bei Ebbe kann man die meisten Nebenflüsse der Elbe nicht befahren.

Je näher man der Elbmündung kommt, desto erstaunlicher sind die **sichtbaren Auswirkungen der Gezeiten.** Wenn der Wasserstand um fast drei Meter fällt, bedeutet das, dass nicht nur die kleinen Nebenflüsse, sondern auch Teile der Elbe selbst trockenfallen. Elbwatten treten hervor, und Sandbänke werden sichtbar.

Im Mündungstrichter zwischen Cuxhaven und Trischen/Friedrichskoog ist die Elbe fast **18 Kilometer breit,** das heißt, bei Flut ist hier Wasser, so weit das Auge reicht. Bei Ebbe bleibt davon gerade mal ein Zehntel übrig, fast der gesamte Mündungstrichter fällt trocken, nur eine vergleichsweise schmale **Fahrrinne** von eineinhalb Kilometern Breite bleibt übrig. Diese Fahrrinne ist übrigens von Menschenhand geschaffen, denn vor den um 1850 beginnenden Ausbaggerungen der Unterelbe hatte der Fluss eine größte Tiefe von gerade mal drei Metern.

Verantwortlich für das Phänomen der Gezeiten ist die **Gravitationskraft** von Mond und Sonne (⇗ Grafik); sie lässt die Ozeanoberfläche rhythmisch an- und absteigen, und

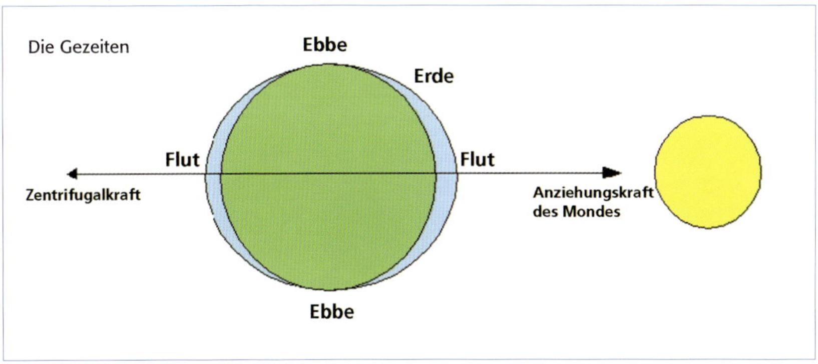

zwar genau **zweimal pro Mondtag** – das ist die Zeit, die der Mond für eine Erdumrundung braucht. Ebendieser Mondtag ist aber 50 Minuten länger als unser Erdentag, womit die tägliche Verschiebung von Ebbe und Flut zu erklären ist.

Zwar wirken die Anziehungskräfte von **Mond** und **Sonne** gleichermaßen, doch ist diejenige des Mondes auf der Erde weit größer, da er dieser näher ist. Und seine Kräfte sind so stark, dass die Wassermassen der Meere an dem Punkt der Erde, über dem er gerade steht, zu einem richtigen »Berg« ansteigen.

Das allein würde allerdings nur erklären, warum es überhaupt Ebbe und Flut gibt, und aufmerksame Leser werden schnell zu dem Schluss kommen, dass die Gravitation allein nur zu jeweils einer Ebbe oder Flut pro Mondtag führen würde. Einen **zweiten Wasserberg** bilden aber gleichzeitig die Ozeanflächen, die dem Mond auf der abgewandten Erdseite genau gegenüberliegen. Dieser Flutberg scheint vom Mond wegzufließen, Dafür ist die auch Fliehkraft genannte **Zentrifugalkraft** verantwortlich. Dieser Kraft ist das um einen gemeinsamen Schwerpunkt rotierende System Erde und Mond ausgesetzt. Sie wirkt an den Punkten der Erde am stärksten, die am weitesten vom Mond entfernt sind, und zieht das Wasser nach außen: Ein Flutberg entsteht. So ist immer an zwei einander gegenüberliegenden Punkten der Erde gleichzeitig Flut oder Ebbe.

Einige Besonderheiten, wie **Springfluten** (⇗ Grafik unten), lassen sich nur durch den zusätzlichen Einfluss der Sonne erklären. Stehen bei Vollmond oder Neumond Sonne, Mond und Erde in einer Linie, addieren sich deren Kräfte, und es kommt zu besonders hohen Fluten. An der Unterelbe macht das etwa einen halben Meter aus. Stehen die Himmelskörper jedoch bei Halbmond im rechten Winkel zueinander, wirken die Anziehungskräfte von Sonne und Mond in verschiedene Richtungen; das Hochwasser fällt geringer aus, was man **Nippflut** (⇗ Grafik rechts) oder Nipptide nennt. Besonders die Springfluten haben sich im Laufe der Jahrhunderte bei Sturmfluten immer wieder als große Gefahr für die Menschen an der Unterelbe erwiesen. Viele der großen Flutkatastrophen ereigneten sich bei Nordweststurm in Verbindung mit einer Springflut.

Die Flutwellen der Gezeiten, die die Elbe erreichen, stammen nicht aus der Nordsee, sondern aus dem viel tieferen **Atlantik;** sie kommen nach etwa zwölf Stunden an der Elbmündung an. Dort liegt der **Tidenhub,** also der Höhenunterschied zwischen Hoch- und Niedrigwasser, bis weit in die Unterelbe hinein zwischen zweieinhalb und knapp drei Metern. Bis nach Hamburg hin ist er fast gleich bleibend so groß wie im Mündungsgebiet, was an den Elbvertiefungen und der durch sie mitbedingten **Trichterwirkung** liegt. Der langfristige Effekt der Ausbagge-

Springflut

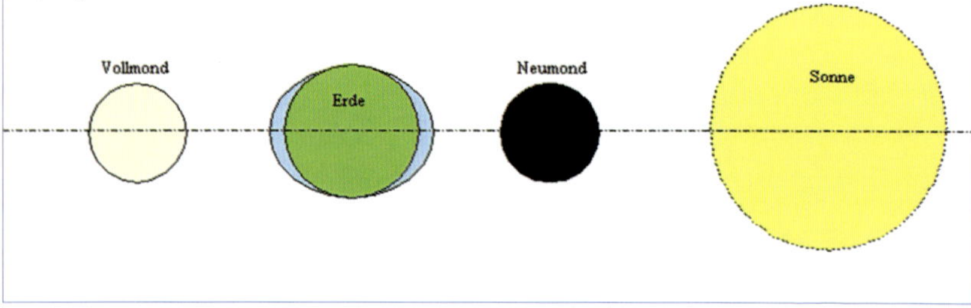

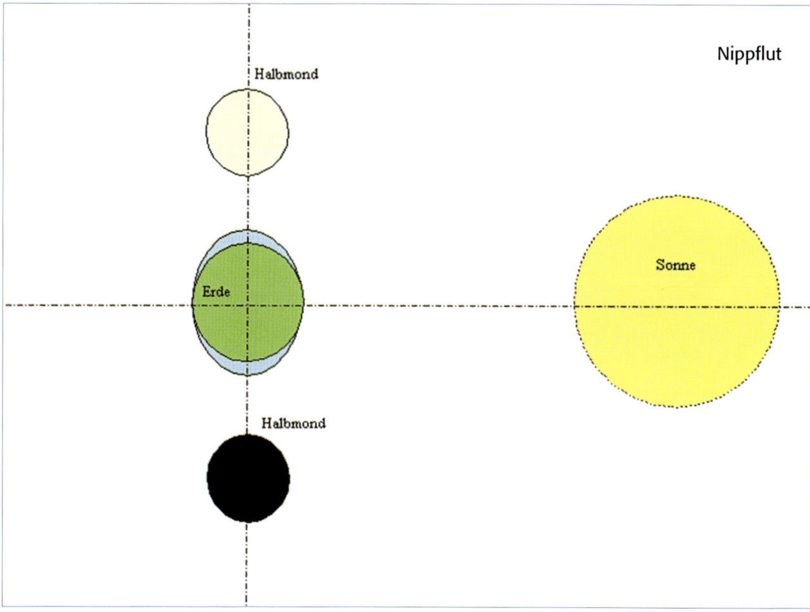

rungen brachte ein Absinken des Niedrigwassers um rund einen Meter im Gebiet des Hamburger Hafens und eine Erhöhung des dortigen Hochwassers um etwa einen halben Meter mit sich. In einem Fluss wie der Elbe herrschen ganz andere Verhältnisse als im tiefen, weiten Atlantik. Das Tempo der Tide hängt eng mit der Wassertiefe des Flusses zusammen. In weiten Bereichen der Unterelbe ist die Wassertiefe kaum größer als der mittlere Tidenhub von um die dreieinhalb Meter, nur die ausgebaggerte Fahrrinne ist zehn Meter tiefer. So kommt es zu **unterschiedlichen Strömungsgeschwindigkeiten und -richtungen.**

Wie bereits erwähnt, sieht die Elbe bei Niedrigwasser besonders im Mündungsgebiet vollkommen anders aus als bei Flut. Man kann sagen, sie verläuft bei Ebbe aufgrund des völlig anderen Querschnittes in einem ganz anderen Bett. Der nach der Ebbe einsetzende Flutstrom fließt zunächst in dem sehr engen Bett der Fahrrinne, und langsam wird die Wasserfläche und damit das Bett größer.

So kommt der **Flutstrom deutlich schneller** voran **als der Ebbstrom:** Die Flut dauert an der Unterelbe im Mittel 310 Minuten, die Ebbe hingegen 433 Minuten. Diesen Effekt kann man bis nach Helgoland hin beobachten, auch dort dauert die Ebbe noch eine Stunde länger als die Flut. Im Landesinneren wird er verstärkt durch das ständig von der Quelle her nachfließende Wasser aus der Oberelbe.

Noch komplizierter wird das Gezeitengeschehen durch **Windeinflüsse.** Bei **Nordweststurm** wird der Elbanwohner unruhig und verfolgt aufmerksam die Wasserstandsvorhersagen. Dann drückt der Wind das Wasser in die Elbe hinein und steht zudem noch gegen den Ebbstrom, so dass die Wassermassen nicht vollständig wieder abfließen können. Dauert der Sturm länger, schaukelt sich die-

ser Effekt hoch, und es kann zu bedrohlich hohen **Sturmfluten** kommen.
Weht der Sturm hingegen aus **Südost,** tritt der umgekehrte Effekt ein, er weht der Flut entgegen, und das Wasser kann nicht ungehindert in die Elbe strömen. Die Folge können derart **niedrige Wasserstände** sein, dass die Schifffahrt in den kleinen Häfen und Nebenflüssen zum Erliegen kommt. Schon ein Südostwind der Stärke 5 senkt den Wasserstand um einen halben Meter, ein gleich starker Nordwestwind lässt ihn um einen halben Meter ansteigen.
Die Unterelbe ist also ein **höchst kompliziertes Gewässer,** in dem ständig alles in Bewegung ist. Ständig finden Umlagerungen statt, die oft, aber nicht immer, durch Menschenhand verursacht sind.

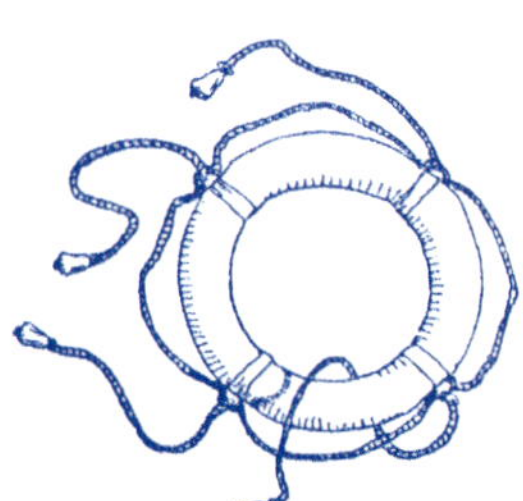

Flusslandschaften

Die Entstehungsgeschichte des Unterelbraums ist eng mit derjenigen der **Nordsee** verbunden. Die mit durchschnittlich 90 Metern Tiefe relativ flache Nordsee ist ein **junges Meer.** Sie entstand erst vor gut 10.000 Jahren und war zunächst viel kleiner als in unseren Tagen. Ursprünglich gehörte das Gebiet der Nordsee zum europäischen Festlandsockel.
Verantwortlich für das heutige Aussehen der norddeutschen Küstenlandschaft waren vor allem die letzten beiden **Eiszeiten.** Während der **Saale-Eiszeit** vor ca. 125.000 bis 200.000 Jahren wanderten Gletscher, von Skandinavien her kommend, über Norddeutschland in Richtung Süden. Große Teile des heutigen Nordseegebietes lagen unter Eisschichten mit einer Dicke von mehreren Tausend Metern. Die Gletscher schoben gewaltige Mengen Erdreich, Sand und Geröll vor sich her, die liegen blieben, als das Eis später taute. Diese so genannten **Moränen** blieben nach dem Abschmelzen bestehen; diese flachwellige Landschaftsform wird **Geest** genannt. Zwischen den Moränenhügeln entstanden oft Moore. Mit dem Abschmelzen der Gletscher stieg auch der Meeresspiegel, und große, bis dahin trockene Gebiete der heutigen Nordsee wurden zum Meer.
Die **Weichsel-Eiszeit** vor 15.000 bis 80.000 Jahren war die (bislang) letzte Eiszeit. Ihre Gletscher gelangten nicht mehr bis zur Elbe, sie erreichten nur den Osten Schleswig-Holsteins. Die Eisschmelze an ihrem Ende jedoch war durchaus bedeutend für das heutige Landschaftsbild an der Unterelbe. Ihre Eismassen hatten immerhin so viel Wasser gebunden, dass der Meeresspiegel 100 Meter tiefer lag als nach der Schmelze.
Das Schmelzwasser der Gletscher floss am Rand von Sandern und Eismassen in gewaltigen Strömen zur Nordsee. Sie veränderten die Landschaft durch **Auswaschungen.** Wie

Marschlandschaft

andere Flüsse bildete auch die Elbe ein breites **Urstromtal** mit ausgedehnten Niederungen. Ein weiteres Urstromtal formte die Oste.
In den Geest-Gebieten herrschte während der Weichsel-Eiszeit ein ähnliches Klima, wie man es heute in Sibirien kennt. Der **Tundraboden** taute nur oberflächlich auf und rutschte auf dem dauernd gefrorenen Unterboden immer weiter die Hügel hinunter. Ganze Seen wurden so zugeschüttet, und **Moore** entstanden.
Sander, flache Ablagerungen aus Sand, Kies und Schotter, bildeten die Rücken der heutigen **niederen Geest.** Sie entstanden in der Weichseleiszeit durch Schmelzwasserströme an den Gletscherrändern. Charakteristisch für die Geest sind **nährstoffarme Böden,** die gut für den Kartoffelanbau taugen; auch Kies wird hier abgebaut. Daneben gibt es noch die **hohe Geest,** die aus den Moränenablagerungen der Saale-Eiszeit stammt; ein Beispiel hierfür ist die Stader Geest, ein hoher und ausgedehnter Geestrückenzug mit sanft gewellten Ebenen. Die sich heute an die Marschränder anschließenden Geesten sind vielfältige Landschaften mit Höhen zwischen gut 50 Metern im elbfernen und um die zehn Meter im elbnahen Bereich.
Wo die Unterelbe beginnt, weichen die Geestrücken vom Fluss zurück, was an der Hamburger Stadtgrenze gut sichtbar wird. Die Geestränder sind bis heute **markante Linien in der Landschaft,** denn relativ unvermittelt ragen sie, fast wie Steilküsten, um die 30 Meter hoch an den Niederungsgrenzen der Urstromtäler auf. Besonders gut sichtbar ist das an der Bahnlinie von Hamburg nach Cuxhaven, die weitgehend genau an dieser Geestkante verläuft.
Auf dieser Geest gibt es die einzigen größeren zusammenhängenden **Waldgebiete** im Unterelbraum, ansonsten sind die Böden kar-

ger und sandig, was auch der **Name** aussagt. Geest, das niederdeutsche **»Güst«,** bedeutet nämlich nichts weiter als »unfruchtbar«.
Die im Gegensatz dazu sehr fruchtbaren **Marschen** entstanden nach den Eiszeiten aus den Ablagerungen, die durch die Gezeiten von Nordsee und Flüssen herangetragen wurden. An der Elbe sind diese Schwemmlandgebiete teils mehr als 20 Kilometer breit. Man unterscheidet dabei **See- und Flussmarschen,** die an der Elbe ineinander übergehen. Reine Seemarschen findet man an der Elbe nur in Dithmarschen. Weiter landeinwärts bildeten sich Süßwassermarschen wie die Haseldorfer und die Wilster Marsch.
Nutzbar für den Menschen wurden die Marschen erst durch die **Eindeichung.** Die dadurch einsetzende Entwässerung verdichtete die Böden, die sich senkten, so dass die neu gewonnenen Nutzflächen oftmals unter dem Meeresboden lagen und dauernd neu entwässert werden mussten. **Deutschlands tiefste Stelle** findet sich an der Elbe in der Wilster Marsch am schleswig-holsteinischen Ufer, sie liegt 3,54 Meter unter dem Meeresspiegel.
Bis zur **Großen Mandränke,** der verheerenden Sturmflut von 1362, verlief die Nordseeküste im Bereich der Deutschen Bucht etwa in einer Linie von Cuxhaven nach Sylt. Daran schlossen sich landeinwärts die Marschgebiete der Unterelbe an. Die Große Mandränke und die ihr folgenden schweren Sturmfluten **zerrissen diese Küstenlinie.** Die nördlichen Geestrücken wurden so zu den **Nordfriesischen Inseln** »auseinandergebröckelt«, ein Teil des Marschlandes wurde zu **Halligen.**
Das **Wattenmeer** im Bereich der Elbmündung entstand vor 4000 Jahren aus Sedimentablagerungen zwischen Festlandsküstensaum

Die heutigen »Eiszeiten«:
weit heimeliger als in Urzeiten

und den vorgelagerten Sänden und Inseln. Diese Sinkstoffe bildeten bald die Lebensgrundlage für viele Kleinstlebewesen.
Das Marschenland an der Unterelbe ist bretteben und überaus **fruchtbar.** Grün ist hier die vorherrschende Farbe, besonders auf dem schleswig-holsteinischen Ufer. Die Marschen dort sind weites Weideland, nicht umsonst gilt Schleswig-Holstein als *das* Milchland. Aber auch riesige Kohlfelder gedeihen dort, Dithmarschen gilt als die Kohlhochburg Deutschlands.
Die niedersächsischen Marschen sind von der Hamburger Stadtgrenze bis fast zur Mündungsregion hin vom **Obstanbau** geprägt. Das **Alte Land** zwischen Hamburg und Stade und das nördlich anschließende **Kehdingen** gehören zu den größten geschlossenen Obstanbaugebieten Deutschlands, ja Europas.
Auf beiden Seiten des Flusses überrascht die Weite des Marschlandes und der hohe Himmel darüber, erst der Horizont fängt den Blick auf, oder ein Deich. Durchweg sind die **Deiche** die höchsten Erhebungen der Landschaft am Elbstrom. Und wie kleine Berge werden sie auch manchmal genutzt, zum Beispiel als Rodelbahnen von den Kindern der Elbmarschen, wenn es im Winter dann doch einmal geschneit hat.
Das Land ist nicht selten **schachbrettartig aufgeteilt.** Die Straßen liegen oft auf kleinen Dämmen, die manchmal geradeaus in die Unendlichkeit zu führen scheinen, rechts und links Entwässerungsgräben. Das Schachbrettmuster vollenden die rechtwinklig dazu ableitenden Gräben. Dazwischen Fächer mit stattlichen Höfen, die gegen die Fluten auf Wurten gebaut sind. Und immer wieder Obstplantagen, weite saftige Weiden und Wiesen, sowie Knicks, Buschreihen, die den Wind brechen sollen.
Kurz: Ein Land so **platt,** dass man am Mittwoch schon sieht, dass Tante Frieda am Sonntag zum Kaffee kommt ...

Flora und Fauna

Geprägt ist die Pflanzen- und Tierwelt an der Unterelbe von ihrem **maritimen Lebensraum,** vom Fluss, von der Nordsee, den Strandzonen, den Watten sowie den grünen Marschen.

Die Marschen wie das Alte Land, die Haseldorfer, Wilster oder Kremper Marsch und Kehdingen sind grüne Landstriche. Ein Teil von ihnen sind die **Kooge** in Dithmarschen, die dem Wasser von Menschenhand abgerungen wurden. Nachdem sie eingedeicht waren, konnten sie landwirtschaftlich genutzt werden.

Charakteristisch für die Unterelbregion sind die **fast waldlosen Marschen** mit ihren großen Grünflächen und weiten Feldern. Neben Obstbäumen sind dort die Pappeln, Weiden und Büsche längs der Entwässerungsgräben und Flurgrenzen die einzigen Baumbestände. Die dichten Gebüsche, **Knicks** genannt, dienen als Windbrecher und schützen Acker und Vieh. Sie stellen eine ökologisch besonders wertvolle Heckenform dar, hier leben z.B. viele Vögel.

In der Elbmündung ist die **Krabbenfischerei** noch heute ein nicht zu unterschätzender Wirtschaftsfaktor. Die Tiere leben vornehmlich in den Prielen des Wattenmeeres. Dort herrschen relativ stabile Verhältnisse, denn die Priele fallen nicht trocken und führen durchgehend Salzwasser. Seepocken, Schlickkrebse, Taschenkrebse, Strandkrabben, Schwimmkrabben und Garnelen findet man dort bei jeder Wattwanderung genauso wie Seesterne. Dort und am ganzen Elbstrand werden auch **Muschelsucher** immer wieder fündig, Herzmuscheln, Plattmuscheln und selbst die sonst bevorzugt im Wattenmeer vorkommenden Miesmuscheln trifft man an vielen Stellen an.

Reihen von blattartigem Grün unweit des Wasserrandes sind am Elbstrand nicht selten. Es handelt sich dabei meist um unterschiedliche **Tangarten,** doch auch Meersalat, eine Grünalgenart, kommt hier vor.

Mit der langsamen Wiedergesundung der Elbe kommen auch die **Fische** wieder. Lange Jahre konnte man sich kaum vorstellen, dass die Unterelbe einst das Zentrum deutscher Heringsfischerei und -verarbeitung war, Glückstadt *die* Heringsstadt. Noch bis heute hat kein Fischkutter mehr Glückstadt als Heimathafen, wenngleich die Fische der Unterelbe heute wieder **Speisefischqualität** haben. Vorbei die Zeiten der Horrorbilder verzweifelter Fischer mit von Blumenkohlgeschwüren befallenen Tieren. Heute gibt es in der Elbe **93 Fischarten,** 43 davon Süßwasserfische, 34 Meerwasserfische und 16 Arten, die in Süß- wie in Salzwasser leben können, womit die Elbe der **fischartenreichste Fluss Europas** ist. Einige Arten sind infolge der langjährigen Überfischung und der vielen Sperrwerke und anderen Wasserbauten für immer verschwunden. Andere Arten, wie Zander, Stint und Aal, nehmen wieder deutlich im Bestand zu.

Im Watt häufig zu finden: der Seestern

Austernfischer

In der Elbmündung finden sich auch noch andere Wasserbewohner: Auf Sandbänken und im Wattenmeer leben **Seehunde.** Beobachten kann man sie von speziellen Ausflugsschiffen, die von Cuxhaven aus zu den Seehundsbänken fahren und die den gebotenen Abstand zu den Tieren und ihren Lagerstellen halten. Lehrreich und faszinierend ist auch ein Besuch der Seehundsaufzuchtstation Friedrichskoog.

Bekannt geworden ist die Unterelbe als **Vogelparadies;** große Brutgebiete liegen in den Nationalparkgebieten, aber auch in den Wiesenflächen, beispielsweise in Kehdingen. Dort ist das Natureum eine ausgezeichnete Beobachtungsstelle. Auch zur Zugzeit vieler Vögel im Herbst lohnt sich ein Besuch an der Unterelbe, denn viele Arten benutzen die Salzwiesen und Außendeichbereiche mit ihren weiten offenen Flächen als Rastplätze.

An der Unterelbe brüten Graugänse, Alpenstrandläufer, Säbelschnäbler, Austernfischer, Kiebitze, Rotschenkel, Uferschnepfen, Küstenseeschwalben, Lachmöwen, Silbermöwen, Sturmmöwen, Heringsmöwen, Feldlerchen, Brandenten sowie zahlreiche weitere Entenarten. Als Rastplatz auf dem Zug nach Süden oder Norden kann man an der Unterelbe Goldregenpfeifer, Zwerg- und Singschwäne, Nonnen-, Brand-, Ringel-, Bläss- und Weißwangengänse, große Brachvögel, Weißstörche und Kraniche beobachten. Selbst Seeadler und Fischadler kann man an der Elbe wieder sehen, genau wie Bussarde, Kornweihen und Falken. Letztere haben übrigens in Ermangelung hoher Ansitze auf Bäumen gelernt, zur Beobachtung in der Luft zu stehen.

Sich dieses Vogelparadies zu erschließen ist ein großartiges Erlebnis, setzt aber Kenntnisse voraus, wenn man die Tiere überhaupt sehen will. Und genau diese Kenntnisse kann man auf einer Tour mit dem **Vogelkieker** von Freiburg aus erwerben, auf der Ornithologen den Blick der Laien schärfen.

Neben **Schafen** an und auf den Deichen kann man noch andere Säugetiere an der Elbe finden. **Feldhasen** gibt es dort häufig, und auch **Rehe** sieht man immer mal wieder.

Kleine Möwe, flieg nach Helgoland

Für die Wissenschaft gehören die Möwen zur Familie der **Laridae** mit sechs Gattungen und 55 Arten. Einige wenige Arten wie die Dreizehenmöwe leben auf hoher See, während die Silbermöwen als Kulturfolger auch im Binnenland gesichtet werden. Die meisten Arten der 30 bis 80 cm langen Vögel aber leben an der Küste. Lachmöwen, Sturmmöwen, Dreizehenmöwen, Heringsmöwen, Silbermöwen, die ganze Vielfalt wird gemeinhin der Einfachheit halber einheitlich als »Möwen« bezeichnet, und, egal ob Männchen oder Weibchen, meist »Emma« genannt. Möwen gelten, wie in vielen Liedern besungen, als **Boten der Küstennähe.**
Ihre Schreie gehören zu Salzwasser und Strand, zu allen Häfen und zu jeder Tour mit einem Ausflugsdampfer. Dort fahren sie mit, sitzen auf den Masten, Spieren und Wanten und scheinen nur darauf zu warten, dem geneigten Publikum ihre Flugkünste vorführen zu können. Verwöhnt, wie sie heutzutage sind, fressen sie zwar immer noch aus der Hand, aber längst nicht mehr alles. Kleiner Tipp: die Helgolandfahrer unter den Möwen nehmen am liebsten Erdbeerkuchen - bitte mit Schlagsahne - direkt von der Gabel, die gekonnt angeflogen wird.

Emma Auguste

Marianne Kopp

Emma Auguste liebt Erdbeertorte
auf der »Wappen von Hamburg«,
an Deck auf dem Schiff.
Emma Auguste übt navigieren
mit der Gabel voll Sahne
als lockendem Ziel.
Emma Auguste zeigt kess ihr Beinchen,
grünes Glitzern des Ringleins,
vielsagender Schmuck.
Emma Auguste hüpft auf die Reling,
übermütig und gierig
erbettelt sie mehr.
Emma Auguste kann sich kaum halten,
schwankt gefahrvoll am Abgrund,
fällt fast in die See.
Emma Auguste schnappt nach der Beere
und erhebt sich mit Möwen-
geschrei in die Höh.

Sie haben sich an ihre Umwelt angepasst und stehen meist in Gruppen in dem baumlos offenen Land.

Auch zahlreiche **Pflanzen** im Unterelberaum müssen gewaltige Anpassungsleistungen an ihre komplizierte Umwelt erbringen. So müssen sie im Süßwasserbereich Überschwemmungen mit Salzwasser ertragen.

Der **Queller** beispielsweise saugt seine fleischigen Stängel voll mit Süßwasser und übersteht so die hohe Salzkonzentration im Überflutungswasser. Er ist daher die am weitesten ins Watt vordringende Pflanze. Im Watt existieren kann auch das hohe **Schlickgras,** das aus Amerika stammt und bei der Landgewinnung gezielt eingesetzt wird.

Im Übergang zwischen Wasser und Land folgen die **Salzwiesen,** die nur bei Sturm überflutet werden. Hier finden sich Pflanzen wie die lila Salz-Aster, der rosa Strandflieder und die Salz-Binse. Auch Salzmelde und Strandbeifuß, Strandmelde sowie Strandwegerich gehören zu dieser Lebensgemeinschaft.

Am **Sandstrand** hingegen leben ganz andere Pflanzen. Angefangen mit der Binsen-Quecke folgen mit wachsendem Abstand vom Salzwasser Strandhafer, Stranddistel, Strandtausendgüldenkraut und Sandstiefmütterchen.

Die Ränder der einmaligen Süßwasserwatten an der Elbe werden oft von dichten Schilfgürteln umsäumt, in denen einst auch die **Reetarten** im Überfluss gediehen, die das Baumaterial für die Reetdachhäuser hergaben.

Immer ein Thema: Das Wetter

Schmuddelwetter, steifer Wind von vorn und Menschen in »Friesennerz« genannten gelben Öljacken, die sich gegen den waagerecht heranpeitschenden Sturmregen anstemmen - das ist das Bild, das sich vom norddeutschen Wetter in den Köpfen festgesetzt hat. Was ist dran? Eines stimmt mit Sicherheit: die **Unbeständigkeit** ist die Regel. Eine Art ganzjähriges Aprilwetter also? Das ist zwar etwas übertrieben, aber im Kern trifft die Aussage schon, zwischen strahlendem Sonnenschein und grau verhangenem Regenhimmel kann es an der Unterelbe rasch hin und her wechseln.

Das Klima ist dabei relativ **mild,** strenge Winterkälte mit viel Schnee ist die absolute Ausnahme, denn die aus Osten von Sibirien her kommende Kaltluft wird von der milderen ins Landesinnere vordringenden atlantischen Luft aufgehalten. Eine zugefrorene Unterelbe ist daher eine Seltenheit, selbst im Winter sinkt die Durchschnittstemperatur nur selten unter den Gefrierpunkt.

Noch eine Konstante gibt es in unserem Küstenklima: **Westwind** ist die Hauptwindrichtung an der Unterelbe.

Wie kommt der Norden nun aber zu seinem schlechten Wetter-Ruf, entspricht er überhaupt den Tatsachen? Wenn man bedenkt, dass der Mittelwert der **Jahresniederschläge** in Deutschland bei etwa 700 Millimeter liegt, liegen Schleswig-Holstein mit 779 Millimetern und Hamburg mit 680 gar nicht so übel, viel schlechter steht da das bayerische Oberstdorf mit 1721 Millimetern da.

Noch verblüffender ist die **Sonnenscheindauer** an der Elbe: Hamburg glänzt mit 1630 Stunden und liegt damit über dem Landesschnitt von 1600 Stunden, Spitzenwerte erreichen hier die norddeutschen Inseln wie Helgoland mit um die 1720 Stunden.

Auch ein nebelverhangener Novembertag kann seine schönen Seiten haben

Der wettermäßig eher schlechte Ruf des Nordens liegt an der **Verteilung der Niederschläge** über die Jahreszeiten; besonders die Niederschlagshäufigkeit im Sommer ist dafür verantwortlich. Die hohen Niederschlagswerte in Oberstdorf erklären sich übrigens durch die ergiebigen Schneefälle im Winter ...
Ab November tauchen **Herbsthochnebel** das Land in bleiernes Grau.
Die größten Chancen auf eine relativ stabile Schönwetterlage hat man an der Unterelbe in der **zweiten Maihälfte** und im **Oktober.** Der Spätsommer hingegen ist im Norden nicht selten regnerischer als der Herbst. Oft geht dieser Regenzeit eine Periode mit Temperaturen um die 30 Grad und drückend schwüler, feuchtheißer Meeresluft voraus.
Schuld daran ist das Wettergeschehen im westlichen **Nordatlantik,** das einen wesentlichen Einfluss auf das Wetter an der Unterelbe ausübt. Wie festgekettet liegt dort das **Azorenhoch,** an dem der Golfstrom Richtung Norden vorüberzieht. Neben dem Azorenhoch wichtig für unser Küstenwetter ist sein Antagonist, das **Islandtief.** Zwischen beiden bilden sich ausgleichende Strömungen, die unser Wetter bestimmen, denn sie ziehen nach immer den gleichen Gesetzmäßigkeiten. Wie bei jedem Hoch, bewegen sich die Winde auch um das Azorenhoch mit dem Uhrzeigersinn. Um ein Tief herum bewegen sie sich jedoch gegen den Uhrzeigersinn. So werden die Tiefdruckgebiete am Azorenhoch entlang an den Nordflanken

nach Osten getrieben. Dabei nehmen sie aus dem Golfstrom Energie auf.

Im Laufe der Wetterbeobachtungen kristallisierten sich für die jeweiligen Jahreszeiten 29 **typische Großwetterlagen** für Mitteleuropa heraus. Die mit einem Drittel häufigste Großwetterlage ist für uns die **Westlage,** und genau die macht unsere Region zum sprichwörtlichen Nassen Dreieck. Vom Islandtief ausgehende Tiefdruckgebiete wirbeln ostwärts. An ihrer Vorderseite fließt Warmluft gegen den Uhrzeigersinn nach Norden, an der Rückseite Kaltluft nach Süden. Doch fast genauso viel Regen wie die Westlagen bringen die Nordlagen und die Nordwestlagen an die norddeutsche Küste.

Doch ganz so schön einfach und geordnet wie nach dem Schema von Azorenhoch und Islandtief mit den typischen Großwetterlagen geht es nicht immer zu im Norden. Neben anderen Einflüssen greifen vor allem **Fronten** ins Geschehen ein. Fronten sind Luftmassengrenzen, an denen sich Kalt- und Warmluft treffen. In diesen Zonen ändern sich Luftdruck und Windrichtung, manchmal sogar sehr abrupt. In unseren Breiten geschieht das besonders häufig bei einem im Süden liegenden Tief. Kaltfronten bringen Böen, Gewitter und heftige Schauer mit sich, der Wind springt urplötzlich nach Westen um.

Ihnen folgen meist Warmfronten, die viel Regen mit sich führen, in ihrem Rücken dreht der Wind im Nu nach Nordwest, es wird kälter. Nordwest-Wind ist die Windrichtung mit der statistisch größten **Orkanhäufigkeit.** Dieser steife Nordwest drückt dann gegen die Wassermassen, die durch den Englischen Kanal aus dem Atlantik herbeigeflossen sind. Oft kommt das begleitende Tief nur sehr langsam voran, so dass die Wetterlage manchmal tagelang anhält. Kommt dann noch eine Springflut hinzu, ist die Flutkatastrophe meist perfekt. Allen großen **Sturmfluten** der letzten Jahrhunderte liegt dieses Wettergeschehen zu Grunde.

Des Sonnenanbeters Leid, des Bernsteinsuchers Freud: Sommersturm am Meer

Geschichte und Geschichten um den Strom

Streifzüge durch die Geschichte einer uneinigen Region

Als der deutsche Kaiser Karl IV. im Jahre 1359 **Hamburg** die Niederelbe praktisch auf dem silbernen Tablett servierte und der Stadt **hoheitliche Rechte** erteilte, die einer Polizei- und Zollgewalt gleichkamen, war es um die Konkurrenten am Strom geschehen. Von da an dominierte die schnell wachsende Hansestadt. Ab Neuwerk, dessen Feuerturm Hamburg errichtet hatte, galten diese Hoheitsrechte, Ansteuerungsmarken und ein Tonnenweg führten bis in den Hamburger Hafen.

Erreichen wollte der in Prag residierende Karl mit der Gewährung dieser Rechte einen reibungslosen **Warenverkehr** zwischen der **böhmischen** und der **hansischen Wirtschaft,** und er sorgte so ganz nebenbei für den Aufstieg Hamburgs. Spätestens von da an äugten die Herrscher auf beiden Elbufern argwöhnisch auf jede Aktion der nun immer mächtiger werdenden Hamburger und trachteten danach, deren Einfluss auf die Geschicke der Region zumindest im Zaum zu halten.

Zwar ist der Unterelbraum eine geographisch eng umrissene Region, eine **gemeinsame Geschichte jedoch haben die Anwohner Hamburgs und der beiden Elbuferseiten nicht,** sie lebten bis zur Reichsgründung 1871 nie in einer regionalen geopolitischen Einheit. Dazu war der Strom zu mächtig, über den bis heute elbabwärts von Hamburg **keine Brücken** geschlagen wurden. So hatte die Niederelbe für ihre Anwohner bis in die Neuzeit mehr Trennendes als Verbindendes, und oft standen sich auf den beiden Ufern **Herrscher** eher in **Gegnerschaft** als in Nachbarschaft gegenüber, wenn auch der große Fluss selbst für kriegerische Auseinandersetzungen lange Zeit ein kaum zu überwindendes Hindernis darstellte.

Früheste Zeugnisse über **Siedlungen** im Unterelberaum stammen aus der Römerzeit, von den berühmten Geschichtsschreibern Plinius der Ältere (ca. 23–79 n. Chr.) und Tacitus (ca. 55–115 n. Chr.). Damals siedelten im Küstengebiet auf der Geest die **Chauken,** weiter Richtung Hamburg die **Langobarden.** Ab dem 3. Jahrhundert setzten die bis dahin auf dem rechten Elbufer lebenden **Sachsen** über die Elbe ins Land Hadeln über, siedelten sich auf dem linken Ufer an und gewannen bald die Dominanz in der Region.

Am rechten Elbufer hinterließen die Anfang des 5. Jahrhunderts mit Jüten und Angeln nach Britannien ausgewanderten Sachsen sehr dünn besiedelte Gebiete, in denen sich erst im 8. Jahrhundert wieder Sachsen und **Friesen** in größerer Zahl niederließen.

Ab 792 begann **Karl der Große** (747–814 n. Chr.), die nur lose kooperierenden Sachsengaue seinem **Fränkischen Reich** einzugliedern. Nach sechs Feldzügen in zwölf Jahren hatte er es schließlich geschafft und den Gau Wigmodi zwischen Elbe und Weser unter Kontrolle.

Auch die drei nördlich der Elbe gelegenen Sachsengaue hatte Karl der Große 804 endgültig seinem Reich einverleibt, darunter Dithmarschen. Die noch immer fast menschenleeren Sachsengaue auf dem linken Elbufer bestanden überwiegend aus relativ **selbstständigen Grafschaften,** von denen einige recht mächtig wurden.

Seit etwa dem Jahre 1000 wurde das Fürstengeschlecht der **Welfen** in deutschen Landen immer einflussreicher; es geriet bald mit den **Staufern** aneinander. Der Welfe **Heinrich der Löwe** (ca. 1129–1195) blieb Sieger und wurde 1143 Herzog der Sachsen. Er war nicht zimperlich in der Durchsetzung sei-

ner Machtansprüche, presste den **Bremer Erzbischöfen** das Erbe der Stader Grafen ab und gliederte es als Lehen seinem Herzogtum an. So wurde er auch Herrscher an der Unterelbe, richtete sich auf Dauer ein und begann, Stade zur Festung auszubauen.

Sein Vetter **Kaiser Friedrich Barbarossa** (1123–1190) jedoch hatte letztlich den längeren Atem; nach einem Treuebruch Heinrichs erklärte Barbarossa diesem den Krieg. Leidtragende waren die Sachsen, deren Gaue verwüstet wurden. Heinrich kam nicht umhin, sich seinem kaiserlichen Vetter zu unterwerfen, der ihn schließlich 1182 von Stade aus zu seinem Schwiegervater, dem englischen König, verbannte.

Doch die Unterelbregion kam deshalb noch längst nicht zur Ruhe, im Gegenteil, der Sturz Heinrichs des Löwen krempelte die Machtverhältnisse in der Region gründlich um; das sächsische Stammesgefüge wurde zerschlagen. Heinrich nutzte Barbarossas Kreuzzug von 1189 zur Rückkehr, wurde wieder verbannt und kehrte 1194 endgültig in seine Stammlande in Braunschweig zurück, nachdem er sich mit Barbarossas Nachfolger Heinrich VI. versöhnt hatte. Der Kampf zwischen den Bremer Erzbischöfen und den Welfen sollte jedoch noch Jahre dauern. Die Stader Region kam erst 1236 zurück an das Erzbistum Bremen.

Doch wie heißt es: Wenn zwei sich streiten, freut sich ein Dritter. Das inzwischen zur Großmacht aufgestiegene **Dänemark** nutzte die innerdeutschen Wirren aus und eroberte Anfang des 13. Jahrhunderts weite Teile Holsteins.

Die zwischen Elbe und Eider siedelnden **Schauenburger** waren die Vorfahren der Grafen von Holstein. Unter Adolf IV. besiegten sie 1227 zusammen mit den Dithmarschern bei Bornhöved die Dänen unter

König Waldemar II. Dithmarschen fiel nun an das Erzbistum Bremen. Aber alles, was auf der anderen Seite der Elbe lag, war weit, weit weg, und so lebten die Dithmarscher weitgehend unbehelligt und frei.
Ab dem 14. Jahrhundert wurde **Dithmarschen,** das bis dahin von den »Geschlechtern«, den alteingesessenen Bauernfamilien, dominiert wurde, zu einer Föderation von Kirchspielen und entwickelte sich bis 1434 zur **freien Bauernrepublik.** Im Jahre 1559 war es damit aber vorbei. Nach der »Letzte Fehde« genannten Schlacht teilten sich Herzog Adolf von Gottorf und der Dänenkönig Friedrich II. Dithmarschen. Ersterer erhielt den Norden, Letzterer den Süden. So blieb es dann bis 1773, als auch Norddithmarschen an **Dänemark** fiel. Davor war es zu einer Aufteilung Schleswig-Holsteins zwischen **Dänen und Gottorfern** gekommen, die beide aus dem dänischen Königshaus stammten. Das Land wurde in lauter **nicht miteinander verbundene Territorien** zerstückelt.
Nun wurde es immer unübersichtlicher am rechten Elbufer, denn die **Schweden** besetzten 1643 große Teile Süd-Holsteins. Wechselnde Interessen wurden von wechselnden Koalitionen bedient.
Auch der **Dreißigjährige Krieg** verschonte die linkselbischen Lande nicht. In den Jahren von 1626 bis 1628 suchten die Dänen die Region heim, bevor die kaiserlichen Truppen unter Tilly (1559–1632) in Stade einmarschierten, 1632 bis 1636 folgten die Schweden, und danach stand die Region wieder unter dänischem Einfluss.
Es sah also in der Mitte des 17. Jahrhunderts bunt aus an der Unterelbe. In **Stade** regierten von 1645 bis 1712 die Schweden, gegenüber in Pinneberg saßen die Dänen, die unter Christian V. gegen Hamburg rüsteten und die Hetlinger Schanzen bauten. Von dort aus konnten sie auch ein Auge auf die Schweden in Stade haben. Die Stadt hatte Hans-Christoph von Königsmarck für Schweden eingenommen und sie zum **Verwaltungssitz** des

Während der dänischen Besatzung gebaut: das Rathaus in Glückstadt

mittlerweile säkularisierten und zum Herzogtum Bremen und Verden umgestalteten Erzbistums Bremen gemacht. Von 1712 bis 1715 nahmen die Dänen die linkselbische Gegend um Stade in Besitz, danach fielen die Herzogtümer Bremen-Verden an Hannover, Georg I. hatte sie 1720 von den Schweden und Dänen erworben.

Nach dem Englisch-Französischen Krieg – die Hannoveraner Kurfürsten waren in Personalunion auch englische Könige – besetzten die **Franzosen** erstmals das **Kurfürstentum Hannover;** sie traten es 1805 an Preußen ab. Nach dem Wiener Kongress entstand Hannover neu, nunmehr als Königreich.

Mit der Niederlage von 1866 im preußisch-österreichischen Krieg, den Hannover an der Seite Österreichs bestritten hatte, wurde das **Königreich Hannover aufgelöst** und mitsamt seinen Unterelbterritorien preußisch. Nach dem Zweiten Weltkrieg ging die Region am linken Unterelbufer im neu geschaffenen Bundesland Niedersachsen auf.

Hamburg galt als bestbefestigte Stadt der Region und hielt im Dreißigjährigen Krieg strikte Neutralität ein. **Dänenkönig Christian IV.** (1577–1648) war Hamburgs Stärke ein Dorn im Auge. Wo die Hanseaten doch schon von seinen dänisch-holsteinischen Landen umgeben waren, hätte er Hamburg allzu gern in die Knie gezwungen. Deshalb gründete er 1616 am rechten Elbufer eine Stadt, mit der er Hamburg den Seehandel abschnüren wollte: **Glückstadt** hieß der Ort, mit dem Christian IV. sein Glück zwingen wollte. Das allerdings wollte und wollte nicht gelingen. Zwar blühte die Stadt schnell auf und hielt sogar dem Ansturm der Heere Wallensteins stand. Mit Hamburg ernsthaft konkurrieren jedoch konnte Glückstadt nie.

Die **Gottorfer** auf dem holsteinischen Ufer hatten mittlerweile gegenüber dem dänischen Thron eine relativ starke Position erreicht, die sie unbedingt zu festigen trachteten. Daher verbündeten sie sich im Nordischen Krieg mit den Schweden, doch sie verspekulierten sich – die Dänen siegten, und die Schweden zogen ab. Ein Jahrzehnte währender Streit um die Rückgewinnung der verlorenen Gottorfer Territorien setzte ein. Erst Katharina die Große (1729–1796) verzichtete 1773 als Erbin der Ansprüche ihres Ehemannes Zar Peter III. auf die Gottorfer Territorien. Holstein und damit auch die Gebiete am rechten Elbufer wurden **Dänemark** unterstellt.

Als das Deutsche Reich 1806 durch den Druck Napoleons aufgelöst wurde, gliederte Dänemark sich Schleswig-Holstein auch formell an. Nach dem Wiener Kongress blieb Schleswig 1814 unter dänischer Hoheit, während Holstein zum Deutschen Bund kam.

Der Dauerstreit nach der schleswig-holsteinischen Erhebung von 1848 wurde erst 1852 gelöst, als das Londoner Protokoll die Union von Schleswig-Holstein und Dänemark festlegte.

Dennoch versuchte Christian IX. (1818-1906) im Jahre 1863, Schleswig völlig seinem Reich einzugliedern, woraufhin Österreicher und Preußen 1864 einmarschierten und die Dänen schlugen. Dänemark musste die Herzogtümer Schleswig, Holstein und Lauenburg abtreten. Nachdem Bismarcks Preußen die Österreicher zwei Jahre später besiegt hatte, fielen die drei Herzogtümer an Preußen.

Von nun an blieben die schleswig-holsteinischen Elbufer deutsch, sie gehören seit 1946 zum Bundesland Schleswig-Holstein.

Eine verwirrende Geschichte, vor allem, wenn man einmal, wie hier geschehen, zeitlich einigermaßen parallel betrachten will, was rechts und links der Elbe geschah, dazu noch mit Hamburg in Lauerstellung, das immer darauf bedacht war, sich herauszuhalten, um seine Handelsstellung nicht zu gefährden. Und doch, so ging es vielerorts zu in der über viele Jahrhunderte von Kleinstaaterei und Partikularinteressen geprägten deutschen Geschichte, in der zwei Nachbarkreise total Gegensätzliches erleben konnten.

Von Deichgrafen und Klabautermännern – Sagen und Mythen rund um die Unterelbe

Viele Sagen und Mythen gibt es an der Unterelbe, und etliche haben mit der unheimlichen Gewalt von Wind und Wellen zu tun. Sie befassen sich mal mit Geschehnissen des täglichen Lebens, mal mit schwer erklärbaren Ereignissen. Es sind **Volkserzählungen,** mündlich weitergegeben über Generationen, sie werden in Wirtshäusern erzählt und in Spinnstuben. An den langen Winterabenden waren sie früher auch an der Elbe das, was heute die Fernseher sind. Wenn der Herbststurm an den Fenstern rüttelte, lief den Menschen das Gruseln eiskalt den Rücken herunter, und sie nahmen die mollige Stube und die Wärme der anderen Menschen dankbar wahr.

Meist beinhalten diese Geschichten einen **wahren Kern,** wie die Sage von Peter Menken in Stade, die sogar zum Ausgangspunkt für eine bis heute währende Tradition wurde: Der Brauerknecht Peter Menken wollte seine Gertrud zum Traualtar führen. Die liebte ihren Peter zwar von Herzen, bestand aber auf dem Einverständnis ihres Vaters, des Braumeisters.

Wieder einmal streifte Peter, darüber grübelnd, wie er sich den Vater seiner Liebsten gewogen machen könnte, durch die Stadt. Am Fischmarkt bot sich ihm ein schreckliches Bild: Tote lagen auf dem Marktplatz - die schwarze **Pest** hatte Einzug gehalten.

Wie immer blieb er noch eine Weile vor dem Haus seiner Angebeteten stehen, als er plötzlich hereingebeten wurde. Auch Gertruds Vater hatte von der Pest gehört und bot ihm einen Handel an. Wenn Peter es schaffte, die **Toten aus der Stadt zu schaffen,** so sollte er seine Gertrud zur Frau bekommen.

So geschah es: Peter Menken mobilisierte seine Brauerknechtskollegen zur tätigen Mithilfe. Es war das gute **Stader Bier,** das sie vor der Ansteckung bewahrte. Die Brauerknechte retteten die Stadt, und Peter Menken bekam seine Gertrud zur Frau.

Das Original-Rezept des Gebräus, das vor der Pest und anderen Übeln bewahrt, hätten Sie gern? Da werden Sie auf Granit beißen, es ist streng geheim. Nur so viel sei verraten: Dazu gehören heißes Bier, viele Gewürze und verquirlte Eier, ganz ähnlich wie beim **Stader Eierbier.**

Die Geschichte ist in der Tat mehr als eine nette Anekdote, so oder so ähnlich muss es wohl gewesen sein, denn seit dem 17. Jahrhundert haben die Stader **Brauerknechte** das **Privileg,** die Toten der Stadt **zu Grabe** zu tragen. Die Totenträger erscheinen auch heute noch zu jeder Beerdigung in ihrer alten Tracht, dem schwarzen Umhang, den Kniebundhosen, Schnabelschuhen und dem Dreispitz. Selbst ihr Gildehaus gibt es noch.

Durch die **Ortsbezogenheit** identifizieren sich die Menschen durchweg mit den Sagen ihrer Region, die ja oft auch dazu dienen, diese durch sagenhafte Taten oder Personen zu überhöhen. Und diese Geschichten sind unterhaltsam, oft spannend wie ein Krimi, mussten es ja auch immer sein, denn sie wurden ja im größeren Kreis erzählt, so gut wie möglich ausgeschmückt, wie es **Theodor Storm** in seiner Novelle **»Der Schimmelreiter«** berichtet. Dabei stammt dieser

wohl bekannteste Sagenstoff **gar nicht aus unserer Region.** Die Stoffquelle der Sage vom Schimmelreiter wurde lange Zeit in Nordfriesland und Dithmarschen vermutet. Storm hat seinen Schimmelreiter, den Deichgrafen Hauke Haien, ja auch in Nordfriesland agieren lassen. Längst gehört diese Figur zu den festen Bildern, die man sich von diesem Land macht. Neuere Forschungen hingegen belegen, dass vor dem Erscheinen von Storms Novelle im Jahre 1888 weder in Nordfriesland noch in Dithmarschen eine solche Sage existierte. Storm selbst hatte viele Jahre lang immer wieder versucht herauszufinden, woher ihm dieser von Kindheitstagen an vertraute Stoff bekannt war. Heute gilt als sicher, dass er die Schimmelreiter-Sage aus den von seinem Vater abonnierten Hamburger »Lesefrüchten« kannte, wobei es sich dort um einen Nachdruck aus dem »Danziger Dampfboot« handelte. Die Sage scheint ihren Ursprung nämlich an der **Weichsel** zu haben, im Raum vom Dirschau, dem heutigen Tczew. Sie spielt zu einer Zeit, als es dort noch keine Weichselbrücken gab. Dennoch, Storm hat aus diesem Stoff eine Dithmarscher oder Nordfriesische Novelle gemacht, indem er sie in seine Umwelt platzierte und mit handelnden Personen besetzte, die reale Vorbilder haben.

Dithmarschen, das Land der freien Bauern und der dem Wasser abgerungenen Kooge, hat einen besonders reichen Sagenschatz, der in der 1845 erschienenen und 609 Sagen umfassenden **Sammlung** des Marners Karl Müllenhoff veröffentlicht wurde. Die Stoffe und Motive dieser Sagen sind äußerst vielfältig und attestieren den angeblich doch so trockenen Dithmarschern eine gehörige Portion **Humor.** So erzählt man sich dort noch heute, dass die Welt gleich hinter Büsum mit Brettern vernagelt ist. Dort sitzt ein Riese unvorstellbarer Größe, der jeden Morgen die Sonne an einer langen Leine hochzieht und sie abends schön langsam wieder herunterlässt.

Galionsfiguren sollten abergläubischen Seemännern Glück bringen

Eine der für Dithmarschen typischen Sagen ist die vom **Wunderbaum,** einer Linde, die so genannt wurde, weil sie so viel höher und weiter verzweigt war als andere Bäume. Sie grünte in jedem Jahr, es war ihr aber verheißen, dass sie verdorren würde, wenn es mit der Freiheit der Dithmarscher Bauernrepublik vorbei sei, und genauso kam es. Einst aber, so erzählt die Sage, wird eine Elster kommen und auf dem Wunderbaum ihr Nest bauen. Fünf weiße Junge wird sie großziehen, und dann wird auch der Wunderbaum wieder ausschlagen, und Dithmarschen ist wieder frei.
Die großen **Sturmfluten** liefern Stoff für so manche Dithmarscher Sage. So soll einer verbreiteten Überlieferung nach bei der schlimmen Weihnachtsflut von 1717, als halb Dithmarschen überflutet wurde, ein junges Paar mit seinen Kindern Hals über Kopf vom Marnderdeich auf die Geest geflohen sein. Bei der überstürzten Flucht hatten die Eltern jedoch ihr **jüngstes Kind in der Wiege vergessen.** Sie suchten es verzweifelt, als das Wasser langsam ablief, und hatten schon alle Hoffnung verloren, als sie die Wiege bei Marne, hoch oben in einer **Pappel** hängend, fanden. Das Kind lag wohlbehalten darin und schlief.
Wo so viele Schiffe fahren wie auf der Elbe, kann auch der **Klabautermann** nicht weit sein. Genau, dieser geheimnisvolle kleine Wicht, dessen Existenz doch alle Seefahrer beschwören. Schiffe aus dem Ruder laufen lässt er, verschiebt ganze Inseln, Sände und Untiefen. Weil niemand weiß, welche Schiffe er heimsucht, versucht jede Schiffsbesatzung ihn durch Wohlverhalten gnädig zu stimmen.
Wirklich von Angesicht zu Angesicht sahen ihn nur Schiffsbesatzungen und Kapitäne im Moment des Untergangs. Aber sicher ist sicher. Wenn es irgendein unerklärliches Poltern an Bord eines Schiffes gibt, sollte man sich vorsehen, denn das kann ja eigentlich nur der Klabautermann sein.
Zweifellos am meisten ausgeschmückt und der jeweiligen Region angepasst ist die Geschichte um den **Seeräuber Störtebeker,** der zum Mythos wurde. Vom grausamen Piraten bis zum Robin Hood der Meere werden alle nur erdenklichen Varianten bedient. Die Störtebeker-Sage ist sicher eine der verbreitetsten Geschichte an der Küste, die Elbe macht da keine Ausnahme. Die auch Likedeeler, »Gleichteiler« genannten **Vitalienbrüder** unter Godeke Michels und Klaus Störtebeker tauchten ja nicht nur an Nord- und Ostsee, sondern auch an der Elbe auf.
Allein über 100 Orte rühmen sich, den Seeräubern als Schlupfwinkel gedient zu haben, und gut 20 reklamieren für sich, Störtebeker sei in ihren Mauern geboren; von Rügen bis Ostfriesland reicht die Reihe. Einige Wahrscheinlichkeit aber spricht für einen **Mecklenburger Geburtsort.** Auch um seine **Standesherkunft** gibt es mehr Mythen als Tatsachen. Vom friesischen Findelkind bis hin zu einem verarmten adeligen Spross aus

Halsmühlen bei Verden ist alles im Angebot. Eines ist aber klar: Es hat ihn wirklich gegeben, den großen Seeräuber, genau wie seinen Kumpanen Godeke Michels. Doch nicht einmal seinen Vornamen kann man sicher als Klaus angeben, und seinen wirklichen Nachnamen kennt man auch nicht. Der **Name »Störtebeker«** (niederdeutsch »Stürz den Becher«) wurde ihm von Godeke Michels verliehen. Eine der Eintritts-Mutproben bei Michels war, einen Riesenhumpen auf ex auszutrinken, was Störtebeker in eindrucksvoller Manier gelungen sein soll.

Vor allem um **Störtebekers Tod** ranken sich unzählige Sagen, auch wenn sein Ende historisch relativ genau belegt ist. Er wurde tatsächlich im Herbst 1401 in Hamburg auf dem Grasbrook zusammen mit etlichen seiner Kumpane geköpft, nachdem Schiffe des Hamburger Rats ihn gestellt hatten. Die Begleitumstände jedoch ...

Dem Hamburger Rat war das Treiben der Piraten schließlich zu bunt geworden. So wurde **Simon von Utrecht** beauftragt, das schnelle, wendige Schiff »Bunte Kuh« zu bauen und Störtebeker damit zu stellen. Das gelang mit Hilfe einer List bei Neuwerk. Dort schlichen die Verfolger nachts an Bord des Piratenschiffes und gossen **flüssiges Blei** in die Halteösen des Ruders, womit es festgelötet war und sich nicht mehr bewegen ließ. Bei Morgengrauen setzte der Kampf ein, die Hamburger rammten Störtebekers manövrierunfähiges Schiff. Nach schwerem Kampf wurden die Seeräuber überwältigt und Störtebeker mit 70 seiner Kumpane nach Hamburg verbracht.

Einen Teil seines **Schatzes** fand man per Zufall, als nämlich der Schiffszimmermann feststellte, dass die **Masten** des Piratenschiffes aus purem **Gold** waren. Nachdem ganz Hamburg für die erlittenen Verluste entschädigt worden war, wurde mit dem Rest des Schatzes eine Goldkrone für die St. Nikolai-Kirche angefertigt.

Kupferstich von Daniel Hopfer aus dem 16. Jh., der angeblich Klaus Störtebeker zeigt

Die Seeräuber aber wurden zum **Tode durch Enthaupten** verurteilt, was unter Teilnahme von gut 10.000 Hamburgern auf dem Grasbrook geschah. Eine Gnade nur hatte sich der stolze Seeräuberhauptmann erbeten. All die Kumpane sollten mit dem Leben davonkommen, an denen er nach der Enthauptung noch **vorbeigehen** konnte. Und so geschah es. Der Scharfrichter schwang sein Beil, Störtebekers Kopf fiel in den Sand, der Enthauptete stand auf und ging an etlichen seiner Kumpane vorbei, bis der Scharfrichter ihm einen Knüppel zwischen die Beine warf.

Nach den anderen, in den vielen weiteren Schlupfwinkeln verborgenen sagenhaften **Schätzen** Störtebekers suchen Abenteurer heute noch. Wie lebendig die Störtebeker-Geschichte an der Elbe noch heute ist, sieht man, wenn man einen Bootshafen besucht und sich die **Schiffsnamen** anschaut. Da wird man sie dann finden, die Jachten namens »Störtebeker«, »Godeke Michels«, »Bunte Kuh« und »Likedeeler«.

Nicht nur Sagen und Mythen gibt es an der Unterelbe, es gibt auch **Märchen,** die weit über die Grenzen der Region hinaus verbreitet sind. Einige davon machten bestimmte Orte bekannt, wie zum Beispiel **Buxtehude.** Doch, doch, diese Stadt gibt es wirklich, auch wenn man sie vielerorts für eine Märchenschöpfung hält! Buxtehude ist für den Rest der Menschheit das, was für die Buxtehuder selbst Lüneburg ist, nämlich ein Synonym für »Landeskrankenhaus«, oder Irrenanstalt, wie der Volksmund es nennt.

In der Märchenstadt Buxtehude **bellen die Hunde mit dem Schwanze,** und das seit 700 Jahren. Am lautesten bellen diese Hunde am Sonntag. Wie dies? Als der Erzbischof Gieselbert die Stadt gründete, holte er holländische Wasserbauern in die Stadt. Bis dahin hatten die Buxtehuder ihre Kirchenglocken mittels eines großen Hammers zum Läuten gebracht. Die Holländer aber brachten ihnen eine elegantere Möglichkeit bei. Sie banden ein **Seil** - den Schwanz - an die holländisch **»Hunte«** genannte Glocke und läuteten sie, indem sie daran zogen. Das nannten sie **»bellen«.** Fortan »bellten« also die Hunte mit dem Schwanz.

Nun aber zu dem wohl jedermann bekannten Buxtehuder Märchen vom **Hasen und dem Igel.** Diese beiden trafen sich eines Sonntags auf ihrem Spaziergang. Der hochnäsige Hase hänselte den Igel ob seiner krummen, kurzen Beine, weshalb dieser eine Wette vorschlug. Er werde den Hasen beim Wettlauf schlagen. In einer halben Stunde sollte es losgehen. Schnell holte der Igel seine Frau, erklärte ihr seinen Plan, und so geschah es dann. Hase und Igel liefen jeder in einer Ackerfurche los, der Igel aber nur ein Stückchen und kehrte um. Als der Hase am Ende seiner Furche ankam, rief die Igelfrau aus ihre Furche: »Ick bün all hier!« Wieder und wieder folgte das gleiche Spiel, denn der Hase wollte Revanche. 73 Mal hetzte der Hase durch die Furche, beim 74. Mal starb er vor Erschöpfung.

Deichbau – der Kampf gegen den »Blanken Hans«

»Wer nich wüll dieken, de mut wieken«, lautet eine alte Volksweisheit an der Küste: Wer nicht will deichen, der muss weichen. So norddeutsch-nüchtern stellen die Elbanwohner den Jahrhunderte währenden Kampf gegen den »Blanken Hans«, die Gewalt der Sturmfluten dar.

Zwar gibt es für die gesamte Nordseeküste keine urkundlichen Belege, die Frage nach dem **Beginn des Deichbaus** an der Unterelbe ist daher nur unzureichend geklärt. Man geht aber davon aus, dass es Deichbau in dieser Region seit dem **11. Jahrhundert** gibt. Schriftliche Quellen aus jener Zeit berichten über Deichbauten in den Stader Elbmarschen und der Kremper Marsch.

Davor kannte man etwa seit dem 3. bis 4. Jahrhundert nur die (auch Warften genannten) **Wurten.** Dies waren natürliche oder künstlich aufgeschichtete Erdhügel, auf die man die Gehöfte baute, um sie vor Sturmfluten zu schützen. Im Laufe der Jahrhunderte wurden diese Wurten erhöht und verbreitert. Manche sogar so sehr, dass ganze Ortschaften darauf errichtet werden konnten, wie es in Freiburg und dem Drochtersener Ortskern der Fall ist. Später wurden die Wurten oft mit **Ringdeichen** verbunden, die auch als Verkehrswege dienten.

Eine Ausnahme machte das **Alte Land,** das damals in ein Delta zergliedert war, das Sturmfluten von den Siedlungsräumen weitgehend abhielt. Dort gab es keine Wurten, sondern lediglich **Fluchtberge,** auf die sich Mensch und Tier bei Hochwasser retten konnten. Hauswurten entstanden dort erst nach den Eindeichungen, Ringdeiche gab es gar nicht.

Wie sahen nun die **Elbmarschen-Landschaften** vor Beginn der Eindeichungen aus? Die Landschaft im Urstromtal der Elbe

So kann es enden, wenn Deiche fehlen

war fast durchgängig in einen ein bis zwei Meter über dem Meeresspiegel liegenden, **Hochland** genannten Uferrücken sowie das tief liegende **Sietland** am Rand der Moore gegliedert. Gedeicht werden musste nun sowohl gegen die **Tideflüsse** als auch gegen das von Moor und Geest ins Sietland fließende **Oberflächenwasser.** Von sächsischen Siedlern bewohnt dürfte damals lediglich das Hochland gewesen sein. Viele **Ortsnamen** enden hier auf »-fleth«. Sie belegen heute noch die ursprünglichen Wege der **Fleete,** den von Menschenhand geschaffenen tideabhängigen Wasserläufen, die der Entwässerung dienten und das Oberflächenwasser von der Geest in die Elbe führten.

Als gesichert gilt, dass die ersten Deiche von **holländischen Kolonisten** erbaut wurden, die im 11. Jahrhundert aus Flandern die fortschrittlichste Wasserbautechnik mitbrachten. Und damit wurde die Landschaft an der Unterelbe tiefgehend verändert. Durch den Deichbau wurden die natürlichen Wasserläufe langsam abgeklemmt, neue Entwässerungsgräben mussten viel tiefer liegend gegraben werden und durch Siele in den Deichen abgeführt werden.

Von Anfang an waren Deichbau und **Entwässerung** kombiniert, sie bedingten einander. Die Elbmarschen lagen nämlich nicht etwa von Natur aus unter dem Meeresspiegel, sie senkten sich erst nach der Eindeichung ab, weil die Böden sich durch die Entwässerung verfestigten. Der Zusammenhang zwischen Landgewinnung durch Eindeichung und der Entwässerung wird besonders an der **Wilster Marsch** deutlich, die mit ihrem moorigen Untergrund nach der Eindeichung immer weiter unter den Meeresspiegel absank. Dementsprechend musste dort auch der Wasserspiegel durch ein kompliziertes System von **Schöpfmühlen** ständig weiter gesenkt werden. Dies wurde erst ab dem 17. Jahrhundert durch das von Niederländern ins Land gebrachte Wissen möglich. So konnten dann Moore in **Köge** verwandelt werden, die landwirtschaftlich nutzbar waren.

Das Wesen dieser so genannten **Hollerkolonisation** war ein geschlossenes Siedlungsgebiet, das aus Poldern fruchtbaren Landes bestand und von Winterdeichen umgeben war. Die eingedeichten Polder waren rechteckig vermessene Fluren. Sie lagen direkt hinter schnurgerade an einer Straße aufgereihten Hofstellen und hatten die Größe einer Hufe (heute ca. 20 Hektar). Diese planmäßig geschaffenen **Marschhufendörfer** waren kennzeichnend für die Hollerkolonisation. Entwässert wurden sie durch ein System parallel und rechtwinklig angeordneter Gräben, **Wettern** genannt.

Die Hollerkolonisation prägt und gliedert das Land bis heute; ein schönes Beispiel dafür ist das Altländer Dorf **Hollern,** das direkt vor den Toren Stades liegt. Dort gibt es 450 Kilometer Gräben und elf Kilometer Deiche, die ursprüngliche Anlage ist noch deutlich zu erkennen.

Der Prozess der Landgewinnung dauerte Jahrhunderte. Die Deichhöhe richtete sich nach den jeweiligen Erfahrungswerten der dort siedelnden Menschen, und auch die Bauart der Deiche wandelte sich mit den fortschreitenden Erkenntnissen. Zunächst waren sie relativ niedrig, oft kaum höher als einen Meter und immer von Deichbrüchen bei Sturmfluten bedroht, denn der Untergrund war weich.

Ab dem Spätmittelalter fuhr man zweigleisig. Man baute ca. einen Meter hohe **Sommerdeiche,** die ankommende Wellen brechen, Treibgut auffangen sowie Vieh und Äcker während der Vegetationsperiode vor den niedrigeren Fluten des Sommers schützen sollten. Bis zu einem Kilometer landeinwärts baute man die etwa doppelt so hohen **Winterdeiche** (Hauptdeiche), um die Siedlungen zu schützen. Man profitierte bei diesem System von einer automatischen Düngung der landwirtschaftlich genutzten Flächen durch Überflutungen im Winter, während die heranwachsende Aussaat im Sommer vor dem Wegspülen geschützt war.

Die Deiche wurden **immer höher,** jede neue Katastrophe ließ sie wachsen. Im 17. Jahrhundert waren die höchsten Kronen der Elbdeiche schon fast 4 Meter hoch. Dabei war der Deichbau immer eine gewaltige Aufgabe, die gemeinschaftliches Vorgehen voraussetze. Ab dem 17. Jahrhundert wurde der Deichbau auch **privatwirtschaftlich** betrieben. Erstmals stellte der Gottorfer Herzog Friedrich III. 1652 einen Freibrief aus, nach dem Niederländer den Sieversflether Koog eindeichen durften. Finanziell lohnend für den damaligen Investor war dieses Modell, wenn ein Kilometer Deichlänge etwa 100 Hektar Marschboden sicherte.

Das noch heute übliche **Deichprofil,** das zum Fluss oder zur See hin stark abgeflacht ist, um dem Wasser bei Sturmflut die Gewalt zu nehmen, setzte sich erst im 18. Jahrhundert durch. Genau dieses Profil unterscheidet den Deich übrigens vom **Damm,** dessen beide Flanken gleich profiliert sind.

Also Gefahr erkannt, Deiche gebaut, Gefahr gebannt? So war es keinesfalls: Die 800-jährige Geschichte des Deichbaus an der Unterelbe ist ein ebenso langer Kampf gegen den »Blanken Hans«, ein Auf und Ab zwischen verheerenden, immer höher auflaufenden Sturmfluten und immer mächtigeren Deichen.

Viele Menschen erinnern sich noch an die Jahrhundertflut vom **17. Februar 1962,** bei der 314 Menschen starben. In Folge dieser Katastrophe wurde ein gigantisches **Deichbauprogramm** initiiert, das die Bewohner der Unterelbe endgültig in Sicherheit bringen sollte. Die Deiche wurden so weit **an den Fluss** versetzt wie nur eben möglich, und **höher** gebaut als die bisherigen, dazu wurde vor fast jede Fluss- oder Nebenarmmündung ein **Sperrwerk** gesetzt. Die nun direkt am Fluss verlaufenden Deiche wurden gegen die Gewalt der tobenden Sturmfluten wasserwärts mit Steinpackungen gesichert. Die **Deichlinie** wurde um 1200 Kilometer auf 602 Kilometer verkürzt, das Vordeichland, die **Überflutungsfläche** bei Sturmfluten, nahm um 75 Prozent ab.

Aber das Küstenschutzprogramm hielt nicht, was man sich davon versprach. Bereits **1972** folgte die nächste große Sturmflutkatastrophe mit noch **höheren Pegelständen** (6,45 über NN gegenüber 5,70 über NN im Jahre 1962), und wiederum brachen unzählige Deiche oder wurden glatt überspült, riesige Wassermassen ergossen sich in die Elbmarschen. Der »Blanke Hans« hatte wieder zugeschlagen.

Warum war das geschehen? Hatte man zu niedrig gebaut? Hatte man mit den flankierenden Maßnahmen, vor allem dem Eindeichen der Überflutungsflächen, zu stark in die Natur eingegriffen?

Erst im späten 20. Jahrhundert setzte sich endgültig die Erkenntnis durch, dass es **Zusammenhänge** gibt zwischen der **Trichterwirkung** durch die immer höheren Deiche im Unterelberaum, der größeren **Fließgeschwindigkeit** des immer stärker ausgebaggerten Flusses und den immer höheren **Pegelständen,** die bei schweren Sturmfluten erreicht werden – mal ganz abgesehen von den ökologischen Folgen. Die unsichtbare Kanalisierung der Elbe durch die Ausbaggerungen brachte eine Vergrößerung des Tidenhubes in Hamburg um **1,5 Meter** mit sich, er beträgt jetzt 3,5 Meter. Obendrein

Denkmal für die Deichbauer

Chronologie der größten Sturmfluten

Es waren **Geistliche,** die etwa seit dem frühen 11. Jahrhundert in ihren Chroniken auch die großen Sturmfluten beschrieben. Sie waren es auch, die diese Katastrophen nach den Kalenderheiligen oder den Feiertagen benannten, auf die sie fielen. Sie betrachteten Sturmfluten, ähnlich wie die biblischen Plagen, als eine **Strafe Gottes.**

17. Februar 1164: Die Kolonisation des Elbgebiets hat eben begonnen, da zerstört die **Julianenflut** viele gerade erst angelegte Deiche, auch den Ringdeich der Burg in Hamburg. Etwa 20.000 Menschen sterben an der Küste. Helmut von Bosau berichtet dies in seiner Slawenchronik.

16. Januar 1219: Die **Erste Marcellusflut** kostet über 10.000 Menschen das Leben, die Marschländer werden fast vollständig überschwemmt, besonders betroffen sind Eiderstedt, Dithmarschen und Nordstrand.

28. Dezember 1248: Die **Allerkindleinsflut** löst die westfriesischen Inseln vom Festland ab, und im Elbebereich werden Alten- und Finkenwerder von der eingedeichten Elbinsel Gorieswerder getrennt; viele Menschen ertrinken.

16. Januar 1362: Die **Zweite Marcellusflut** wird unter dem Namen **»Grote Mandränke«** bekannt, denn bei ihr sterben an die 100.000 Menschen. Es ist eine der größten Sturmflutkatastrophen, bei der weite Gebiete überschwemmt werden und viel Land verloren geht. Östlich von Pellworm versinkt das sagenhafte Rungholt. Legenden bilden sich, die aus Rungholt ein märchenhaft reiches Sündenbabel machen, dessen Untergang eine Strafe Gottes war. Detlev von Liliencron schreibt 1882 darüber sein Gedicht »Trutz, Blanke Hans«.

21. November 1412: Die **Cäcilienflut** hinterlässt an der Unterelbe große Schäden. Besonders die von den Fluten der Vorjahre bereits angeschlagenen Dörfer der Dritten Meile des Alten Landes verzeichnen schwere Zerstörungen. An der Estemündung wird ein ganzes Dorf vernichtet, Hahnöfersand wird vom Festland abgetrennt, 30.000 Tote sind zu beklagen.

1. November 1436: Diese **Allerheiligenflut** trifft die gesamte Nordseeküste.

6. Januar 1470: Die **Heilige Dreikönigsflut** überschwemmt große Teile der Elbmarschen. Sie läuft angeblich fast eine ganze Elle höher auf als die Cäcilienflut.

1. November 1532: Bei der **Allerheiligenflut** kann man in vielen Städten und Dörfern mit Kähnen fahren. In Norddithmarschen ertrinken viele Tausend Menschen.

1./2. November 1570: Bei dieser **Allerheiligenflut** brechen im Alten Land, in den Vier- und Marschlanden die Deiche.

21. August 1573: Diese Sturmflut wird **»Kornflut«** genannt, weil bei ihr viel Korn auf den Feldern vernichtet wird. Sie ist eine der wenigen Sommersturmfluten und trifft auf die noch von den Fluten der vorangegangenen Winter geschädigten Deiche.

26. Februar 1625: Die auch **»Eisflut«** genannte Fastnachtsflut lässt scharfkantige, große Eisschollen auf die Deiche prallen, die sie schwer beschädigen.

17. Oktober 1634: Die **Zweite Mandränke** wird auch **»St.-Pauli-Bekehrungsnachtflut«** genannt. Seitdem sind Nordstrand und Pellworm getrennte Inseln. Auch an der Elbe gibt es verheerende Schäden, der Estedeich bricht in Hove auf 900 Metern Länge. Besonders schwer sind die Schäden, weil die Deiche während des Dreißigjährigen Krieges nicht gepflegt werden konnten.

24./25. Dezember 1717: Diese **Weihnachtsflut** war *die* Flut des 18. Jahrhun-

Flutkanonen warnten Generationen von Stadern vor Sturmfluten

derts. In Hamburg soll der Wasserstand sogar einen Pegel von 5,06 Metern über NN erreichen, höher als jemals zuvor gemessen. Stillhorn, Finkenwerder, Moorburg und die ganze Dritte Meile des Alten Landes sind überflutet, insgesamt mehr als 6000 Quadratkilometer. Mehr als 11.500 Menschen sterben, gut 100.000 Stück Vieh ertrinken, an die 8000 Gebäude werden zerstört; allein in der Dritten Meile des Alten Landes brechen die Deiche 13 Mal. Besonders gravierend und lange nicht zu reparieren ist der Grundbruch bei Wischhafen in Kehdingen.

3./4. Februar 1825: Diese Sturmflut ist eine Springflut, die auf Deiche trifft, die durch die vielen Sturmfluten des Winters angeschlagen sind. In Hamburg St. Pauli wird ein Pegelstand von 5,24 Metern über NN gemessen. In der Dritten Meile des Alten Landes brechen die Deiche an 44 Stellen.

1./2. Januar 1855: Bei der **Neujahrsflut** wird das Alte Land wiederum schwer getroffen. Es gibt einen Grundbruch am Estedeich, und die Dritte Meile steht einmal mehr unter Wasser. Die Flut läuft auf 5,08 Meter über NN auf.

16./17. Februar 1962: Besonders hart getroffen wird das Hamburger Stadtgebiet, wo der Deich an 60 Stellen bricht. Drei Brüche sind große Grundbrüche, 12.500 Hektar werden überschwemmt, also ein Sechstel des Hamburger Stadtgebietes. Von den insgesamt zu beklagenden 340 Toten ertrinken allein im Hamburger Stadtgebiet 315, da die Flut für die Menschen in Hamburg überraschend kommt. Am Pegel von St. Pauli wird ein Wasserstand von 5,70 Meter über NN abgelesen.

3. Januar 1976: Diese Sturmflut erreicht den bisher höchsten Pegelstand in Hamburg überhaupt: 6,45 Meter über NN. Tote gibt es nicht zu beklagen. Es ist die zweite schwere Sturmflut binnen weniger Tage. Es gibt Schäden und Deichbrüche, aber sowohl das Warnsystem als auch der Katastrophenschutz funktionieren.

Genügsame »Rasenmäher«:
die Schafe auf den Deichen

wurde die Tidewelle erheblich schneller, sie ist jetzt **20 Minuten früher** in Hamburg als vor 1962.

Dennoch werden die Deiche **weiter erhöht,** dazu scheint es keine Alternative zu geben. Im Jahr **2004** investierte allein das Land Niedersachsen **45,7 Millionen Euro** in den Deichbau an Unterelbe und Nordseeküste. Deichbau war und ist mit großem Aufwand verbunden und teuer. Bezahlen tun wir Elbanrainer das alle, schön solidarisch und auch dann, wenn unsere Häuser nicht in der absoluten Gefahrenzone stehen.

Bleibt nur noch eine Frage zu klären: Warum laufen so viele **Schafe** auf den Deichen herum? Ganz einfach: Kurzes Gras hält die Erde der Deiche fest. Mähmaschinen würden diese Grassoden nicht pfleglich genug behandeln. Die Schafe sind ideal geeignet, das Gras auf sanfte Art kurz zu halten, sie fressen es ab, ohne daran zu reißen, und ihre Hufe verfestigen den Boden im Weitergehen in genau dem richtigen Maß.

Schlickrutscher und Ozeanriesen – Menschen und Schiffe auf der Unterelbe

Schifffahrt wird seit jeher an der Elbe betrieben, von der Binnen- über die Küsten- bis hin zur Seeschifffahrt. Gleiches gilt für die Küstenfischerei, vom simplen Ruderkahn über den Fischkutter und den Trawler bis zum Fabrikschiff und Walfangmutterschiff war an der Unterelbe alles vertreten. Lange Zeit war ein Leben ohne Schiffe nicht vorstellbar, denn in den nassen Marschen waren Gewässer die besten **Transportwege** zwischen den kleinen und großen Häfen und der weiten Welt. Seehandel, Fischerei und Seefahrt prägten die Region.

Die **Häfen** an Elbe, Stör, Pinnau, Oste und all den anderen Elbnebenflüssen sind noch heute Orte mit ganz eigener Atmosphäre. Historische Schiffe liegen neben hochmodernen Segeljachten, Hafenidylle mit hölzernen Planken gibt es noch heute, frischer Fisch und Krabben werden angelandet, Menschen mit Plastiktüten in den Händen warten gemütlich klönend geduldig auf den Fischkutter.

Rundum das weite grüne Land, große Pötte, die hinter den Deichen vorbeiziehen. Man spaziert auf dem Deich von Leuchtturm zu Leuchtturm, mit freiem Blick bis zum Horizont, von frischer Seeluft durchgepustet, und zur Abrundung gibt es frischen Matjes oder die klassische Kutterscholle - Maritimem kann man kaum entgehen an der Unterelbe.

Wenn Hamburgs Hafen »Das Tor zur Welt« genannt wird, ist die Unterelbe die Straße in die Welt hinaus, und tatsächlich, am Elbufer den dicken Pötten nachzuschauen, lässt die Gedanken in die Ferne schweifen. Unwillkürlich träumt man sich davon, malt sich aus, wo die Ozeanriesen hindampfen.

Trutz, Blanke Hans

Detlef von Liliencron schrieb dieses Gedicht mit dem historischen Hintergrund der Großen Mandränke im Jahre 1882.

Trutz, Blanke Hans

Heute bin ich über Rungholt gefahren,
die Stadt ging unter vor sechshundert Jahren.
Noch schlagen die Wellen da wild und empört
wie damals, als sie die Marschen zerstört.
Die Maschine des Dampfers schütterte, stöhnte,
aus den Wassern rief es unheimlich und höhnte:
Trutz, Blanke Hans!

Von der Nordsee, der Mordsee,
vom Festland geschieden,
liegen die friesischen Inseln im Frieden,
und Zeugen weltenvernichtender Wut,
taucht Hallig auf Hallig aus fliehender Flut.
Die Möwe zankt schon auf wachsenden Watten,
der Seehund sonnt sich auf sandigen Platten.
Trutz, Blanke Hans!

Mitten im Ozean schläft bis zur Stunde
ein Ungeheuer, tief auf dem Grunde.
Sein Haupt ruht dicht vor Englands Strand,
die Schwanzflosse spielt bei Brasiliens Sand.
Es zieht, sechs Stunden, den Atem nach innen
und treibt ihn, sechs Stunden, wieder von hinnen.
Trutz, Blanke Hans!

Doch einmal in jedem Jahrhundert entlassen
die Kiemen gewaltige Wassermassen.
Dann holt das Untier tiefer Atem ein
und peitscht die Wellen und schläft wieder ein.
Viel tausend Menschen im Nordland ertrinken,
viel reiche Länder und Städte versinken.
Trutz, Blanke Hans!

Rungholt ist reich und wird immer reicher,
kein Korn mehr faßt selbst der größeste Speicher.
Wie zur Blütezeit im alten Rom
staut hier alltäglich der Menschenstrom.
Die Sänften tragen Syrer und Mohren,
mit Goldblech und Flitter in Nasen und Ohren.
Trutz, Blanke Hans!

Auf allen Märkten, auf allen Gassen
lärmende Leute, betrunkene Massen.
Sie ziehn am Abend hinaus auf den Deich:
»Wir trutzen dir, Blanker Hans, Nordseeteich!«
Und wie sie drohend die Fäuste ballen,
zieht leis aus dem Schlamm der Krake die Krallen.
Trutz, Blanke Hans!

Die Wasser ebben, die Vögel ruhen,
der liebe Gott geht auf leisesten Schuhen,
der Mond zieht am Himmel gelassen die Bahn,
belächelt den protzigen Rungholter Wahn.
Von Brasilien glänzt bis zu Norwegs Riffen
das Meer wie schlafender Stahl,
der geschliffen.
Trutz, Blanke Hans!

Und überall Friede, im Meer, in den Landen.
Plötzlich, wie Ruf eines Raubtiers in Banden:
das Scheusal wälzte sich, atmete tief
und schloß die Augen wieder und schlief.
Und rauschende, schwarze, langmähnige Wogen
kommen wie rasende Rosse geflogen.
Trutz, Blanke Hans!

Ein einziger Schrei - die Stadt ist versunken,
und Hunderttausende sind ertrunken.
Wo gestern noch Lärm und lustiger Tisch,
schwamm andern Tags der stumme Fisch.–
Heut bin ich über Rungholt gefahren,
die Stadt ging unter vor sechshundert Jahren.
Trutz, Blanke Hans!

Ein Schiff wird kommen ... in diesem Fall die »Queen Mary II«

Schiffegucken an der Unterelbe hat etwas, besonders auf den Anlegern der Linienschiffe. Da fühlt man sich selbst schon fast wie auf einem Schiff. Sie schwanken immer leicht, diese Pontons, arbeiten quietschend mit der Elbströmung gegen die Dalben, an denen sie festgemacht sind.
Eine leichte Brise weht am Elbufer meist, lässt kleine Wellen gegen die Anleger platschen, an denen Ausflugsschiffe auf Passagiere wartend vor sich hindümpeln, mehr oder weniger heftig bewegt vom Schwell der vorbeifahrenden Schiffe. Hier und da eine Bank oder auch einmal ein kleiner Imbiss laden zum Genießen der maritimen Szenerie ein. Möwen schreien, die Luft ist salzig. Es riecht nach Meer, Fisch und Seefahrtsromantik, obwohl die See noch 100 Kilometer entfernt ist. Vom Schlickrutscher bis zum Ozeanriesen ist alles dabei, wenn man Glück hat, zieht sogar gerade eines der großen Traumschiffe wie die »Europa« oder die »Aida« vorbei.
Wie attraktiv auf der Unterelbe fahrende Schiffe sein können, bewies der Juli 2004, als die **»Queen Mary II«,** das mit 345 Metern Länge **größte Passagierschiff der Welt,** für einen Tag Hamburg anlief. Zehntausende standen an den Deichen, ein buntes Gemisch von Urlaubern und Einheimischen, und sahen dieses auch für Freunde traditioneller Schiffslinien ausgesprochen schöne Schiff vorüberziehen. Etwas Ähnliches wie das folgende Verkehrschaos hatte das Alte Land noch nicht gesehen.

Die Revolution der Blechschachteln

Betrieb ist immer auf der Unterelbe. Der Bereich zwischen Brunsbüttel und der Elbmündung, also die Zufahrt zum Nord-Ostsee-Kanal, gilt sogar als die **meistbefahrene Schifffahrtsstraße der Welt.**
Rund 14.000 Schiffe laufen pro Jahr den **Hamburger Hafen** an, der der bei weitem größte Deutschlands und der zweitgrößte Europas ist. Keine 24 Stunden dauert es im Containerhafen, dem modernsten Teil des Hafens, bis so ein Riese entladen ist.
Heute stehen alle Unterelbhäfen im Zeichen des **Containerverkehrs.** Auf der Elbe rechnet man für den Zeitraum 1986 bis 2010 mit einem Anwachsen des Containerverkehrs auf das Achtfache. Dieser Siegeszug war nicht abzusehen, als 1967 die Reederei Sealand die ersten Metallbehälter über den Atlantik nach Europa schickte. Keine drei Jahrzehnte, und der klassische Stückgutverkehr und mit ihm die kleinen und großen Stückgutfrachter waren von der Bildfläche verschwunden.
Die Vorteile lagen auf der Hand. Stückgutumschlag war bis dahin sehr arbeitsintensiv und teuer gewesen. Durch den Umschlag genormter Container wurden die **Hafenliegezeiten** durch Be- und Entladezeiten drastisch verkürzt. Mit der viel besungenen Seefahrtsromantik war es nun endgültig vorbei. Die Liegezeiten sind inzwischen so kurz, dass es oft Monate dauert, bis die Seeleute einmal einen kurzen Landgang haben – da

wäre gar keine Zeit mehr für das berühmte »In-jedem-Hafen-eine-Braut«.

Die Einführung der bunten Metallboxen brachte eine **Revolution des Transportwesens** mit sich, denn mit dem Containerumschlag entwickelte sich binnen zwanzig Jahren ein integriertes logistisches System, das Land- und Seetransport effektiv miteinander verband. Neue Transportfahrzeuge entstanden auf See und an Land, neue Hafenanlagen wurden weltweit aus dem Boden gestampft. Heute gibt es kaum noch ein Stückgut, das nicht in Containern versandt werden kann, auf der Elbe werden inzwischen etwa 80 Prozent aller Stückgüter in Containern transportiert.

Hatten die ersten Containerschiffe noch Kapazitäten von 1200 Boxen, befahren heute Schiffe mit mehr als **6000 Containern** an Bord die Weltmeere. Im Laufe dieser Entwicklung schnellten die **Tiefgänge** der Schiffe sprunghaft in die Höhe, sie liegen heute bei 10 bis 12 Metern. Wenn man weiß, dass die Unterelbe bis Hamburg tideunabhängig nur von Schiffen mit einem Tiefgang von maximal 12 Metern befahren werden kann, weiß man, warum eine weitere Vertiefung der Unterelbe im Gespräch ist.

Die erste schiffbautechnische Revolution

Schon immer hatte die Entwicklung der Schiffbautechnik großen Einfluss auf die Geschichte und Geschicke der Unterelbregion. Die erste revolutionäre Entwicklung ließ auch die Hafenstädte an der Elbe aufblühen, denn der Siegeszug der **Hansekogge im 13. Jahrhundert** stellt den eigentlichen Beginn der Seeschifffahrt an Deutschlands Küsten dar und machte den Fernhandel über Nord- und Ostsee erst möglich, der schnell zur Domäne der **Hanse** wurde.

Mehr als 150 Tonnen transportierten die ersten Exemplare des neuen Schiffstyps mit dem viereckigen Rahsegel am einzigen Mast. Bald passten **über 250 Tonnen** in die hochbordig gewölbten, klinkerbeplankten Rümpfe der bis zu 30 Meter langen Koggen. Das war mehr als das Zehnfache der bis dahin möglichen Zuladungen. Zu ihrer Blütezeit im 14. Jahrhundert verfügten die Hanseschiffe zusammen über gut 100.000 Tonnen Ladefähigkeit.

Aus den losen **Bündnissen von Händlern,** den Hansen (von althochdeutsch *hansa,* »Kriegerschar, Gefolge«), die sich in

Kolosse mit Tiefgang: Containerschiffe

Kogge

fernen Städten und Ländern gegenseitigen Schutz und Unterstützung boten, wurde ein mächtiges Bündnis fast aller bedeutenden Handelsstädte (z.B. Hamburg, Bremen, Oslo, Brügge, Rostock, Wismar). Als sich die zunächst nur lose zusammenarbeitenden Städte **1356** in Lübeck zum **Hansebund** zusammenschlossen, war die Konföderation längst zur alles beherrschenden Handelsmacht des Nordens geworden. Ihre Handelswege sicherte die Hanse notfalls auch mit Waffengewalt, denn die Koggen waren **kombinierte Fracht- und Kriegsschiffe.**

Hansekoggen waren auch auf der Unterelbe ein alltäglicher Anblick. Nicht nur Hamburg, auch kleinere Städte wie **Stade** und **Buxtehude** waren Hansestädte und wurden von Koggen mit ihren je nach Größe und Beladung ein bis gut zwei Metern Tiefgang angelaufen. Auch das Aufblühen dieser Städte ist eng mit dieser schiffbautechnischen Revolution verbunden.

Die Kogge sicherte nicht nur das Wohlergehen der Hansestädte, sie war auch die Mutter aller späteren Weiterentwicklungen in der Seeschifffahrt unter **Segeln,** die schon bald die großen Entdeckerfahrten möglich machten.

Das Ende der Großsegler

Im Laufe der Jahrhunderte wurde der Rumpf der Schiffe schlanker und mit weiteren Masten versehen. Bis hin zu den legendären **Klippern** (vermutlich vom englischen *clip*, »sich schnell bewegen«) des ausgehenden 19. Jahrhunderts, die bereits aus Stahl gefertigt waren, ging die Entwicklung. Das 1902 in Geestemünde an der Weser einzige jemals gebaute Fünfmastvollschiff, die **»Preußen«,** war 124 Meter lang und lief 17 Knoten (31,5 Stundenkilometer). Dieses Tempo, mit dem andere Kapitäne nicht rechneten, wurde der »Preußen« zum Verhängnis: Ein kleiner Kanaldampfer bohrte sie vor Dover in den Grund. Die »Preußen« gehörte der Hamburger Reederei Ferdinand Laeisz, deren Schiffsnamen alle mit einem »P« begannen, weshalb man sie »Flying P-Clipper« nannte. Wie die »Passat« und die »Pamir« war auch die »Preußen« in der Salpeterfahrt nach Chile eingesetzt. Die schnellste Reise der »Preußen« vom Ausgang des Englischen Kanals nach Iquique dauerte nur 57 Tage.

Der Standardgroßsegler der vorletzten Jahrhundertwende waren die hohe Frachtraten tragenden stählernen **Halbklipper,** die im Tempo durchaus mit Dampfern mithalten konnten. Ihre große Zeit ging zu Ende, als billiges rasches Kohlebunkern in immer mehr Häfen der Welt möglich wurde.

Noch heute ist es ein großartiger Anblick, wenn die stolzen alten Segler dieser großen Zeit der Windjammer zum Hamburger Hafengeburtstag die Elbe hinauflaufen. Allesamt sind sie rahgetakelte Halbklipper.

Mit der **Dampfschifffahrt** setzte die transatlatische Handelsschifffahrt ein. Immer wichtiger wurde der Ferntransport über Atlantik und Pazifik. Und bald wurde auch der **Transport von Menschen** zum lukrativen Geschäft an Weser und Unterelbe. Hier lagen die Traumhäfen vieler Verzweifelter, Abenteurer und Hoffnungsvoller. Cuxha-

Begegnung von »Kruzenshtern« und »Mir«

ven an der Elbmündung wurde einer der wichtigsten Häfen für **Auswanderer** und **Kreuzfahrer.** Bis zum Anfang des 20. Jahrhunderts konnte Hamburg nicht von den großen Ozeanlinern angelaufen werden, die Elbe war dafür noch nicht tief genug ausgebaggert.

Das Geschäft boomte, allein im Jahre 1900 verschifften HAPAG-Dampfer gut **65.000 Auswanderer** über den Atlantik, die Schiffe wuchsen, die Hafenanlagen mussten angepasst werden.

Auch die Reichen und Schönen der Zeit entdeckten die Reize der Seefahrt. Mit dem Siegeszug der ab 1855 im Transatlantikverkehr eingesetzten Dampfer war vom Wind unabhängige Verlässlichkeit in die Seefahrt gekommen. Nun konnten Fahrpläne aufgestellt und auch eingehalten werden. Auch konnte nun ein geradezu verschwenderischer **Luxus und Komfort** geboten werden, der manches Fünfsternehotel in den Schatten stellte. Transatlantikfahrten als Lustbarkeit kamen in Mode.

Die Cuxhavener **HAPAG-Hallen** erzählen noch heute von dieser Zeit. Nicht nur, dass am Steubenhöft auch die Traumschiffe der Jetztzeit festmachen, eine Ausstellung zeigt, wie es zuging in den großen Zeiten der Luxusliner.

Den **Linien-Schiffsverkehr** nach Nordamerika gibt es seit 1965 nicht mehr, Flugzeuge sind konkurrenzlos in unserer schnelllebigen Zeit. Die Dampfer sind längst Vergangenheit, selbst wenn Schiffe noch immer so genannt werden. Heute fährt man mit leistungsstarken **Dieselmotoren.**

Auch die **regionale Linienschiffahrt** auf der Elbe ist bis auf die Fähren Geschichte, die charakteristischen weiß-grünen Hadag-Schiffe wurden ausgemustert. In jüngster Zeit bastelt man an einem neuen wasserge-

stützten Nahverkehrskonzept mit **Schnellkatamaranen**, die sowohl im Tempo, als auch was den Preis betrifft, mit Bahn und Pkw konkurrieren können. Nun weiß auch der Elbanwohner nach einem Blick auf den Strom wieder, wie spät es etwa ist, wenn die Schnellfähre vorüberrauscht.

Die jüngste Revolution der Schifffahrt, die wir nun tagtäglich auf der Elbe sehen, ist nicht mehr antriebstechnischer Natur, wie vorher das gut 200 Quadratmeter große Rahsegel der Koggen oder die Weiterentwicklung der Rümpfe und Besegelungen, der Siegeszug der Dampfkraft und später der Dieselmaschinen. Die moderne **Containerschifffahrt** nämlich ist ein **logistisches Konzept**, das Verkehr integriert betrachtet und den Land- und Seetransport miteinander vernetzt.

Küstenschifffahrt

Der große Strom bestimmte immer das Leben in dieser Region, einerseits als drohende **Gefahr**, andererseits als **Lebensader.** Über Kanäle, Fleete und Gräben wurde das Marschland entwässert, diese Wasserstraßen dienten gleichzeitig als Transportwege für Mensch und Gut. Die vielen kleinen Häfen an der Elbe und ihren Nebenflüssen erzählen noch von der einstigen Bedeutung des Schiffstransportes.

An der Unterelbe war es hauptsächlich die Küstenschifffahrt, die Menschen mit Gütern versorgte und die regionalen Produkte auf die Stadtmärkte brachte. Die Städte entwickelten sich, Handel und Handwerk brauchten Transportmittel, um den Absatz nach außerhalb zu sichern.

Vor allem das Wachstum **Hamburgs** mit seinem sich ständig vergrößernden Bedarf an Waren aller Art sicherte stetig steigende Frachtraten. Durch die vielen kleinen Wasserläufe im Marschgebiet am Unterlauf der Elbe war der Transport weder per Eisenbahn noch auf der Straße durchführbar. Kleine **Segler** waren hier noch bis vor einem Jahrhundert das einzige sinnvolle Transportmittel.

Eine der wichtigsten Küstenschifffahrtsregionen an der Elbe war und ist **Kehdingen.** Seit dem 19. Jahrhundert war hier eine Vielzahl der für die Zeit typischen Schiffe beheimatet. Sie befuhren die Elbe und ihre Nebenflüsse, die Küstengewässer der Nordsee, und gelangten zunächst durch die Eider und ab 1895 durch den Nord-Ostsee-Kanal in die Ostsee.

Anfangs bestand die Küstenschifffahrtsflotte aus **hölzernen Seglern** unterschiedlicher Größe, vor allem aus Tjalken, Schonern und Ewern. Besonders die **Ewer** beherrschten das Bild der Segelschifffahrt auf der Unterelbe, denn dieser Schiffstyp war der Region ideal angepasst. Wenig Tiefgang erlaubte das Anlaufen kleiner Häfen, ein flacher Schiffsboden ermöglichte das Trockenfallen bei Ebbe. Die Ewer hatten Seitenschwerter, um die Segeleigenschaften zu verbessern, und die Masten waren klappbar, um unter Brücken hindurchfahren zu können.

Zu jener Zeit wurden die Schiffstypen in ihren Abmessungen den **örtlichen Gegebenheiten angepasst,** nicht umgekehrt wie heute. Sie waren genau so lang und breit, dass sie kleine Häfen anlaufen und Schleusen passieren konnten, selbst treideln (von Land aus ziehen) konnte man die Ewer.

Vor einem Jahrhundert noch gab es rund 2000 dieser Frachtsegler, die noch bis 1930 aus Holz gebaut wurden, bevor sich auch bei diesem Schiffstyp die Stahlbauweise durchsetzte. Noch vor dem Zweiten Weltkrieg wurden immer mehr Ewer motorisiert, und an die Stelle der Masten kamen Ladebäume. Die Entwicklungsstufe der Dampfschifffahrt wurde an der Küste übersprungen, vom Segler ging es gleich zum **Küstenmotorschiff,** das kurz »Kümo« genannt wird.

Schiff am Haseldorfer Hafen

Seezeichen, Leuchttürme und Romantik

»Mutti, Mutti, schau mal, der Turm da hat Ringelsöckchen an«, verkündete eine kleine Landratte, als sie offenbar zum ersten Mal einen Leuchtturm sah.

Das Interessante daran ist, dass alle diese »Ringelsöckchen« verschiedene **Muster** haben, was keineswegs ein Zeichen von Unordnung ist, sondern sehr gewollt. So kann der Navigator an Bord nämlich auch am Tage ganz einfach und zuverlässig bestimmen, um welchen Leuchtturm es sich handelt.

Deshalb gibt es an der ganzen Elbe und Nordseeküste **keine zwei gleich aussehenden Leuchttürme.** Zwar gibt es baugleiche Modelle, die sind dann aber verschieden angestrichen. Erst an der Ostsee findet man wieder Leuchttürme, die denen an der Nordseeküste zum Verwechseln ähneln.

Wenn es dunkel genug ist, um ihr Licht auch zu sehen, kann man sie an ihrer **Kennung** unterscheiden, wie der Navigator es nennt. Diese Kennung beschreibt die **Taktung des Leuchtfeuers,** also den Rhythmus, in dem es an- und ausgeht, die Länge dieser Intervalle und die Anzahl der Wiederholungen pro Minute. Die Kennung ist, genau wie das Aussehen, in **Seehandbüchern** und **Leuchtfeuerverzeichnissen** beschrieben, so dass auch hier kein Zweifel aufkommt, um welchen Turm es sich handelt.

Gebaut werden Leuchttürme dort, wo es **keine unverwechselbaren Küstenformationen und Landmarken** gibt, oder sie werden auf ein Schiff gesetzt, das dann auf See verankert wurde, dort, wo die Ansteuerung in die großen Flüsse hinein begann. Dann heißen sie »**Feuerschiffe**« und sind knallrot angestrichen (mit Brandbekämpfung haben sie übrigens nichts zu tun).

Bereits mit dem Aufblühen der **Hanse** und der damit verbundenen Zunahme des Schiffsverkehrs zeigte sich die Notwendigkeit, Küstenabschnitte zu markieren, um auch fremden Kapitänen das Erkennen und die sichere Hafenzufahrt zu ermöglichen. Bereits **1286** wurde der Leuchtturm von **Neuwerk** erbaut, der anfangs auch als Wehrturm diente. Damit dürfte er eines der ältesten Leuchtfeuer an der Deutschen Bucht sein.

Die Seeschifffahrt der Hansestädte nahm rasant zu, sichere Hafenzufahrten wurden immer wichtiger, und die Zahl der Leuchttürme wuchs. Immer neue **Schifffahrtslinien** wurden befahren, und der Wunsch nach einer **Markierung der Routen** wurde laut. So wurde im beginnenden 19. Jahrhundert in einer großen Bauwelle die **gesamte deutsche Küste** mitsamt den Flussmündungen mit Leuchttürmen versehen. Den Anfang machte 1804 der Bau des Cuxhavener Leuchtturms. Heute stehen allein zwischen Cuxhaven und Hamburg 52 Leuchttürme.

Aber nicht nur Leuchttürme weisen den Schiffen den Weg. Um den Schiffsverkehr auf der Elbe zu leiten, gibt es noch andere **Seezeichen.** Man unterscheidet fest in den Boden gerammte Zeichen wie Baken, die einem Lattengerüst mit einem auffälligen Topzeichen ähneln, Dalben, dicke Pfähle, Stangen mit einem Reisigbesen darauf und Pricken, die wie kleine Bäumchen aussehen. Sie stellten die simpelste Methode der Markierung an Land und in flachen Gewässerteilen sowie Nebenflüssen dar.

Wichtig für den Schiffsverkehr auf der Elbe ist vor allem die exakte Markierung der ausgebaggerten **Fahrrinne,** damit tiefgehende Schiffe nicht auf den zahllosen flachen Sänden stranden. Dazu werden schwimmende Seezeichen verwendet, die **Tonnen,** die jeweils genau am Rand des Fahrwassers verankert sind. Von See kommend, findet man auf der rechten, der Steuerbordseite, grüne, auf der Backbordseite links rote Tonnen. Damit man sich nicht vertut bei der Orientierung, sind diese Tonnen nummeriert, grüne Tonnen tragen ungerade fortlaufende, rote hingegen gerade Zahlen.

Obwohl längst moderne Elektronik wie Radar, elektronische Seekarten und Satellitennavigation in der Seefahrt Einzug gehalten haben und zumindest der Satellitennavigator auch in der Sportschifffahrt längst Standard ist, gibt es immer noch Leuchttürme. Elektronik muss nämlich nicht jeder an Bord haben, und vor allem: Sie kann ausfallen. Leuchttürme hingegen versehen ihren Dienst in unerschütterlicher Gleichmut, sie sind immer da und mit bloßem Auge sichtbar.

Generell werden Leuchttürme in Leitfeuer, Richtfeuer, Quermarkenfeuer und Seefeuer unterschieden. **Leitfeuer** haben je einen roten, weißen und grünen Lichtsektor. Die Steuerleute der Schiffe legen ihren Kurs auf den mittleren weißen Sektor, den sie wie einen Leitstrahl nutzen. Geraten sie in den roten Sektor, steuern sie zu weit nach backbord (links), sehen sie grünes Licht, sind sie nach steuerbord (rechts) abgewichen.

Eine ähnliche Funktion haben diejenigen Leuchttürme, die ein wenig wie Pat und Patachon im **Doppel** dastehen. Einer ist hoch und dünn, der andere kurz und gedrungen. Der große Leuchtturm wird **»Oberfeuer«** genannt, der kleine **»Unterfeuer«**. Sie bilden zusammen ein **Richtfeuer,** und der Steuermann folgt so lange dem richtigen Kurs, wie er die beiden Feuer genau übereinander sieht. Das System von Richtfeuern und Leitfeuern ist so ausgeklügelt, dass ein Steuermann seinen Weg auf der Elbe mühelos findet.

Ein **Quermarkenfeuer** hingegen, das rotes, weißes und grünes Licht aussendet, bezeichnet eine **notwendige Kursänderung,** zum Beispiel bei einer Flussbiegung. Sieht der Steuermann weißes Licht, muss er eine

Museumsleuchtturm Twielenfleth

Kursänderung vornehmen. **Seefeuer** hingegen sind nur eine Markierung, meist beginnt bei ihnen eine Flussansteuerung.

Obwohl Leuchttürme also eigentlich technische Bauwerke sind, haftet ihnen doch ein gehöriges Maß an **Romantik** an. Und kein Zweifel: Leuchttürme sind in. Unerschütterlich zuverlässig stehen sie da, als Geborgenheit und die Sicherheit verheißendes Licht in der Dunkelheit, geben Orientierung, zeigen den Weg auch in schwierigen Fahrwassern. Sie erzählen Geschichten von einsamen, naturverbundenen Leuchtturmwärtern, von Seefahrt und Fernweh, von fernen Ländern, aber auch vom sicheren Heimkommen. Und eigentlich wünscht sich jeder insgeheim, einmal auf solch einem Turm zu **übernachten.** Bitteschön, auf Neuwerk ist das möglich.

Hafenidyll in Kehdingen

Nach dem **Zweiten Weltkrieg** lag die deutsche Küstenschifffahrt durch Verluste und Ablieferungen an die Alliierten am Boden. Die noch vorhandenen Schiffe waren betagte Motorsegler, die nicht mehr konkurrenzfähig waren. Die Alliierten erlaubten 1948 den Bau von kleineren, bis 33,79 Meter langen Motorschiffen. Als dann 1950 alle Beschränkungen wegfielen, wurden viele der ersten Nachkriegsbauten verlängert und eine Reihe größerer Schiffe gebaut, so dass eine wirtschaftliche Küstenflotte entstand. Der **Kostendruck** nahm spätestens Ende der 1960er Jahre rasch zu, Straßen- und Bahntransporte liefen dem Küstenschiff den Rang ab.

Aus dem Leben der Küstenschiffer erzählen das **Küstenschifffahrtsmuseum** in Wischhafen und **Museumsschiffe** wie die »Greundiek«. Bis zu vier Mann Deckbesatzung, also Matrosen, Leichtmatrosen und Schiffsjungen, lebten damals im Vorschiff auf engem Raum zusammen, der Schiffsjunge fungierte auch als Koch. Ein wichtiges Besatzungsmitglied war der Maschinist, der nicht dem üblichen Wachturnus unterlag, sondern seine Arbeitszeit an den Abschmierintervallen der Maschine ausrichtete. Zwei nautische Offiziere taten auf solch einem Kümo üblicherweise Dienst, der Kapitän und der Steuermann, deren Brückenwachen jeweils sechs Stunden dauerten. Sie waren verantwortlich für alles, was zur Schiffsführung gehörte, von der Navigation bis zum Abhören des Funkverkehrs. Unterstützt wurden sie dabei von jeweils einem Matrosen, der am Ruder stand.

Kapitän und Steuermann lebten komfortabler als die Mannschaften, sie wohnten wie der Maschinist im Achterschiff, hatten aber zwei Räume zur Verfügung, der Kapitän besaß oft sogar ein eigenes Bad.

Der Kümoschiffer war meist nicht nur **Kapitän,** sondern auch **Eigner** und **Reeder** des Schiffes. Er hatte Kredite abzuzahlen, die drückten, und musste selbst für Ladung sorgen, wenn er sein Schiff nicht verchartert hatte.

Daheim waren auch die Küstenschiffer selten, die Last der Erledigung aller Bestellungen, Behördengänge und der Buchführung sowie Haushaltsführung und Kindererziehung lagen ganz allein auf den Schultern der **Seemannsfrauen.** Waren die Kinder erst einmal schulpflichtig, kamen die Familien nur in den Schulferien einmal für längere Zeit an Bord.

Wenn der Nachwuchs noch nicht oder nicht mehr zur Schule ging, fuhren die Kapitänsfrauen nicht selten ganz mit, und spätestens mit dem immer stärker werdenden Kostendruck der 1960er und 70er Jahre wurde an Bord Personal eingespart, wo immer es ging. Viele Kapitäne übernahmen zusätzlich den Maschinistenposten, und so

manche Kapitänsfrau drückte die Bank einer Seefahrtsschule und machte das Patent »A-Kü«, um dann an Bord den Steuermann ersetzen zu können, andere ersetzten einen Decksmann.
Doch all das ist nun Geschichte, denn am dramatischsten hat wohl der **Containerverkehr** die Küstenschifffahrt verändert. Gab es früher einen eigenständigen Küstenverkehr auch im Stückgutbereich, wird die Container-Küstenschifffahrt auf der Elbe heute als reiner integrierter **Zubringerverkehr** zu den großen Schiffseinheiten betrieben. Und auch die Schiffe sehen aus wie ihre ozeantauglichen großen Schwestern, wirken wie ihre Westentaschenausgaben. Konsequenterweise werden sie »Feeder« genannt, Zulieferer. Vorbei die Zeiten, in denen gerade mal halb so große Küstenmotorschiffe und elbspezifische Schiffstypen alle kleinen Häfen der Region anliefen.
Der **Strukturwandel** der letzten 150 Jahre betraf auch die Werftindustrie an der Unterelbe, die kleinen **Werften** waren nicht mehr konkurrenzfähig und schlossen eine nach der anderen. Erst starben also die Schiffe, dann die Werften und Häfen, die heute im günstigsten Falle ihr maritimes Flair durch die Sportschifffahrt behalten haben.
Aber trotz allen Wandels - noch heute hat Deutschland die **größte Küstenschifffahrtsflotte Europas**, und noch immer sind viele der Eigner Kehdinger, nur können ihre Schiffe die Heimathäfen meist längst nicht mehr anlaufen.

Küstenfischerei

Seit Menschen am Strom leben, wurde dort auch gefischt, denn die Elbe war und ist wieder der **fischartenreichste Fluss Europas.** Heute gibt es, wie schon erwähnt, 93 Fischarten in der Elbe, 43 davon Süßwasserfische, 34 Meerwasserfische und 16 Arten, die in Süß- wie in Salzwasser leben können. Einige Arten, wie Lachs und Stör, sind scheinbar für immer verschwunden, andere Arten, wie Zander, Stint und Aal, nehmen wieder deutlich im Bestand zu.
Große Veränderungen haben **Elbvertiefung** und **Eindeichung** mit sich gebracht, zum Beispiel in der Haseldorfer Binnenelbe. Nach den Deichbaumaßnahmen von 1978 war der Wasserlauf nicht mehr tideabhängig, heute ist er ein stehendes Gewässer, von den 14 dort lebenden Arten sind nun 13 Süßwasserfische.
Die uralte Geschichte der Fischerei in der Unterelbregion begann an den Ufern und den Binnengewässern im küstennahen Bereich. Vom Ruderkahn über den Segelkutter bis zum Hochseetrawler mit seinen Fischverarbeitungs- und Kühlanlagen ging die Entwicklung.
Seine große Blüte erlebte der Fischfang Mitte des **19. Jahrhunderts,** als die Bevölkerung stark anwuchs, eine zunehmende Industrialisierung einsetzte und der schnelle Bahntransport dem leicht verderblichen Fisch auch binnenländische Märkte erschloss.
Die traditionellen **Ewer** wurden, wie auch die Fangtechnik, weiter entwickelt, und die Fanggebiete wurden bis auf die hohe See hinaus ausgedehnt, auch der Not gehorchend, denn die küstennahen Fischgründe waren überfischt. So wurden die Fahrten für die Ewer immer weiter und **gefährlicher.** Viele Fischer blieben auf See, allein die Fischereiflotte der Elbinsel Finkenwerder verlor Jahr für Jahr um die zehn Ewer und mit ihnen alle Besatzungsmitglieder. Das änderte

Einst ging man auch von der Unterelbe aus auf Grönlandfahrt

sich auch kaum, als sich ab etwa 1880 die aus England stammenden seetüchtigeren **Kutter** durchsetzten. Vom harten Leben der Fischer mit dem Schiffskennzeichen »HF« erzählte der Finkenwerder Schriftsteller **Gorch Fock,** der mit bürgerlichem Namen Johann Kinau hieß und 1916 in der Seeschlacht am Skagerrak fiel, in seinem **Roman »Seefahrt ist Not«.**

Zu jener Zeit wurden noch 9840 Tonnen Fisch in der Unterelbe gefangen, Tausende Fischer fuhren mit 1200 Schiffen zum Fang hinaus. Heute gibt es noch gerade mal eine Hand voll Fischer auf der Unterelbe. Krabbenfischerei wird an der Elbe nur noch in Cuxhaven und Friedrichskoog betrieben, Heringsfischerei - einst war Glückstadt die deutsche Heringsstadt - gar nicht mehr. Auch die **Walfänger** gibt es nicht mehr, die ab dem 18. Jahrhundert nicht nur von Hamburg aus, sondern auch von den kleineren Häfen Brunsbüttel, Beidenfleth, Elmshorn, Glückstadt, Itzehoe, Kollmar, Uetersen, Stade sowie Geversdorf und Osten an der Oste aus auf Grönlandfahrt gingen. Allein aus dem Stader Raum kamen 1795 gut 18 Prozent der Grönlandfahrer.

Und heute? Fisch ist nach wie vor einer der wichtigsten **Eiweißlieferanten** auf Erden, er liefert 20 Prozent des gesamten Bedarfs. Weltweit werden an die 90 Millionen Tonnen pro Jahr gefangen, und 12 Millionen Menschen finden ihren Broterwerb im Fischfang, 150 Millionen im Umfeld.

In Deutschland beträgt der Anteil der Fischerei am **Bruttosozialprodukt** nur noch weniger als ein Prozent, der Anteil der Fischer an den Beschäftigten gar weniger als 0,1 Prozent, was im europäischen Vergleich wenig ist.

Deutsche **Fangflotten** fahren im Nordatlantik, der Ost- und Nordsee, auf der Unterelbe gibt es kaum noch Fischer, als einziger Fischereihafen an der Elbe existiert nur noch **Cuxhaven.**

Menschen und Schiffe

Jahrhunderte gehörten Schifffahrt und Fischerei zu den **Haupterwerbsquellen** der Menschen am Strom. Fast in jeder Familie fuhr jemand zur See, oder man lebte indirekt durch den Handel von ihr.

Romantik hin, Fernweh her, die Seefahrt war ein hartes Brot, egal ob man auf einem Hochseeklipper, einem Elb-Ewer oder einem Fischkutter unterwegs war. Und sie kostete Opfer, Schiffsverluste durch Strandung oder Untergang nach schweren Havarien waren an der Tagesordnung. Von so manchem Schiff hörte man nach einer schweren Sturmnacht nie wieder etwas, andere Schiffbrüchige wurden auf wundersame Weise errettet.

Davon zeugen heute noch viele alte kleine **Friedhöfe,** sie belegen die Geschichte der Schiffskatastrophen. In vielen Kirchen der Region findet man auch noch Votivschiffe, die meist aus tiefer Dankbarkeit über die Rettung von See gestiftet wurden.

Ja, und dann gibt es an der Elbe noch die Hobby-Seeleute, auch **Segler** genannt. Dies ist schon eine ganz besondere Spezies Mensch. Schon vor Ostern werden sie mit jedem Grad Temperatursteigerung zunehmend unruhiger, prüfen ans Barometer klopfend die Wetterlage, kontrollieren, ob auch wirklich alle Winterarbeiten gemacht sind und die Ausrüstung an Bord komplett ist.

Und dann kommt endlich der herbeigesehnte Tag, an dem die Segler ihre Boote zu Wasser lassen. Ostern den ersten Kaffee auf dem sanft im Hafen dümpelnden Schiff - man sage ja nie Boot zum Schiff eines Seglers, und sei die Nussschale noch so klein -, dann erst verdient Ostern den Namen Fest.

Die nun folgende **Segelsaison** an der Elbe ist des Seglers eigentliches Leben. Ein Segler kennt nämlich nur zwei Jahreszeiten, die Segelsaison und die Zeit des Wartens auf die Saison, diese Zeit, die ausgefüllt ist mit Instandhaltung, Verbesserungen und Tüfteleien

Ende der Segelsaison,
kurz vor dem ersten Schnee

am Schiff, das generell der ganze Stolz des Skippers oder der Skipperin ist. Spätestens dann bemerkt man, dass Segeln nur ein ganz klein bisschen anders ist als Arbeit und ein Segelboot nichts anderes als eine schwimmende Spardose. Ein beliebter Spruch in der Szene lautet deshalb: »Ein Boot ist ein Loch im Wasser, in das man Geld steckt.«

Aber dann ist die Saison schließlich da, und das Segeln lässt die weite Marschlandschaft an der Unterelbe, die verschwiegenen kleinen Häfen und stillen Buchten an ihren Nebenflüssen, den Strom und das Wattenmeer auf eine Weise erleben und genießen, die jede Mühe wert ist. Und sie lehrt Respekt vor der Natur sowie den Gewalten der nahen See, die man bei jedem Segeltörn immer wieder neu erfährt.

Nein, das Segeln auf der Elbe, an der Küste und auf See ist kein Hobby, das man so nebenbei betreibt. Es ist eine besondere Art zu leben.

Ein Stück Küstenschifferleben – eine Fahrt mit der »Greundiek«

Die Mienen sind angespannt auf der Kommandobrücke, alle sind voll konzentriert, ruhige Kommandos gehen an die Crew. Vorleine los, die Achterleine dicht geholt. Mit langsam laufender Maschine dreht das Schiff über den Bug. Dann wird auch die Achterleine eingeholt, ein langer Ton vom Signalhorn, und das Schiff verlässt den Stader Hafen auf der **Schwinge** in Richtung Elbe.

Vorbei an sattgrünen, fetten Marschwiesen, folgt das Schiff langsam den engen Windungen des Flusses, passiert die Seglerhäfen, die extra hochgeklappte Autobrücke und das Sperrwerk, das die Stadt vor Sturmfluten schützt.

Noch ein langer Signalton, und das Schiff biegt in die **Elbe** ein. Der Maschinentelegraph wird auf Marschfahrt gestellt, unser Kümo kreuzt eilig das Fahrwasser, um auf der richtigen Seite elbabwärts zu laufen. Die Mienen entspannen sich auf der Brücke mit den sage und schreibe **drei Kapitänen,** nun ist man auch gerne zu einem Plausch bereit und erklärt die Technik.

Die »Greundiek« ist - *nomen est omen* - grün gestrichen, grün wie ein Deich, Namensgeber allerdings ist der Ort **Grünendeich** im Alten Land, »Greundiek« ist seine plattdeutsche Bezeichnung.

Fünfeinhalb Jahrzehnte ist sie erst alt, die »Greundiek«, und doch schon ein veritabler **Oldtimer.** Sie ist ein Schiff aus einer Zeit, als noch die kleinteilige Küstenschifffahrt das Leben in den Häfen an der Unterelbe und ihren Nebenflüssen bestimmte, aus einer Zeit, in der Schiffe noch wie Schiffe aussahen. Heute hat selbst die »Greundiek« schon Mühe, die alten Häfen zu erreichen, viele sind verschlickt, weil sie im Gegensatz zur Elbe nicht mehr ausgebaggert werden.

Die »Greundiek« dient heute dem Verein »Alter Hafen Stade« als **Museumsschiff;** erbaut wurde sie 1950 auf der Rickmers-Werft in Bremerhaven. Damals war das 46,55 Meter lange Kümo mit seinen 348,5 Bruttoregistertonnen als eines der ersten voll durchgeschweißten Schiffe technisch vom Feinsten, andernorts wurde noch genietet. Viele Jahre war das Schiff in der **Holzfahrt** mit Skandinavien und der **Kohlenfahrt** mit England unterwegs, doch ab Ende der 1970er Jahre wurde das wirtschaftliche Überleben solch kleiner Küstenschiffe immer schwieriger. Konkurrenzfähige Schiffe wurden immer größer, der Siegeszug der Containerschiffe bestimmte nun auch die Küstenschifffahrt, für die »Greundiek« kam das Aus 1986. Bevor der Verein »Alter Hafen« das Schiff 1994 übernahm, wurde es vor dem Abwracken nur deshalb gerettet, weil es der inzwischen auch schon nicht mehr existierenden Grünendeicher Seefahrtsschule als **Ausbildungsschiff** diente.

Nach langer Restaurierung finden auf dem Museumsschiff heute **Veranstaltungen** wie Kleinkunstabende, Jazz- oder Rockkonzerte sowie Kunstausstellungen statt, und es werden regelmäßig **Gästefahrten** auf der Elbe nach Kollmar und nach Glückstadt durchgeführt, wo man dann je nach Tide zwei, drei Stunden Zeit für einen Landgang hat.

Man erfährt viel über das Leben der Küstenschiffer an Bord, kann sich original eingerichtete Kajüten genauso ansehen wie die Maschine, und immer sind alte Fahrensleute an Bord, die alle Fragen beantworten können.

Und unter den Argusaugen eines alten Seebären darf man dann auch selbst mal **steuern.** Das hat doch noch etwas, ein richtiges großes altes Steuerrad, das so angenehm in der Hand liegt, kein Joystick. Überhaupt sieht man an Bord der »Greundiek«, wie viel sich in fünf Jahrzehnten Seefahrtsgeschichte geändert hat, denn auch ein Radar hat das Schiff ebenso wenig wie ein Bugstrahlruder, welches das Manövrieren beim An- und Ablegen erleichtert. Einzige Konzession an die Neuzeit ist das Satellitennavigationsgerät.

Vor allem aber taugen diese Minikreuzfahrten so recht dazu, die Seele baumeln zu lassen. Man hat Muße, nichts zu tun als zu schauen, passt sich ganz automatisch dem Tempo des Schiffes an. Da sitzt man bequem an Deck, denn garantiert kommt irgendwann die Sonne durch. Wind im Haar, Regen und Sonne im Gesicht, Möwenschreie über dem Schiff, und von fern am Deich dringt leise noch das Blöken der Schafe herüber.

»Kartoffel, Kartoffel, Kartoffel« stampft der Schiffsdiesel nach dem Ablegen in **Kollmar** oder **Glückstadt** gegen die Tide an, bis das Kümo ins Hauptfahrwasser einbiegt und nun vom Flutstrom geschoben flott in Richtung Stade davondampft. Auch Segler eilen mit der Tide elbaufwärts, das Wochend-Ende naht, Schafe grasen gleichmütig am Deich, Spaziergänger genießen die Sonne am Ufer.

Kontakt:
Verein Alter Hafen Stade e.V.
Gudrun Schleif
Bergfried 6a
21720 Guderhandviertel
Tel. 04142-2116
Auskünfte und Buchung: Tel. 04141-83932,
Handy 0170-3123890

Leben und arbeiten am Strom

Zwischen Obstbau, Seefahrt und Industrie

Immer mehr **Touristen** entdecken das Land an der Unterelbe und der Elbmündung als Urlaubsziel zum Durchatmen, zum Seelebaumeln-Lassen und für ganz neue Naturerfahrungen. Sie genießen das weite Land, in dem erst der Horizont den Blick auffängt. Dabei lieben sie den maritimen Charakter der Region, das viele Wasser, die stillen Dörfer und trubeligen Badeorte. Das jedenfalls belegen alle Umfragen. Allein in Dithmarschen besuchen **1,5 Millionen Gäste** die Grünstrände mit ihren vorgelagerten Wattflächen. Gut 300.000 jährlich sind es in Friedrichskoog an der Elbmündung, wo gut eineinhalb Kilometer Strandlänge und 400 Strandkörbe auf die Urlauber warten. Für Friedrichskoog wie auch die linkselbischen Badeorte Cuxhaven oder Otterndorf gilt dabei, dass es sich meist um Familienurlauber und um Rentner handelt. Deutlich im Aufwind sind in der ganzen Region die Nachfragen nach **sanftem Tourismus** und naturnahem Urlaub mit Wattwanderungen, Ausflügen zu Vogelwarten und anderen Tier-Beobachtungsmöglichkeiten. Genauso im Trend ist **Fahrradurlaub,** denn dafür eignet sich das Land ganz hervorragend. Nach Zahlen des schleswig-holsteinischen Landtages benutzen 39 Prozent der Gäste in der Küstenregion im Urlaub ein Fahrrad. Aber auch wenn es flach ist: Vorsicht, der manchmal auch im Sommer starke Küstenwind ersetzt, was die Anstrengung betrifft, zuweilen glatt ein Mittelgebirge.

Auch die **Städte** erfreuen sich stetiger Beliebtheit. Zum Beispiel Stade. Das Deutsche Wirtschaftswissenschaftliche Institut für Fremdenverkehr an der Uni München zählte dort jährlich mehr als 310.000 Übernachtungen und fast vier Millionen Tagesgäste. Zusammen lassen sie 88 Millionen Euro im Landkreis, zu dem auch Kehdingen und das Alte Land gehören. Damit trägt der Tourismus in Stade an die sechs Prozent zum Volkseinkommen bei. Das bedeutet, 2500 der 45.000 Stader könnten allein vom Tourismus leben. Auch das Stadtsäckel freut sich, denn aus den Umsätzen der heimischen Wirtschaft fließen noch einmal um zwei Millionen Euro an Steuern in die Stadtkassen.

Der Tourismus hat also für die Unterelbregion mittlerweile durchaus eine **wirtschaftliche Bedeutung** erlangt. Gut siebeneinhalb Tage durchschnittlich verweilen die 1,5 Millionen Urlauber beispielsweise in Dithmarschen. Der Beitrag der Tourismuswirtschaft zum Volkseinkommen in Schleswig-Holstein beträgt fast fünf Prozent, während es bundesweit nur knapp drei Prozent sind. Wetterabhängig werden diese Zahlen immer sein, der Rekordsommer 2003 brachte auch an der Unterelbe einen Gästezahlenzuwachs von glatten fünf Prozent.

Neben der an der Unterelbe noch relativ neuen Tourismus-Branche gehören **Landwirtschaft, Schifffahrt** und **Fischerei** zu den angestammten Wirtschaftszweigen. Landwirtschaft an der Unterelbe, das sind neben der Milch- und Weidewirtschaft vor allem der Kohlanbau in Dithmarschen und der Obstbau im Alten Land und Kehdingen.

Dithmarschen am rechten Elbufer besitzt das größte geschlossene **Kohlanbaugebiet** Europas. Auf über 3000 Hektar werden dort rund 100 Millionen Kohlköpfe im Jahr produziert, und keineswegs etwa nur Grünkohl, der macht sogar den geringsten Teil aus. In jüngster Zeit wird viel mit verschiedenfarbigen Blumenkohlarten experimentiert, aber auch Rotkohl, Weißkohl oder Wirsing werden auf riesigen Feldern angebaut. Der fruchtbare Marschboden bekommt dem Kohl genauso gut wie die Hauptwindrichtung. Der meist von See kommende Wind bringt nämlich weniger Krankheitserreger und Insekten mit heran, die den Pflanzen schaden könnten.

Vor allem **Weißkohl** wird in Dithmarschen angebaut, von dem ein großer Teil zu Sauerkraut verarbeitet wird. Haupterntezeit hier ist der Frühherbst. Dann werden dort auch in jedem Jahr die **Dithmarscher Kohltage** gefeiert, die norddeutsche Antwort auf die Weinfeste an Rhein und Mosel.

Das **Obstanbaugebiet** links der Niederelbe beschränkt sich nicht allein auf das **Alte Land,** Deutschlands größtes geschlossenes Obstanbaugebiet, sondern umfasst zudem **Kehdingen** und Teile des **Lands Hadeln** bis nahe an die Elbmündung heran. Auf fruchtbarem Marschboden wird dort von 1200 Betrieben auf fast 11.000 Hektar Obst angebaut; neun Zehntel entfallen auf Baumobst, der Rest auf Beerenobst, vor allem Erd- und Himbeeren. Fast neun Zehntel der Baumobstflächen steuert der **Apfelanbau** bei, den Rest teilen sich Kirschen, Birnen und Pflaumen. Der Obstanbau hat eine **lange Tradition,** fast so lang wie die Geschichte der Besiedelung der Region. Bereits aus dem Jahre 1321 stammen die ältesten urkundlichen Aufzeichnungen darüber.

Sichtbar ist der große Wandel, den auch die Landwirtschaft in den letzten Jahrzehnten erlebte, nicht nur in Form von Gütesiegeln. Man schaue sich nur einmal die Bäume an, sie sind niedrig, ohne ausladende Kronen, und ganz ohne Leitern abzuernten.

Mittlerweile setzen mehr als drei Viertel der Betriebe auf **umweltschonenden Anbau** und machen mit beim Programm »Integrierter Anbau«. Immer größer wird auch die Zahl der Betriebe, die noch einen Schritt weiter gehen und auf ökologischen Anbau umstellen.

Auch landwirtschaftliche Nutzflächen erfreuen das Touristenauge

Wildblumen finden sich dank ökologischer Anbaumethoden heute wieder häufig an den Ackerrändern

Grün ist das übrige Land auf beiden Seiten der Elbe, Wiesen und Weiden bestimmen das Bild, Milch- und Viehwirtschaft dominiert, großflächiger Ackerbau kommt seltener vor. Überall stoßen diese Flächen an Naturschutzgebiete, und ständig sind **Interessenkonflikte** im Spannungsdreieck **Landwirtschaft, Industrie** und **Naturschutz** zu lösen. Die Unterelbregion steht in einem komplizierten Geflecht von Abhängigkeiten und Bedingungen zwischen **Tradition** und **Moderne.** Ob Letztere immer ein wirklicher Fortschritt ist, bleibt allerdings fraglich.

Paradebeispiel dafür ist die in den späten 1960ern und 70ern auf beiden Seiten der Unterelbe euphorisch geplante **Industrialisierung.** In einer geradezu blauäugigen Fortschrittsgläubigkeit und in der festen Annahme, dass der Heilsweg zum Wohlstand für alle nur die Industrialisierung der Region sein könne. So begab man sich flugs daran, auf beiden Uferseiten die Voraussetzungen dafür zu schaffen. Und erste Voraussetzung war die Bereitstellung von genügend billigem **Strom.**

Bereits in den 60er Jahren entstand bei Stade ein **Heizöl-Kraftwerk** mit einem riesigen, 220 Meter hohen zweirohrigen Schornstein, der den Stadern als beliebte Aussichtsplattform diente. Das allerdings war aus Sicherheitsgründen bald vorbei, denn direkt nebenan wurde das erste **Kernkraftwerk** der Region gebaut - damals noch ohne nennenswerte Proteste. Das **AKW Stade** ging 1972 ans Netz, das Ölkraftwerk wurde bald abgeschaltet, der Turm abgebrochen.

Schon zu Beginn der 1960er Jahre hatte man darüber nachgedacht, die Nähe zu einer der meistbefahrenen Wasserstraßen der Welt für Industrieansiedlungen zu nutzen. Nördlich der Schwinge wurde der **Bützflether Sand** mit ausgebaggertem Elbsediment aufgefüllt, bis er wie eine Plattform in der ebenen Landschaft lag. Eine **Bahnanbindung** wurde gelegt, **Klappbrücken** über die Schwinge gebaut, das neue Industriegelände komplett erschlossen. Die Hannoversche Landesregierung half kräftig mit und setzte das neue Stader Industriegebiet ganz oben auf die Liste der Förderungsprojekte.

Die Bemühungen fruchteten schnell, der amerikanische **Chemiegigant Dow Chemical** siedelte sich in Bützfleth an und machte damit Stade durch seine Gewerbesteuerzahlungen reich. Das funktionierte, weil Bützfleth kurzerhand eingemeindet wurde. Im Laufe der Jahre wuchs die Anlage zum größten Chemiewerk Niedersachsens heran, es sorgt heute für etwa 3000 Arbeitsplätze. Gleichfalls in Bützfleth siedelte sich ein **Aluminiumkonzern** mit zwei Produktionsanlagen an.

Nicht nur erschlossene Gewerbeflächen wurden gebraucht, um diese Industrieansiedlungen zu ermöglichen, auch ein komplett neuer **Hafen** musste her. Man sieht ihn kaum von Stade aus. Hinter Industrieanlagen verborgen, ist seine wirtschaftliche Bedeutung selbst vor Ort kaum bekannt. Der Hafen Stade-Bützfleth hat sich inzwischen nämlich zum **drittgrößten Seehafen Niedersachsens** und siebtgrößten Deutschlands gemausert. Im Jahre 2004 wurden dort 3,7 Millionen Tonnen Güter umgeschlagen, 580 Seeschiffe liefen ihn an.

Weil dieser Hafen so abseits von der Stadt liegt, gibt es dort übrigens eine besondere Einrichtung. Den **Seemannsclub »Oase«,** eine Einrichtung der Seemannsmission der evangelischen Landeskirche, besuchen jährlich rund 4000 Seeleute aus über 40 Nationen.

Der Industrieraum Stade ist also ein wichtiger Wirtschaftfaktor auf dem niedersächsischen Elbufer geworden. Doch längst sind die Menschen **skeptischer** geworden, lassen das Argument »Mehr Arbeitsplätze« nicht mehr als das einzig Wichtige gelten. Jede Ausweitung oder gar Neuansiedlung wird auf ihre Sicherheit und Umweltverträglichkeit hinterfragt. Schon vor mehr als 20 Jahren wehrten sich die Stader gegen eine weitere Chemieansiedlung, gegen ein geplantes PVC-Werk wurden so viele Stimmen gesammelt, dass der Bau verhindert wurde.

Auch auf dem rechten Elbufer ist im Raum **Brunsbüttel** ein Industriezentrum entstanden, und auch dafür wurde billiger Strom gebraucht. Genau wie im Stader Raum waren dort anfangs alle Parteien dafür, denn auch den Brunsbüttlern wurden Wettbewerbsvorteile bei der Anwerbung von Industrie versprochen. Als das Brunsbüttler **AKW** 1976 ans Netz ging, hatte man den Bayer-Konzern bereits für Brunsbüttel gewonnen. Genau wie im benachbarten Niedersachsen war das Ziel der Maßnahmen seitens der schleswig-holsteinischen Landesregierung, die Industriestruktur des Landes durch Grundstoffproduktion zu verbessern.

Inzwischen ist dem Brunsbütteler AKW ein Gasturbinenkraftwerk zur Seite gestellt, und auch die Veba hat sich inzwischen hier angesiedelt. Zahlreiche mittelständische Unternehmen folgten, fast 6000 Menschen arbeiten in Brunsbüttels Chemiewerken. Und natürlich brauchte auch Brunsbüttel einen neuen **Elbehafen,** der heute eine ähnlich große Bedeutung für die Region hat wie der in Stade-Bützfleth.

Insgesamt hängen heute an der Unterelbe 23.000 Arbeitsplätze von der **chemischen Industrie** ab, und man versucht eine Integration unter der gemeinsamen Marke »ChemCoast«.

Längst sind die Elbanwohner nachdenklich geworden, der Bau eines neuen Kernkraftwerkes wäre heute nicht mehr denkbar. Doch noch lange werden die **Atomkraftwerke** wie Mahnmale einer unkritischen Fortschrittsgläubigkeit in eindrucksvoller Dichte an der Unterelbe stehen: Brunsbüttel, Brokdorf, Krümmel und Stade.

Als eines der ältesten AKWs in Deutschland überhaupt galt Stade auch als einer der ersten **Ausstiegskandidaten.** »Was macht Jürgen Trittin heute? Abschalten! AKW Stade geht vom Netz«, lautete die Bildunterschrift zu einer am 14. November 2003 in vielen Medien publizierten, teuren Anzeige des Bundesumweltministeriums. Doch nicht Trittin schaltete den Stader Atommeiler ab, das tat um 8.32 Uhr der Reaktorfahrer Frank Hennig auf Geheiß seines Arbeitgebers, des Energiekonzerns EON. Trittin war nicht einmal in der Nähe, der feierte das historische Ereignis in Berlin im Hamburger Bahnhof. Auch in Hamburg wurde gejubelt, die Grüne-Alternative Liste verteilte zur Feier des Tages Schokoladen-AKWs.

Aber bei Licht besehen, was gab es da eigentlich zu feiern? Den Bürgern größere Sicherheit vorzugaukeln, grenzt an Volksverdummung bei einer **Atomstromquote von 80 Prozent in Hamburg** und 3000 Tonnen

Potenzielle Gefahrenquelle im Idyll: das AKW Brokdorf

anfallendem radioaktiven Stader **Reaktorschrott,** der vorerst am Ort bleibt und für den es letztlich kein Endlagerkonzept gibt. Der Stader Reaktor wurde aus wirtschaftlichen Gründen **vorzeitig abgeschaltet,** er hätte nach dem Atomgesetz noch bis zum Mai des folgenden Jahres am Netz bleiben können. Das Atomgesetz erlaubte der EON nämlich so den rechtzeitigen Transport der Brennstäbe nach La Hague, bevor die **Wiederaufbereitung** verboten wird, außerdem war der Druckwasserreaktor durch den teuren Wasserpfennig für das Kühlwasser unwirtschaftlich geworden; des Weiteren galt es Überkapazitäten abzubauen. Die Abschaltung hatte die EON schon im Jahre 2000 beschlossen, also vor Inkrafttreten des neuen Atomgesetzes.

Der Atomkompromiss brachte den Betreibern in diesem Falle vor allem eines: Planungssicherheit und das »Bonbon« der Übertragungsmöglichkeit von Megawattstunden zwischen den Atomkraftwerken. So wird der endgültige Ausstieg letztlich verzögert.

Vermisst wird nicht nur in Stade ein tragfähiges **Zukunftskonzept.** Schon zu oft ist der Unterelbregion mit noch drei weiteren Reaktoren (Brokdorf, Brunsbüttel, Krümmel) das Blaue vom Himmel herunter versprochen worden. Ein Teil dieser fernen Zukunft wird schon längst Vergangenheit sein, wenn es für das AKW Brokdorf immer noch heißt »... und läuft und läuft und läuft«, denn das Werk soll erst am 22. Dezember 2018 abgeschaltet werden. Aber nur, wenn es nicht die in Stade eingesparten Megawattstunden zugeschanzt bekommt, dann darf es nämlich noch ein paar Monate länger Atomstrom produzieren.

Genauso engagiert und gläubig wie vor vier Jahrzehnten in der Atomenergie, sucht man heutzutage das Heil in der **Windkraft,** die den Energiestandort Unterelbe sichern soll. Doch es geht auch bei den Windkraftanla-

gen längst nicht mehr um die Durchsetzung einer umweltverträglichen Politik, sondern ausschließlich um **Profite** - Riesenprofite.
Wenn man mit dem Schiff, von See kommend, in die Unterelbe einläuft, ist das Erste, was man von der Küste sieht, nicht etwa das Land. Lange vorher kommen die gewaltigen **Dithmarscher Windkraftanlagen** in Sicht. Ganz klar, es gibt hübschere Windmühlen, die mittelalterlichen Modelle scheinen ein menschlicheres Maß zu haben. »Wenn sie denn ein wenig hübscher wären, mit ein wenig Zierrat daran und nicht so hoch«, jammern viele Küstenbewohner. Diejenigen, die mit dem Tourismus zu tun haben, sprechen sogar von Verschandelung der Landschaft. Es ist ein Dauerstreit daraus geworden, in den sich zunehmend Stimmen einmischen, die über die hohe Belastung der Anwohner durch Lärm und Schattenwurf nicht nur reden, sondern sie auch mit Gutachten untermauern. In letzter Zeit tauchten auch durchaus ernst zu nehmende Berechnungen auf, die nachzuweisen trachten, dass diese Art der Stromerzeugung unverhältnismäßig teuer ist und obendrein konventionelle Kraftwerke nicht überflüssig macht.
Schon die Regierung Kohl hatte mit der Förderung der Strom erzeugenden Windmühlen begonnen. Knapp fünfzehn Jahre später gab es 15387 Windkraftanlagen, und die Zahl wächst stetig weiter. Bereits der Beginn war gigantisch, als 1981 die **Growian-Anlage** am Kaiser-Wilhelm-Koog in Dithmarschen gebaut wurde. Einen Rotordurchmesser von 100 Metern hatte die Windmühle, die ein 90 Millionen Mark teurer Fehlschlag war, der 1988 sang- und klanglos entsorgt wurde.
In der Folge schossen in Dithmarschen Windkraftanlagen aller Formen und Größen wie Pilze aus dem Boden. Und auch die derzeit größte und leistungsstärkste Anlage steht wieder bei **Brunsbüttel,** ist 180 Meter hoch und hat Rotorblätter von 63 Metern Länge.
Die wildwuchsartige »Verspargelung« Dithmarschens diente andernorts zur Abschreckung: Die Stader hatten sich das ganz genau angeschaut und bauten in die Zulassungsverfahren alle **Regulierungsmöglichkeiten** ein, die das Gesetz hergab, um Einfluss zu behalten. So begrenzte man die Höhen auf maximal 150 Meter und schränkte auch die Zahl der Vorrangstandorte ein. In Stade meint man, es sei genug, denn die über 200 Rotoren im Landkreis leisten mit 300 Megawatt fast ein Drittel der von der niedersächsischen Landesregierung geplanten Menge von 1000 Megawatt. Statt weiterer neuer Standorte setzt man nun vorrangig auf den Ersatz unwirtschaftlicher Anlagen durch moderne Einheiten.
Nicht unkritisch sieht man an der Unterelbe die Träume von riesigen **Offshore-Windanlagen,** die einmal 15 Prozent des Strombedarfes decken sollen. Die Gefahren für den Nationalpark Wattenmeer und die gigantischen Kosten schrecken ab. Was die Kosten der Stromerzeugung mit Windkraftanlagen betrifft, tauchen immer mehr Gutachten und Berechnungen auf, die Fehlentwicklungen belegen und nachweisen, dass es hier um ein Milliardengeschäft geht. Die staatliche Förderung macht‘s möglich. Seit 1991 das **Erneuerbare-Energien-Gesetz** in Kraft trat, sind die Stromkonzerne nämlich gesetzlich verpflichtet, den Windstrom zum Festpreis abzunehmen und ins Netz einzuspeisen, dazu kommen weitere Steuervergünstigungen für Betreiber. Derzeit beläuft sich diese garantierte Vergütung auf 8,8 Cent pro Kilowattstunde, während der Weltmarktpreis ganze fünf Cent niedriger ist. Gewinner sind die Betreibergesellschaften, da lohnt sich selbst der Betrieb von ineffizienten Mühlen in windschwächeren Gebieten. Und weil die Gewinne so groß sind, ist die Sache natürlich auch lukrativ für Gemeinden und Bauern, die das Land für die Windmühlenparks abgeben.

Umstrittene Art der Energiegewinnung

Problematisch ist bei der Windkraft generell, dass diese Stromerzeugung **wetterabhängig,** somit stark schwankend ist, und die Stromwirtschaft ganze Schattenkraftwerke für die Regelenergie vorhalten muss.
Und so gilt es auch an der Unterelbe, die Balance zu finden zwischen profitorientiertem Wirtschaften in Tourismus, Landwirtschaft sowie Industrie und dem Naturschutz, also ganz generell ein verträgliches Miteinander von Mensch und Umwelt zu schaffen. Totalverweigerung macht dabei genauso wenig Sinn wie ein ausschließliches Primat der Wirtschaftlichkeit. Gefragt ist die kritische Begleitung jeder Neuansiedlung, jeder Neuerung in der Landwirtschaft, die hinterfragt, wie die Auswirkungen sein werden und welche Nachteile da sind, der mahnende Zeigefinger also, nicht das generelle Nein.

Wi snackt Platt

Mit einem mal gedehnten »Moiiiin«, einem fröhlichen »Moin, Moin« oder einem knackig-knappen »Moin!« wird man **gegrüßt** im Norden, und gegrüßt wird hier, zumindest im ländlichen Raum, immer noch jeder, der des Weges kommt. Egal ob es nun ein nie zuvor gesehener Urlauber oder der vertraute Nachbar ist.
Eben dieser Feriengast tippt sich gern an die Stirn und sagt sich »Die spinnen, die Nordlichter«, wenn er dieses **»Moin«** kurz vor der Abendbrotzeit hört. Dabei hat das Wort gar nichts mit dem Morgen zu tun, denn im Plattdeutschen kommt es von **»moi«,** und das bedeutet so viel wie **»gut«** oder »schön«. Also ist »Moi« nichts weiter als eine Abkürzung von »Moien Dach«, oder »Moien Abend«.
Und auch sonst klingt es zwar irgendwie gemütlich an der Küste, für Zugereiste aber doch ziemlich ausländisch, ein wenig wie die skandinavischen Sprachen oder wie das Niederländische. Manches scheint dem Englischen näher zu sein als dem Deutschen.
Wer genauer hinhört und schon andere deutsche Küstenregionen kennt, wird feststellen, dass selbst die von der Elbe doch ziemlich weit weg lebenden **Mecklenburger** erstaunlich ähnlich klingen beim Reden. Alle sprechen sie Plattdeutsch.
Also ist Plattdeutsch so eine Art Küstenkauderwelsch? Ein **Dialekt?** Wer derlei äußert im Norden, wird fortan mit Verachtung gestraft. Der Streit allerdings ist uralt, lange konnten sich die Wissenschaftler nicht einigen, ob Plattdeutsch ein Dialekt oder eine **Sprache** ist. Das lag hauptsächlich daran, dass den Sprachwissenschaftlern die einheitliche Rechtschreibung fehlte. Zwar gibt es natürlich plattdeutsche Literatur, aber da schreibt jeder Autor, wie er gerade möchte. Auch ordnete man die plattdeutsche Sprache gern als Dialekt ein, weil sie eine ähnliche Funktion

hatte wie andernorts eben Dialekte, sie war die Sprache des Volkes. Vor einigen Jahren hat man sich nun aber doch verständigt: Plattdeutsch ist eine Sprache - so eindeutig, dass es in die **Europäische Charta der Regional- und Minderheitensprachen** aufgenommen wurde.

Damit wollte man das Plattdeutsche schützen und vor dem Aussterben bewahren. Spätestens, als nach dem Zweiten Weltkrieg Radio und Fernsehen die hochdeutsche Sprache tagtäglich in den Alltag der Menschen transportierte, geriet das Plattdeutsche auch auf dem Land immer weiter ins Hintertreffen. Dabei war Plattdeutsch einmal die **Lingua Franca der Hanse.** Später jedoch versuchten sich selbst die feinen Hanseaten, die Plattdeutsch Jahrhunderte als Verkehrssprache genutzt hatten, im Hochdeutschen. Bald war es so weit, dass Eltern sich im Hochdeutschen abmühten, damit die Kinder es in der Schule leichter hatten. Im 20. Jahrhundert wurde **Hochdeutsch** mehr und mehr zur **Umgangssprache,** selbst in den kleinen Städten und Dörfern an der Elbe. Dazu kam nach 1945 mit den Millionen **Flüchtlingen** aus dem Osten ein größerer Anteil an Zuwanderern. Später wurde unsere Gesellschaft immer mobiler. Das brachte es mit sich, dass immer mehr Menschen in der Region lebten, die Platt nicht verstanden. Die Ansicht schien sich durchzusetzten, dass Platt hinterwäldlerisch ist, Hochdeutsch hingegen weltläufig.

Erst im letzten Viertel des vergangenen Jahrhunderts setzte ein Umdenken ein, und man begann zu erkennen, dass das Plattdeutsche Teil der **norddeutschen Identität** ist, ein

Altländer Volkstänzer

Ein »Schietbüdel« beim Kleien im Watt

Stück Heimat und etwas Beständiges in einer sich immer schneller verändernden Welt. Man bekennt sich wieder zu seiner Region und pflegt die alte Sprache, um sie, wenn schon nicht als Muttersprache, so doch als Zweitsprache zu erhalten.

Es scheint zu gelingen: Nicht nur, dass es wieder unzählige plattdeutsche **Kultur-, Sprach-, Theater- und Volksliedgruppen** sowie **Volkshochschulkurse** in der Region gibt, auch Radio und Fernsehen senden mittlerweile in Platt. Und weil das Niederdeutsche seit 1999 anerkannte **Regionalsprache** ist, trifft man die Sprache auch in vielen Bereichen des öffentlichen Lebens wieder an, es gibt wieder Straßennamen wie »Boben in Dörp«, und man kann das niederdeutsche Platt sogar studieren. Auch Bücher gibt es wieder reihenweise in Platt, von »Asterix und Obelix« bis hin zu »Harry Potter«. Dazu findet man häufig die Aufkleber »Wi snakt Platt«, vielleicht kommt es doch noch einmal so weit, dass es wieder heißt: »Drei Sprachen sprechen wir an der Elbe, Hochdeutsch, Plattdeutsch und über andere Leute.« Und was ist schöner als ein gemütlicher Klönschnack, in dem man mal so richtig schön över de annern Lüd schludert!

Was **unterscheidet** nun **Plattdeutsch vom Hochdeutschen,** aber auch von anderen Sprachen und Dialekten? Die plattdeutsche Sprache hat im Gegensatz zu den Sprachen der mitteldeutschen und oberdeutschen Gruppe die zweite germanische **Lautverschiebung** nicht mitgemacht, genau wie auch das Friesische, das Dänische, Schwedische, Norwegische und Isländische. Bei dieser im 5. Jahrhundert einsetzenden Veränderung grenzte sich das Hochdeutsche vom Englischen, Friesischen, Nordischen, Niederdeutschen und Niederländischen ab. Dabei gab es neben einigen weiteren Änderungen eine Änderung im **Konsonantengebrauch.** So wurde etwa aus dem »p« im niederdeutschen »peper« ein »pf« im hochdeutschen »Pfeffer«. Weiter wurde unter anderem »t« zu »s«: Heißt es im Plattdeutschen »dat«, sagt man hochdeutsch »das«.

Dazu besteht gut ein Fünftel des plattdeutschen **Wortschatzes** aus Wörtern, die es weder im besagten Ober- und Mitteldeutschen gibt noch im Hochdeutschen, wohl aber beispielsweise in den skandinavischen Sprachen, im alten Angelsächsischen oder dem heutigen Englisch. Dieser Wortschatzanteil besteht teils aus genuin plattdeutschen Bildungen, teils aus dem alten Niedergermanischen.

Aber nicht nur der Wortschatz, auch die **Grammatik** unterscheidet sich vom Hochdeutschen. Es gibt z.B. nur drei Fälle, der Dativ und der Akkusativ bilden einen gemeinsamen Objektfall, ähnlich wie im Englischen. So heißt es im Hochdeutschen »dem Mann« im dritten Fall und »den Mann« im vierten Fall, während es im Plattdeutschen in beiden Fällen »den Mann« heißt. Im Englischen wür-

de es in beiden Fällen »the man« in beiden Fällen heißen. Auch gibt es nur zwei Artikel, »de« für Maskulina und Feminina, »dat« für Neutra. Das Plattdeutsche kennt auch ein Hilfsverb, das dem englischen »shall« entspricht. »Schallen« wird ganz ähnlich benutzt, um das Futur auszudrücken.
Das hört sich nun sehr wissenschaftlich-trocken an, hilft aber, sich die Sprache besser zu erschließen, wenn man sie hört. Plattdeutsch ist sehr vielseitig, man kann **kurz und knapp** ausdrücken, was gesagt werden muss, und dabei ja kein Wort zu viel benutzen. Sonst könnte es ja heißen: »Wat is he bloot sabbelig« – »Wie ist er doch geschwätzig«. Und unnötige Worte liebt der wortkarge Norddeutsche nicht.
Dabei kann Plattdeutsch auch so **humorig-liebevoll** klingen, wenn Hinnerk zu seiner Liebsten zärtlich sagt: »Mien seuten Schietbüdel.« Ja, das sagt er so, aber nun übersetzen Sie das mal ins Hochdeutsche: »Mein süßer Sch...beutel.« Was sagt uns das? Es gibt tatsächlich Worte, die im Plattdeutschen eine etwas andere Bedeutung haben als im Hochdeutschen. Als grobe Regel kann man sagen, dass im Plattdeutschen sich nicht nur alles niedlicher anhört, sondern fast auch immer weniger hart gemeint ist. So wird ein kleines Kind zärtlich »Schieter« oder »Schietbüdel« genannt, denn so ein Windelpaket ist ja nun mal ein Schietbüdel. Säugling, das wäre so ein sachlich bürodeutsches Wort, nichts für den Norddeutschen, der mit seiner plattdeutschen Sprache lieber Bilder malt und dazu »Tittkind« sagen würde. Und um den Bogen zur großen weiten Welt zu schlagen: Es ist ja üblich, auf Neudeutsch »Baby« zu seiner Angebeteten zu sagen, und nichts anderes drückt der Norddeutsche mit »Schietbüdel« aus ...
Übrigens: Will der Elbanwohner sich einmal besonders gewählt ausdrücken, sagt er gar nicht »Moin Moin«, sondern »Goden Dach ok«.

Kulinarisches von der Elbe

Die Küche einer Region sagt ja auch viel über das Land, die Menschen und ihre Lebensbedingungen aus. **Geradlinig, schnörkellos** sind die Menschen an der Waterkant, ihr Leben seit Jahrhunderten davon bestimmt, das Land gegen Wind und Wasser zu verteidigen, nicht wanken und weichen zu wollen.
Was will man da für eine Küche erwarten? Mediterrane Leichtigkeit, filigrane Raffinesse der Nouvelle Cuisine etwa? Mal ehrlich, das würde doch gar nicht zum Land an der Elbe passen. Was ja nicht heißt, dass der niederdeutschen Küche jegliches überraschende Moment abginge und sie in deftiger Schwere verharre. Aber wie so oft, sind auch beim Essen die wirklich guten Dinge **einfach,** und gerade dann kann man Qualitätsunterschiede besonders leicht feststellen.
Butterkuchen, ob nun Altländer, Kehdinger oder Dithmarscher Art, ist so eine Speise, bei der man mit wenig viel erreichen, aber auch viel verkehrt machen kann. Mit Guss oder mit Zucker, das ist dabei so etwas wie eine Glaubensfrage. Damit kein Streit aufkommt, gibt es zu jeder Hochzeit, Taufe, Beerdigung oder sonstiger Kaffeetafel beide Sorten, und wenn es üppig ist, noch zwei weitere dazu. Die gleichen Sorten gibt es auch gefüllt, dann sind sie dem Bienenstich ähnlich. Dieser Freud-und-Leid-Kuchen ist das Allzweckgebäck an der Niederelbe, und seine Qualität wird bei jedem Kaffeeklatsch bis ins Kleinste erörtert. Alle Hausfrauen schwören obendrein auf die kleinen Geheimnisse des eigenen Familienrezeptes. Egal, auf welche Variante man steht: »So'n Botterkoken, dat is doch wat Iehrliches, gans ohne Tüdelkram«, sagen selbst die Männer.
Vor allem, wenn es zur besseren Verdauung von so viel Süßem einen **Altländer Apfelbrand** gibt. Dieses Apfeldestillat wird in der Obstbauregion Altes Land seit jeher aus der traditionellen Premiumapfelsorte »Herbst-

Plattdeutsche Überlebenshilfe

abbeldwatsch: unsinnig, merkwürdig
achtern: hinten
Achtersteven: Heck, Hinterteil beim Menschen
Arftensupp: Erbsensuppe
brägenklöterig: durcheinander, verrückt
Buddel: Flasche
Büx: Hose
Deern: Mädchen
Döntje: Anekdote
Dor teuv man op: Da kannst du lange drauf warten
duhn: betrunken
Dwarslöper: »Querläufer", scherzh. für Taschenkrebs
Farken: Ferkel
Fisk: Fisch
Fleitenpiepen: Pustekuchen
Flunk: Flügel
Mok mol fofftein: Mach mal Pause
Fronslüd: Frauen
fuchtig: frisch
Hol di fuchtig: Bleib gesund, halt dich aufrecht
Is ja gediegen: Ist ja merkwürdig
Giv mi'n Seuten: Gib mir einen Kuss
Gör: Kind
Granat: Krabben
Hansmann: Strampelanzug
Höker: Kaufman, Händler
Heunerglowen: Aberglaube
inkuhlen: beerdigen
Iesschapp, Köhlschapp: Kühlschrank
Kark: Kirche
Kiekin: kurzer Besuch
Kledasch: Kleidung
kleien: im Dreck herumwühlen
Klei mi an Mors: du kannst mich mal am A.....
Klock: Uhr
Klock söben: sieben Uhr
Klönkast: Telefon
Klönschnack: gemütliche Unterhaltung
Kloogschnacker, Kloogschieter: Besserwisser
Klüten: Klöße
knütten: stricken
Köksch: Köchin
Köm: Korn, klarer Schnaps
Krusenkohl: Wirsingkohl
Leileckerland: Schlaraffenland
Lütt klein, bi lütten: langsam, allmählich
Macker: Freund, Kumpel
mall, büss woll mall: Du bist wohl verrückt
Mannslüd: Männer
Melk: Milch
Mien Oll, mien Ollsch: mein Mann, meine Frau
Moin, Moin Moin: Guten Tag!
Mors: Hinterteil
Muck Kaffee: ein Becher Kaffee
Muster: Senf
Naber: Nachbar
Nokieksel: Lexikon
Quiddje: Fremder, Tourist
Peerd: Pferd
plietsch: schlau
Proppentrecker: Korkenzieher
Putzbüdel: Frisör
Pütz: Eimer
Rundstück: Brötchen
Schieter, Schietbüdel: Kosewort für Kinder und die Liebste
schludern, sludern: über andere Leute reden
schnacken: reden
slusohrig: hinterlistig
Steert: Schwanz
Steertrock: Frack
suer, he licht in suer: er hat einen Kater
Swienegel: Schmutzfink
togang (sin): dabei sein, gerade machen
Treckpott: Teekanne
tüdelig: umständlich, verwirrt
Tüünsupp: Fliederbeersuppe
Udel: Polizist
utbüxen: weglaufen
Wahrschau!: Achtung!
verkloogfiedeln: erklären
viegelinsch: schwierig, heikel
Wuling: Durcheinander
Zippel: Zwiebel
Zippeltine: Heulsuse

Wer für alle Fälle gerüstet sein will, besorgt sich ein kleines **Wörterbuch,** das in jede Jackentasche passt, dann kann garantiert nichts mehr schief gehen:

Langenscheidt Lilliput Plattdeutsch, München 2000, ISBN 3-468-20037-4

prinz« hergestellt und in Eichenfässern gelagert. Der Hochprozenter ist ein begehrtes Mitbringsel.
Natürlich haben auch die Norddeutschen längst den Wein für sich entdeckt, traditionell sind die Trinksitten an der Unterelbe aber eher als **rustikal** zu bezeichnen. Beim fröhlichen Zusammensein wurde seit jeher meist **Bier** getrunken, denn Brauereien gab es vielerorts. Und natürlich **Köm,** worunter man heute einen Weizenkorn versteht, während es ursprünglich, wie das Wort schon ahnen lässt, ein Kümmelschnaps war. Noch heute steht bei Festen vom Feuerwehrball bis zur Hochzeit, besonders im ländlichen Raum, immer eine Flasche Köm auf dem Tisch, dazu neuerdings Mineralwasser und nicht mehr Zitronenbrause, das früher übliche Getränk zum Nachspülen. Dabei gilt als Trinksitte »Afbieten ward nich«, das heißt, es wird auf ex getrunken, »Dat duhnt beter«, das macht schneller betrunken.
Weil wir gerade beim Feiern und bei Hochzeiten sind: Dafür gibt es ein ganz spezielles Gericht, die **Altländer** Hochzeitssuppe (siehe Kasten). Das ist nicht etwa ein dünnes Vorsüppchen, auch kein Eintopf, sondern eine Suppe mit viel Gehalt, die sich jeder Gast nach eigenem Geschmack selbst zusammenstellen kann. Obwohl es »nur« eine Suppe gibt, biegt sich die Tafel. Früher war die Herstellung dieser Suppe für eine große Hochzeitsgesellschaft eine **Gemeinschaftsarbeit** der ganzen Nachbarschaft. Die Frauen saßen dann zusammen und rollten die kleinen Klößchen, je nach Größe der Gesellschaft konnten das Tausende sein.
Nun ist es aber keinesfalls so, dass die Menschen an der Unterelbe nur flüssige Nahrung kennen. Deftiges ist besonders in der kalten Jahreszeit begehrt, **Grünkohl** natürlich der Renner. Natürlich, weil Dithmarschen für den Kohlanbau das ist, was das Alte Land für den Obstanbau darstellt. Das Dithmarscher Land nördlich der Elbe ist das größte zusammenhängende Kohlanbaugebiet Europas. Und das bedeutet natürlich, dass neben Grünkohl auch Weiß-, Rot- und Wirsingkohl zu leckeren Gerichten verarbeitet werden. Aber der Renner ist eben doch die »Dithmarscher Palme«, wie der Grünkohl auch genannt wird, man isst ihn auf beiden Seiten der Elbe. Auch beim Grünkohlessen kann viel falsch gemacht werden, vor allem, wenn der Kohl vor dem **ersten Frost** geerntet wurde. Dann konnte sich die Stärke nicht in Zucker umwandeln, der für den Grünkohl charakteristische Geschmack fehlt. Zu Unrecht wird dem Grünkohl Schwere nachgesagt, das Gemüse an sich ist ein hervorragender **Kalzium- und Vitaminlieferant** und ausgesprochen cholesterinspiegelfreundlich. Die **Beilagen** allerdings haben es in sich: Kassler, Pinkel, eine Wurst aus Speck und Hafergrütze, Kochwurst, Schweinebauch ...
Weil der Grünkohl also Frost gesehen haben muss, ist er ein **Wintergemüse,** Grünkohlessen fehlen in keinem Landgasthof auf dem winterlichen Veranstaltungskalender. Obendrein gibt es auch an der Unterelbe **Kohlfahrten,** bei denen Betriebe und Vereine zu Fuß mit Bollerwagen und einem guten Vorrat an Köm übers Land ziehen. Auch an der Elbe vergnügt man sich dabei mit dem **Boßeln,** das boshafte Gemüter »Langstreckenboccia« nennen. Ziel jeder Boßeltour ist es aber nicht etwa, bei den kilometerlangen, immer hinter der Kugel herführenden Märschen möglichst schnell duhn zu werden, Ziel ist das große Grünkohlessen.
Und weil wir gerade in Dithmarschen sind, eine ausgesprochene Dithmarscher Spezialität ist der **Mehlbüdel.** Dazu wird aus Mehl, Eiern, Milch, Salz und Butter ein Brandteig hergestellt und kräftig durchgeknetet, Rosinen und Backpflaumen untergemengt. Die Teigkugel wird anschließend in ein Leinentuch gewickelt, dessen Zipfel zusammengebunden werden. Das Ganze wird in einem großen Topf rund zwei Stunden gegart.

Hier wächst die Grundzutat für viele leckere regionale Spezialitäten

Dazu gibt es geräucherten durchwachsenen Speck oder Schweinebacke, manchmal auch Steckrüben und Kartoffeln. Der Clou allerdings ist die **Fruchtsoße** aus Erdbeeren oder Kirschen.

Eine weiteres deftiges Gericht ist im ganzen Norden verbreitet, der **»Grööne Heini«,** auch »Birnen, Bohnen und Speck« genannt. Wer sich einmal hat überreden lassen, diese auf den ersten Blick ziemlich merkwürdig erscheinende Zusammenstellung zu probieren, wird davon schwärmen. So wird's gemacht: Man kocht durchwachsenen Speck etwa 20 Minuten lang, nimmt ihn aus dem Wasser und kocht in dem Sud grüne Bohnen und Kochbirnen ein gutes Viertelstündchen; Salzkartoffeln werden dazu serviert, und fertig ist eines dieser ganz einfachen Gerichte, die unsere Geschmacksnerven durchaus zu überraschen vermögen.

Ach ja, und selbstverständlich gibt es auch **Fisch** in der Unterelb-Region: Frische Kutterscholle mit Speckstibbel ist beispielsweise ein Leib- und Magengericht der Norddeutschen. Eine besondere Spezialität aber ist der **Glückstädter Matjes.** Nur die jungfräulichen Heringe, die noch keinen Ansatz von Milch und Rogen haben und deren Fettgehalt noch mindestens zwölf Prozent beträgt, heißen Matjes. Dieser auch »Silber der Meere« genannte Hering wird nur von Mai bis Juli gefangen. Beim Ausnehmen bleibt, anders als in Holland, ein ganz kleiner Rest im Fisch, damit der Hering durch die **Enzyme der Bauchspeicheldrüse** und das Salz natürlich reifen kann. Sieben Tage

liegt er nun im Fass, bevor er filetiert wird und genussfertig ist.
Glückstadt war lange Jahrhunderte *die* deutsche Heringstadt. Auch wenn die Heringsfischerei gegen Ende der 70er Jahre eingestellt wurde, ist Glückstadt ein Zentrum der Heringsverarbeitung geblieben, wenn auch der Fisch heute nicht mehr mit dem Schiff angelandet wird, sondern über die Straße anrollt. Da nimmt es nicht wunder, dass auch die Glückstädter Gastronomie auf den Matjes setzt und jedes Jahr ab Ende Juni bei den **»Glückstädter Matjeswochen«** zeigen, welch vielfältige Zubereitungsmöglichkeiten es für diese Heringsart gibt.
Neben Fisch muss man an der Elbmündung **Krabben** gegessen haben, wo sonst kann man sie schon frisch am Kutter kaufen? Die Krabben, die wir sonst im Binnenland im Laden kaufen, haben eine lange Reise hinter sich. Zum Pulen werden sie per Tiefkühllaster nach Polen oder gar Marokko gefahren und anschließend wieder zu den deutschen Märkten zurücktransportiert. Die kleinen Krabben werden schon auf See an Bord der Kutter gekocht und können direkt im Hafen gegessen werden, nur das Auspulen ist ein bisschen schwierig. Als Krabbensalat oder Krabbensuppe, mit Schwarzbrot und Rührei oder als Krabbenomelett sowie als Beilage zu Fisch sind sie nicht wegzudenken aus Norddeutschlands Küche.

Glückstädter Matjes:
Auch zu Euro-Zeiten noch eine Köstlichkeit

Radfahrerland Unterelbe

Das flache weite Land an der Unterelbe eignet sich hervorragend für einen Fahrradurlaub. Genauso gut kann man natürlich Tagestouren unternehmen oder kleine und große Radausflüge. Besonders gut geeignet ist diese Region für **Familienradtouren.** Hier gibt es weder kurze giftige noch lange kraftraubende Anstiege, die alle Kids schnell maulen lassen.

Hier an der Unterelbe stößt man also nirgends auf für Radfahrer besonders anspruchsvolles Gelände, aber eines sollte man keinesfalls unterschätzen, den **Wind.** So nahe am großen Strom und dem Meer wird man auch im Hochsommer immer mal wieder von Böen der **Stärke 5 und mehr** angeblasen. Selbst Sommerstürme kommen vor, und dann wird eine Fahrt gegen den Wind leicht zum Kraftakt. Nur mal zum Bedenken: Windstärke fünf entspricht einer Windgeschwindigkeit von bis zu 38 Kilometern pro Stunde, wer möchte da wohl schon stundenlang gegen anfahren? Also am besten immer auf die Windrichtung achten und, wo möglich, mit Rückenwind fahren.
Es gibt Gegenden an der Unterelbe, die sich der reine Autofahrer kaum wird erschließen

Altländer Hochzeitssuppe

Zutaten für zehn Personen:

6 bis 8 Markknochen
3,5 kg Hochrippe
1/2 Sellerieknolle
2 Möhren
4 Petersilienwurzeln
2 Stangen Porree
400 g Rosinen
250 g Mehl
200 g Butter
6 Eigelb
Salz, Pfeffer, Ingwerpulver oder frisch geriebener Ingwer, Muskat nach Geschmack

Gemüseeinlage:
2 Stangen Lauch (in Streifen schneiden)
4 Möhren (würfeln)
1 Glas Spargelstücke
1 Bund Petersilie

Fleischklößchen:
300 bis 500 g Hackfleisch gemischt
1 Zwiebel (würfeln)
1 Ei
Semmelbrösel, Paprika, Salz und Pfeffer

Eierstich:
4 Eier
16 El Milch
Semmelbrösel, Muskat, Salz und Pfeffer

Die Markknochen und das Fleisch in einen Topf mit 8 Litern Wasser geben und zum Kochen bringen. Drei Stunden bei kleiner Hitze köcheln lassen, öfters abschäumen. Sellerie, Möhren, Petersilienwurzeln und Porree in Stücke schneiden und in den letzten 20 Minuten mitkochen. Rosinen in Wasser einweichen.

Fleisch, Gemüse und Knochen aus der Brühe nehmen, Knochen auslösen, Fleisch in Stücke schneiden und warm stellen. Brühe durch ein Sieb gießen und mit Salz und Pfeffer würzen. Mehl in zerlassener Butter anschwitzen und nach und nach mit 2 Litern Brühe ablöschen, das Ganze aufkochen und dann 5 Minuten ziehen lassen. Anschließend Eigelb unterziehen. Restliche heiße Brühe dazugießen und mit Ingwer, Muskat, Salz und Pfeffer abschmecken. Gemüse klein schneiden und zusammen mit dem Fleisch zur Suppe geben.

Zutaten für die Fleischklößchen vermengen und in kleine Kugeln von maximal zwei Zentimetern Durchmesser rollen. In der Brühe gar ziehen lassen, herausnehmen, auf Platten anrichten. Für den Eierstich Eier und Milch kräftig verquirlen, würzen, Masse in einen gefetteten und mit Semmelbröseln ausgestreuten Topf füllen und zudecken. Im Wasserbad 30 bis 40 Minuten bei niedriger Hitze stocken lassen. Herausnehmen, in Würfel schneiden und auf einer Platte anrichten

Rosinen abtropfen lassen und mit frischem Rosinen- und Weißbrot auf Extra-Tellern zur Suppe servieren.

Es gibt unzählige Variationen, vor allem was die Beilagen betrifft, fast immer dazu gehören Klöße, vor allem Fleischklößchen oder Markklößchen, Gemüse, Reis und Eierstich. Alle diese Beilagen stehen auf unzähligen Platten und Schüsseln auf dem Tisch, so dass jeder Gast nehmen kann, was er besonders mag.

können, es sei denn, er steigt aus und geht zu Fuß. Für Radfahrer sind diese geschützten Bereiche aber sehr wohl zugänglich; dazu gehören große Teile Nordkehdingens und der Haseldorfer Marsch. Das Rad ist also **das ideale Fortbewegungsmittel.**
Ohnehin bekommt man auf dem Rad oder bei einer Wanderung einen ganz anderen, **unmittelbareren Eindruck von der Landschaft,** erfährt die Weite des für deutsche Verhältnisse relativ dünn besiedelten Landes, den dauernden Wind und die Stille der einsamen Marschen, erlebt die Tierwelt aus nächster Nähe. Das kann man an der Unterelbe auch relativ sicher tun, denn groß ist das Netz der **Radwege** an den wenigen verkehrsreichen großen Bundesstraßen. Die kleineren Nebenstraßen sind so wenig befahren, dass man ungefährdet dahinradelt.
Der größte Fernradweg, der die Region passiert, ist der **Nordsee-Radweg,** der mit rund 6000 Kilometern Länge ausgedehnteste durchgehend beschilderte Radfernweg Europas. **»Nordseeküstenradweg«** nennt sich der immerhin 900 Kilometer lange **deutsche Teil.** Der Unterelbabschnitt führt von **Cuxhaven** über **Otterndorf** und **Hemmoor** nach **Stade** und von dort durchs **Alte Land** nach **Hamburg.** Auf der schleswig-holsteinischen Seite geht es wieder elbabwärts von **Wedel** durch die **Haseldorfer Marsch** über **Glückstadt** nach **Brunsbüttel,** bevor der Nordseeküstenweg in **Dithmarschen** die Unterelbe verlässt. Auf dem gesamten Abschnitt gibt es auf beiden Seiten der Elbe unterwegs viel zu sehen, von einsamen Marschen über interessante kleine Städte bis hin zum Nord-Ostsee-Kanal ist garantiert für jeden etwas Interessantes dabei.
Die Urlaubsorte an der Strecke sind wie auch am Elberadweg auf Pedalritter eingestellt, vielerorts besteht sogar die Möglichkeit, mitsamt dem Rad den **Fahrradbus** zu nutzen und mal ein Stück des Weges zu überspringen.

Der zweite große Fernradweg, auf dem man die Unterelb-Region durchradeln kann, ist der **Elbe-Radweg.** Weil beide Seiten der Unterelbe so schön sind, ist dieser Teil des Radweges zweigeteilt in den rechtselbischen nördlichen und den linkselbischen südlichen Teil. Einige Fähren machen aber jederzeit einen Uferwechsel möglich.
Glaubt man dem »Spiegel«, ist der durchgehend beschilderte Elberadweg der beliebteste Radweg in Deutschland. In vielen Orten, die er passiert, finden in der Sommersaison Radtouren zu unterschiedlichen **Themen** statt. Auch bieten manche Gemeinden und Städte am Weg spezielle Radfahrerangebote, auch Pauschalangebote gibt es reichlich.
Neben diesen beiden großen Radwegen hat jede, aber wirklich jede Region an der Unterelbe ihre eigenen ausgeschilderten Radtouren, meistens ist das auf Kreisebene organisiert und man bekommt bei den regionalen Tourismusämtern alle Unterlagen dazu, inklusive Kartenmaterial.
Da gibt es zum Beispiel den **Radfernweg Cuxhaven – Hamburg;** dieser Radfernweg (ADFC-Radtourenkarte 6 »Zwischen Elbe und Weser«) schlängelt sich auf kleineren Nebenstraßen um die B 73 herum und meidet diese meistbefahrene Straße Deutschlands. Man lernt vielfältige Landschaften kennen und überraschende Orte.
Auch eine Radtour entlang der **Oste** ist ein lohnendes Erlebnis; die Oste ist einer der schönsten Elbnebenflüsse mit vielen idyllischen Landstrichen an ihren Ufern. Es gibt daher an ihrem Lauf eine ganze Anzahl verschiedener Radtouren. Hier ein Beispiel: von **Neuhaus** am Deich entlang nach **Geversdorf,** dort über die Oste setzen und über **Hörne** zum **Ostesperrwerk** am Natureum und von dort zurück nach Neuhaus.
Rund um die **Stör** geht eine Tour von Wilster nach Glückstadt; sie führt an der Stör entlang nach **Beidenfleth.** Dort geht es mit der Seilfähre über den Fluss und weiter kreuz

Ideales Revier für Radler

und quer durch die **Kremper Marsch** nach **Glückstadt.** Wer mag, kehrt über Itzehoe zurück nach Wilster.

Rund um den Nord-Ostsee-Kanal: Hier kann man Schiffe gucken, denn man fährt fast immer direkt am Kanal entlang. Von Brunsbüttel geht es bis Burg. Von dort kann man entweder mit dem Bus zurückfahren, oder man setzt mit der Fähre über und radelt auf der anderen Seite zurück.

Durchs Alte Land: von Stade aus über Hollern und Bachenbrook nach Guderhandviertel, an der Lühe entlang nach Lühe und Jork, über Guderhandviertel, von dort am anderen Lüheufer entlang nach Grünendeich und zurück nach Stade.

Durch Nordkehdingen: Am meisten von Nordkehdingens Natur bekommt man auf dieser Tour mit. Von Freiburg aus geht es durch den alten Außendeichbereich bis Schöneworth. Dem alten Sommerdeich folgend, fährt man bis Hörne, macht einen Abstecher zum Natureum und kehrt über Krummendeich nach Freiburg zurück.

Praktische Informationen

Nordsee-Tourismus-Service GmbH
Postfach 1611
25806 Husum
Tel. 01805-066077
www.nordseetourismus.de

Elberadweg Tourismusleitstelle Nord
Elbschloss Bleckede Schlossstr. 10
21354 Bleckede
Tel. 05852-95140

Material vom Allgemeinen Deutschen Fahrradclub:
ADFC Bundesgeschäftsstelle
Postfach 107747
28077 Bremen
Tel. 0421-346290
www.adfc.de

Der ADFC hat auch die **Liste »Bett & Bike«** erstellt, die in Buchform beim Esterbauer Verlag erhältlich ist.

Karten/Führer:
Bikeline Tourenbuch Elbe-Radweg
Magdeburg – Cuxhaven
Esterbauer Verlag

Bikeline Tourenbuch Nordseeküstenradweg
Esterbauer Verlag

Internet:
www.nordseekuestenradweg.de
www.northsea-cycle.de
www.elberadweg.de

Die Außenelbe

Das Wattenmeer

Lebensraum Watt oder wat ist Watt?

Wo sonst als im Wattenmeer reicht der Meeresgrund bis zum Himmel? Es ist schon spektakulär, wenn man das Wasser zum ersten Mal verschwinden sieht, aber was dann bleibt, sieht wie eine **Schlickwüste** aus. Es ist eine graubraune, erst am Horizont ihr Ende findende Weite, nur von wenigen kleinen Wasserläufen unterbrochen, kein Grün, nicht ein Halm. Und dennoch, das Watt ist ein einzigartig reicher Lebensraum.

Einmalig in der Welt sind die Wattgebiete zwischen den Niederlanden und Dänemark, die sich auch rechts und links der Elbmündung bei Cuxhaven erstrecken; hier liegt eine der größten zusammenhängenden Wattflächen.

Das Wattenmeer als **amphibische Küstenlandschaft** gilt als eine der letzten Naturlandschaften Mitteleuropas. Was für den Laien wie eine Ödnis aussieht, ist nämlich ein enorm **dicht besiedelter Lebensraum,** und ein sehr komplexer dazu. 40.000 Kleinkrebse, 270.000 ganz verschiedene Schnecken, an die 10.000 Muschelchen und zahlreiche weitere Kleinlebewesen teilen sich einen Quadratmeter dieses Ökosystems. Auf nur 100 mal 100 Metern Fläche haben die Wattbewohner eine **Biomasse** von drei bis 12 Tonnen Nassgewicht, weit mehr als beispielsweise im Urwald. Im Wattenmeer gibt es etwa **2000 Tierarten,** wovon etwa 250 nur hier in den Salzwiesen vorkommen. Es gehört zu den vogelreichsten Regionen Mitteleuropas und ist Kinderstube für vierzig Fischarten.

Aber was ist denn nun Watt? Man definiert es als »zeitweilig trockenfallende Teile des Meeresbodens, der aus Sedimenten aufgebaut ist«. Voraussetzung für die Wattbildung ist einerseits ein genügend großer **Tidenhub** und andererseits eine ausreichende **Sedimentanhäufung.** Diese erfolgte nach den Eiszeiten durch die gen Nordsee fließenden Schmelzwasserströme; noch heute sorgen die in die Nordsee mündenden Flüsse für stetigen Nachschub.

Das Wattenmeer ist fast immer in deutlich sichtbare **Abschnitte** eingeteilt. Vom Land aus gesehen, trifft man zunächst auf die regelmäßig überflutete **Verlandungszone,** die man aber nur in geschützten Buchten findet. Sie markiert den Übergang zwischen Watt und Salzwiesen. Seewärts folgt das weitgehend aus feinem Ton und Sand bestehende, schwarze **Schlickwatt,** das beim Betreten relativ weich, eben schlickig ist. Allmählich geht das Schlickwatt in das schon festere **Mischwatt** über, an das sich noch weiter draußen das trittfeste, oft gerippte **Sandwatt** anschließt, das bis hinaus zur Niedrigwasserlinie reicht.

Zum System Wattenmeer zählt auch eine ausgeprägte **Rinnenlandschaft.** Manche dieser Wasserrinnen fallen trocken, manche führen dauernd Wasser. Die kleineren Rinnen werden **Priele** genannt, die größeren einfach **Rinnen,** in Niedersachsen auch **Baljen.** Gemeinsam ist ihnen, dass sie wichtige Rückzugsgebiete für Fische, Krabben und andere Meerestiere sind. Die größeren Rinnen sind oft mit den auch bei Ebbe Wasser führenden **Tiefs** weiter draußen verbunden. Manche von ihnen sind so tief, dass sie auch

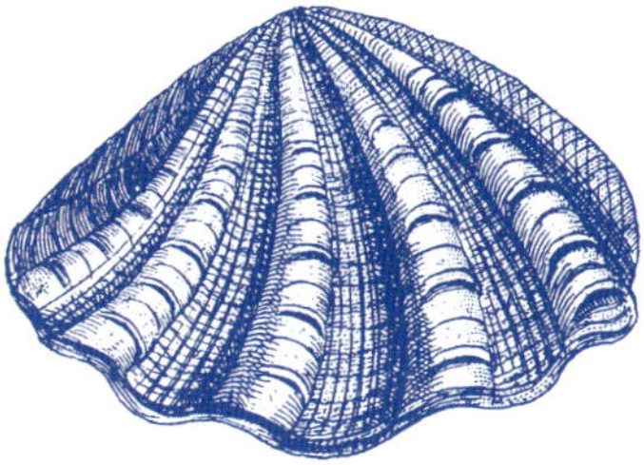

bei Niedrigwasser von Booten und Schiffen mit nicht allzu großem Tiefgang befahren werden können. Den Rinnen wird auch das Wasser der Entwässerungssysteme in den Marschen zugeleitet.
Ebenfalls zum Wattenmeer gehören **Sandbänke** wie die Scharhörnplatte, **Dünen, Inseln** und **Strände.**
Die Lebensbedingungen im Watt sind extrem für Tiere und Pflanzen, nur besonders **anpassungsfähige Arten** konnten hier auf Dauer überleben. Viele Fischarten haben in den abgelegenen Wasserläufen des Watts ihre Kinderstuben, und einem großen Teil der Watt- und Wasservogelwelt Mitteleuropas dient es als Brut-, Nahrungs- und Rastgebiet. Auch für die Seehunde ist es wichtig, denn hier finden sie die für die Paarung, Geburt und Aufzucht der Jungen notwendigen Sandbänke mit einem großen Nahrungsangebot. Um die Erhaltung des komplexen Systems Wattenmeer zu gewährleisten, wurde es 1985/86 unter Schutz gestellt und die **Nationalparks** Niedersächsisches Wattenmeer, Hamburgisches Wattenmeer und Schleswig-Holsteinisches Wattenmeer gegründet. Inzwischen ist das ganze Watt vom holländischen Den Helder bis hinauf zum dänischen Esbjerg geschützt.
Das Watt vor der **Cuxhavener Küste** am linken Rand der Elbe ist Teil des Nationalparks Hamburgisches Wattenmeer, das Dithmarscher Watt am rechten Elbrand gehört zum Nationalpark Schleswig-Holsteinisches Wattenmeer.

Der Nationalpark Schleswig-Holsteinisches Wattenmeer

Der Nationalpark Schleswig-Holsteinisches Wattenmeer ist mit einer Fläche von 2850 Quadratkilometern der **größte Nationalpark in Mitteleuropa.** Er reicht von der Elbmündung bis hoch zur dänischen Grenze. Mittendrin liegen wie Enklaven die **Inseln** Sylt, Föhr, Pellworm und Nordstrand sowie die **Halligen,** sie gehören allesamt nicht zum Park.
Dieser Komplex aus verschiedenen Wattarten, Salzwiesen, Inseln, Halligen und einfließenden Flüssen ist noch immer **fast unberührt.** Das überaus **dynamische System** schafft eine sich ständig verändernde Landschaft.
Besonders für **Plattfische** wie die Scholle und diverse **Krabbenarten** ist dieses Gebiet Lebensraum, dazu ist es Heimat vieler **Vogelarten.** Wichtig ist das Schleswig-Holsteini-

Praktische Informationen

Nationalpark-Wattenführer:
Rainer Borcherding
Tel. 04841-87919
Johann Franzen
Tel. 04857–239, Fax 902239

Informationen zu Exkursionen auf die Salzwiesen und Vogelbeobachtungen:
Schutzstation Wattenmeer
Am Hafen
25718 Friedrichskoog
Tel. 04854-1648
www.schutzstation-wattenmeer.de/verein/Friedrichskoog.html

Seehundstation Friedrichskoog
An der Seeschleuse 4
25718 Friedrichskoog
Tel: 04854-1372
www.seehundstation-friedrichskoog.de

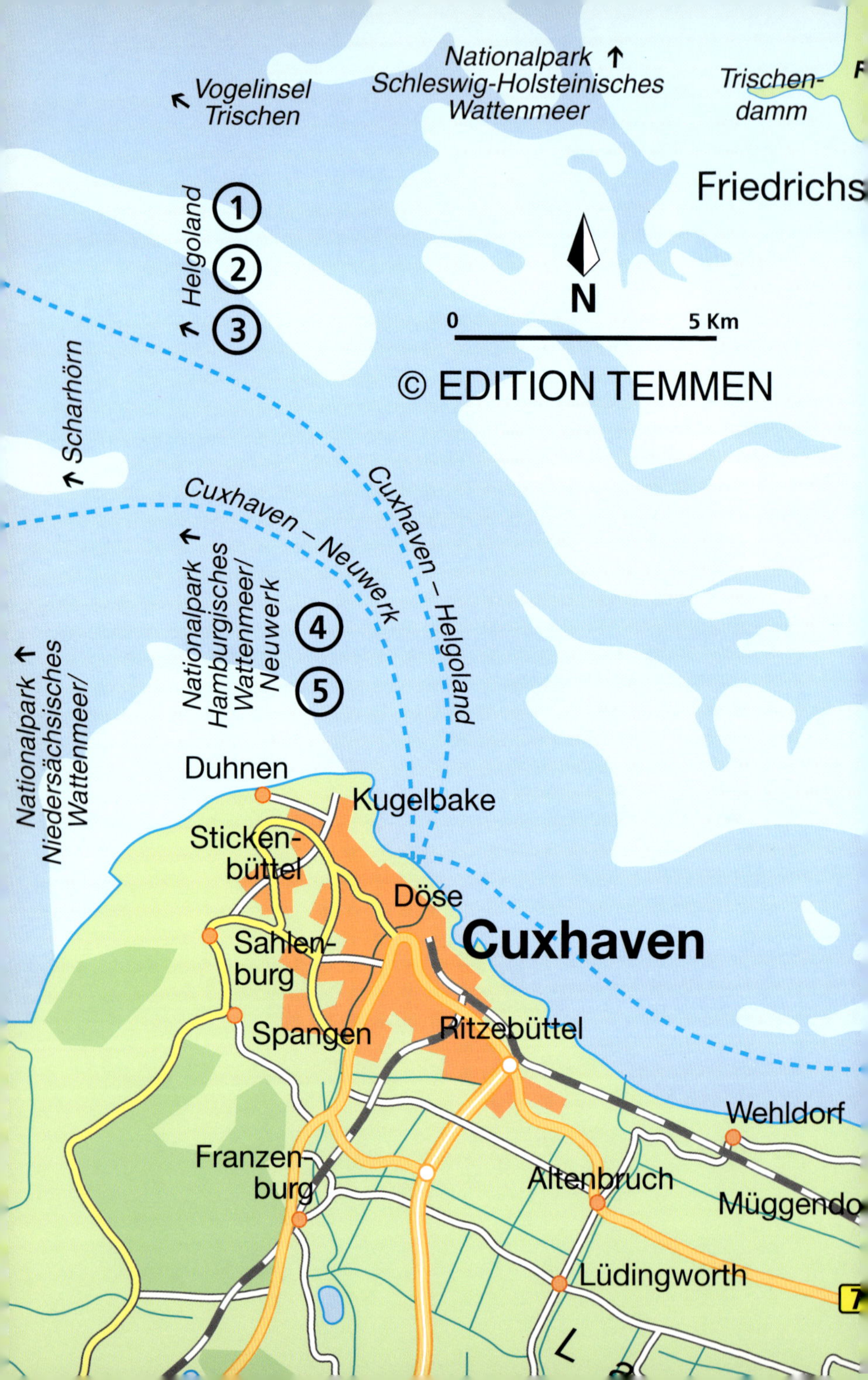

Nationalpark Schleswig-Holsteinisches Wattenmeer
Vogelinsel Trischen
Trischendamm
Friedrichs
Helgoland
1
2
3
N
0
5 Km
© EDITION TEMMEN
Scharhörn
Cuxhaven – Neuwerk
Cuxhaven – Helgoland
Nationalpark Hamburgisches Wattenmeer/ Neuwerk
4
5
Nationalpark Niedersächsisches Wattenmeer/
Duhnen
Kugelbake
Stickenbüttel
Döse
Cuxhaven
Sahlenburg
Spangen
Ritzebüttel
Wehldorf
Franzenburg
Altenbruch
Müggendo
Lüdingworth

ogspitze
Kaiserin
undaufzuchtstation
Heide
Gudendorf
Barlt
Dithmarschen
reihafen
Schmolteck
Diek-
sander-
koog
Helse
St. Mich
5
Neuland-
halle
Klein-
dieksand
Süderwisch
Schadendorf
Marne
Kaiser-
Wilhelm-
Koog
Schmedes-
wurth
Eddel
Wester-
büttel
Mühlen-
straßen
Neufelderkoog
Neufeld
Elbe
Kru
Balje
Hörne
Belum
Otterndorf
Neuhaus
(Oste)
Süderdeic
Geversdorf
Neuen-

Das Watt ist Lebensraum zahlreicher Tierarten

sche Watt auch als **Rastplatz** für Millionen von Vögeln auf dem Durchzug in die Winter- und Sommerquartiere.
Für die großen Enten- und Watvögel ist hier der **Mauserplatz,** denn auch in dieser Zeit, in der die gefiederten Gäste viel Energie aufnehmen müssen, ist ihr Tisch hier reichlich gedeckt.
Seehunde finden im Watt Schleswig-Holsteins ideale Lebensbedingungen; hier werden die meisten Jungtiere geboren. Die **Seehundstation Friedrichskoog** bemüht sich sehr um die Seehundpopulation vor Dithmarschen und zieht verwaiste Heuler auf, um sie später wieder auswildern zu können.
Vor Amrum gibt es dazu einige Dutzend **Kegelrobben,** vor Sylt sogar **Schweinswale.**
Damit Besucher mehr über den Nationalpark und das Leben in diesem Teil des Wattenmeeres erfahren können, veranstalten die **Nationalpark-WattenführerInnen** regelmäßig geführte Wanderungen von Friedrichskoog aus.

Der Nationalpark Hamburgisches Wattenmeer

Eigentlich hatte die Stadt Hamburg ja vor, in der Elbmündung einen Tiefwasserhafen zu bauen, doch es kam glücklicherweise ganz anders: Im April 1990 wurde hier der Nationalpark Hamburgisches Wattenmeer errichtet. Kern dieses mit 13.750 Hektar kleinsten Wattenmeer-Parkes ist die Scharhörnplatte mit der Düneninsel **Scharhörn,** der von Menschenhand geschaffenen Insel **Nigehörn** sowie der zum Teil eingedeichten **Insel Neuwerk.**
Vor allem Sand- und Mischwatten, Sandbänke und flache Priele findet man in diesem Gebiet. Was diesen Teil des Wattenmeeres so besonders macht, ist sein relativ hoher **Brackwassergehalt,** denn die direkt an der Scharhörnplatte vorbeifließende Elbe bringt Süßwasser mit. Aus diesem Grund gibt es hier zahlreiche Krabbenarten, aber auch Sandaale und Kleinfische wie Stichlinge. All diese

Tiere können den schwankenden Salzgehalt des Wassers recht gut verkraften. Eine weitere Besonderheit ist der große **Vogelreichtum.** Allein in diesem kleinen Nationalpark machen gut 100.000 Zugvögel Rast auf ihrem weiten Weg vom und in den Süden. Er ist eine Drehscheibe des Vogelzuges, **200 verschiedene Arten** konnten schon ausgemacht werden.
Bis zu 2000 **Ringelgänse** rasten jährlich auf Neuwerk und futtern sich hier die nötigen Fettreserven für die langen Wege von und nach Sibirien an. Auf den Salzwiesen im Deichvorland Neuwerks brüten zahlreiche Wat- und Wandervögel, die **Seeschwalbenkolonie** des Parks umfasst allein an die 10.000 Vogelpaare, und vor Scharhörn wurden mehr als 60.000 **Strandläufer** beobachtet. Auch ein wichtiger **Mauserplatz** ist der Nationalpark, auf der gesamten Scharhörnplatte sammeln sich die **Brand- und Eiderenten** zu diesem Zweck.
Obwohl Neuwerk **bewohnt** ist, gehören doch weite Gebiete der Insel in den nicht eingedeichten Vorländern zum Schutzgebiet. Diese Inselteile sind gleichfalls wichtige Brut- und Rastplätze. In den ebenfalls geschützten Salzwiesen leben gut **2000 verschiedene Tierarten.** Auch das gerade erst 15 Jahre alte Nigehörn wird bereits hervorragend von der Vogelwelt angenommen.
Ebenfalls zum Nationalpark gehören die **Liege- und Aufzuchtplätze der Seehunde,** die man am besten vom Schiff aus am Abzweig des Neuwerk-Fahrwassers von der Elbe beobachten kann.
Etwa neun Zehntel des Nationalparks sind als **Ruhezone I** gekennzeichnet, der Rest als **Ruhezone II,** und nur Letztere darf relativ uneingeschränkt betreten werden. Das betrifft im Wesentlichen den eingedeichten Bereich von Neuwerk sowie gekennzeichnete Wege im Salzwiesen-Vorland, dazu die Wattwanderwege zwischen Cuxhaven und Neuwerk.

Aktivitäten im Nationalpark Hamburgisches Wattenmeer

Seehundbeobachtung

Eine besondere Attraktion des Parks sind die Seehunde, die um Neuwerk in großer Zahl zu Hause sind. Bei einer Wattwanderung von Neuwerk zum Kleinen Vogelsand kann man sie am Elbe-Neuwerk-Fahrwasser beobachten. Manchmal kann man sie auch vom Linienschiff »MS Flipper« aus sehen, das täglich Neuwerk mit Cuxhaven verbindet. Die Reederei Cassen Eils, der die »MS Flipper« gehört, veranstaltet auch tägliche Schiffstouren zu den Seehundsbänken in der Elbmündung.

Geführte Wattwanderungen

Natürlich, man kann auch allein im Watt herumlaufen, wenn man die Vorsichtsregeln beachtet. Das macht Spaß, denn wo kann man sonst schon auf dem Meeresgrund spazieren gehen? Geführte Wattwanderungen allerdings sind die beste Möglichkeit, den Nationalpark Wattenmeer kennen zu lernen. Dabei erfährt man am meisten über die faszinierenden Lebensräume des Watts.

Bernsteinsuchen

Dort wo die Seehunde sind, nördlich von Neuwerk auf dem Kleinen Vogelsand an der Wattkante zum Elbfahrwasser, werden Schatzsucher fündig, denn hier gibt es Bernstein, der von den Elbgezeiten frei- und auf die Sandbänke gespült wird. Mit etwas Glück kann hier jeder fündig werden, denn das Betreten ist ausdrücklich gestattet.
Wer mehr wissen will, kann auch an einer geführten Wattwanderung zu den Bernsteinen auf dem Kleinen Vogelsand teilnehmen, die von der Nationalparkverwaltung angeboten wird.

Trischen, die wandernde Vogelinsel

Sie hat etwas Geheimnisvolles an sich, die Insel Trischen vor Friedrichskoog, **Legenden** umranken sie. Das kommt sicher daher, dass kaum jemand diese doch vom Festland aus stets in Sicht liegende Insel je betreten hat.

Die Insel ist in **ständigem Wandel** begriffen; eindrucksvoll kann man gerade an Trischen die gestaltenden Kräfte von Wasser und Wind erkennen.

Die Insel entstand vor etwa **400 Jahren,** als sich mehrere Sandbänke zusammenfanden. So ist sie buchstäblich auf **Sand** gebaut und mit diesem Sandsockel beständig auf Wanderschaft. Um die **35 Meter** legt die Insel dabei jährlich zurück, immer nach **Osten.** Gut zehn Kilometer ist sie so in den 400 Jahren ihres Bestehens gewandert, und in weiteren 400 Jahren dürfte sie bei Büsum am Festland ankommen. Man kann den Veränderungen zuschauen auf Trischen, jedes Hochwasser spült an der westlichen Kante ein wenig Inselboden weg, nur ein Teil wird im Osten wieder angelagert. So lange die Insel besteht, hat sie so **fast drei Viertel ihrer Größe verloren.** Wie sehr die Insel schrumpft, zeigt sich auch darin, dass die Seezeichen, die den Schiffsverkehr sicher um Insel und Sände leiten sollen, alle paar Jahre versetzt werden müssen.

Der markante **Inselname** stammt übrigens wohl aus dem Niederländischen. »Dar Rießig« (der Busch) wurde sie dort genannt, was sich etwa wie »t'Rießig« anhört, woraus dann »Trischen« wurde.

Erst Ende des 19. Jahrhunderts entstanden die **Salzwiesen,** und zu Beginn des 20. Jahrhunderts wurde eine intensive Nutzung der Insel zur **Schafzucht** versucht. Doch immer wieder zerschlug die Nordsee alle Versuche, Trischen zu bändigen.

Der Trischendamm sollte Trischen mit dem Festland verbinden

Dennoch versuchte man in den 1920er Jahren mit immensem Aufwand, durch Eindeichungen einen **Trischenkoog** anzulegen und zu sichern. Ein großes Wohnhaus, der Luisenhof, wurde auf der Insel gebaut sowie das hölzerne Landhaus Hedwig, dazu wurde Trischen landwirtschaftlich genutzt. Doch trotz allen Aufwandes war die Inselwanderung nicht zu stoppen. Alle weiteren Schutz- und Ausbaumaßnahmen wurden 1936 ad acta gelegt. Gerade noch rechtzeitig, denn im **Frühjahr 1943** zerstörte die Wassergewalt den Koog.

Manchmal gibt das Wattenmeer noch heute ein paar Zeugnisse menschlicher **Besiedelung** frei. Sonst zeigen nur noch die zweieinhalb Kilometer langen Reste des **Trischendammes,** der einmal die Insel mit dem Friedrichskooger Festland verbinden sollte, etwas von den Plänen jener Zeit. Die Sturmfluten von 1962 und 1976 ebneten die

Dünen der Insel ein, zerstörten die Vogelwärterhütte, veränderte das Aussehen der Insel weiter und verkleinerten sie.
1959 entschloss man sich zu einer enger gefassten Naturschutzverordnung und 1980 zur Eingliederung Trischens in eine **Nullnutzungszone.** Seitdem wird die Insel nur noch von einem Vogelwärter bewohnt. So konnte Trischen bleiben, was es immer war: ein **Vogelparadies.** Hier brüten 15.000 Vogelpaare, dazu mausern sich auf Trischen im Juli an die 100.000 Brandgänse, und Tausende von Zugvögeln rasten hier im Frühjahr und Herbst. Aber nicht nur Vögel, auch **Seehunde** haben hier ihre Kinderstube, und selbst **Schweinswale** konnten immer wieder gesichtet werden.
Genauso groß ist die Artenvielfalt unter den **Pflanzen,** die sich völlig ungestört auf Dünen und in Salzwiesen ausbreiten konnten. **93 Arten** sind katalogisiert worden Die Besonderheit im Naturreichtum Trischens liegt in ihrer Unberührtheit. Hier wachsen, bis auf die Inselspitzen, überall **Salzwiesen** ohne jeden Eingriff völlig natürlich, hier formen Wind und Wasser die Dünenlandschaft täglich neu. Nirgendwo sonst können die Zonierung der Salzwiesen je nach Überflutungshäufigkeit und die dort wachsenden hoch spezialisierten und perfekt an den jeweiligen Salzgehalt des Bodens angepassten Pflanzenarten so gut beobachtet werden. So wächst der Schlickwatt-Queller in der zweimal täglich überfluteten Übergangszone zwischen Meer und Land. Der Strandwermut kommt hingegen nur in den etwas höheren Bereichen der Salzwiese vor.
Nur eine Spezies gibt es also nicht auf Trischen: Menschen, denn das **Betreten ist strengstens untersagt.**

Sandregenpfeifer

Erfolg kann nicht garantiert werden, ein wenig Glück gehört schon zu der Schatzsuche. Aber erstens kennen die Führer sich aus, und zweitens erhält man auf der dreistündigen Führung manch interessante Information über den bis zu 40 Millionen Jahre alten Bernstein und über das Watt.

Abenteuerspaß im Watt

Ein wenig wie Survival-Training und damit voll im Trend ist diese Führung der Nationalpark-Ranger. Die Teilnehmer sollten über 16 Jahre alt sein, es wird gewandert und nach Kompass geschwommen; mehr wird nicht verraten. Auf jeden Fall sollte man Pullover, eine zweite Badehose und ein Handtuch dabeihaben. Jeder Teilnehmer erhält ein Zertifikat.

Neuwerk, Hamburgs Insel im Wattenmeer

Es ist kein Scherz: Man kann wirklich zu Fuß von Cuxhaven durch die Nordsee nach Hamburg laufen **(5)**. Genauer gesagt, zur Insel Neuwerk, wo man **Hamburgs ältestes Bauwerk,** den **Leuchtturm (4),** bewundern kann. Zu Hamburg gehört Neuwerk mit Unterbrechungen schon seit 700 Jahren, und das, obwohl die Insel gut 120 Kilometer von der Stadt entfernt liegt. Um die Insel herum liegen 100 Quadratkilometer Watt bis hin zur gut sechs Kilometer entfernten Hauptfahrrinne der Elbe.
Zehn Uhr morgens, es wird Zeit, als wir in Sahlenburg aus dem Cuxhavener Linienbus 21 steigen. Schuhe aus, Rucksack umgeschnallt und los, denn es ist gerade Niedrig-

Ein solcher Fund ist selten

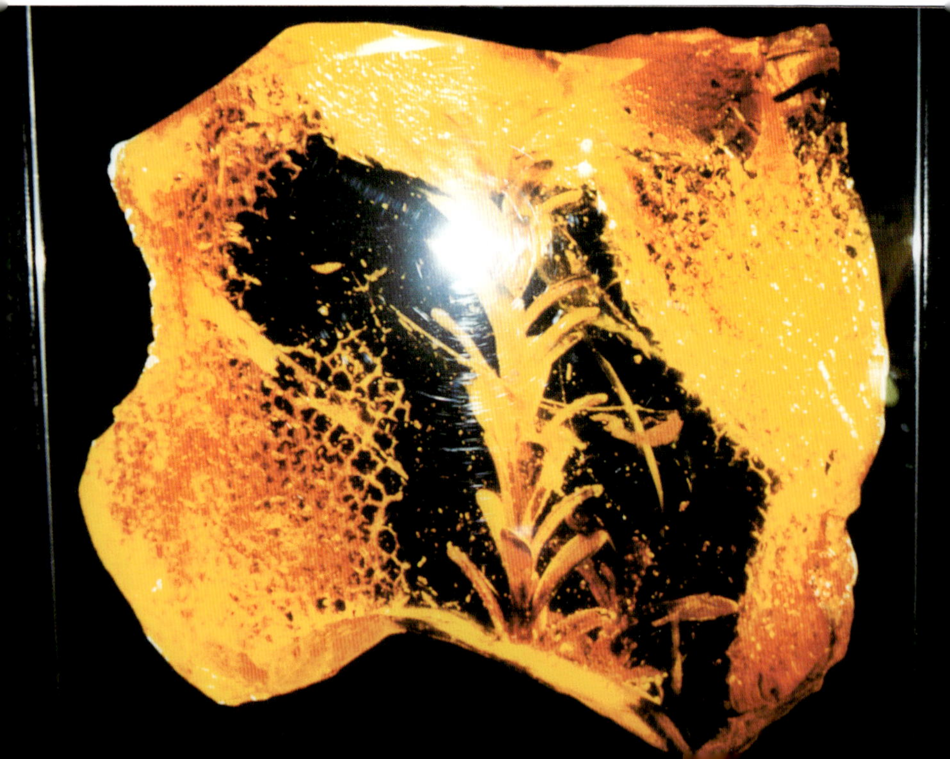

wasser. Weit vor uns liegt die grüne Insel mit dem kantigen Leuchtturm. Von Wasser keine Spur, zwischen Sahlenburg und Neuwerk liegt nichts als Watt, also das, was Landratten Schlick nennen würden, aber mit einem grandiosen weiten Himmel darüber.

Es sind **zwölf Kilometer Fußmarsch** bis zur Insel, ungewohnt ist es, so weit barfuß zu gehen, und deshalb anstrengend. Hier und da eine kleine Muschelbank, mal gilt es, einen kleinen Priel zu durchwaten, aber der Weg ist gut gekennzeichnet; wer sich an die Markierungen hält, ist vor Überraschungen gefeit. Daran, dass es auch anders sein kann, erinnern mahnend die **Rettungsbaken,** die aussehen wie überdimensionale Vogelkäfige auf Wäschepfählen. Im Ernstfall, wenn man von der Flut überrascht würde, könnte man sich in diese Körbe retten. Es ist also Vorsicht geboten. Man sollte sich strikt an die bekannt gegebenen Wattlaufzeiten halten, denn vor der auflaufenden Flut kann man nicht weglaufen.

Auf dem Weg trifft man immer wieder auf Spuren des reichen Wattlebens, ein Taschenkrebs eilt mit Verspätung Richtung Priel, überall Spuren von Wattwürmern, hier eine liegen gebliebene Qualle, der das Wasser weggelaufen ist, dort eine kleine Muschelbank. Nach drei Stunden ist es geschafft, man erreicht die grünen Deiche von Neuwerk und das Ortsschild »Hamburg«. Erst einmal die Füße abspülen und auf dem Deich rasten, mit den Austernfischern als neugierigen Nachbarn. Und spätestens hier bemerkt man sie, die ungeheure **Artenvielfalt.** Neuwerk ist ein **Vogelparadies.**

Grün ist die Insel, von Deichen, so gut es geht, gegen die Gewalten der Nordsee geschützt - das heißt, genau genommen ist dies immer noch die Elbmündung. Nur **wenige Häuser** gibt es auf der Insel, fast alle beherbergen zivilisationsmüde Gäste, die Neuwerks reine Luft und Abgeschiedenheit schätzen. Im Sommer kommen bei günstig

Hamburgs ältestes Bauwerk:
Der Leuchtturm Neuwerk

fallenden Niedrigwasserzeiten die Wanderer aus Cuxhavens Ortsteilen Duhnen und Sahlenburg. Und es gibt noch mehr Möglichkeiten, die Insel trockenen Fußes zu erreichen: zum Beispiel mit dem **Pferdewagen,** die etwas bequemere Variante, durchs Watt zu kommen. Und weil ja Neuwerk eine Insel ist, kann man sie natürlich auch auf dem Wasserweg ansteuern. Die **»MS Flipper«** läuft Neuwerk zu täglich wechselnden Zeiten jeweils bei Hochwasser an.

Als **»Nige Oge«** erwähnt wurde Neuwerk schon um das Jahr 900. Aus dieser friesischen Bezeichnung für »neue Insel« wurde nach Fertigstellung des zunächst als Schutz gegen Seeräuber und die Gewalten des Meeres dienenden Turms »Nige Wark« - neues Werk, und später eben »Neuwerk«. Mit dem Turmbau begann auch die Geschichte der

Besiedlung Neuwerks, von da ab hatte der Hamburger Rat dort eine Besatzung stationiert. Die Bauern kamen erst später, als nach der Eindeichung 1556 nicht mehr nur der Turm Schutz gegen die See bot. Dennoch war das Leben karg, immer wieder zerstörten die Fluten die Frucht mühevoller Arbeit und schnitten die Neuwerker wochenlang vom Festland ab. Heute leben die knapp **40 Einwohner** Neuwerks übrigens längst nicht mehr ausschließlich von der Landwirtschaft; der Tourismus trägt einen Großteil zum Lebensunterhalt bei.

Einen wunderbaren Überblick bekommt man vom Neuwerker **Leuchtturm** aus, dem **Wahrzeichen der Insel.** Das grandiose Panorama reicht bei guter Sicht vom Leuchtturm Roter Sand bis nach Helgoland. Schon 1306 wurde mit seinem Bau begonnen, fertig wurde er 1310; damit ist er Hamburgs ältestes Bauwerk. Der Turm ist allerdings nicht mehr das Original, denn das brannte um 1375 ab und wurde später neu aufgebaut. Der wuchtige backsteinerne Turm mit dem drei Meter tief in die Erde reichenden Feldsteinfundament, der seit 1814 als Leuchtturm dient, ist **45 Meter hoch,** 138 Stufen führen zur Aussichtsplattform.

Eine weitere Sehenswürdigkeit auf dem Inselrundgang ist der **»Friedhof der Namenlosen«,** auf dem viele unbekannte Seeleute, die das Meer angespült hatte, ihre letzte Ruhe fanden. Dieser Friedhof existiert seit 1319, und die Zahl der Kreuze gibt bei weitem nicht die Zahl der tatsächlich an die Neuwerker Ufer getriebenen toten Seeleute wieder. Seit 1920 wird hier allerdings niemand mehr beerdigt, sowohl die verstorbenen Neuwerker als auch angetriebene Opfer der See werden aufs Festland überführt.

Die grüne Insel im Wattenmeer ist 300 Hektar groß und bietet als Teil des Nationalparks Wattenmeer Natur pur. Darüber kann man sich im **Informationszentrum** gleich neben dem Leuchtturm kundig machen. Dort sollte man sich auch informieren, was man im Nationalpark tun darf und was nicht, vor allem aber, welche Flächen nicht betreten werden dürfen. Besonders im östlichen Vorland sollte man unbedingt auf den gekennzeichneten Wegen bleiben, um die Vögel nicht zu stören. Die Einrichtung des **»Nationalpark-Erlebnispfades«** ist inzwischen weit gediehen. Er beginnt auf der Turmwurt. An den 14 Stationen entlang des Rundweges auf Hauptdeich und Mittelweg informieren Tafeln mit anschaulichen Grafiken, lebendigen Texten und auch Hörbarem über Leben, Geschichte und Natur der Insel.

Auch die Neuwerker haben ihren Frieden gemacht mit dem Nationalpark, nachdem sie anfangs um ihre Landwirtschaft und die Besucherzahlen fürchteten.

Was man auf Neuwerk sonst noch machen kann? Wattlaufen, baden, Bernstein suchen, Butt fischen, Krabben pulen und eine Wattwanderung zur Vogelschutzinsel Scharhörn sind die beliebtesten maritimen **Aktivitäten** auf der Insel.

Nur etwa sechs Kilometer entfernt und direkt an der Fahrrinne liegt die **Vogelschutzinsel Scharhörn,** die man per Wattwagen oder auf einer geführten Wattwanderung gut erreichen kann. Die Sände, auf denen Scharhörn steht, sind berüchtigt. Alles ist in Bewegung, auch die bereits seit 1939 unter Naturschutz stehende Insel selbst, die sich immer weiter nach Südosten verschiebt – mindestens zehn Meter pro Jahr. Die Sandbank aber, auf der sie steht, bewegt sich noch um die Hälfte schneller. So liegt Scharhörn heute bereits am äußersten nördlichen Rand der Sandbank. So dicht an der Elbfahrrinne und dem zerstörerischen Schwell ist die Insel den starken **Strömungen** schutzlos ausgesetzt. Von ehemals 18 Hektar Fläche sind heute nur noch 15 vorhanden.

Seit Jahrhunderten sind die Sände von allen Seefahrern als wahre **Schiffsfriedhöfe** gefürchtet. Noch heute sind bei Ebbe Wrackreste zu sehen. Ansonsten sieht man auf der Insel nur eine auf Stelzen stehende Hütte, die den einzigen Inselbewohner beherbergt, den **Vogelwart** des Vereines Jordsand. Dieser erklärt angemeldeten Besuchern die Vogelwelt. Vormerken lassen kann man sich im Haus der Nationalparkverwaltung. Auf eigene Faust darf man Scharhörn nicht betreten.

Das benachbarte **Nigehörn** ist ein Vogelparadies von Menschenhand; hier brüten unzählige Arten. Um die vielen verlorenen Brutplätze und auch einen langfristig immerhin möglichen Verlust Scharhörns auszugleichen, baute man den **Vögeln** eine **Ersatzinsel.** Im Sommer 1989 hatte man begonnen, an dieser relativ ruhig gelegenen Stelle mit einem Saugbagger einen riesigen Sandhaufen aufzuspülen, den man dann vorsichtig mit Faschinen aus Buschwerk befestigte. Eine Düne bildete sich auf der mehr als einen halben Kilometer langen Insel, die man mit Strandhafer, Disteln, Quecken und anderem bepflanzte und sich dann weitgehend selbst überließ. Die künstliche Insel hat ihre ersten Sturmfluten recht gut bestanden und ist längst von den gefiederten Hausherren in Besitz genommen worden; inzwischen brüten dort Zehntausende von Vogelpaaren. Auch wenn die verträumte Insel im Sommer wie ein kleines Südseeatoll lockt: Sie darf von Menschen **nicht betreten** werden und soll auch in Zukunft allein den Vögeln gehören.

Unbedingt anschauen sollte man sich die **Bernsteinsammlung** im »Haus Bernstein«, die dokumentiert, dass der Kleine Vogelsand eine wahre Fundgrube für Bernsteinsucher ist. Die nahe Elbrinne spült das fossile Harz frei. Der Kleine Vogelsand darf betreten werden, und so kann man sein Glück als Schatzsucher versuchen. Größer sind die Chancen allerdings bei einer Führung der Nationalparkverwaltung.

Wattwanderung nach Neuwerk

Salzwiese

Das alles kann man natürlich nur dann sehen, wenn man ein paar Tage auf der Insel bleibt und die Stille genießt, wenn die Tagesgäste mit der »MS Flipper« wieder abgereist sind. Am stilvollsten **übernachtet** man im Neuwerker Leuchtturm, oder man nimmt sich in einer der Pensionen ein Zimmer mit Meerblick, sitzt später am Deich, genießt den Sonnenuntergang und hört dazu die Vögel singen. Der Wind pustet den Kopf frei, die Salzluft bringt den Kreislauf in Schwung, die Ruhe entspannt Geist und Seele. Bei Niedrigwasser gibt es Wattflächen, so weit das Auge reicht, durchzogen von Prielen, in denen man sogar bei Ebbe baden kann.

Wer länger bleiben will, wird mit einem Rucksack als einzigem Gepäckstück bei der Wattwanderung nicht auskommen. Man kann aber sein **Gepäck** einem der Wattwagen gegen Gebühr mitgeben, oder das von der Reederei Cassen Eils besorgen lassen, die es seinem Linienschiff mitgibt.

Aber auch mit dem **Schiff** anzureisen hat etwas. Die grüne Insel in der Elbmündung ist täglich mit dem Fahrgastschiff »Flipper« zu erreichen. Die Abfahrt erfolgt an der Innenseite der »Alten Liebe«, dem Bollwerk und Anleger in Cuxhaven. Das Schiff passiert die »Alte Liebe«, den Fährhafen und die Kugelbake. Während der Fahrt informiert die Schiffsleitung über Größe, Heimathafen und Bestimmungsort der passierenden Schiffe sowie über weitere Sehenswürdigkeiten. So bekommt man schon unterwegs auf kurzweilige Art viele Informationen über die Gegend und das Watt. Wenn Scharhörn schon sehr gut in Sicht ist, verlässt das Schiff das Hauptfahrwasser der Außenelbe, biegt in das Nebenfahrwasser Richtung Insel Neuwerk ein und lässt die Vogelschutzinsel rechts liegen. Nach etwa eineinhalb Stunden Fahrzeit erreicht man den Neuwerker Anleger und hat mit ein wenig Glück sogar schon ein paar Seehunde gesehen.

Regeln für das Wattwandern

Die Sonne scheint strahlend vom Himmel, ein paar weiße Pustewolken ziehen über den tiefblauen Himmel, ein leichter, stetiger Wind weht - Traumwetter, so recht wie gemacht für eine Wattwanderung. Wirklich? Wer einmal erlebt hat, wie schnell sich das **Wetter** an der Küste **ändern** kann, wird sich da nie so sicher sein. Schon ein Auffrischen des Windes kann die Wattwanderzeiten fatal verkürzen, mal ganz zu schweigen von den Gefahren durch ein rasch aufziehendes **Gewitter** oder plötzlich einsetzenden **Nebel** - innerhalb von Minuten!
Auch wenn es bretteben und sandig daliegt, das Watt heißt eigentlich **Wattenmeer,** es ist auch im trockenen Zustand ein Teil der See, das sollte man immer bedenken. Während der Wattwanderung sollte man die gekennzeichneten **Prickenwege** nicht verlassen und auch die Priele an den **vorgesehenen Furten** überqueren, an anderen Stellen kann die Strömung sehr stark sein und das Wasser tief.
Auf Wattwanderungen nach **Neuwerk** sollte man die angegebenen **Wanderzeiten** unbedingt einhalten, die Insel ist in drei Stunden von Duhnen oder Sahlenburg aus zu erreichen. Man sollte sich so einrichten, dass man bei Niedrigwasser auf der Insel ankommt.

1. Sehen Sie am Strand einen **roten Signalball** an der Rettungsstation, gehen Sie nicht ins Watt oder verlassen Sie es sofort.
2. Beim kleinsten Anflug von **Nebel** sollte man nicht ins Watt gehen. Auch bei aufziehendem **Gewitter** sollte man das Watt sofort verlassen.
3. Auch bei guter Sicht sollte man sich eine **Landmarke** einprägen, nach der man im Notfall schnell den Rückweg findet. Nehmen Sie einen **Kompass** mit und machen Sie sich beim Beginn der Wattwanderung damit vertraut.
4. Man sollte unbedingt **Turnschuhe** oder **Trekkingsandalen** mitnehmen. Besonders die Muschelbänke auf dem Weg von Sahlenburg nach Neuwerk stellen mit ihren scharfen Muschelscherben für nackte Füße eine große Verletzungsgefahr dar.
5. Beachten Sie bitte, dass schon **eine Stunde nach Niedrigwasser,** wenn die Flut gerade mal eingesetzt hat, große Teile des Wattenmeeres **überspült** werden.
6. Läuft das Wasser laut Tidekalender bereits auf, sollten Sie niemals versuchen, einen Priel zu durchschwimmen, die **Strömung** ist auch für geübte Schwimmer zu stark.
7. Droht das auflaufende Wasser Sie zu erreichen, begeben Sie sich unverzüglich auf die Plattform einer **Rettungsbake** und machen Sie sich mit den Signalmitteln bemerkbar.
8. Denken Sie bitte daran, dass die angegebenen Zeiten außer bei Ostwind bei **Windstärken über 6** ihre Gültigkeit verlieren. Das Watt wird dann viel schneller überflutet.

Hierin sollte man möglichst nicht landen

Praktische Informationen Neuwerk

Information:
Nationalparkverwaltung
Hamburgisches Wattenmeer
Nationalpark-Station Neuwerk
auf der Turmwurt, nahe beim Leuchtturm
27499 Insel Neuwerk,
Tel. 04721-69271

Wattführungen nach Neuwerk/Scharhörn:
Abmarschzeiten für die Führung
Tel. 04721-4040
oder direkt bei der Wattführung:
Birgit Hüttmann
Poststraße 51
27474 Cuxhaven
Tel. 04721-663428, Fax 663430
wattfuehrung.cuxhaven-neuwerk@ewetel.net

Reederei:
Cassen Eils (MS »Flipper«)
Bei der Alten Liebe 12,
27472 Cuxhaven
Tel. 04721-32211, Fax 31161
www.neuwerkreisen.de

Wattwagenbetriebe:
Thomas Fischer
Tel. 04721-28770, Fax 69300

Claus Fock, Hans-Werner Fock
Tel. 04721-29043, Fax 29630

Volker Griebel
Tel. 04721-29076, Fax 28277

Unterkunft und Gastronomie

Hotel und Restaurant »Das alte Fischerhaus«
Inhaber: Hans-Werner Fock
Neuwerk 4
27499 Insel Neuwerk
Tel. 04721-29043, Fax 29630

Pension und Restaurant »Hus achtern Diek«
Familienpension Griebel
27499 Insel Neuwerk
Tel. 04721-29076, Fax 28277
info@husachterndiek.de
Im »Hus achtern Diek« gibt es ein ganz besonderes Angebot für Wattwanderer: Neuwerk als Zwei-Tage-Erlebnis, für 26 €, man wandert hin und zurück (Gepäck wird befördert), Übernachtung auf dem Strohboden und dazu zwei reichliche, herzhafte Mahlzeiten (Riesenfrühstück, Insel-Eintopf).

»Nige Hus« und Restaurant Anker
27499 Insel Neuwerk
Tel. 04721-29561, Fax 28825
www.inselneuwerk.de

Zimmervermietung Leuchtturm Neuwerk
Frau Götsche
Leuchtturm Neuwerk
27499 Neuwerk
Tel. 04721-29078
www.neuwerk-insel.de/links.html

Restaurant »Turmschenke«
Leuchtturm Neuwerk
Tel. 04721-29142

Helgoland, der rote Fels in der Brandung

Auf Deutschlands einziger
Hochseeinsel lässt sich's als Vogel gut leben

»Grön is datt Land,
rot is de Kant,
witt is de Sand,
datt send de Farven
vun't hillige Land.«

Morgens aufwachen und kein Motor röhrt, keinerlei Verkehrsgeräusche, stattdessen nur Möwengeschrei und das Rauschen der Nordsee - Helgoland ist **autofrei.** Nicht einmal einen Bus gibt es hier. Das hätte auch keinen Sinn, denn der rote Buntsandsteinfelsen bildet **drei** deutlich voneinander abgesetzte **Ebenen.** Verbunden sind diese mit einem großen Fahrstuhl. Vom Unterland geht es hoch bis zum über 60 Meter hoch aufragenden Plateau des Oberlandes.
Das eigene Auto bleibt auf dem Festland in Cuxhaven auf einem bewachten Parkplatz, und dann geht es an Bord. Je nach Vorliebe erreicht man die **70 Kilometer vor der Küste** gelegene einzige deutsche Hochseeinsel ganz fix mit der Schnellfähre oder ganz klassisch und dafür etwas langsamer mit dem Seebäderschiff. Tempo hin, Tempo her, so ein **Dampfer** wie die »Wappen von Hamburg« mit den klassischen geschwungenen Linien eines Passagierschiffes hat etwas Nostalgisches und vermittelt einen Hauch von Kreuzfahrtfeeling.
Nach zwei Stunden gemütlicher Seereise kommt der mächtige rote Buntsandsteinfelsen in Sicht, und bald darauf rauscht der Anker auf der Helgoländer Reede in den Grund. Man legt nicht einfach im Hafen von Helgoland an, sondern wird ausgebootet. Ein klein wenig Abenteuer ist dabei, denn auf den kleinen **Börtebooten** kommt man dem nassen Element recht nahe.
Angelandet, atmet man erst einmal durch, aber nicht etwa, weil die Seereise überstanden ist. Nein, man spürt es gleich, Helgoland hat die reinste Luft Deutschlands, was der Insel den Status eines **Luftkurortes** einbrachte. Auch Allergiker fühlen sich hier befreit: Nirgendwo in Deutschland fliegen weniger Pollen.
Sieben Seebäderschiffe und einige Schnellkatamarane bringen in der Hauptsaison täglich bis zu **5000 Tagestouristen** auf die Insel. Das ist kein Wunder, denn neben den Naturschönheiten und der guten Luft ist Helgoland auch noch ein **Shopping-Paradies.** Seit die Insel 1890 zum Deutschen Reich kam, ist sie **Zollausland.** Das bedeutet, jede Tour nach Helgoland ist auch eine Butterfahrt, denn hier gibt's alles zollfrei, von der Butter über den Kaffee und die Zigaretten bis hin zum Alkohol. Und bei so vielen Versuchungen ist es eigentlich auch ganz gut, dass es auf Helgoland keine Autos gibt.
Helgoland als Urlaubsort ist **vielseitig,** Langeweile kommt hier so schnell nicht auf. Man kann kuren, zum Hochseeangeln herausfahren, segeln lernen auf einer Hochseejacht, sich auf einer der zahlreichen Führungen die

Helgoland-Fakten

Helgoland hat ca. **1600 Einwohner** und gehört zum **Kreis Pinneberg,** Schleswig-Holstein.

Die Hauptinsel hat eine Fläche von reichlich **einem Quadratkilometer,** die 1400 Meter entfernte Badedüne umfasst einen guten Dreiviertelquadratkilometer.

Die Insel liegt **70 Kilometer vom Festland entfernt.**

Der rote Buntsandsteinfelsen ragt **61 Meter** auf.

Der Felsen liegt nicht auf gleichmäßiger Höhe, sondern quasi auf **drei Ebenen,** dem Unter-, Mittel- und Oberland, wobei das Mittelland erst durch Sprengungen nach dem Zweiten Weltkrieg entstanden ist.

Helgoland hat gut **2000 Betten für Touristen,** vom Standardangebot bis hin zum Vier-Sterne-Hotel, dazu kommen 200 Betten in der Jugendherberge.

Sieben **Seebäderschiffe** und einige **Schnellfähren** laufen Helgoland täglich an und bringen bis zu **5000 Tagestouristen** auf die Insel.

Mit **1600 Sonnenstunden** im Jahr ist die Insel sonnenverwöhnt und neben der Insel Fehmarn einer der sonnigsten Plätze Deutschlands.

Die Nähe zum Golfstrom beschert Helgoland ein **mildes Klima,** auch im Winter sinken die Temperaturen selten unter zwei Grad Celsius ab.

Seit dem Anschluss ans Deutsche Reich 1890 ist Helgoland **Zollausland** und deshalb ein Schlaraffenland für Butterfahrer.

Natur erklären lassen, mit einem Börteboot die Insel umrunden oder einfach Muscheln am Strand sammeln. Und **Strand** gibt's hier reichlich, auf der Badedüne **(3)**, zu der man mit den Börtebooten übersetzt, warten 135.000 Quadratmeter weißer Sand, Sonne und die Nordsee, ganz abseits vom Trubel des Tagestourismus, nur zum Genießen.

Zu Natur, Sonne, Strand und Meer kommt auf Helgoland noch eine weitgehend **unbelastete Umwelt.**

Auch für einen Urlaub **außerhalb der Sommersaison** eignet sich die Insel, und das zu attraktiven Preisangeboten. Die Nase in den Wind stecken und sich mal ordentlich durchpusten lassen kann man das ganze Jahr über, und auch im Winter herrscht überraschend mildes Klima, denn die Nähe zum Golfstrom lässt die Temperaturen selten auf weniger als zwei Grad Celsius sinken, und nach dem Spaziergang kann man sich mit der Helgoländer Winterspezialität wieder aufwärmen: **Eiergrog.**

Helgoland bedeutet Urlaub auf hoher See, und das auch für Menschen, denen ein Schiff auf Dauer zu wackelig ist. Aber wer nicht sicher ist, ob er so viel Wasser auf Dauer mag, kann Helgoland auf einer **Tagestour** von Cuxhaven oder Hamburg aus testen.

Eine Insel entsteht

Helgolands **Entstehungsgeschichte** ist ganz anders als die der anderen deutschen Nordseeinseln. Die rote Insel steht auf Salz, genauer gesagt auf **Steinsalz.** Diese Salzschicht entstand vor 250 Millionen Jahren, als das die Region bedeckende, sehr salzhaltige und flache **Meer** wegen der damals herrschenden hohen Temperaturen **verdunstete.** An Stelle des Meeres entstand eine Senke, in der die verschiedenen Sande einwehten, die sich auf dem Salz ablagerten und sich verfestigten. Im Laufe vieler Jahrtausende wurde diese Schicht zu **Sandstein.**

Die darunter liegenden Salzschichten gerieten immer mehr unter Druck, verformten sich und stiegen hoch, mit ihnen die Buntsandsteinschichten Helgolands. Das geschah vor etwa 40 Millionen Jahren. Der **Meeresspiegel** stieg in der Folge an, und der Bereich der Deutschen Bucht versank im Wasser, der Helgoländer Felsen aber ragte aus dem Meer heraus.

Ähnlich verlief die Entstehungsgeschichte der etwas jüngeren **Düne.** Diese **»Wytte Klippe«** bestand ursprünglich aus Muschelkalk und hat ihr Aussehen im Laufe der Jahrhunderte weit mehr geändert als der rote Felsen, mit dem die Klippe einst verbunden war. Sie war einmal fast so hoch wie der Buntsandsteinfelsen und ein perfekter Schutz gegen die vorherrschenden Nordweststürme. Zwar war sie immer weiß, aber nicht wie heute des Dünensandes wegen, sondern wegen des **Kalks und Gipses,** aus dem sie ursprünglich bestand. Diese Stoffe aber waren begehrte Baumaterialien, vor allem in Hamburg und Schleswig-Holstein. Wirtschaftliche Not beschleunigte den Prozess ihres Abbaus, denn bereits Mitte des 16. Jahrhunderts gingen die Erträge aus dem Heringsfang so sehr zurück, dass die Helgoländer andere Einnahmequellen brauchten. Sie verdienten gut am **Handel mit dem Muschelkalk,** das aber hatte verheerende Folgen. Eineinhalb Jahrhunderte reichten aus, die Insel bis auf zwei nun relativ frei stehende Reste **abzubauen.** Schon die Sturmflut von 1711 brachte diese letzten Kalksteinbrocken zum Einsturz. Die sehr schwere **Sturmflut** am Jahreswechsel

Das Wahrzeichen Helgolands, die »Lange Anna«

1720/21 zerschlug die Verbindung zwischen Helgoland und der Düne endgültig. Das »Witte Kliff« war in der See verschwunden. Die Dünen waren damit schutzlos den Kräften des Wassers preisgegeben, nur etwa sechs Hektar blieben übrig, den Rest verschlang das Meer. Die heutige Badedüne **(3)** mit ihren 70 Hektar Fläche wurde größtenteils **von Menschenhand** geschaffen. Während des Dritten Reiches wurde Sand aufgespült, um den Marinehafen vor der See zu schützen und als Flugfeld zu dienen. Von der darunter liegenden einstigen Kreide- und Kalkinsel ist nichts mehr zu sehen.

Das Aussehen der Gegend um Helgoland hat sich auch in der jüngeren Erdgeschichte immer wieder geradezu dramatisch verändert. Der Fels- und Kalkkomplex war einst an die 300 Quadratkilometer groß und als halbinselartige Ausstülpung **mit Schleswig-Holstein verbunden.** Erst als die letzte Eiszeit endete und der Meeresspiegel durch die Eisschmelze anstieg, wurde aus Helgoland eine Insellandschaft.

Helgolands **Wahrzeichen** ist die **»Lange Anna« (2),** die ursprünglich mit der Hauptinsel verbunden war; geologisch gesehen ist sie ein **Stack,** also ein Felsturm, der durch den von der Brandung verursachten Einsturz von Verbindungen zwischen Felsvorsprüngen entstanden ist. Der fast 50 Meter aufragende Buntsandsteinfelsen ist ein ewig mahnender Finger, der immer dünner wird. Buntsandstein ist nämlich stark **erosionsanfällig;** alle hundert Jahre werden 20 Zentimeter abgetragen. Obendrein ist das allein stehende Stack von Wellenschlag und Sturm stark gefährdet.

Die »Lange Anna« entstand erst um 1860, bis dahin gehörte sie zu einer größeren Felsengruppe, dem »Hengst«. Dieser stürzte ein und ließ nur die »Anna« übrig. Immer wieder ist sie einsturzgefährdet und muss **stabilisiert** werden; am wirkungsvollsten zeigen sich dabei Betonplomben.

Naturparadies Helgoland

Nördlich der »Langen Anna« schließt sich das **Felsenwatt** des Helgoländer Felssockels an, ein **Naturschutzgebiet** von gut fünf Hektar Fläche. Beim Helgoländer Tidenhub von durchschnittlich 2,30 Metern fallen Teile des Sockels als Felswatt bei Niedrigwasser trocken. Geologisch gesehen ist das Felswatt eine **Abrasionsterrasse.** Entstanden ist sie aus der durch die Brandung hervorgerufenen Erosion an der Steilküste, die immer wieder dazu führt, dass große Felswände ins Meer stürzen und dort als Felsschutt liegen bleiben, der wiederum von der Brandung glatt geschliffen wird.

Herausgebildet hat sich so ein Untergrund mit vielen kleinen Abbrüchen, Nischen und Hohlräumen, der einer großen **Artenvielfalt** Lebensraum gibt. Tangwälder, Grünalgen, Braunalgen, Krabben, Seesterne und auch Muscheln findet man hier. Gerade **Algen** gedeihen hier in solchen Massen, dass die Helgoländer sie lange als Gartendünger nutzten. Begründet ist das Algenwachstum durch das Trockenfallen des Felsenwatts, denn so bekommen die Algen mehr Licht als anderswo. Diesen Lebensraum bevölkern auch zahlreiche Fisch- und Vogelarten. Im Helgoländer Felswatt gibt es eine Reihe **endemischer Tierarten.**

Auf Helgoland befindet sich auch das kleinste Naturschutzgebiet der Welt, der **Lummenfelsen (1),** der gleichzeitig Deutschlands einziger Vogelfelsen ist. Mehr als 5000 Paare Lummen, Dreizehenmöwen, Eissturmvögel, Basstölpel und Austernfischer brüten ab April und ziehen ihre Jungen in den Nischen und Spalten des Felsens auf.

Spektakulär ist der so genannte **Lummensprung.** Wenn die Lummenjungen, die im

Juni schlüpfen, schon einen guten Monat von ihren Eltern gefüttert worden sind, ist es so weit, sie müssen ins Wasser. Die kleinen Lummen werden abends von ihren auf dem Meer schwimmenden Eltern durch laute Rufe angelockt. Die Jungen sitzen aber noch in bis zu 50 Metern Höhe auf engen Felsvorsprüngen und Kanten, und vor allem sind sie noch gar nicht flügge. Irgendwann trauen sie sich aber alle und stürzen sich in die Tiefe, nur die kleinen Flügelchen bremsen den Fall. Auf dem Wasser angekommen, finden Eltern und Junge schnell zusammen. Fliegen lernen die kleinen Lummen erst Wochen später. Das Schauspiel trägt sich ausschließlich in der Abenddämmerung zu, wenn die großen Möwenarten nicht mehr auf Beutefang sind.
Aber nicht nur Vögel gibt es, auch **Seehunde** leben nahe Helgoland. Eine gute Hundertschaft überwintert am Nordrand der Düne. Im Sommer sieht man sie selten, da sie zur Geburt und Aufzucht ihrer Jungen ins Wattenmeer ziehen. Um Helgoland gibt es keine Sandbänke, die sich dafür eignen würden.

Helgoländer Geschichte

Erstmals besiedelt wurde Helgoland im frühen Mittelalter von den **Friesen.** Noch heute sprechen die Helgoländer eine eigene, dem Nordfriesischen entstammende Sprache, **Halunder** (siehe Kasten). Erwähnt wurde Helgoland bereits in der Heiligenlegende des Bischofs Willibrord von Utrecht, der zwischen Ende des 7. Jahrhunderts vergeblich versuchte, die Helgoländer zu missionieren. Die **Christianisierung** gelang erst 100 Jahre später, aber immer noch früher als in den benachbarten Regionen, durch Luidger von Münster. Breite Erwähnung findet das frühmittelalterliche Helgoland 1076 in Adam von Bremens Chronik »Res gestae«.
Im Jahre 1402 fiel Helgoland an die **Gottorfer Herzöge von Schleswig,** und 1714, nach einer kurzen, aber heftigen Beschießung durch dänische Kriegsschiffe, an **Dänemark.**
Napoleon befahl im Jahr 1806 eine **Kontinentalsperre** für britische Waren aller Art.

Bademodenparade anno dazumal

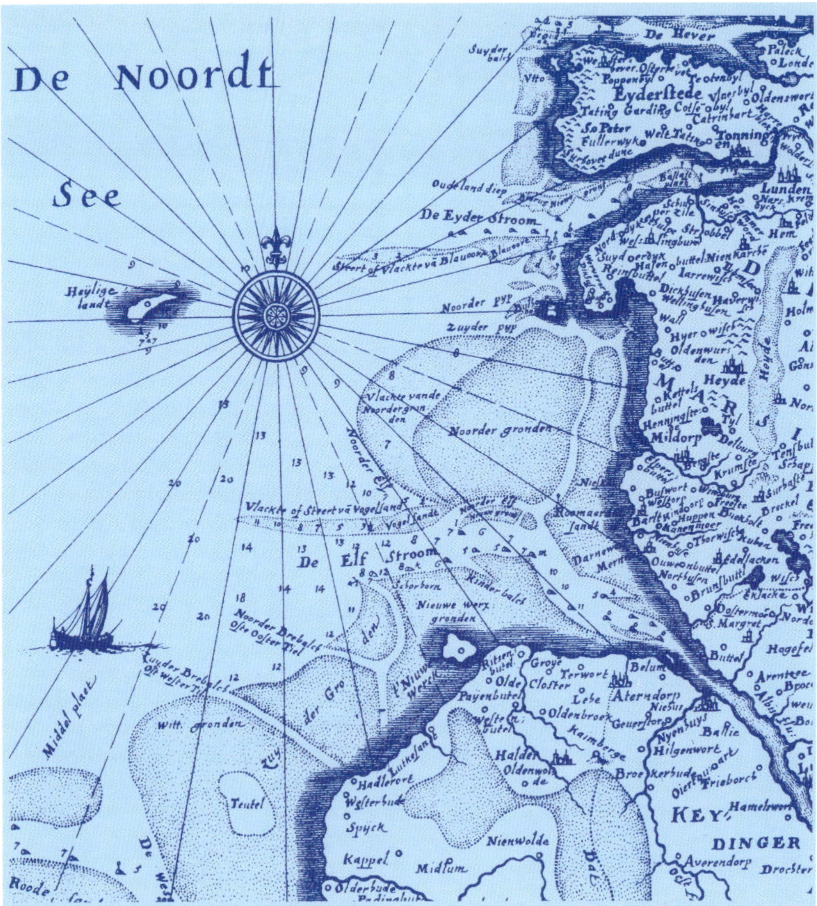

Diese Sperre trachteten die Engländer jedoch zu unterlaufen und **besetzten Helgoland** 1807. In der ersten Zeit stürzte die Besetzung der Insel viele Helgoländer in große Not, denn die angestammten Handelsverbindungen zum Festland rissen fast völlig ab. Als aber die ersten **englischen Handelshäuser** Niederlassungen auf Helgoland gründeten, ging es aufwärts. Immer wieder gelang es, die Sperre mit **Schmuggelfahrten** zu unterlaufen, und viele Helgoländer kamen zu Wohlstand. Hilfe bekamen sie dabei durch die Tochter des Neuwerker Leuchtturmwärters, die für die richtigen Signale sorgte. Die Liebe war Schuld daran, sie hatte sich in den Helgoländer Schiffer Klaus Reimers verguckt.

Bald lief der gesamte englische Handel der Region über Helgoland. Die Schmuggelei blieb noch geraume Zeit nach dem Ende der Kontinentalsperre 1812 eine wichtige Einnahmequelle der Helgoländer. Weil aber auch bedeutende Kontinentalmärkte nun legal und damit risikofrei versorgt werden konnten, ebbte das Geschäft ab. Bald schlossen auch die englischen Handelshäuser eines nach dem anderen ihre Helgoländer Nieder-

Werbeschild aus den 1920er Jahren

lassungen. Vor der drohenden Verarmung rettete die Helgoländer **Jacob Andresen Siemens,** dessen Idee Gold wert war. 1826 gründete er die erste, **»Seebad«** genannte Badeanstalt, und Helgoland begann in Mode zu kommen. In dieser frühen Zeit des Seebades schrieb übrigens 1841 Hoffmann von Fallersleben auf Helgoland das von Joseph Haydn vertonte **Deutschlandlied.**

Der Aufschwung zum Seebad begann, als 1866 der **Seebäderdienst** des Norddeutschen Lloyd von Bremen aus und die **Hamburg-Amerika-Linie** von Hamburg aus Helgoland regelmäßig anliefen.

Zu **Deutschland** kam Helgoland erst 1890. Es gab damals Kritiker, die meinten, der Kaiser habe mit Sansibar einen ganzen Anzug gegen den kleinen Hosenknopf Helgoland eingetauscht. Im **Helgoland-Sansibar-Vertrag** vom 1. Juli 1890 bereinigten Deutschland und Großbritannien ihre **Kolonialstreitigkeiten in Afrika.** Deutschland erkannte hierin unter anderem die britische Herrschaft über Sansibar an und erhielt im Gegenzug die seit 1807 von England besetzte, zuvor dänische Nordseeinsel Helgoland. Der Wettlauf um Kolonien war damals in vollem Gang, und auch das deutsche Kaiserreich strebte nach seinem »Platz an der Sonne«. Sansibar war zu jener Zeit ein boomendes Zentrum des Handels mit dem mittleren und fernen Osten und sowohl strategisch als auch, was den Handel betraf, für Großbritannien und seine ostafrikanischen Ambitionen interessant. Der deutsche Kaiser hatte ein ehrgeiziges Flottenbauprogramm aufgelegt und hielt Helgoland als möglichen **Marinestützpunkt** für strategisch wichtiger.

Die Helgoländer sahen diesen Wechsel ins Deutsche Reich durchaus mit einem skeptischen Auge, der Jubel war zunächst etwas verhalten, als Kaiser Wilhelm II. die Insel 1890 betrat, denn sie fürchteten um ihre Privilegien.

Und es änderte sich einiges für die Helgoländer, vor allem, als sie 1891 zu **Preußen** kamen. Ab 1906 machte das Deutsche Reich dann Ernst mit Helgolands strategischem Wert und baute die Insel zur **Festung** aus. Ein »Gibraltar in der Deutschen Bucht« mit großem Kriegshafen sollte es werden. Die Bauarbeiten verprellten viele Sommergäste, und die Insel veränderte ihr Gesicht.

Als am 1. August 1914 Deutschland in den **Ersten Weltkrieg** zog, blieben den Helgoländern genau 24 Stunden, ihre Insel zu **verlassen.** Nur mit Handgepäck gingen 3500 Helgoländer an Bord der Dampfer »Rugia« und »Cobra« und wurden aufs Festland gebracht. Die Insel wurde weiter befestigt und armiert, am Ende waren 4000 Soldaten hier stationiert. Keiner von ihnen gab auch nur einen Schuss ab, denn **Helgoland wurde nie angegriffen,** überhaupt hatte nur der Hafen eine gewisse Bedeutung für die Seekriegsführung.

Als **1918** der Krieg beendet war, durften die Helgoländer heim, die meisten ihrer Wohnhäuser aber waren durch die Nutzung als Kasernenersatz stark beschädigt oder geplündert. Nach Inkrafttreten des **Versailler Vertrages** wurden die Befestigungsanlagen geschleift und der Kriegshafen zu großen Teilen zerstört. Es sah danach bald alles so aus, als ob Helgoland nun seinen Frieden finden und als Seebad prosperieren könnte.

Doch es kam anders: Nach 1933 wurde Helgoland wiederum zur **Inselfestung** ausgebaut. Ohne jede Rücksicht auf Mensch und Natur wurde aufgerüstet und die Insel zu einer Art munitionsstarrendem Flugzeugträger gemacht. Das Stollensystem wurde groß ausgebaut, der Hafen erweitert. Die Hummerbänke und Fischfanggründe der helgoländischen Fischer verschwanden unter den gigantischen Aufspülungen im Norden der Düne, auf denen ein Flugplatz angelegt wurde. Aus dem Tourismusbetrieb Helgoland wurde erst ein KdF-Ziel und dann ein Festungsbetrieb.

Im **Mai 1941** wurde Helgoland erstmals von den Engländern **bombardiert,** erst danach wurden Frauen und Kinder evakuiert. Der Angriff vom Oktober 1944 zerstörte große Teile des Unterlandes. Am **18. April 1945** griffen 1000 britische Bomber die Insel an, nachdem die Übergabeaufforderungen unbeachtet geblieben waren. Helgoland lag schon in Trümmern, als am folgenden Tag die nächsten Angriffswellen folgten. Erst dann wurde die Zivilbevölkerung vollständig evakuiert. Als am 11. Mai 1945 die Engländer landeten, mussten auch die letzten noch auf der Insel lebenden Helgoländer gehen.

Nie wieder sollte Helgoland Inselfestung sein, beschlossen die Engländer; alles, was nur im Entferntesten militärisch nutzbar aussah, sollte gesprengt werden. Ein **»Big Bang«** sollte dies erledigen. Dazu wurden 6700 Tonnen Sprengmunition in die Kasematten und Stollen gebracht, die am 18. April

James Krüss

Hummerbuden und »Timm Thaler«: Fast jeder von uns kennt James Krüss, den großen Helgoländer Erzähler und Kinderbuchautor. Krüss wurde 1926 als Sohn eines Elektrikers auf Helgoland geboren und 1941 wegen der Bombardierung der Insel nach Thüringen evakuiert. Später besuchte er **Lehrerbildungsanstalten** in Schleswig-Holstein und Braunschweig, bevor auch er in den letzten beiden Kriegsjahren **Soldat** werden musste. Nach Kriegsende beendete er sein Studium in Lüneburg, übte den Lehrerberuf aber nie aus.

Ende der 1940er Jahre ging Krüss nach München, wo er für **Zeitungen** und **Radiosender** arbeitete. Hier schrieb er auch seine ersten Kindergedichte und lernte **Erich Kästner** kennen, der ihn sehr beeinflusste. Sein erstes Kinderbuch »Der Leuchtturm auf den Hummerklippen« erschien 1954. Das erste Timm-Thaler-Buch kam 1959 heraus, wie auch »Mein Urgroßvater und ich«, wofür er den deutschen **Jugendliteraturpreis** erhielt. Diese Auszeichnung erhielt er 1964 ein zweites Mal, diesmal für sein Bilderbuch »3x3 an einem Tag«. James Krüss, der 1966 nach Gran Canaria - bezeichnenderweise wieder eine Insel - umzog, erhielt 1968 die **Hans-Christian-Andersen-Medaille,** die renommierteste Auszeichnung für Kinder- und Jugendbuchautoren.

In seiner Wahlheimat **starb** Krüss 1997. Nicht nur Kinderbücher gehören zu seinen 160 Werken, auch Erzählungen und Gedichte. Am meisten über James Krüss erfährt man in seinem autobiographischen Roman **»Der Harmlos«** und in seinem Buch **»Historie der schönen Insel Helgoland«.**

Helgoländisch

Schon die Straßennamen klingen etwas exotisch: »Lung Wai« heißt die Helgoländer Flaniermeile, was so viel wie »langer Weg« bedeutet. Zwar sprechen alle Inselbewohner Hochdeutsch, aber man begegnet der alten Helgoländer Sprache auf Schritt und Tritt. Das Helgoländische, die **Halunder Spreek,** ist nicht etwa eine Variante des Plattdeutschen, sondern eine **friesische Sprache,** sie gehört zur Gruppe der Nordfriesischen Idiome und war ursprünglich Bestandteil des **englisch-friesischen Sprachraums.** Demnach ist das Halunder verwandt mit der Sprache der Angeln und Sachsen.

Vieles in dieser Sprache ist also auch einem Plattdeutsch Sprechenden **kaum verständlich,** z.B. der Titel des einst von James Krüss begründeten Inselblattes »Halluner Moats«: Helgoländer Freunde. Auch der Wahlspruch der Helgoländer muss erst einmal übersetzt werden: **»Rüm Hart – Klar Kimmen«** bedeutet »Starkes Herz - Klarer Blick«.

Beeinflusst wurde das Helgoländische vom Dänischen, Englischen und Deutschen, bei Letzterem zunächst vom Niederdeutschen, der einstigen Lingua Franca der Hanse, später nach 1890 zunehmend vom Hochdeutschen. Dennoch blieb Halunder ob der Insellage eine eigenständige Sprache mit eigener **Grammatik** und eigenen **Wortschatzanteilen.**

Der Schulterschluss in den Exiljahren brachte auch eine **Rückbesinnung** auf die eigene Sprache mit sich. Heute wird das Halunder wieder in Volkshochschule und Grundschule **gelehrt.** Alltagssprache der Helgoländer ist Halunder aber nicht wieder geworden, auch wenn es 2004 nach der Verabschiedung des »Friis Gesäts« (Friesisch-Gesetzes) durch den schleswig-holsteinischen Landtag **zweite Amtssprache** wurde.

»Welkoam iip Lun« heißt es gleich an der Landungsbrücke, »Willkommen auf Helgoland«, das die Helgoländer »Lun« nennen. »Deät Fesk«, der Fisch, spielt die große Rolle im Leben der Helgoländer, und aus der **Fischerei** stammt eine Vielzahl von Begriffen ihrer Sprache, vom »Kniiper«, den leckeren Scheren des Taschenkrebses, bis hin zum »Wetlung«, dem Schellfisch. Nur für den **Wald** haben die Halunder kein eigenes Wort - es gibt ihn nicht auf ihrer Insel.

1947 zur Detonation gebracht wurden. Zwar brach hierbei die Südspitze zusammen (sie bildet seitdem das heutige Mittelland), aber insgesamt hielt die Insel stand. Der weiche Buntsandstein ließ keine große Druckwellenentwicklung zu. Doch noch immer war es nicht genug, bis zum Februar 1952 diente Helgoland den Briten als **Bombenabwurfziel,** bevor die Insel am 1. März 1952 der Bundesrepublik übergeben wurde.

Die Trümmer wurden weggeräumt, die Munitionsreste entsorgt und die Blindgänger entschärft. Dann konnte man an den Wiederaufbau gehen. Die Helgoländer konnten nach und nach zurückkehren; wann, bestimmte der sehr restriktiven **Aufbauplan,** und der wurde mit großer Selbstdisziplin durchgezogen.

Es wurde diskutiert über das künftige Gesicht der Insel, Wettbewerbe fanden statt, der Siegerentwurf des Architektenbüros Otto Bartning wurde umgesetzt und in **Bebauungspläne** umgesetzt. Es wurden Opfer gefordert von den Rückkehrwilligen. Zuvorderst mussten die Grundstücke neu verteilt werden, denn das Gesicht der Insel hatte sich durch die Bombardements verändert, und die alte Flächenverteilung war nicht mehr umzusetzen. Auch konnten die Rückkehrwilligen nicht alle gleichzeitig heimkehren,

sondern erst, wenn ihr Bauabschnitt fertig war und dann in Häuser, auf deren Gestaltung sie kaum Einfluss gehabt hatten.
Bekanntestes Relikt der ersten Aufbauphase sind die **Hummerbuden** am Hafen. Sie wurden 1954 erbaut, um den zurückkehrenden Fischern als Lagermöglichkeit für ihre Boote und das Fangzubehör zu dienen. Viele Fischer lebten dort jahrelang, bis ihre Wohnhäuser fertig waren. Es dauerte noch bis 1961, dann war Helgoland wieder anerkanntes Seebad.

Rundgang über die Insel

Wer auf Helgoland ankommt, wird als Erstes auf die bunten, mittlerweile unter Denkmalschutz stehenden **Hummerbuden** am Hafen stoßen. Sie wurden 1954 erbaut und waren ursprünglich als **Geräteschuppen für die Fischer** gedacht. Dort konnten sie unten die Boote lagern und auf dem Zwischenboden Netze, Leinen, Bojen und Ähnliches verstauen. Bekannt gemacht hat sie James Krüss, der bekannteste Helgoländer Schriftsteller (siehe Kasten). Heute ist das Innenleben der Hummerbuden genauso bunt und vielfältig wie ihre Farben. Vom Standesamt über das Informationsbüro der Ornithologen vom Verein Jordsand über diverse kleine Galerien bis hin zu Kneipen und Restaurants reicht das Angebot. Im Übrigen verdecken die bunten Hummerbuden sehr geschickt die Felsabbruchkante.
Am Weg von der Landungsbrücke zum Aufzug Richtung Oberland und den Hauptlaufwegen des Oberlandes reiht sich Laden an Laden, denn Helgoland, das nicht zum EU-Gebiet gehört, ist durch seine Zollfreiheit ein **Einkaufsparadies.** Das ist auch ein Grund für die hohe Zahl an Tagestouristen, vor allem nach dem Ende der Butterfahrten auf Nord- und Ostsee. Helgoland ist geblieben, was es seit Jahrzehnten ist: Deutschlands »Butterfelsen«.

Auf drei **Themenwegen** kann man sich die Insel erschließen, auf dem »Naturweg«, dem »Kulturweg« und dem »Geschichtsweg«, alle drei sind gut markiert, und auf zahlreichen Stationen findet man interessante Informationen über das Inselleben.
Die schönsten und eindrucksvollsten Seiten der Insel aber zeigt der **Klippenrundweg.** Mit dem Fahrstuhl überwindet man im Handumdrehen die Höhendifferenz von Unter- und Oberland und wandert am Rand der Klippen auf dem ausgezeichneten Weg entlang, viele Tafeln informieren über Sehenswertes. Die großartige Aussicht aus über 50 Metern Höhe genießend, wandert man an der wild zerklüfteten Westseite der Insel entlang zum **Lummenfelsen (1),** dem kleinsten Naturschutzgebiet der Welt. Hier kann man ab April Deutschlands größte Vogel-Kinderstube beobachten.
An der Nordspitze der Insel erreicht man das Wahrzeichen Helgolands, die über 50 Meter hoch aufragende **»Lange Anna« (2).** Hier auf dem Aussichtsplateau einen Abend zu verbringen ist ein Muss auf Helgoland, denn nirgends ist der Sonnenuntergang spektakulärer. Die Tagestouristen haben die Insel längst verlassen, wenn die Sonne glutrot im Meer versinkt.
Weiter führt der Weg an der Nordostklippe entlang und gibt bei Niedrigwasser den Blick frei auf das **Felsenwatt,** einen außergewöhnlichen Lebensraum mit vielen Tierarten, die nur hier vorkommen.

Praktische Informationen

Anreise per Schiff:
Von Hamburg und Cuxhaven mit der »Wappen von Hamburg« oder dem Schnellkatamaran »Halunder Jet« :
Förde Reederei Seetouristik
Postfach 2626, 24916 Flensburg
Tel. Tickets und Infos 0180-3202025
Service-Tel. 0461-864602, Fax 86430
www.frs.de und www.halunder-jet.de

Anreise per Flugzeug:
Ganzjährig gibt es Linienflüge ab Büsum, Bremerhaven-Luneort und Emden. Charterflüge kann man ab Hamburg, Nordholz/Cuxhaven und Wilhelmshaven-Mariensiel buchen.

OLT, Ostfriesiche Lufttransporte GmbH
Gorch-Fock-Straße/Flugplatz
26721 Emden
Buchungszentrale Emden, Tel. 01805-658659
www.olt.de

Touristeninformation, Zimmervermittlung:
Helgoland Touristik
Lung Wai 28 (Rathaus)
27493 Helgoland
Tel. 04725-8137-11 bis 14, Fax 813725
www.helgoland.de

Unterkunft:

Design Hotel Atoll Helgoland
Lung Wei 27
Tel. 04725-8000, Fax 800444
www.atoll.de

Hotel Insulaner, Familie Rickmers
Am Südstrand 2,
Tel. 04725-81410, Fax 814181
www.insulaner.com

Hotel Garni Stadt Hamburg
Am Südstrand 15
Tel. 04725-64060, Fax 640613

Haus Austernfischer
Dr. Wolfram Dammann
Be de Spukkebu 51,
Tel. 04725-7141, Fax 1626

Haus Ahrens
Snep Goat 459
Tel. 04725-444, Fax 584

Haus Elisa
Lung Wai 193,
Tel. 04725-7160, Fax 7869

Haus Nimrod
Scharhörner Weg 443
Tel. 04725-379

Essen und Trinken:

Für Gourmets hat Helgoland etwas ganz Besonderes zu bieten: fangfrischen Hummer. Die Helgoländer Spezialität ist »Helgoländer Knieper«, das sind die Scheren des Taschenkrebses. Darüber hinaus findet man auf Helgoland jede Menge weitere maritime Köstlichkeiten. Frischer Seefisch wie Seezunge, Steinbutt, Heilbutt, Scholle, Steinbeißer und Helgoländer Angeldorsch findet sich auf allen Speisekarten der Restaurants und Hotels.

Restaurant Bunte Kuh
Hafenstraße 1018
Tel. 04725-811343
Am Hafen in einer Hummerbude untergebrachtes Restaurant, in dem man in maritimem Ambiente allerlei Meeres-Delikatessen genießen kann. Spezialität: Helgoländer Pannfisch

Restaurant Störtebeker
Steanaker 365
Tel. 044725-622
Restaurant auf dem Oberland, bekannt für seine Fischspezialitäten, vor allem für die Helgoländer Hummersuppe und den Knieper. Wer es nicht so fischig mag, ist mit dem Störtebeker-Topf bestens bedient.

Mocca-Stuben
Hingstgars 447
Tel. 04725-1253
Restaurant auf dem Oberland. Wer mag, kann sich im hauseigenen Meerwasserbassin seinen Hummer oder die Taschenkrebse selbst aussuchen. Aber auch Vegetarier oder Fleischliebhaber kommen auf ihre Kosten.

Helgoländer Fährhaus
Friesenstr. 58
Tel. 04725-800633
Restaurant im Unterland, unweit der Landungsbrücke gelegen. Natürlich gibt es Helgoländer Knieper, aber auch gutbürgerliche Küche.

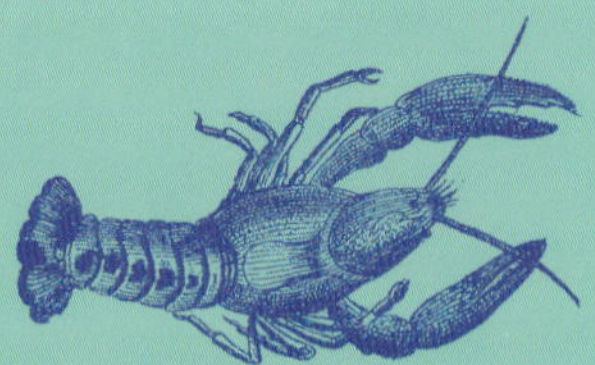

Sehenswürdigkeiten

Für Naturliebhaber werden von den beiden folgenden Institutionen auch Exkursionen veranstaltet:

Institut für Vogelforschung
»Vogelwarte Helgoland«
Inselstation Helgoland
27494 Helgoland

Alfred-Wegener-Institut
für Polar- und Meeresforschung
Biologische Anstalt Helgoland
Forschungs-, Lehr- und Versuchsaquarium
Öffnungszeiten:
April bis September
Montag bis Freitag 10–17 Uhr
(Einlass bis 16.30 Uhr)
Samstag und Sonntag 13–16 Uhr
(Einlass bis 15.30 Uhr)
www.awi-bremerhaven.de/
BAH/aquariumd.html
In 19 großen Becken tummeln sich
Meerestiere der Region.

Museum Helgoland
Nordseehalle, Kurpromenade
Tel. 04725-1292
museum-helgoland@gmx.de
www.museum-helgoland.de

Fossilien- und Muschelmuseum
Uschis Muscheleck
Friesenstraße
Tel. 04725-1261
Öffnungszeiten:
Täglich 13–16 Uhr und 9–21 Uhr

Aktivitäten

Themen-Inselrundgänge zu Geschichte, Kultur und Natur Helgolands unternehmen
Baden auf Helgolands Badedüne
Helgolands unvergleichliche Vogelparadiese bei einer Führung von Ornithologen der Helgoländer Vogelwarte kennen lernen, siehe dort.
Tennis oder Minigolf spielen
Hochsee- Angelfahrten unternehmen
Segeln lernen auf hoher See
Baden im Meerwasser-Freischwimmbad mit 26 Grad Wassertemperatur

Heiraten auf Helgoland:
Standesamtliche Trauung in einer Hummerbude am Fischereihafen, dann mit dem Börteboot um die Insel schippern und in den Hafen der Ehe einlaufen, das ist auf Helgoland wörtlich zu nehmen.
Das ermöglicht das Paket »Helgoländer Hochzeitsreise« der Helgoländer Kurverwaltung. Enthalten sind drei Übernachtungen mit Frühstück, inklusive Schiffstransfer nach Helgoland und zurück, dazu das Hochzeitsessen (Helgoländer Knieper) und die Trauungskosten beim Standsamt, eine Inselführung sowie die Bootstour um die Insel.

Kurverwaltung Helgoland
Postfach 720
27489 Helgoland
Tel. 04725-814322
Hochzeitsanmeldungen beim
Standesamt Helgoland
Tel. 04725-80843

Cuxhaven, Land Hadeln und Wingst

Cuxhaven

Brandung rauscht an breite, weiße Strände, von grünen Deichkronen schaut man in der Ferne vorbeiziehenden Schiffen nach, träumt den Fernwehtraum von fremden Ufern hinter dem Horizont - in Cuxhaven ist das Land zu Ende, bis Amerika kommt nur noch Wasser. Weiter, tiefblauer Himmel, an dem atemberaubende Wolkengebilde vorbeifliegen, Möwen, die schreiend einem einsamen Kutter hinterherfliegen. Sonne tanken, Salzluft atmen, vom Wind ordentlich durchpusten lassen: Urlaub in Cuxhaven ist Balsam für Körper und Seele.

Cuxhaven, die Stadt an der äußersten Spitze des Elbe-Weser-Dreiecks, liegt am niedersächsischen Ufer der Elbmündung und damit an einem Flussteil, der als **einer der meistbefahrenen Schifffahrtswege der Welt** gilt. Schiffe gucken kann man hier fast überall und vom Strandkorb aus von fernen Ufern träumen. Breite **Sandstrände** gibt es reichlich in Deutschlands größtem Nordseeküstenbad, dem **Heilbad** Cuxhaven. Mehr als zehn Kilometer weißer Sand warten in den Strandbädern Kugelbake, Döse, Duhnen und Sahlenburg auf große und kleine Burgenbauer und Buddler, und auch für Hunde gibt es vier Strandabschnitte.

Hier ist also reichlich Platz zum Auftanken in frischer Nordseeluft, aber auch richtige **Kuren** im Reizklima der Salzluft hat die Stadt im Angebot. Die Stadt am Nationalpark Wattenmeer ist auch wie geschaffen, um das **Watt** zu erkunden, eine der letzten Naturlandschaften Mitteleuropas. Cuxhaven ist zudem der ideale Standort für Ausflüge zur Inselwelt der Deutschen Bucht.

Immer wieder anziehend für alle Landratten ist Cuxhavens **maritime Tradition** als Stadt der Schiffe, des Fischfangs und der Häfen. Dafür steht auch **Jan Cux,** das **Maskottchen** in Gestalt eines Seemanns. Häfen hat die Stadt gleich mehrere, den Amerikahafen, den modernen Fährhafen, den Kutterhafen und die Fischereihäfen. Noch immer ist Cuxhaven einer der bedeutendsten **Fischverarbeitungsplätze** Europas, obwohl es kaum noch deutsche Fischer gibt. Der Besuch einer Fischauktion wird im Rahmen einer Führung über den Seefischmarkt angeboten; hier treffen sich die Frühaufsteher unter den Urlaubern.

Cuxhaven, das bedeutet vor allem Strand satt

Geschichte einer jungen Stadt

Cuxhaven ist eine junge Stadt; erst 1907 wurden ihr die **Stadtrechte** verliehen. Seine Geschichte allerdings reicht weit in die Vergangenheit zurück, denn archäologische Funde belegen, dass die Gegend bereits um **4000 v. Chr.** besiedelt gewesen sein muss. Die Lebensverhältnisse der Menschen müssen hier aber noch um die Zeitenwende erbärmlich gewesen sein, denn sowohl der römische Geschichtsschreiber Tiberius, der die Unterelbe besegelte, als auch Plinius der Ältere berichteten solches. Erst mit dem Beginn der **Eindeichungen** um das Jahr 1100 herum dürften sich die Lebensverhältnisse in der Dreiecksspitze zwischen Weser, Nordsee und Elbe verbessert haben. Das Gebiet war nun landwirtschaftlich nutzbar und dichter besiedelt. Damals gab es noch große **Waldgebiete** um das heutige Cuxhaven herum, die aber wurden nun rigoros abgeholzt, denn Ackerland wurde gebraucht, und sowohl Haus- als auch Schiffsbau verschlangen Unmengen von Holz.

Durch die Erfindung der **Kogge** blühte auch hier an der Elbmündung der **Handel** auf. Nicht nur auf der Elbe, sondern auch auf den kleineren Nebenflüssen wurden landwirtschaftliche Produkte und natürlich auch Fisch transportiert. Vor Cuxhaven wurde vor allem **Hering** gefangen, der durch Einsalzen leicht haltbar gemacht werden konnte. Auf Neuwerk etablierte sich schon im 13. Jahrhundert ein Fischmarkt.

Aber auch die **Piraten** trieben sich gern in der Gegend der Elbmündung herum, die Gewässer des Wattenmeeres waren schwierig, hier konnte leicht entkommen, wer ortskundig war. Den Hamburger Händlern und Ratsherren war das bald ein Dorn im Auge. Auf **Neuwerk** wollten sie gleich zwei Fliegen mit einer Klappe schlagen. Einmal wollten sie die Schifffahrt sicherer machen, indem die gefährlichen Sände durch Seezeichen

Der trutzige Turm von Neuwerk

gekennzeichnet wurden. Zum zweiten sollte ein hoher, fester **Turm** vor Sturmfluten und Piraten schützen. »Neues Werk« nannte man diesen Turm, der der Insel den Namen gab. Die Insel ging nun auch gleich in Hamburger Besitz über.

Auf dem Festland herrschte im Raum des heutigen Cuxhaven zu jener Zeit die **Familie von Lappe.** Sie residierten in der Steenborgh, dem heutigen Ritzebütteler Schloss, das um 1340 erbaut wurde. Solch ein Schloss zu unterhalten kostet eine Menge Geld, das war im Mittelalter nicht anders. So sahen sich die Lappes ständig mit **Finanzlöchern** konfrontiert und stopften eines, indem sie anderswo durch Kreditaufnahme ein neues Loch aufrissen.

Die meisten Finanzspritzen steuerte Hamburg bei und kassierte über die Jahrzehnte ein Pfand nach dem anderen. Auch die Flucht ins Piratentum verhinderte den wirtschaftlichen Niedergang der Lappes nicht:

Friedrichskoog
Fischer
N
0
5 Km
© EDITION TEMMEN
Helgoland
Scharhörn
Cuxhaven – Neuwerk
Cuxhaven – Helgoland
Nationalpark Hamburgisches Wattenmeer/ Neuwerk
Nationalpark Niedersächsisches Wattenmeer/
Duhnen
4
Kugelbake
2
Sticken-büttel
Döse
5
Cuxhaven
Sahlen-burg
6
1
3
Ritzebüttel
Spangen
Wehldorf
Franzen-burg
Altenbruch
Müggendorf
10
7
11
Lüdingworth
73
Land Had
Wurster-heide
Nordleda
Wan-höden
Osterwanna
Midlum
Wanna
Ihlienwo
27

Dithmarschen
Barlt
Schmolteck
Helse
Burg
St. Michaelisdonn
5
Klein-
dieksand
Kuden
Süderwisch
Nord-Ostsee-Kanal
Schadendorf
Marne
Eddelak
Schmedes-
wurth
Wester-
büttel
Mühlen-
straßen
elderkoog
Neufeld
Brunsbüttel
St.
Elbe
Krummen-
deich
Balje
Stellenfle
Hörne
Belum
Neuhaus
(Oste)
Süderdeich
Geversdorf
Oederq
Kajedeich
Kehding-
bruch
Caden-
berge
Bruchweg
Land Kehding
Hadelner Kanal
Bülkau
Wingst
13
Oberndorf
Silberberg
74 m
Dobrock

1393 stürmten die Hamburger kurzerhand **Schloss Ritzebüttel** und nahmen dieses und die umgebenden Ländereien in Besitz. Im Jahr darauf war schon alles umorganisiert, aus dem Gebiet des heutigen Cuxhaven und der näheren Umgebung war das Hamburger **Amt Ritzebüttel** geworden, dem nun auch Neuwerk und Scharhörn angehörten.

Der **Name »Cuxhaven«** taucht erst sehr viel später auf. Erstmals erwähnt wird er 1594. Vermutlich ist dieser Name eine Abwandlung der Bezeichnung »Koogshafen«, was einen Hafen im eingedeichten Vorland bezeichnet, der ehemals Außendeichgebiet war. Bekannt ist immerhin, dass im Jahre 1618 das »Neue Feld« vor dem Außendeichgebiet am Ritzebüttler Schleusenpriel eingedeicht wurde.

Der **Dreißigjährige Krieg** verschonte Ritzebüttel nicht, mehrfach wurde der Ort beschossen, besetzt und geplündert. Die Menschen der Region waren die Leidtragenden, es herrschten Chaos und Armut. Man war nicht mehr imstande, die Deiche sachgemäß zu pflegen und begonnene Eindeichungsmaßnahmen fortzuführen. Der Blanke Hans aber duldete solche Nachlässigkeit nicht, auch wenn sie aus Not geschah. Immer mehr **Land ging verloren** im 17. und 18. Jahrhundert. Die Küstenlinie lag damals gut zwei Kilometer weiter draußen, mitten im heutigen Elbfahrwasser. Immer weiter mussten die Deiche zurückgenommen werden, ständig waren Neubauten erforderlich, was die Kräfte bis zum Äußersten forderte.

Und dann kam sie, die verheerende Sturmflut, vor der sich alle gefürchtet hatten. Die **Große Weihnachtsflut** des Jahres **1717** verschlang den größten Teil des in hundertjähriger Arbeit eingedeichten Neulands, ganze Siedlungen, Hunderte Menschen und Tausende Tiere. Nur einige Anhöhen blieben verschont. Dieser Schlag warf die Bemühungen um Sicherung der Küstenlinie weit zurück. Jede winterliche Sturmflut nagte weiter an den Uferlinien; erst 1733 gelang es, diesen Prozess zu stoppen. Die damals gesicherte Küstenlinie in Verlängerung der Alten Liebe besteht im Wesentlichen heute noch.

Mit der Anlage der **Alten Liebe** als Hafenbollwerk, der Aufstellung des Seezeichens **Kugelbake** und der Errichtung des verbindenden Deichs hätte Ritzebüttels Bedeutung als Hafen schnell wachsen können. Es wäre sicher rasch weiter aufwärts gegangen, wenn da nicht **Napoleon** gewesen wäre. Auch das Amt Ritzebüttel blieb nicht vor der **französischen Besatzung** verschont, mit einer kurzen Unterbrechung gehörte es von 1805 bis 1813 zum Departement Elbmündung, und einige Ritzebütteler verdienten nicht schlecht am Schmuggel zur Umgehung der britischen Kontinentalsperre. Nach der Niederlage der Franzosen wurde 1813 von den Hamburgern der Bürgermeister **Augustus Abendroth** wieder eingesetzt. Abendroth war ein weitsichtiger Mann, der dem Amt Ritzebüttel zukunftsfähige wirtschaftliche Grundlagen schaffen wollte. Den ortsansässigen **Fischern** schuf er die Möglichkeit, ihren Fang nun vor Ort anzulanden, indem er die Anfänge der Fischverarbeitung etablierte und zwei Salzereien gründete. Der Aufstieg zu einem der bedeutendsten deutschen Zentren für Fischverarbeitung begann.

Und noch etwas begründete Abendroth: das **Seebad Cuxhaven,** das 1816 eröffnet wurde. An der Alten Liebe wurde ein Badehaus gebaut, und bald brachten Dampfschiffe aus Hamburg regelmäßig Badegäste.

Doch der erste Boom dauerte nicht lange: Das Badehaus brannte ab, und die Sturmflut von 1825 verursachte eine Fieberepidemie, an der Hunderte starben. Fast zwei Jahrzehnte dauerte es, bis sich das Seebad Cuxhaven von diesem Schlag erholt hatte. Gegen Mitte des 19. Jahrhunderts begannen **prominente Gäste** Cuxhaven zu entdecken, und illustre Namen wie Heinrich Heine, Hoffmann von Fallersleben oder Franz Liszt zogen weitere Scharen von Badegästen an.

Ein weiterer bedeutender Wirtschaftsfaktor kam dazu, als die **Marine** Cuxhaven für strategisch wichtig befand. Aus Furcht vor einer Elbblockade wurde 1870 das Fort Kugelbake gebaut, und die Marine zog in Cuxhaven ein. Und nun entstand auch die eigentliche Stadt, 1872 wurden die Orte Ritzebüttel und das dem alten Siedlungskern gegenüber längst wichtigere Cuxhaven **vereint.** Der Ort wuchs, und mit ihm seine **Häfen:** 1885 wurde der Fischereihafen fertig, 1896 folgte der Neue Hafen unweit der Alten Liebe. Ein neuer Überseehafen entstand 1912 am Steubenhöft. 1905 wurde Döse eingemeindet.

Die Entwicklung des **Fremdenverkehrs** ließ Cuxhaven die Folgen des Ersten Weltkrieges schneller verkraften als andere Hafenstädte. Seit 1935 erhielt die Stadt einen neuen Schub durch die **Eingemeindungen** von Groden, Stickenbüttel und Duhnen.

Ab 1937 war Cuxhaven nicht mehr Teil der Freien und Hansestadt Hamburg, mit Ausnahme großer Hafenteile wurde die Stadt der Provinz **Preußen** übergeben und kam nach dem Zweiten Weltkrieg 1946 an **Niedersachsen.** Ein Meilenstein für Cuxhaven war die Anerkennung als **Nordseeheilbad** 1964. Zu einer Verständigung mit Hamburg gelangte Cuxhaven 1965, die bei Hamburg verbliebenen **Hafenterritorien** blockierten bis dahin die Entwicklung. Man tauschte zunächst Hafenflächen gegen die Inseln Neuwerk und Scharhörn. Weitere Flächen trat Hamburg 1992 in Gestalt des Amerikahafens und für den Bau der 1997 in Betrieb genommenen Mehrzweckumschlaganlage am Europakai im Neuen Hafen ab. In der Grimmershörnbucht wurde 1978 ein weiterer Hafen mit Ro-Ro-Anlage angelegt.

1970 wurden Holte-Spangen und Sahlenburg, 1972 Altenbruch, Altenwalde und Lüdingworth **eingemeindet.**

Bis 1977 war Cuxhaven eine kreisfreie Stadt, heute ist die Stadt zwischen Elbmündung, Wesermündung und Nordsee Sitz des neu gebildeten **Landkreises Cuxhaven** und hat gut **55.000 Einwohner.** Cuxhaven ist Deutschlands größtes Nordseeküstenbad und mit mehr als drei Millionen Übernachtungen gleichzeitig bedeutendster Kurort.

Schloss Ritzebüttel, Cuxhavens Keimzelle

Keimzelle des heutigen Cuxhaven ist das 600 Jahre alte Ritzebütteler Schloss, dessen Besichtigung einen Überblick über die **unterschiedlichen Epochen der Stadtgeschichte** liefert.

Das in den 1990er Jahren aufwendig sanierte kleine Backsteinschloss wurde von der hier ansässigen Grundherrenfamilie der Ritter von Lappe um **1340** erbaut. Der alte Schlosskern gilt als einer der frühesten mittelalterlichen Bauten an der Nordseeküste.

Der wuchtige Wehrturm ist der älteste Teil des Baus; er ging 1394 in Hamburger Besitz über. Seitdem wurde in einem fort an- und ausgebaut, zunächst wurden zwischen 1394 und 1400 die äußeren Turmmauern verstärkt, im Jahr 1619 wurde dann das eigentliche Schloss als backsteinerner barocker Vorbau errichtet.

Schloss Ritzebüttel

Das Schloss liegt in einem schönen kleinen **Park.** Von den alten Befestigungen ist seit dem Abzug der Franzosen 1813 nicht mehr viel zu sehen, die Wälle wurden abgetragen, die Gräben teils zugeschüttet, die Zugbrücken abmontiert. Der Park um den erhaltenen Burggrabenteil regte übrigens den Hamburger Amtmann **Barthold Heinrich Brockes** (1680–1747), der auch ein bedeutender Barockdichter und großer Naturliebhaber war, zu literarischen Betrachtungen an.

Um die architektonisch interessante Geschichte dieses Schlosses zu zeigen, hatte sich die Denkmalschutzbehörde und die Stadt Cuxhaven darauf geeinigt, die **unterschiedlichen Bauzustände** wiederherzustellen. Auf diese Art konnten die jeweils schönsten und kulturhistorisch bedeutsamsten Gestaltungen für die Nachwelt erhalten werden.

Im **mittelalterlichen Baukern** wurde im Hochparterre neben dem großen Festsaal ein **Hochzeitszimmer** für standesamtliche Trauungen eingerichtet. Ein Stockwerk höher im mittelalterlichen Bau liegen die ehemaligen **Wohnräume** der Hamburger Amtmänner, die mit ihren farbigen Wandmustern und Friesen im Stand des Jahres 1894 erhalten sind. Noch einen Stock höher befindet sich heute ein großer Ausstellungsraum.

Im **barocken Vorbau,** der heute dem Zustand von 1752 entspricht, befindet sich in der ersten Etage ein weiterer **Festsaal** mit Stuckdecke und holzvertäfelten Wänden.

Das Schloss kann **besichtigt** werden, die Festsäle können für Veranstaltungen und private Feiern **gebucht** werden, und auch ein ausgezeichnetes **Restaurant** gibt es im Schlosskeller mit seinen gotischen Kreuzgewölben aus dem 14. Jahrhundert.

Der Kurort Cuxhaven

Andere Städte haben Stadtteile, Cuxhaven hat Kurteile, schließlich ist man ein Nordseeheilbad. Schon seit 1816 wird in Cuxhaven gekurt, heute geschieht das in **elf Kurteilen,** die um die Innenstadt herum aufgereiht sind.

Nicht nur viele Kurteile gibt es hier, die Kurmöglichkeiten selbst sind durch das Reizklima der Nordsee sowie die staubarme und jodhaltige Luft vielfältig. Im Nordseeheilbad werden Kuren gegen Hautkrankheiten und Allergien, chronische Krankheiten der Atemwege sowie gegen chronische Krankheiten der Bewegungsorgane angeboten. Wellness-Angebote und Offene Badekuren sind der Renner in Cuxhavens Kurzentren.

Der an der gleichnamigen Bucht gelegene Kurteil **Grimmershörn** wartet mit Grünstrand am Weltschifffahrtsweg auf. Hier lässt es sich schön am Strand in bunten Strandkörben sitzen und den Traumschiffen, Frachtern und Jachten nachträumen. Von hier aus ist das Stadtzentrum zu Fuß erreichbar.

Der **Kurpark** Cuxhavens befindet sich direkt hinter dem Deich an der Kugelbake im Kurteil **Döse (5)** und beherbergt das Veranstaltungszentrum mit Kurparkhalle und Kugelbake-Halle. In Döse gibt es modernste Kuranlagen und ein Reha-Zentrum. Die **Kugelbake** markiert Cuxhavens und **Niedersachsens nördlichsten Punkt,** direkt vor ihr erstreckt sich der breite Sandstrand, der in den Nationalpark Hamburgisches Wattenmeer übergeht. In Döse badet man mit Sicht auf die vorbeiziehenden Schiffe und die Insel Neuwerk.

Nach Westen schließt sich der Kurteil **Duhnen (4)** an, das Herzstück von Cuxhavens Badebetrieb. Duhnen hat alles: den breiten Sandstrand, das Wattenmeer mit Blick auf und Wattweg nach Neuwerk, eine Kurpromenade zum Bummeln und einen reizvollen Ortskern mit gastronomischen Highlights. Zum Kurzentrum Duhnen gehört neben modernen Kuranlagen das direkt am Strand gelegene »ahoi!«-Erlebnisbad.

Sahlenburg (6), der westlich anschließende Ortsteil, gehört erst seit 1970 zu Cuxhaven und ist eindeutig mehr **Familienbad** als Kurzentrum. Der Kurbetrieb ist fern, auch Schiffe sieht man nur noch von weitem, Neuwerk dominiert die Aussicht. Hier gibt es Sandstrand, Moor und den Wernerwald mit einem der schönsten **Campingplätze** Cuxhavens. Der 315 Hektar große **Wernerwald** ist neben dem von St. Peter-Ording der einzige Wald, der direkt an der Nordseeküste liegt. Er wurde vom Ritzebütteler Amtmann Dr. Charles Anthony Werner Anfang des 19. Jahrhunderts zum Schutz gegen Sturmfluten auf einem Heidegebiet angelegt.

Cuxhavens Seehäfen

Fischerei, Schifffahrt und die Häfen haben Tradition in Cuxhaven, das bemerkt jeder Besucher schnell. Aber beileibe nicht nur die maritime Nostalgie der alten Windjammerzeit oder der Hauch von Traumschiffromantik prägt das Bild, Cuxhaven ist auch Standort **modernster Hafenanlagen.**

Cuxhaven hat eine außergewöhnlich gute Lage für einen Seehafen, liegt es doch an dem Mündungsteil der Elbe, der als meistbefahrene Wasserstraße der Welt gilt und der zum Nord-Ostsee-Kanal sowie nach Hamburg führt. Dazu reicht seit einigen Jahren die Autobahn 27 bis Cuxhaven, und mit der Bahn gelangt man direkt zu dem etwas südlich von Hamburg gelegenen Maschen, dem bedeutendsten Rangierbahnhof in Europa.

In Cuxhaven gibt es gleich **mehrere Seehäfen,** alle an der Elbe aufgereiht. Westlich von der Alten Liebe liegen Jachthafen und Fährhafen. Die Alte Liebe schließt den Vorhafen seewärts ab, landeinwärts folgen der Alte Hafen und in der Verlängerung der Ritzebütteler Schleusenpriel, weiter östlich

Ablegen vom Steubenhöft

der Alte Fischereihafen, von dem der Neue Fischereihafen abgeht, der im weiten Bogen parallel zur Elbe verläuft. Östlich des Vorhafens schließen sich an der Elbe das Steubenhöft und dahinter der Amerikahafen sowie der Europahafen an. Der Amerikahafen hat heute übrigens nicht mehr viel mit Amerika zu tun, er ist auf den Umschlag von Tiefkühlfisch und Stahl spezialisiert.

Zu Beginn der 1980er Jahre zog auch in Cuxhaven das **Ro-Ro-Zeitalter** ein. Das bedeutet »Roll on - Roll off«, und gemeint ist damit ein einfaches, bequemes Herauf- und Hinunterfahren auf Fährschiffe. Eisenbahnzug, Lastwagen, Bus oder Auto, ja selbst Schwertransporte können bei dieser Be- und Entladetechnik über Rampen direkt auf die Schiffe rollen. Das hatte nicht nur große Bedeutung für den Fährverkehr nach Skandinavien und England, sondern für den Güterverkehr allgemein, der sich in Cuxhaven seitdem verdreifachte.

Das Steubenhöft (3)

Schlicht »Landungshöft« hieß der Anleger am Neuen Hafen, den man 1896 östlich der Alten Liebe gebaut hatte. Dieser kleine Kai für Passagierdampfer, ganz im Westen des Neuen Hafens, wurde im Volksmund bald »Neue Liebe« genannt.

Als man den Anleger plante, waren die Ozeanliner höchstens 150 Meter lang, wie etwa die »Bismarck« der Hamburger HAPAG-Reederei. Doch immer größer wurden die Schiffe; sie konnten bald nicht mehr am Landungshöft festmachen, sondern mussten draußen auf Reede vor Anker gehen. Bis kurz vor dem Ersten Weltkrieg hatte das Wettrüsten der Passagierschifffahrt wahre Giganten der Meere hervorgebracht, **270 Meter lang** waren nun die Schiffe. Dem trug man auch in Cuxhaven Rechnung: Der Amerikahafen wurde auf die fünffache Größe erweitert, das Landungshöft auf 400 Meter verlängert. Sein neuer Name ging auf den deutschstämmigen amerikanischen General **Friedrich Wilhelm von Steuben** (1730–1794) zurück, der als Generalstabschef George Washingtons im Amerikanischen Unabhängigkeitskrieg die Kontinentalarmee reformiert hatte.

Am Steubenhöft machten die größten Ozeanliner der Welt fest, die »Imperator« und »Vaterland« der HAPAG. »Mein Feld ist die Welt«, lautete bald der Wahlspruch der Reederei.

Bis Anfang des letzten Jahrhunderts war Cuxhaven auch der große **Auswandererhafen** an der Elbe, nicht etwa Hamburg, denn die noch nicht ausgebaggerte Elbfahrrinne war für die großen Ozeanliner nicht tief genug. Allein im Jahr 1900 schifften sich hier 65.000 Auswanderer in die Neue Welt ein.

Auch zwischen den Weltkriegen machten hier die größten und luxuriösesten Transatlantikliner der Welt fest, denn der **Linienverkehr mit Amerika** boomte. Die Passagiere kamen bequem mit der Bahn bis zum Steubenhöft und wurden in den HAPAG-Hallen abgefertigt; Prominente gaben sich ein Stelldichein. Auch nach dem Zweiten Weltkrieg gab es noch einmal eine Blüte für die Linienschifffahrt, besonders die Hamburg-Amerika-Linie der HAPAG mit ihrer »Hanseatic« lief das Steubenhöft regelmäßig an. Dann jedoch war der Siegeszug des Flugzeuges als Verkehrsmittel nicht mehr aufzuhalten, und der Liniendienst wurde eingestellt. 1972 legte das letzte Linienschiff der Hamburg-Amerika-Linie in Cuxhaven ab.

Von der großen Tradition als Auswandererhafen und Anlegeplatz im Transatlantik- und Linienschiffsverkehr zeugen die frisch renovierten **HAPAG-Hallen,** die Hamburg 1992 an Cuxhaven zurückgab. Dort werden nun wieder Passagiere abgefertigt, denn am Steubenhöft machen zuweilen auch wieder Traumschiffe wie die »MS Deutschland« fest. Nun sind es allerdings keine Linienschiffe mehr, sondern **Kreuzfahrtschiffe.**

Die HAPAG-Hallen

Im Jahre 2002 gelang es obendrein, die **Fährlinie** nach Harwich/Großbritannien für Cuxhaven zu gewinnen; nun ist das Steubenhöft mit seinen drei weithin sichtbaren Schienenkränen wieder regelmäßig belebt. Dazu finden in den Wartesälen der HAPAG-Hallen zahlreiche **Veranstaltungen** statt, und auch eine **Dauerausstellung** über die Geschichte des Auswandererhafens ist hier zu finden.

Die Fischereihäfen und der Seefischmarkt

Der Boom des Fischereihafens begann mit dem Anschluss Cuxhavens an das deutsche **Eisenbahnnetz** im Jahre 1881. Bis dahin hatte der Fischfang von Cuxhaven aus wohl schon eine Jahrhunderte währende Tradition, aber der Transport der leicht verderblichen Ware ins Hinterland dauerte zu lange. Das änderte sich nun schlagartig, und vor allem Hamburg erwies sich als lukrativer Markt. Die **Fischverarbeitung** nahm einen rasanten Aufschwung. Die Hochseefischerei-Gesellschaft wurde 1908 gegründet, im selben Jahr entstanden die ersten Fischhallen, und die erste Fischauktion wurde abgehalten. Vor Beginn des Ersten Weltkrieges gehörte schon fast ein halbes Hundert Fischdampfer zur Cuxhavener Flotte. Nach einem Tief durch den verlorenen Krieg wurden Fischereihafen und Hallen bereits 1922 weiter ausgebaut, und selbst nach dem Zweiten Weltkrieg ging es rasant wieder aufwärts. In den 1950er Jahren boomte die Fischerei, über Cuxhaven lief ein Drittel des Nordsee-Gesamtfanges. Wiederum wurden der Hafen und die Hallen erweitert, die neue Seeschleuse machte ihn zudem tideunabhängig. Immer moderner wurden Schiffe, Hafen- und Verarbeitungsanlagen, immer größere Fischmengen konnten verarbeitet werden. Das ging so lange, bis die **Überfischung** der Nordsee zu dramatischen Maßnahmen zwang. Die Fanggebiete wurden zwischen den Nordseeanrainern aufgeteilt, jedes Land bekam ein eng umrissenes Gebiet und bestimmte Fangquoten zugeteilt. Die angelandeten Fischmengen sanken, die Fischfangflotte schrumpfte drastisch.

Frische Krabben zum Selbstpulen

Die deutsche Kutter- und Hochseefischerei hat ihre besten Tage wohl hinter sich, dennoch ist es ein malerischer und vor allem bunter Anblick, wie die Krabben- und Hochseekutter mit dem Kennzeichen »NC« für »Niedersachsen Cuxhaven« nach der Fangfahrt nebeneinander vertäut – »im Päckchen«, wie der Seemann das nennt – friedlich im Kutterhafen dümpeln. Es riecht nach Salzwasser und frischem Fisch, Möwen stürzen sich auf die Reste, die beim Reinschiffmachen über Bord geschrubbt werden.

Noch heute ist Cuxhavens **Seefischmarkt** neben dem Bremerhavens der bedeutendste Deutschlands und einer der größten Fischumschlagplätze Europas. Davon kann sich jeder Urlauber überzeugen, der einmal früh

aufsteht und eine Fischauktion besucht oder im Kutterhafen frisch gefangene Krabben kauft und sich selbst einmal im Pulen versucht. Es werden auch **Führungen** über den Seefischmarkt angeboten (siehe »Praktische Informationen«). Auch einer der wichtigsten **Fischverarbeitungsplätze** Europas ist Cuxhaven, was man sich ausmalen kann, wenn man die vielen unterschiedlichen Heimathäfen der Fischdampfer und Trawler sieht. Bevorzugt werden hier Schollen, Rotbarsch, Kabeljau, Seelachs und Schellfisch angelandet.

Nicht nur die Fischauktionen sind interessant, auch das bunte Treiben im Fischereihafen. Kleine **Läden** haben die nicht mehr benötigten Hallen und Schuppen wieder mit Leben erfüllt. Vom Seglerbedarf über Kleidung und Trödel bis hin zu Kunstgewerblichem gibt es hier alles, was mit Seefahrt und Fischerei zu tun hat. Und natürlich gibt es frischen Fisch, geräuchert, gekocht und gebraten, Dutzende von Geschäften, Imbissen und kleinen Restaurants bieten jedem Geschmack das Richtige. Besonders die Präsident-Herwig-Straße am alten Fischereihafen gilt als die Genussmeile der Fischliebhaber.

Cuxhavens maritime Wahrzeichen

Die **»Alte Liebe« (1)** wird jeder Gast von Jan Cux mindestens einmal gesehen und von dieser Aussichtsplattform direkt am großen Seefahrtsweg den vorüberziehenden Dampfern nachgeschaut haben. Der Schiffsmeldedienst verkündet bis heute per Lautsprecher Details zu den Schiffen. Die viele Jahre als Anleger genutzte Plattform wurde im 18. Jahrhundert als Bollwerk zum Schutz vor den Gewalten des Stroms gebaut. Wasserbaumeister Spanninger ließ hier 1733 **drei Schiffe versenken** und befestigen. Das vordere soll »Alte Liebe« genannt worden sein, und so kam der Anleger zu seinem Namen. Dicke Dalben wurden um die versenkten Schiffe herum in den Elbgrund ge-

Land's End: die Kugelbake, Cuxhavens Wahrzeichen

rammt, die Zwischenräume mit Buschwerk und Steinen aufgefüllt. Seit 1816 legten hier Seebäderschiffe und die Helgolandfahrer an, bis 1980 alles abgerissen und 1981 als reine Aussichtsplattform neu aufgebaut wurde. Von der immer noch großen Bedeutung der Schifffahrt zeugen der moderne gelbe **Radarturm** westlich der »Alten Liebe«, der für die Leitung des Schiffsverkehrs zwischen Scharhörn und der Ostemündung zuständig ist, und der benachbarte alte **Leuchtturm** von 1803. Ein Rätsel ist für viele Besucher die Funktion des altertümlich anmutenden **Semaphors** aus dem Jahre 1889. Dieser für Binnenländer geheimnisvolle Signalmast zeigte den Besatzungen der vorbeifahrenden Schiffer die wichtigsten Wetterinformationen auf einen Blick. Die herausklappbaren Arme zeigen dabei die Windstärke an, ein Arm steht dabei für zwei Windstärken. In zwei Hälften ist der Mast unterteilt, die Hälfte mit dem »B« zeigt die Verhältnisse für Borkum, die mit dem »H« den Wind vor Helgoland. Die Uhren ähnelnden Ringe mit den Zeigern weisen die Windrichtung aus.

Das Wahrzeichen Cuxhavens aber ist die **Kugelbake (2).** Das von der »Alten Liebe« aus gut auszumachende **Seezeichen** wurde 1718 errichtet. Es markiert bis heute das Ende der Elbe beziehungsweise den Beginn der Nordsee und war das Letzte, was Zehntausende Auswanderer von der alten Heimat sahen.

Cuxhavens maritime Museen

Unweit der Kugelbake befindet sich am Strand von Döse das **Fort Kugelbake,** die einzige deutsche **Seefestung,** die auch besichtigt werden kann. Bereits 1804 begannen die Franzosen während der napoleonischen Besetzung, dort ein Fort zu errichten. Ab 1869 erweiterte es die preußische Regierung zur Seefestung und bestückte es mit schweren Geschützen. Der fünfeckige Bau mit seinen Wällen, den Kehlgräben und seinen längst grün überwucherten Kasematten ist ein typischer Vertreter der damaligen Anlage von Großforts.

Eine weitere Sehenswürdigkeit Cuxhavens ist Deutschlands einziges **Wrackmuseum** im Ortsteil Stickenbüttel. Und vom Muschelmuseum über das Museums-Feuerschiff »Elbe 1« und das Schiffsmuseum bis zum Museumsleuchtturm »Dicke Berta« gibt es in Cuxhaven noch etliche weitere Museen zum maritimen Leben der Region.

An der »Alten Liebe« nicht zu übersehen ist das **Museumsfeuerschiff »Elbe 1«** im Alten Hafen. Als 1988 in der Elbmündung vor Cuxhaven die letzte Stunde der bemannten Feuerschiffe geschlagen hatte, kaufte die Stadt Cuxhaven das nach seiner Position in der Seezeichenkette »Elbe 1« genannte knallrote Schiff und überließ es dem Förderverein Schifffahrtsgeschichte Cuxhaven.

Über 172 Jahre hatten die schwimmenden Seezeichen allen Schiffen den sicheren Weg durch die schwierigen Fahrwasser der Elbmündung gewiesen. Ihre Besatzungen bedienten die Feuerschiffe und halfen Menschen, die in Seenot geraten waren; darüber hinaus beobachteten sie das Wetter und gaben ihre Meldungen weiter.

Interessant ist das Feuerschiff für Besucher vor allem, weil die **nautischen und technischen Einrichtungen voll funktionsfähig** geblieben sind. Sowohl Brücke und Maschinenraum als auch die Kammern der Besatzung, die Kombüse und die Messen sind Besuchern zugänglich.

Im **Schiffsmuseum Duhnen** sind die Früchte von über 20 Jahren Sammelleidenschaft zu besichtigen, über 1000 Exponate rund um die Seefahrt wurden zusammengetragen:

Das Museumsfeuerschiff »Elbe 1«

Für Landratten eher rästelhaft: der alte Semaphor

alle möglichen nautischen Instrumente und Exponate, die von der großen Zeit des Walfangs berichten, dazu Marinemalerei, Schiffsmodelle, viele dekorative Seemannsarbeiten und alte Abbildungen. Die Attraktion aber ist das im Guinness-Buch eingetragene größte Buddelschiff der Welt.

Auch das **Stadtmuseum Cuxhavens** kommt ohne Maritimes nicht aus. Das Gebäude wird nach seinem Erbauer, dem Kaufmann Georg Wilhelm Reye, auch »Reye'sches Haus« genannt. Es wurde um 1780 errichtet und ist ein typisches Beispiel des norddeutschen Klassizismus. Das Kaufmannshaus mit seinen Geschäfts-, Wohn- und Lagerräumen ist ein dreischiffiges Hallenhaus. Die vielseitige Dauerausstellung im Erdgeschoss befasst sich mit den Themen »Schifffahrt und Hafen«. Auch die Geschichte der Cuxhavener Werften und des Lotsenwesens findet hier Raum. Im Obergeschoss sind Kunstwerke aus dem städtischen Besitz zu besichtigen.

Eine besondere Attraktion stellt das einzige **Wrackmuseum** Europas in Stickenbüttel dar. Mindestens so viele Schiffe wie in Cuxhavens Häfen liegen auf dem Meeresgrund der umliegenden Sände. Noch heute kann man in der Elbmündung bei Ebbe zahlreiche Überreste großer und kleiner Schiffskatastrophen erkennen. Ihre Geschichte erzählt das Wrackmuseum, Zahlen und Fakten werden hier zu anschaulich geschilderten Tragödien. Viele Exponate des Museums und des Freigeländes berichten von dramatischen Rettungsversuchen, von Strandungen und Kollisionen, von Stürmen und Havarien.

Ob man es glauben möchte oder nicht, selbst das seit 2002 bestehende **Joachim-Ringelnatz-Museum** (das einzige in Deutschland) hat einen maritimen Touch. Unweit des Ritzebütteler Schlosses befindet sich dieses erstaunliche Museum der Ringelnatz-Stiftung, das einen faszinierenden Einblick in Wesen und Schaffen des Dichters bietet und gleichzeitig ein interessantes Zeitzeugnis ablegt über das vergangene Jahrhundert in Deutschland. Und warum ausgerechnet Cuxhaven? Joachim Ringelnatz war hier während des Ersten Weltkrieges bei der Kaiserlichen Marine stationiert. Die Erlebnisse jener Jahre haben sein Lebenswerk geprägt (siehe auch Kasten).

Joachim Ringelnatz' Kuttel Daddeldu

»La Paloma« und Kuttel Daddeldu gehören zu den **populärsten Assoziationen,** die man gängigerweise von der Seefahrt so hat. Überhaupt gibt es nur zwei allgemein bekannte Seemanns-Symbolfiguren: Popeye, den ewig Spinat essenden Comichelden, und eben Kuttel Daddeldu.

Kneipen heißen heute »Daddeldu«, Restaurants und Jachten, in Liedern wurde Kuttel Daddeldu zur **Personifizierung des Seemanns,** wie beispielsweise bei dem Rockbarden Achim Reichel.

Warum ausgerechnet Daddeldu? Kuttels größte Abenteuer spielen sich nach Feierabend ab, an Land zwischen all seinen Bräuten lavierend, mit mehr oder weniger fröhlichen Gelagen und Handfestigkeiten, oft genug erleidet er dabei Schiffbruch. »Daddeldu« bedeutet in der Küsten- und Seefahrtssprache **»Feierabend an Bord«.** Es kommt wohl aus dem Englischen: »That all do« hieß auf dem Schiff so viel wie »Alles ist getan«.

Die Figur Kuttel Daddeldu aber stammte von einem Dichter. Eigentlich hieß er ja Hans Bötticher, der große lyrische Humorist und Maler **Joachim Ringelnatz,** der 1883 in Wurzen/Sachsen geboren wurde.

Eigenwillig war der Spross einer gut situierten Familie schon als Junge, er brach die Schule ab und ging als Schiffsjunge und später **Matrose** zur See, versuchte sich während seiner Lehr- und Wanderjahre in zahlreichen anderen Berufen, bevor er im Ersten Weltkrieg **Marinesoldat** wurde. Stationiert war er zunächst als Unteroffizier, später als Leutnant in Cuxhaven, über das er in seinem autobiografischen Buch »Als Mariner im Krieg« schrieb: »Alles in allem fühlte ich mich jetzt wohl und war zufrieden. (...) Ach, ich hatte mich eben so schön eingelebt in dem hübschen Kuxhaven mit seinen alten Bäumen; mit der ›Alten Liebe‹, den verschiedenen Seezeichen, und ich hatte so nette Bekannte (...) gefunden.«

Auch sein erst 1919 angenommener Künstlername Ringelnatz, der als »Ringelnass« die alte Bezeichnung der Seeleute für das Glück bringende **Seepferdchen** ist, zeigte seine Affinität zur See. Das Meer und die Seefahrt waren die zentralen Themen seines Werkes, und sein bierseliger, von einer Katastrophe in die andere schlitternde Kuttel Daddeldu wurde zum Inbegriff des Seemanns. Der von Ringelnatz selbst meisterhaft dargestellte Seebär wurde bald zur zentralen Figur seiner Vortragsprogramme, mit denen er durch die Lande tingelte, bis die Nazis ihm 1933 **Auftrittsverbot** erteilten.

Joachim Ringelnatz **starb** am 17. November 1934 an Lungentuberkulose.

»Kuttel Daddeldu« heißt der 1920 erschienene und noch heute erhältliche **Gedichtband** voll moritatenhafter Seemannslieder um den leicht anarchisch angehauchten, freiheitsliebenden, immer chaotischen und öfter mal angetrunkenen, aber vor Lebensfreude strotzenden und nahezu grenzenlos gutmütigen Seemann mit dem knackigen Humor. Die **autobiografischen Züge** der Figur hat Ringelnatz dabei nie abgestritten, und weil das so ist, wurde er eben auch selbst »Daddeldu« genannt.

Zum Weiterlesen:

Joachim Ringelnatz, **Kuttel Daddeldu. Gedichte,** Diogenes Verlag Zürich

Joachim Ringelnatz, **Als Mariner im Krieg,** Diogenes Verlag Zürich

Joachim Ringelnatz, **Das Ringelnatz Lesebuch,** detebe, Diogenes Verlag Zürich

Praktische Informationen

Touristen-Information:
Nordseeheilbad Cuxhaven GmbH
Cuxhavener Straße 92
27476 Cuxhaven
Tel. 04721-4040
info@tourismus.cuxhaven.de

Sehenswerte Museen:

Hapag-Hallen
Am Schleusenpriel 2
Tel. 04721-500181
www.hapag-halle-cuxhaven.de

Fischerei-Museum Cuxhaven
Ohlroggestraße Abtl. 66
Tel. 04721-665262, Fax 665232
www.fischereimuseum-cuxhaven.de

Feuerschiff Elbe 1
Liegeplatz an der »Alten Liebe«
Tel. 04721-34121 und 21192
Di–So (und Feiertage) 11–18 Uhr
www.feuerschiff-elbe1.de

Wrackmuseum Stickenbüttel
Dorfstr. 80
Tel. 04721-23341
Mitte/Ende März bis Anfang November
(in den Weihnachtsferien gesonderte Zeiten):
Di–Fr 10–18 Uhr, Sa,So, Feiertage 10–17 Uhr
www.wrackmuseum.city-map.de

Joachim-Ringelnatz-Museum
Südersteinstraße 44
Tel. 04721-394411/12
Di–So 10–13 und 14–17 Uhr
www.ringelnatzstiftung.de/museumhaupt.htm

Schiffsmuseum Duhnen
Wehrbergsweg 7
Tel. 04721-48158
täglich 10–13 und 15–18 Uhr

Stadtmuseum Cuxhaven
Reye'sches Haus
Südersteinstraße 38
Tel. 04721-62213 und 399670
Mo 9–13 Uhr, Di–Fr 9–13 und 15–18 Uhr,
Sa 10–13 Uhr

Schloss Ritzebüttel
Südersteinstraße, in Bahnhofsnähe
Tel. 04721-721812
Di–Do 9.30–12.30 und 14–16.30 Uhr,
Fr 14–16.30 Uhr, Sa/So 9.30–12.30 Uhr

Führungen über den Seefischmarkt:
Halle X, Niedersachsenstraße 9
Termine: Herr Ammann, Tel. 04721-601116
Herr Schrader, Tel. 04721-28285
www.seefischmarkt.de/
Da Fischauktionen nach Bedarf stattfinden, also nicht unbedingt täglich, sollte man sich vorher erkundigen, bevor man ganz umsonst früh aufsteht, denn die Fischauktionen beginnen in der Regel um 7 Uhr morgens.

Hafenrundfahrt und Schiffsausflüge:

Hafenrundfahrten von März bis Oktober
ab Innenkante Alte Liebe
Fluss- und Hafen-Touristik-GmbH Carstensen
Am Altenwalder Bahnhof 21a
Tel. 04723-3292

Mini-Kreuzfahrten zu den Seehundsbänken
mit großer Hafenrundfahrt, Hochseeangelfahrten
Reederei Narg
Kapitän-Alexander-Straße 19
Tel. 04721-72501
www.hochseeangeln.de

Schiffsfahrten zu den Seehundsbänken
und in den Nord-Ostsee-Kanal
Reederei Cassen Eils
Bei der Alten Liebe 12
Tel. 04721-35082
www.helgolandreisen.de

Fährlinie Cuxhaven-Brunsbüttel
für Fußgänger und Radfahrer,
Nord-Ostsee-Kanalfahrten
(Mai bis Oktober)
Personen-Schifffahrt Brunsbüttel
Mühlenstraße 13
Wilster
Tel. 0171-2863454

Kuren in Cuxhaven:
Kurzentrum-Duhnen
Wehrbergsweg 32
27476 Cuxhaven
Tel. 04721-42020
kurzentrum-duhnen@t-online.de

Restaurants:

Schloss-Restaurant
Inh.: A Kramer
Schlossgarten 8
Tel./Fax: 04721-500590
www.schloss-restaurant-cuxhaven.de
Fischspezialitäten und vorzügliche Küche mit regionalem Bezug vom Grünkohl bis Lamm

Seepavillon Donner
Bei der Alten Liebe 5
Tel. 04721-5660
www.seepavillon.donner.de
Fischspezialitäten und Regionales

Donner's Hotel
Am Seedeich 2
Tel. 04721-5090
www.donners-hotel.de
Panorama-Restaurant im sechsten Stock mit Blick auf den Weltschifffahrtsweg

Hus Op'n Diek
Am Alten Hafen 1
Tel. 04721-38008
www.fischgaststaette.de
Krabben, Muscheln und Fisch bietet das Hus Op'n Diek seit 1933, es ist somit das älteste Fisch-Restaurant der Stadt.

Gambero Rosso Restaurant/Café
Nordfeldstraße/Kurparkallee 43
Tel. 04721-44088
www.gambero-rosso-cuxhaven.de
Leichte Kost mit mediterranem Einschlag, das Panoramafenster gibt den Blick auf die Strände von Döse bis nach Duhnen frei, hervorragende Kuchen und Torten.

Unterkunft:

In Cuxhaven gibt es ein Dutzend hervorragende wohnmobiltaugliche Campingplätze und eine große Zahl von Pensionen jeder nur denkbaren Größe und Ausstattung. Gastgeberverzeichnisse mit allen Informationen gibt es bei der Nordseeheilbad Cuxhaven GmbH, Adresse siehe oben.

Jugendherberge Cuxhaven
Schleusenweg 2
27476 Cuxhaven-Duhnen
Tel. 04721-48552

Veermaster Hotel Deichgraf
Nordfeldstraße 16–20
27476 Cuxhaven
Tel. 04721-4050
www.deichgraf.com
Großer Wellness- und Fitness-Bereich, Nutzung im Zimmerpreis inbegriffen

Hotel Beckröge
Dohrmannstr. 9
27472 Cuxhaven
Tel. 04721-56910
www.hotel-beckroege.de
Denkmalgeschützte Villa aus der Gründerzeit, einige Zimmer mit Meerblick, direkt hinter dem Deich in Grimmershörn gelegen.

Fahrradverleih:

Hier können Sie Ihr Fahrrad schon vorab buchen. Alle Anbieter unterhalten einen Bring- und Holservice in allen Cuxhavener Kurteilen und im Umkreis.

Rad & Tour
Steinmarner Straße 23
Döse
tägl. 9–12 und 17–20 Uhr
www.mietrad.de

Rad & Tour
Wehrbergsweg 16
Duhnen
Tel.: 04721-599799
tägl. 9.30–13 und 16–18 Uhr
www.mietrad.de

Rad & Tour
Spanger Straße 4
Sahlenburg
Mo–Fr 8–19 Uhr, Sa. 8–16 Uhr, So 8–14 Uhr
www.mietrad.de

Rad & Tour (mit Reparaturservice)
Schillerstraße 49
Grimmershörn
Tel. 04721-554100
Handy 0171-5758701
Mo–Fr 9–18 Uhr, Sa/So 9–13 Uhr
www.mietrad.de

Fahrradvermietung Gerken
Rugenbargsweg 12
Duhnen
Tel. 04721-49591
Weitere Filiale:
Robert-Dohrmann-Platz 4
Tel. 04721-393850
www.gerken-duhnen.de

Ausflüge ins Cuxland – unterwegs im Land Hadeln

»Cuxland« heißt die Region längst nicht mehr nur in den Hochglanzbroschüren der Fremdenverkehrsämter, langsam aber sicher setzt sich der Name auch im Volk durch. Schön griffig ist er, und die wenigsten Touristen wissen, dass er eigentlich nichts weiter ist als die Abkürzung für den Landkreis Cuxhaven, der sich im Dreieck zwischen **Bremerhaven,** der **Oste** und **Cuxhaven** erstreckt. Es gibt ihn in dieser Ausdehnung erst seit der Kreisreform von 1978. Damals wurde ihm neben dem Kreis Wesermünde auch der Kreis Land Hadeln zugeschlagen, der sich an der Elbmündung von Cuxhaven bis zur Oste und im Süden etwa bis Hechthausen ausdehnt. Entstanden war der Kreis Land Hadeln mit dem Kreissitz in Otterndorf im Jahre 1932, als die ehemaligen Kreise Neuhaus und Hadeln zusammengelegt wurden.

Kern des Landes Hadeln ist die Gegend zwischen Altenbruch, Lüdingworth, Ahlenmoor und der Medem. Der Kreis umfasst sehr **abwechslungsreiche Landschaften** fast völlig ohne Industrie, dafür aber mit weiten fruchtbaren Marschen, Mooren und bewaldeter Geest. Deutlich sichtbar ist die Abgrenzung zwischen den bis zu drei Meter hoch angeschwemmten Marschen des Hochlandes und dem tiefer gelegenen Sietland weiter im Landesinneren. Einst war dies auch eine **Wohlstandsgrenze.** Erst der Bau des Hadelner Kanals 1854 entwässerte das Sietland und begann damit die Unterschiede der Lebensbedingungen zu nivellieren. Den großen Sprung für die Entwicklung des Sietlandes aber brachte der Bau des **Pumpwerkes** an der Medemmündung, das bei seiner Inbetriebnahme 1928 das größte Europas war. Bis heute ist Hadeln von der **Landwirtschaft** geprägt, hauptsächlich von Vieh- und Milchwirtschaft, Getreideanbau gibt es nur auf der Geest.

Das Cuxland ist eine **Ganzjahresurlaubsregion,** man kann auf den Sand- und Grünstränden die Seele baumeln lassen, auf den Nordsee- und Elbewellen surfen, eine Radtour immer am Wasser entlang oder in die beeindruckende Weite des Landes unternehmen und dazu in den Dörfern so manches kulturhistorische Kleinod entdecken.

Von Geestweiden über verschwiegene Moore bis zu schweren, fruchtbaren Marschen gibt es neben den Stränden viel zu erkunden. Und von Spaziergängen durch blühende Wiesen und Rapsfelder im Frühjahr über das sommerliche Badevergnügen, das herbstliche Drachensteigenlassen am Strand bis zu winterlichen Sturmspaziergängen und dem Betrachten von Eisschollen in Watt, Meer und Fluss findet sich bei jedem Wetter und zu jeder Jahreszeit eine Möglichkeit, etwas zu unternehmen.

Land der freien Bauern

Lange gehörte das Land Hadeln zu den unzugänglicheren und dünner besiedelten Regionen im Elbe-Weser-Dreieck. Es gibt nur wenig schriftliche Zeugnisse aus alten Zeiten. Hierhin verirrte sich kaum ein Römer. Fast durchweg sind die Ortschaften erst seit dem **Hochmittelalter** urkundlich belegt.

Es ist daher nicht sicher, ob diese Region das **»Hodolaun«** war, das der sächsische Chronist Widukind von Corvey im 10. Jahrhundert beschrieb, als er berichtete, wie sein Volk ebendort ankam. Sicher ist lediglich, dass im 13. Jahrhundert die Bezeichnung »Hadele« das Land zwischen Elbe und Weser, Geeste und Oste meinte.

Die Region wurde als Archidiakonat Hadeln einer der zehn Amtsbezirke des **Erzbistums Bremen.** Das erste Kloster wurde 1219 in Midlum gegründet, 1282 wurde es nach

Morgenstimmung im Land Hadeln

Altenwalde verlegt, 1334 nach Neuenwalde. Nach einem Brand 1629 völlig zerstört, wurde der Klosterneubau 1719 vom neuen Eigner, der Ritterschaft des Herzogtums Bremen, vollendet. Es dient bis heute als Damenstift.

Zur bremischen Staatsritterschaft gehörten der Westen und Süden Hadelns. Hier lebten die Bauern meist auf Pachthöfen. Die Westspitze Hadelns hingegen gehörte zu **Hamburg.** Der größte Teil des politisch und auch sozial dreigeteilten Landes Hadeln gehörte ab 1211 den **Askaniern** und ab 1689 den **Herzögen von Sachsen-Lauenburg.**

Im Laufe der Jahrhunderte bürgerte es sich ein, unter »Hadeln« nur noch die Gebiete zu fassen, die als Enklave unter sächsisch-lauenburgischer Herrschaft standen. In diesem größten Teil Hadelns waren die **Bauern** weitgehend ihre eigenen Herren.

Neben der Herrschaft der Askanier bildeten sich bald **genossenschaftliche Selbstverwaltungen** heraus. Erstmals urkundlich erwähnt wurde das **Hollerrecht** (Holländerrecht) zwar erst 1439, aber bereits 1106 hatte das Bremer Erzbistum dieses spezielle Grund- und Abgabenrecht gewährt, das den Holländern als Ansiedlungsanreiz für die damalige Zeit ziemlich weitreichende Selbstverwaltungsrechte mit speziellen Grund- und Steuerrechten bot.

Der Einfluss der kirchlichen Verwaltung reichte bis weit in die Neuzeit. Wie in vielen Gebieten rechts und links der Elbe waren die **Kirchspiele** die entscheidenden Organisations- und Verwaltungsformen. Die zwölf Kirchspiele des Hadelner Hoch- und Sietlandes bildeten später zusammen mit der Stadt Otterndorf den preußischen Altkreis Land Hadeln.

Es waren die Kirchspielleute, die das Kirchspiel von der Gerichtsbarkeit bis zum Deichbau verwalteten. Zentrum der Macht waren dabei die **Kirchspielgerichte** mit den Schöffen und Schultheißen. Sie bildeten die **Landstände,** die ab dem 16. Jahrhundert Hadeln gemeinschaftlich sowohl nach außen hin als auch dem Landesherrn gegenüber vertraten. Versammlungsort war seit 1544 der Warningsacker unweit von Altenbruch. Später traf man sich auch im Otterndorfer Landeshaus in der Nähe des dortigen Schlosses.
Es lebte sich nicht schlecht in dieser Eigenständigkeit. Hadeln war ein Land **freier Bauern,** von denen nicht wenige aufgrund der fruchtbaren Marschböden ausgesprochen reich waren. Viele Bauern hatten eigene Wappen, hielten Abstand zu Handwerk, Handel und Gesinde. Sie strebten nach Bildung und beschäftigten sogar Hauslehrer. Auch bauten sie eine große Zahl prächtiger Kirchen mit großartigen Orgeln, die **Bauerndome.** Die eigenen Häuser stellten keinesfalls Understatement zur Schau, sondern zeigten, dass man jemand war, ohne allerdings dabei zu protzen. Gediegen ist das Wort, das in der Sprache des Nordens die erwünschte Außenwirkung bis heute bezeichnet. Eine ganze Reihe von imposanten **Bauernhäusern** aus rotem Backstein und weißem Fachwerk belegen bis heute Reichtum und Traditionen der alten Bauerngeschlechter.
Die Landesherrschaft vertrat, einem Gouverneur ähnlich, ein so genannter **Gräfe,** der im Otterndorfer Schloss residierte.
Im Jahre 1689 war die Herzogslinie der Sachsen-Lauenburger ausgestorben, und das Lehen Hadeln fiel ans Reich zurück. Bis 1731 war Hadeln nun direkt **reichsuntertänig** und ging dann an die Kurfürsten von Braunschweig-Lüneburg, an die es der belehnte Georg II. von Hannover weitergab. Erst jetzt also wurden die hadelnschen Landesteile wieder mit der **stiftsbremischen Umgebung** vereinigt.
Immer noch waren die Hadelner Landstände eigenständig und bildeten noch 1866, als Hannover von Preußen annektiert wurde, die Kreisversammlung des nun preußischen Kreises Otterndorf. Das änderte sich zwar ab 1884, die Kirchspiele allerdings blieben bis 1932 bestehen.
Nicht nur Otterndorf zeugt vom Wohlergehen und bäuerlichen Reichtum. Überraschende Schätze bergen ebenso die umliegenden Dörfer mit ihren Bauerndomen.

Otterndorf und die Odyssee

Otterndorf ist das **Zentrum des Landes Hadeln** und eine kleine Stadt mit vielen Überraschungen. Auch wenn es seit 1978 nicht mehr Kreissitz ist, blieb Otterndorf doch eine blühende Kleinstadt - dem Tourismus sei Dank.
Gemütlich und beschaulich wirkt der hübsch herausgeputzte **Ortskern** des 7000-Einwohner-Ortes am Elbnebenfluss **Medem.** Enge Gassen mit kleinen Häusern im Wechsel mit repräsentativen Häuserfronten um den Kirchplatz herum und die holländisch anmutende Grachtenpassage an der Medem mit ihren romantischen Winkeln machen das Zentrum aus.
Dazu kommen die Reize der **Umgebung** Otterndorfs. Obwohl es sich »Nordseebad« nennt, liegt es ja genau genommen an der Medem oder, mit etwas mehr geographischer Großzügigkeit, an der Elbmündung. Der Mündungstrichter der Elbe ist hier allerdings mit **17,5 Kilometern** schon so breit, dass man das gegenüberliegende Ufer nur bei einigermaßen guter Sicht ausmachen kann. Der Fluss wirkt hier schon eher wie eine Meeresbucht. **»Grüne Stadt am Meer«** ist der Werbeslogan der Otterndorfer Tourismusmanager, und grün ist tatsächlich die ganze Umgebung, sogar der Strand nennt sich »Grünstrand«, weil er aus Wiesen besteht und nicht aus Sand.

Im Zeichen des Vogels: der Giebel des Kranichhauses in Otterndorf

Badefreudige Touristen beleben zwar durchaus das Stadtbild, das eigentliche fröhliche Strandtreiben hingegen findet weiter draußen vor und hinter dem Elbdeich statt. Vor dem Deich liegt der Grünstrand an der Elbmündung, direkt hinter ihm die **Süßwasserseenlandschaft »See Achtern Diek«** mit dem Nord- und dem Südsee. Die beiden Seen sind miteinander verbunden und gehören zu einer Wasserlandschaft, die in eine Ferienanlage eingebettet ist. Dazu gehört vom Abenteuerspielplatz über den bewachten Seebadestrand bis zu einem Campingplatz alles, was Urlaubers Herz begehrt. Vor allem aber sind an den verschlungenen Gewässerarmen und Buchten ganze **Ferienhaussiedlungen** untergebracht. Die Mehrzahl der Ferienhäuser besitzt einen eigenen Wasserzugang – Paddeltouren und Kahnpartien vom eigenen Garten aus sind so immer möglich. Es ist hier gelungen, den ursprünglichen Charakter des Landes mit seinen vielen Wasserläufen fremdenverkehrsgerecht nachzuempfinden.

Otterndorf war als Hauptort des Landes Hadeln an der Mündung der Medem in die Elbe über viele natürliche und künstliche Wasserwege zu erreichen. In dieser Gegend waren Kähne und Schiffe immer die Hauptverkehrsmittel.

Woher der **Name »Otterndorf«** kommt, ist unklar, auch wenn ein **Fischotter** das Stadtwappen ziert, denn niemand weiß, seit wann es dieses Wappen gibt. Eine zweite Deutungsversion geht davon aus, dass der Stadtname mit dem Wasserarm **Ater** zu tun hat und der Ort wegen seiner Lage an diesem Gewässer »Aterndorp« genannt wurde. Eine weitere Erklärungsvariante meint, »Aterndorp« bezeichnete schlicht das »äußerste Dorf« vor der Elbe, nach dem nur noch Wasser kommt. Die Otterndorfer selbst beziehen sich gern auf den Fischotter, der ja auch als Symbol einer gesunden Umwelt gilt, und machten Otti-Otter zu ihrem Maskottchen.

Entstanden ist eine erste **Siedlung** auf einer ovalen Wurt an der Medemmündung bereits um das Jahr 1000. Der Bau einer ersten **Medemschleuse** zwischen Ihlienworth und Neuenkirchen im Jahre 1219 verbesserte die Lebensbedingungen der Menschen am Fluss entscheidend. Nun war das großenteils tief unter dem Meeresspiegel liegende Sietland einigermaßen vor Überflutungen gesichert. Die Wasserableitung aus den Elbnebenflüssen, Entwässerungsgräben und Binnenflüssen war nun erstmals geregelt, und Otterndorf begann zu wachsen. Bereits 1390 fing man an, am Rande der alten Dorfwurt ein **Schloss** zu bauen. Herzog Erich von Sachsen-Lauenburg verlieh Otterndorf 1400 das **Stadtrecht.** Wirklich aufblühen und die günstige Lage wirtschaftlich nutzen konnte die Stadt aber erst, als man sie um das Jahr 1450 herum **eindeichte.** Im 16. Jahrhundert wurde Otterndorf dann befestigt, bekam Wallgräben sowie das Wester- und Ostertor. Davon ist heute so gut wie nichts mehr zu sehen, die Tore wurden Mitte des 19. Jahrhunderts zu Gunsten einer besseren Verkehrsleitung abgerissen. Von der Schlossanlage existiert heute nur noch das Torhaus aus dem Jahre 1641 sowie ein Teil des Wallgrabens. Dort, wo einst das Schloss stand, wurde ab 1770 das Amtshaus erbaut. Die Wappen der Tore wurden später am 1583 erbauten Rathaus angebracht.

Auch Otterndorf wurde von Katastrophen nicht verschont – so setzte die **Weihnachtsflut von 1717** die ganze Stadt unter Wasser. Doch hielten sich damals die Schäden in Grenzen, was sich bis heute am Stadtbild abzeichnet.

Die Otterndorfer **Altstadt** ist nicht groß, aber schön geschlossen, und so lohnt es sich, kreuz und quer durch die engen Gassen und schmalen Straßen zu spazieren und die Atmosphäre auf sich wirken zu lassen.

Den **Stadtrundgang** beginnt man am sinnvollsten am **»Großen Specken«,** dem zentralen Platz Otterndorfs. Hier schlug einst das wirtschaftliche Herz der Stadt, befand sich hier doch der **Hafen.** Mit so genannten Flöten, den besonders flachgehenden Kähnen des Sietlandes, wurden landwirtschaftliche Erzeugnisse und Torf herangebracht. Teile der Ladungen wurden auf seegehende Ewer umgeladen, die sie nach Hamburg transportierten, Fischer landeten ihre Fänge an, Flößer brachten Langholz heran, es herrschte ein buntes Markttreiben.

Unweit des 1770 errichteten Amtshauses erreicht man das idyllisch zwischen hohen Bäumen an Resten des alten Schlossgrabens gelegene, 1641 errichtete **Torhaus.** »AC HZESEVW« lautet seine Aufschrift, was bedeutet »August und Catharina, Herzog zu Sachsen, Engern und Westfalen«. Gebaut wurde das Torhaus als Teil der Wehranlage zum Schutz des Schlosses. Durch dieses Torhaus fuhren die Wagen und Kutschen ins Schloss. Die runden Torbögen sind noch deutlich erkennbar. Später wurde das Gebäude als Wohnhaus für Bedienstete des nahen Gerichtes genutzt, dann beheimatete es das Heimatmuseum, bevor dieses ins Kranichhaus umzog. Heute ist hier das Heimatmuseum der ostpreußischen Labiauer untergebracht.

Auf der südlichen Seite des Großen Speckens jenseits der B 73 findet sich inmitten malerischer alter Häuser gegenüber der Kirche das **Voß-Haus.** Hier lebte zwischen 1778 und 1782 **Johann Heinrich Voß** (1751-1826), der Dichter, Übersetzer und Lehrer. Das hier untergebrachte Literaturmuseum gibt Auskunft über Leben und Werk von Voß.

Er war Rektor der Otterndorfer Lateinschule und ist der bis heute prominenteste Bürger der Stadt. Über die Region hinaus bekannt wurde Voß nicht etwa als Lehrer, sondern als **Übersetzer der »Odyssee« Homers;** ihm gelang eine kongeniale Nachdichtung und die grandiose Umsetzung des antiken Versmaßes in die deutsche Sprache. Erst durch seine Übersetzung machte Voß diesen Höhepunkt antiker Kultur dem deutschen Volk zu-

Überrest der Schlossanlage: das Torhaus in Otterndorf

gänglich. Sein Einfluss auf die Fortentwicklung humanistischer Bildungsziele dauert bis heute fort. Johann Heinrich Voß wurde von seinem Zeitgenossen Goethe hoch geschätzt. Dessen Urteil über Voß lautete: »Er hat sein Volk durch Tat und Schrift veredelt, insbesonderheit dem verachteten Landmann ein regeres Gefühl seiner Würde beigebracht.«

Die schon 1614 erbaute **Lateinschule (8)** hatte Rektor Voß von seiner Wohnung aus immer im Blick, sie liegt direkt gegenüber der Kirche. Schon seit 100 Jahren dient das Haus mit den vorkragenden Obergeschossen und der klassizistischen Tür nicht mehr als Schule, heute ist hier das Kirchenbüro untergebracht. Wann die Otterndorfer Lateinschule gegründet wurde, ist nicht urkundlich belegt. Auf jeden Fall ist sie älter als das Gebäude, denn bereits 1445 tauchte in einer Urkunde ein Hinrich Wulfhard als Rektor auf. Allein die Existenz dieser Schule beweist die frühe kulturelle Blüte der Region. Im Land der freien Bauern mit ihrem großen Maß an Eigenständigkeit nahmen Bauern schnell die Rolle an, die anderswo das Bürgertum ausfüllte, und dazu gehörte auch das Streben nach Bildung.

Die **Kirche St. Severi (7)** gegenüber der Lateinschule geht auf das 13. Jahrhundert zurück und ist die größte Kirche im Land Hadeln. Namensgeber der Kirche war ein Bischof aus Ravenna, der dort im Jahre 348 starb.

Der schlanke Backsteinbau unter dem hohen Satteldach besticht mit einer unvermutet reichhaltigen, vorwiegend **barocken Ausstattung.** Im Jahre 1568 wurde der dreischiffige Hallenchor vollendet, der Altar wurde

Hier arbeitete Johann Heinrich Voß als Rektor: die Lateinschule

1664 gestiftet. Hier dreht sich alles um die **Zahl Drei:** dreischiffig und dreijochig der Chor, und auch am Altarretabel bezieht sich alles auf die drei Themen Kreuzigung, Himmelfahrt und Abendmahl. Die fein herausgearbeiteten Altarfiguren und Ornamente gehören zu den schönsten Barockarbeiten im Norden Deutschlands. Weitere Highlights sind die prunkvolle **Kanzel** des dänischen Hofbildhauers Jürgen Kriebel von 1644, der **Pastorenstuhl** des Otterndorfer Bildhauers Jürgen Heidtmann aus dem Jahre 1651, die **Orgel** des Stader Orgelbauers Dietrich Cristoph Gloger von 1741 sowie das bronzene **Taufbecken** aus dem 14. Jahrhundert.

Mitten im Otterndorfer Altstadtkern liegt das **Kranichhaus (9),** in dem heute das Museum des Landes Hadeln und das Kreisarchiv untergebracht sind, auch eine Voß-Stube gibt es hier. Bis ins 20. Jahrhundert hinein diente das Kranichhaus Otterndorfer Kaufleuten als Wohn- und Geschäftshaus. Die ältesten Teile des prächtigen dreigeschossigen Hauses mit dem barocken Volutengiebel stammen aus dem späten 16. Jahrhundert. Seine heutige Form erhielt das Kranichhaus 1764. Es besteht eigentlich aus drei Häusern. Ganz hinten steht der interessante weitläufige Speicher, in der Mitte ein Zwischenbau und zur Straßenfront abschließend das ehemalige Wohnhaus. Seinen Namen verdankt das Haus dem Kranich auf der Giebelspitze. Der Vogel galt als Symbol für Fleiß und kaufmännische Tüchtigkeit und ist auch über der Tür wiederzufinden.

Direkt gegenüber steht das **historische Rathaus,** das im Jahre 1583 erbaut wurde. »Ein gemeiner Keller darin Wein und fremd Bier geschenkt und ein Haus, welches man zu einem Rathause gebrauchen könne, darauf gebauet werde«, so verfügte einst der herzögliche Landesherr, und so geschah es. Bei Restaurierungen fand man hier überhaupt nicht vermutete wertvolle **Deckengemälde.** Das heutige Verwaltungsgebäude Otterndorfs, das **Hadler Haus,** befindet sich nicht weit entfernt in der Marktstraße.

Doch mit diesen Besichtigungen ist man noch lange nicht am Ende der überraschend reichen Otterndorfer Kulturlandschaft angelangt. Wer mag, kann der **Puppenstube** einen Besuch abstatten und in Kindheitserinnerungen schwelgen. Wem der Sinn mehr nach konkreter Kunst steht, der besichtigt in der Stadtscheune im Innenhof des Hadelner Hauses das **Museum für moderne Kunst »studio a«.**

Ein schöner Spaziergang rund um die Altstadt führt von der Kirche aus in südliche Richtung, an den alten Speichern entlang zum Süderwall im Otterndorfer Stadtpark. Hier stößt man nach wenigen Metern auf ein kleines **Gartenhäuschen.** In dem klassizistischen kleinen Bau amüsierten sich früher die Damen der Otterndorfer Gesellschaft bei Tee, Kaffee und Kuchen und plauderten bei feinen Handarbeiten. Die Stadt Otterndorf ließ das Häuschen Anfang der 1980er Jahre restaurieren und machte es zum Domizil des jeweiligen Otterndorfer **Stadtschreibers.** Dieses Literaturstipendium wird seit Mitte der 1980er Jahre vergeben und ermöglicht einem Schriftsteller, hier das Sommerhalbjahr zu verbringen und zu arbeiten.

Vom Ende des Süderwalls geht man quer durch die Stadt über den Liebesweg nach Norden, bis man den Norderwall erreicht. Über eine Lindenallee gelangt man nach Westen zum Schlossgraben und kann von dort zum Großen Specken zurückspazieren.

Vom Anleger an der Medem starten im Sommer auch die **Ausflugsdampfer** zu Fahrten auf dem kleinen Fluss. Wer mag, schlendert nördlich vom Großen Specken am mit Erlen bestandenen Medemufer entlang, malerische Ausblicke auf die wie an Grachten gelegenen Häuser und romantische Ecken machen den Spaziergang reizvoll.

Darüber hinaus gibt es in Otterndorf und Umgebung eine ganze Reihe von ausgezeichneten **Spazier-, Rad- und Wanderwegen** wie den Norderteiler Deichweg, den Helgoländer Weg und den Philosophenweg, die beiden Letzteren führen an der Medem entlang. Unbedingt sollte man einmal an der Medem entlang zur Otterndorfer Schleuse wandern. Der reizvolle Spaziergang lässt verstehen, warum Otterndorf »Grüne Stadt am Meer« genannt wird.

Die große Persönlichkeit Otterndorfs, Johann Heinrich Voß

Touristen-Information:
Historisches Rathaus
21762 Otterndorf
Tel. 04751-919131
www.otterndorf.de

Sehenswürdigkeiten:

Torhaus
Am Großen Specken 6
Tel. 04751-4990
Mai bis September Mi/Do 14–17, Sa 10–17 Uhr,
Oktober bis April Mi 14–17 Uhr

Johann-Heinrich-Voß-Haus
Johann-Heinrich-Voß-Str. 8
Tel. 04751-919102
Mi und So 15–18 Uhr

Lateinschule
Kirchenbüro
Himmelreich 2
Tel. 04751-3935
Mo–Do 10–11.30 und 15–17 Uhr, Fr 10–11.30 Uhr

Kirche St. Severi
Kirchenbüro
Himmelreich 2
Tel. 04751-3935
Besichtigungszeiten: Mo–Do 10–11.30
und 15–17 Uhr, Fr 10–11.30 Uhr

Kranichhaus
Museum des alten Landes
Reichenstraße 3
Tel. 04751-91480, Fax 914891
www.kranichhaus.de
April bis Oktober Di–Fr 10–12 und 14.30–16.30 Uhr, Sa/So 14.30–16.30 Uhr
November bis März Mi und So 14.30–16.30 Uhr

Die Puppenstube
Sackstraße 1
Tel. 04751-5566
www.puppenstube-otterndorf.de
April bis Oktober Mi–So 14.30–17 Uhr
November bis März Mi, Fr, So 14.30–17 Uhr

Studio a – Museum für moderne Kunst
Sackstraße 4
Tel. 04751-6309
Di–Fr 10–13 und 15–18 Uhr, Sa/So 15–18 Uhr

Fahrradverleih:
Fahrradverleih H.Schoormann
Schleusenstr. 129
Tel. 04752-5762

Schiffstouren:

Romantische Medemschifffahrt
»MS Jens«
Medem Touristik
Müller GmbH
Pedingworth 8
Neuenkirchen
Tel. 04751-912513
www.romantische-medemschifffahrt.de

Rüsch's Sommergarten
»MS Onkel Heinz«
Osenstr. 7
Ihlienworth
Tel. 04755-230

Unterkunft:

In Otterndorf gibt es eine reiche Auswahl an Ferienhäusern; Auskünfte bei der Tourist-Information.

Jugendherberge
Schleusenstr. 147
21762 Otterndorf
Tel. 04751-3165
Die Otterndorfer Jugendherberge ist behindertengerecht ausgestattet und liegt unweit von Schleuse und Elbdeich am Hadelner Kanal.

Hotel am Medemufer
Goethestraße 15
21762 Otterndorf
Tel. 04751-99990
www.hotel-am-medemufer.de

Restaurants:

Panorama Restaurant und Cafe Elbterassen
Schleuse
Tel. 04751-2213
In Traumlage am Jachthafen im Außendeichgebiet mit Blick über das weite Land und die Elbe bis nach Schleswig-Holstein

Klönstube in de Grund
Am Großen Specken 5
Tel. 04751-3400
Urige Kneipe mit maritimem Ambiente direkt am Schiffsanleger

Haduloha
Hotel, Restaurant und Stadtschänke
Marktstraße 24
Tel. 04751-911811
Fischliebhaber sind hier goldrichtig.

Ausflüge ins Sietland

Hinter der elbnahen hohen Marsch beginnt das Sietland, wovon weite Teile unter dem Meeresspiegel liegen. Das Sietland ist das binnenländische **Wasserparadies** der Region und umfasst in etwa die heutige Samtgemeinde Sietland mit den Gemeinden Odisheim, Ihlienworth und Wanna.
Es ist eine ruhige und ursprüngliche Landschaft mit idyllischen Flüsschen und Kanälen, die man natürlich auch auf dem Wasserweg bestens erkunden kann. Kanu- und Kajaktouren sind hier auch für Ungeübte möglich, man kann sich aber auch bei einer gemütlichen »Sietland-Kahn-Tour« auf der Medem durch Ihlienworth fahren lassen. Die Gewässer des Sietlandes sind übrigens sehr fischreich, hier kommen auch Angler auf ihre Kosten. In kleinen **Landgasthöfen** kann man einkehren, um sich nach einer Bootstour zu stärken.
Und wer lieber festen Boden unter sich hat, dem sei eine Radtour oder Wanderung durch das Sietland empfohlen. Naturfreunde werden einen Ausflug ins Sietland mit seiner **abwechslungsreichen Flora und Fauna** genießen, neben zahlreichen Wasserläufen und weitgehend naturbelassenen Mooren findet man weite Marschen und Geestrücken.

Praktische Informationen

Touristeninformation:
Samtgemeinde Sietland
Hauptstraße 40
21775 Ihlienworth
Tel. 04755-912345
www.sietland.de

Verkehrsverein Sietland
Deichweg 18
21775 Ihlienworth
Tel. 04755-658

Kahnfahrten:
Anmeldung: Touristeninfo (siehe oben)
oder beim Kahnführer:
Alfred Thiel, Tel. 04755-613

Landfrauenmarkt:
März bis November Fr 13–18 Uhr, Sa 10–16 Uhr; 2. und 4. Wochenende im Monat
www.landfrauenmarkt-ihlienworth-ev.de/

Landfrauencafé:
zusätzlich zu den Marktzeiten
April bis November Sonntag 14–18 Uhr

Nicht entgehen lassen sollte man sich den **Landfrauenmarkt** in **Ihlienworth,** auf dem man sich mit frischem Obst und Gemüse der Region versorgen kann. Zur Erholung bietet sich das Landfrauencafé an. In Wanna und Umgebung finden kulturhistorisch interessierte Besucher auch zahlreiche frühgeschichtliche **Hügel-** und **Steingräber.**

Altenbruch

Altenbruch galt einst als vornehmstes Dorf der Region. Eher alte Villen als Bauernhäuser bestimmen das Ortsbild. Gegenüber der Kirche St. Nicolai mit der Doppelturmspitze liegt die **Villa Gehben,** die Ernst Gehben Mitte des 19. Jahrhunderts erbauen ließ. Sie sollte dem Auswanderer, der es in Amerika zum Millionär gebracht hatte, als Altersruhesitz dienen. Weil die Planungen von Amerika aus liefen, kam es damals zu einem kuriosen Verständigungsfehler. Die amerikanischen Maßangaben waren in Fuß angegeben, wurden in Altenbruch aber für Meterangaben gehalten. So wurde die Villa fast dreimal so groß wie ursprünglich geplant. Seit 1972 gehört Altenbruch verwaltungsmäßig zu Cuxhaven, die Stadt übernahm die Villa und restaurierte sie. Der **Jugendstilbau** mit dem großem Bürgerpark dient heute als Rathaus und Kulturzentrum. Hier befindet sich die Stadtbibliothek, und im »Blauen Salon« finden Konzerte statt.

Der kleine Badeort mit dem gepflegten Grünstrand und der schönen Strandpromenade besitzt nicht nur eine der größten **Dorfkirchen** der Region, die als *der* Bauerndom gilt, sondern auch einen weithin sichtbaren alten **Leuchtturm, die »Dicke Berta«.** Der kleine knuffige Turm war bis 1983 in Betrieb, seitdem erhält ihn ein Förderverein. Der Turm kann nicht nur besichtigt werden (Di 10–12 und Sa 15–17 Uhr), er fungiert sogar als Standesamt. Informationen hierzu finden sich auf der Website www.dickeberta.de.

Aus Versehen riesig: die Villa Gehben

Radtouren

22 ausgeschilderte Radtouren gibt es im Cuxland. Auf ihnen kann man sowohl die vielfältigen Landschaften mit Marsch, Geest und beschaulichen Wasserläufen erkunden als auch die Elbe mit ihren Grün- und Sandstränden erleben. Routenbeschreibungen und Karten für diese 22 Routen kann man unter folgender Web-Adresse anfordern: www.cuxland.de/ferienland/wanderland.html. Dies sind die wohl schönsten Routen:

Route 1 führt Sie auf einer 50 Kilometer langen Strecke von **Duhnen** über Sahlenburg, Berensch, Oxstedt und Nordholz im Süden und wieder nach Norden über Franzenburg, und Lüdingworth zurück nach Cuxhaven-Ritzebüttel und von dort über Döse zurück nach Duhnen. Informationen und Radwanderkarten erhalten Sie bei:

Touristic GmbH Duhnen
Cuxhavener Str. 92
27476 Cuxhaven
Tel. 04721-404142
Websites: www.cuxhaven.de und www.tgduhnen.de

Route 2 führt auf 41 Kilometern von **Altenbruch** südlich nach Lüdingworth und Nordleda,von dort aus wieder nach Norden über Neuenkirchen nach Otterndorf und zurück nach Altenbruch. Informationen und Radwanderkarten erhalten Sie bei:

Touristic GmbH
Alter Weg 18
27478 Cuxhaven-Altenbruch
Tel. 04722-341
www.cuxland.de

Route 3 führt mit einer Länge von knapp 50 Kilometern rund um **Otterndorf** am Hadelner Kanal und der Oste entlang. Man kommt am Ostesperrwerk vorbei und am naturkundlichen Museum Natureum, fährt durch die alte Kreisstadt Neuhaus, den Kehdingerbruch nach Bülkau im Süden und im weiten nordwestlichen Bogen über Neuenkirchen zurück nach Otterndorf. Informationen und Radwanderkarten erhalten Sie hier:

Tourist-Information im Rathaus
21762 Otterndorf
Tel. 04751-919131
www.otterndorf.de

Route 5 führt in das Land an der **Oste** und geht von Osten über Altendorf, Isensee und Bentwisch zurück nach Osten, dem Ort mit dem einmaligen technischen Baudenkmal, der Schwebefähre über die Oste. Informationen und Radwanderkarten erhalten Sie hier:

Fremdenverkehrsverein Osten
Deichstr. 1
21756 Osten
Tel. 04771-3922
www.duhnen.de

Die Bauerndome

Was man in einem bäuerlich geprägten und über die Jahrhunderte immer etwas abgeschiedenen Landstrich nicht vermuten würde, ist eine solche Ansammlung von kulturhistorisch interessanten Kirchen und Orgeln. Die **Altenbrucher Kirche St. Nicolai (10)** ist da beileibe kein Einzelfall. Weithin sichtbar sind ihre beiden 45 Meter hohen Turmspitzen, wenn man auf Altenbruch zufährt. Diese Doppelturmspitze ist einzigartig im Norden und macht deutlich, warum man manche der prächtigen Kirchen Hadelns »Bauerndome« nennt. St. Nicolai ist eine romanische Feldsteinkirche, sie stammt aus dem frühen **13. Jahrhundert.** Ein Pfarrer in Altenbruch wird erstmals 1280 urkundlich erwähnt. Warum im Kirchturm einst **Archiv und Siegel des Landesherrn** aufbewahrt wurden, weiß man nicht. Auf diesem Siegel abgebildet war übrigens der Heilige Nikolaus, der als Schutzpatron des Landes Hadeln galt und auch dieser Kirche den Namen gab.
Bemerkenswert ist auch der separate **hölzerne Glockenturm.** Der imposante **Chor** unter dem Walmdach stammt aus dem Jahre 1710. Das ganze Kirchenschiff wurde 1727 völlig umgestaltet. Der gotische **Flügelaltar** aus dem 15. Jahrhundert blieb erhalten, er ist heute der bedeutendste weit und breit. An den vielen im ganzen Altarraum verewigten **Stifternamen** wird der hohe gesellschaftliche Rang der stiftenden Bauerngeschlechter deutlich. Die gesamte prächtige Ausgestaltung des Gotteshauses zeugt vom Wohlstand dieser Altenbrucher Bauernfamilien. Die **Pastoren- und Patronatsgestühle** stammen aus dem 18. Jahrhundert, einige frühere Schnitzarbeiten steuerte der 1650 nach Otterndorf gekommene Holsteiner Holzbildhauer Jürgen Heydtmann bei.
Die **Orgel** an der Westempore stammt in ihren Anfängen aus dem Jahr 1497 und war eine Arbeit des Orgelbauers Johann Coci. Johann Hinrich Klappmeyer, ein Schüler Arp Schnitgers, baute sie 1727 um und gab ihr die heutige Gestalt. Es lohnt in jedem Falle, eines der sommerlichen **Orgelkonzerte** zu erleben, die besondere Akustik ergibt ein wunderbares Klangbild.

Kirche St. Nicolai
Altenbruch
Besichtigung: Mai bis Mitte Oktober täglich
14–17 Uhr oder nach Vereinbarung
Tel. Kirchenbüro 04722-2514
www.kirche-altenbruch.de

Der wohl schönste und bekannteste Bauerndom des Landes Hadeln ist die Kirche **St. Jacobi in Lüdingworth (11),** die schon **vor 1200** aus Feldsteinen auf der Dorfwurt erbaut wurde. Die lang gestreckte Saalkirche glänzt mit einer überaus prächtigen Ausstattung. Sofort beim Betreten fällt die **üppig bemalte Holzbalkendecke** ins Auge, die etwa aus dem Jahr 1600 stammen dürfte und der Kirche eine außergewöhnliche Akustik verleiht. In 16 mit reichen Ornamenten verzierten Feldern finden sich Rundmedaillons mit Christus und den Propheten sowie Wappen der bedeutendsten Bauernfamilien. Der **Chorraum** von St. Jacobi wurde 1609 vollendet und ist, wie auch der Turm, aus Backstein gefertigt.
Nur von außen zu betreten ist die elf Meter lange **Prieche,** eine Empore an der Nordwand. Wie anderswo die Landesherren, saßen hier die bedeutendsten Bauernfamilien des Kirchspiels den Epitaphen ihrer Familien gegenüber. Die Prieche ist mit einem üppigen Schnitzwerk aus dem Rokoko verziert.
Der Hauptaltar, **»Lüderskooper Altar«** genannt, ist der älteste gotische Flügelaltar Hadelns, er stammt aus der Zeit zwischen 1420 und 1430. Das Hauptaltarbild von 1665 mit den gewundenen Säulen und den Orna-

Das prachtvolle Innere der Lüdingworther Kirche St. Jacobi

menten ist ein Werk des Otterndorfer Bildschnitzers Jürgen Heydtmann, der auch die drei Epitaphien und den Engel des Jüngsten Gerichts schuf. Der Otterndorfer Schnitzer Michael Rinkmaker schuf 1607 die Kanzel. Die **Orgel** auf der Westempore wurde 1598 von Antonius Wilde erbaut und 1682/83 von Arp Schnitger und dessen Gesellen Andreas Weber erweitert. Sie gilt als eines der bedeutendsten frühbarocken Instrumente und als hervorragendes Beispiel norddeutscher Orgelbaukunst. Im Sommer und während der Weihnachtszeit finden hier regelmäßig **Konzerte** statt.

Kirche St. Jacobi Lüdigworth
Kirchenbesichtigung: April bis Oktober 9–17 Uhr
Kirchenführung: April bis Oktober So 11 Uhr
oder nach Vereinbarung
Tel. 04724-1683

Die **Ihlienworther Kirche St. Wilhadi (12)** wurde im frühen **13. Jahrhundert** aus Feldsteinen auf der großen Ihlienworther Wurt an der Medem erbaut und gilt als älteste Kirche im Land Hadeln. Wie viele Kirchen hier, besitzt sie einen hölzernen Glockenturm.
Die anfangs romanische Kirche wurde im Laufe der Jahrhunderte mehrfach umgebaut, 1785 wurden als letzte große Veränderung die Fenster völlig umgestaltet. Charakteristisch für dieses Gotteshaus ist die **kassettenartig unterteilte Holzdecke,** die über das ganze Kirchenschiff und den Chorraum reicht. Verziert ist sie mit den Familienwappen und Namen der führenden Bauernfamilien, die von Blumen umrankt sind.
Sehenswert ist auch der **gotische Flügelaltar** aus der Mitte des 15. Jahrhunderts. Die Felder der Flügel zeigen geschnitzte Szenen aus dem Neuen Testament und aus dem Leben des heiligen Willehad. Auch die **Kanzel** dieser Kirche schuf der Bildschnitzer Jürgen Heydtmann, gestiftet wurde sie 1671 von 17 Gemeindemitgliedern. Der **Taufstein** aus Sandstein mit einer Schale aus Messing stammt aus dem Jahre 1717.

In der Ihlienworther Wilhadi-Kirche

Kirche St. Wilhadi Ihlienworth
Kirchenbesichtigung nach telefonischer
Vereinbarung mit dem Pfarramt:
Tel. 04755-214

Die Wingst

In der brettebenen Umgebung nimmt sich die Wingst schon fast wie ein bewaldetes Mittelgebirge aus und ist allein deshalb sicherlich das außergewöhnlichste Ausflugsziel in der waldarmen Unterelbregion. Sie erstreckt sich etwas nordwestlich von Hemmoor bis kurz vor Cadenberge.
Dieses Erholungsgebiet im Grünen lässt auch für Urlauber keine Sekunde Langeweile aufkommen. Die Wälder, Gewässer und weiten Wiesenregionen mit den idyllischen, schmuck herausgeputzten Dörfern bieten vielfältige Möglichkeiten für eine aktive Freizeitgestaltung. Nicht zu Unrecht nennt sich die Wingst mit ihrer 1100 Hektar großen **Waldfläche** »Das grüne Herz an der südlichen Nordsee«.
Höchste Erhebung der Wingst ist mit 74 Metern der **Silberberg.** Wesentlich bekannter aber ist der 61 Meter hohe **Fahlenberg** mit dem 28 Meter hohen **Aussichtsturm.** Von dort hat man einen grandiosen Blick über die Lande, der bei guter Sicht bis zur Elbmündung reicht. Unter seinem eigentli-

chen Namen aber werden Sie diesen Punkt in der Wingst nicht finden. Bekannt ist der Aussichtspunkt nämlich unter dem Namen **»Deutscher Olymp« (13).** Von 1837 bis 1850 stand hier einer von sieben optischen Telegraphen. Dieses frühe Nachrichtensystem nutzten vor allem Hamburger Kaufleute und Reeder.

Die Wingst - auch »Dobrock« genannt - hat auch eine lange Geschichte als **Sportzentrum.** Alljährlich findet hier im August ein Reitturnier statt, auch das Leichtathletik-Bergfest hat eine lange Tradition. Wer die Region selbst auf dem Rücken eines Pferdes kennen lernen möchte, schaut beim **Islandpferdehof Wingst** vorbei und nimmt an einem Ausritt teil.

Auf den 30 Kilometer langen markierten **Wanderwegen** kann man den Dobrock wunderbar zu Fuß erkunden, das Waldmuseum und der Waldlehrpfad geben Auskunft über die Natur und die speziellen Lebensgemeinschaften dieser Region.

Wem das noch nicht genug Aktivurlaub ist: Der **Spiel- und Sportpark** um das Hallen- und Freibad bietet in der waldigen Wingst-Umgebung auf 80.000 Quadratkilometern von Tennis bis Minigolf, vom Wasserskirondell bis zur Sommerrodelbahn und vom Indianerdorf bis zum Wasserspielplatz von April bis Oktober jede Menge Spaß.

Eine besondere Attraktion auf der Wingst ist ein **Zoo** der besonderen Art. Hier werden nicht nur exotische Tiere aus aller Welt gezeigt, hier darf man viele Tiere auch anfassen. Seit mehr als 25 Jahren gibt es diesen Tierpark nun schon, der längst nicht mehr nur reiner **Streichelzoo** für Tierbabys ist (auch wenn dies die Hauptattraktion ist). Mittlerweile ist daraus ein Landschafts- und Naturzoo für ganze Tierfamilien geworden.

Im Südwesten schließt sich an die Wingst ein 180 Hektar großer Natursee an, der **Balksee** mit breiten Niedermooren im Westen sowie ausgedehnten Hochmooren im Norden und Osten. Hier gibt es eine Aussichtsstation, von der man eine ungewöhnlich artenreiche **Vogelwelt** beobachten kann. Rundum erklären Schaukästen und Tafeln die noch immer relativ unberührte Natur. Aber nicht nur Natur pur gibt es am Balksee, auch eine **Freizeitanlage** mit Bootsvermietung garantiert Urlaubsspaß.

Praktische Informationen

Touristeninformation:
Kurverwaltung Wingst
Hasenbeckallee 1
21789 Wingst
Tel. 04778-81200
www.wingst.de

Zoo in der Wingst:
Am Olymp 1
Ansprechpartner: Herr Dr. Wandrey
Tel. 04778-255
Websites: www.wingstzoo.de und
www.baby-zoo-wingst.de

Balksee mit Beobachtungsturm:
Balkseestraße
Tel. 04778-81200

Unterkunft und Gastronomie:

Ringhotel Waldschloesschen
Wassermühle 7
21789 Wingst
Tel. 04778-80080
www.waldschloesschen-dobrock.de
Seit Generationen das Ausflugslokal und Hotel der Wingst

Hotel-Restaurant Forsthaus Dobrock
Hasenbeckallee 39
21789 Wingst
Tel. 04778-888787
www.forsthaus-dobrock.de
In schönster Lage im Wald und direkt am eigenen See gelegen

Islandpferdehof Wingst
Gestüt Skogarholt
Langenfelde 12
Wingst-Bargkamp
Tel. 04777-800550
www.skogarholt.de

Oste und Kehdingen

An der Oste

Eine »Wolga für Anfänger« nannte Schriftsteller und »Stern«-Autor Jürgen Petschull die Oste in seiner Liebeserklärung an seine Wahlheimat. Die Zeitschrift »Country« bezeichnete die Region als »norddeutsche Medienlandschaft«; ein Adressbuch der Gegend läse sich wie ein Who's who der **Hamburger Medienszene.** Deren Mitglieder kauften sich heruntergekommene Resthöfe, Katen oder Scheunen, restaurierten sie liebevoll mit viel Gespür für Originales und verwandelten verkrautete Äcker in blühende Gärten. Die Weite und Ruhe des Landes an der Oste in Zeiten allgemeiner Branchenhektik ließ sie hier eine zweite Heimat finden.

Auch andere **Literaten** ließen sich hier nieder oder stammen von hier. Der Dichter **Peter Rühmkorf** ist sicher eine der bekanntesten literarischen Größen, die von diesem Land geprägt wurden. In Dortmund geboren, wuchs er hier in Warstade (heute ein Ortsteil von Hemmoor), der Heimat seiner Mutter Elisabeth, auf. Nicht nur durch ihn und den in Hemmoor geborenen Schriftsteller Peter Schütt ist die kreative Szene an der Oste bekannt, hier lebt noch eine ganze Reihe weiterer Autoren wie »Spiegel«-Journalist Jochen Bölsche, der Hörspielautor Hans-Hinrich Kahrs, die Schriftsteller Heiko van Dieken und Bernhard Koch sowie die Kinderbuchautorin Ursula Kirchberg. Die derzeit wohl meistgelesene Autorin der Region ist **Elke Loewe,** die im Drei-Dörfer-Eck zwischen Hüll, Großenwörden und Osten lebt. Ihre Krimis und Romane spielen alle in der Gegend, längst hat sie sich über die Region hinaus einen Namen als Spezialistin für das Küstenland gemacht. Die Einheimischen finden schnell heraus, welche Orte die Vorlage für die literarischen Schauplätze gaben. Zum

Offenbar weckt diese Idylle kreative Kräfte

Beispiel »Die Rosenbowle«: Der Schauplatz des Geschehens namens Augustenfleth ist eine Mischung aus Osten und Hüll, und der Tidefluss Stinte ist natürlich die Oste.
Die Oste ist ein touristischer Schatz, ein vergessener Fluss, der sich verträumt der Elbe entgegenwindet. Schilfbestandene Ufer im Wechsel mit fetten sattgrünen Wiesen, die unvermittelt am Flussufer abbrechen, Kühe, die gleichmütig grasen, dahinter Deiche, hinter denen sich kleine Dörfer um spitze Kirchtürme herum förmlich zu ducken scheinen, ein paar Biegungen weiter zwei einsame Hausdächer, mal ein paar Schafe am Deich, hin und wieder ein Reiher am Ufer, ein Storch auf der Wiese oder gar eine Schwanenkolonie, selten ein Anleger, an dem einige Boote im Strom dümpeln - ein Fluss wie gemalt, wie aus einer anderen Zeit. Die Stille rechts und links des Flusses, der endlos hohe Himmel mit den weißen Wolkengebirgen über dem brettebenen Land lässt nicht nur Künstler und Medienschaffende diesen Zustand gelassener Ausgeglichenheit erleben, der alle Sinne öffnet und einen die Welt mit ganz neuer Sensibilität erfahren lässt.
In nüchternen Zahlen ist die Oste mit 153 Kilometern Länge der **längste Nebenfluss der Unterelbe** und der größte auf der niedersächsischen Seite. Etwa die Hälfte seiner Länge bis hin nach Bremervörde kann von kleineren Schiffen und Sportbooten mit nicht mehr als 2,20 Metern Tiefgang befahren werden. Bis dort ist die Oste ein Tidefluss und sogar Bundeswasserstraße. In Bremervörde trennt das Mühlensperrwerk den Ober- vom Unterlauf.
Die Oste bildet die Grenze zwischen den Landkreisen Cuxhaven und Stade und hatte lange als **Wirtschaftsweg** große Bedeutung für die Region. Danach geriet er nahezu in Vergessenheit, aber das war sein Glück, denn so ist dieser Fluss nahezu **naturbelassen** und **unbegradigt;** an seinen Ufern werden sogar Eisvögel gesichtet.

Hemmoorer Bibliographie

In diesen Büchern spielt die Oste-Region eine Rolle:

Peter Rühmkorf: Tabu I
Peter Schütt: Notlandung in Turkmenistan
Elke Loewe:
Teufelsmoor
Herbstprinz
Die Rosenbowle
Simon der Ziegler
Jonni Hecht
Heiko van Dieken: Marschbefehl und Krippenspiel
Bernhard Koch: Steernkinner und stumme Vogels

An der Oste entstanden auch Sachbücher, hier einige Beispiele:

Jürgen Petschull: Der Herbst der Amateure
Jochen Bölsche:
Schreiben was ist; mit Rudolf Augstein
Waterkantgate. Die Kieler Affäre

Der Mündungsbereich der Oste ist **Naturschutzgebiet** und gehört mit seinem Tidenhub zum Wattenmeer. Er ist ein **Vogelparadies,** auch **Seehunde** kann man hier beobachten. Das Ostewasser hat immerhin die Gewässergüte 2, so dass hier auch viele **Fische** leben; die Oste ist der erste deutsche Fluss mit einer sich selbst verjüngenden Lachspopulation.
Und wenn man dann mal draußen vor der Ostemündung im Watt etwas golden in der Sonne glänzen sieht, könnte das womöglich ein lange gesuchter, geheimnisvoller Schatz sein. Denn hier an der Ostemündung, genauer gesagt am Osteriff, soll **Störtebekers Schatz** vergraben sein, zumindest berichtet das eine der zahlreichen Geschichten und Legenden, die sich um die Hinterlassenschaft des Freibeuters rankt.

Neufelderkoog
Mühlen-
straßen
Neufeld
Bru
Elbe
Krumm
de
Balje
Hörne
Belum
2
Otterndorf
Neuhaus
(Oste)
Süderdeich
3
1
Geversdorf
Neuen-
kirchen
Kehding-
bruch
Caden-
berge
Land
Hadelner Kanal
e l n
Bülkau
Wingst
Oberndorf
orth
N
Silberberg
74 m
0
5 Km
Dobrock
© EDITION TEMMEN
73
Ach
Weißen-
moor
Odisheim
7
4
Balksee
6
Hemmoor
5
Varrel
inau
Basbeck
Westerberg
65 m
Stinstedt
495
Mittelstenahe

5
5
tel
Sturen
St. Margarethen
Wilster Marsch
Kasenort
Hochfeld
Kleinarent-
see
Bahren-
fleth
Beidenfleth
Neuenb
9
Brokdorf
Wewels-
fleth
Stellenfleth
Freiburg
(Elbe)
8
431
Stör
Krempe
Ivenfleth
Kremp-
dorf
Blomesche
Wildnis
Hollerdeich
Oederquart
10
Kremper
Marsch
Engel-
brechtsche
Wildnis
Hamelwörden
ajedeich
chweg
11
Wisch-
hafen
Rhin-
platte
Glück-
stadt
Groß
Kollmar
Neulander-
moor
Kraut-
sand
Bielenberg
495
Kollmarer
Marsch
Dornbusch
Krautsand
Kollmar
Elbe
Drochtersen
12
Hüll
Schwarz-
tonnen-
sand
Pagen-
sand
Ritsch
Assel
Barnkrug
13
Neuland
Abbenfleth
Engel-
schoff
echt-
Bützfleth

Seehunde bekommt man mit etwas Glück auch an der Ostemündung zu Gesicht

Natureum Niederelbe (2)

Das naturkundliche **Museum Natureum Niederelbe** liegt zwischen Neuhaus und Balje, am 1968 erbauten Ostesperrwerk, also genau dort, wo die Oste in den Mündungstrichter der Elbe fließt. Es liegt damit am Rande der Kernzone eines **Feuchtgebietes,** das einen einmaligen Lebensraum darstellt. Dessen Natur und die mehr als 1000-jährige Besiedlungsgeschichte sind die Hauptthemen des Museums. Das zum Natureum gehörende Freigelände umfasst 60.000 Quadratmeter und beheimatet verschiedene, für die Regionen typische Biotope. Auf insgesamt fünf Lehrpfadkilometern kann man hier die Umwelt, im Detail erklärt, ganz neu erfahren. Interessant ist auch die Wetterstation mit dem Computerinformationssystem und dem Sturmflutmodell. Dort kann man in anschaulichen Experimenten die Entstehung von Sturmfluten und ihre Folgen erfahren.

Im Hauptgebäude finden wechselnde Sonderausstellungen statt, die Dauerausstellung zeigt **Flora und Fauna der Region.** Der Aussichtsturm bietet nicht nur einen schönen Blick über die Ostemündung, er dient auch der **Vogelbeobachtung** und ist mit stationären Ferngläsern ausgestattet. Im Freigelände befindet sich noch eine weitere Vogelbeobachtungsstation, die ebenfalls mit Ferngläsern versehen ist. Besonders zum Vogelzug im Herbst bietet sich hier eine großartige Möglichkeit, die gefiederten Gäste zu beobachten, ohne sie zu stören.

Im Natureum wird Wert darauf gelegt, die Umwelt mit allen Sinnen erfassen und im wahrsten Sinne des Wortes begreifen zu können, hier dürfen alle Pflanzen angefasst, berochen, gedreht und gewendet werden.

Ostesee

Am Neuhäuser Deich am **Ostesee,** unweit des Oste-Sperrwerks und auch von der B 73 leicht zu erreichen, liegt die Freizeitattraktion von Neuhaus, der **Wasserskilift (1).** Die von April bis Oktober betriebene Anlage ist ein 1000 Meter langer Seilzuglift, hier können bis zu zehn Personen gleichzeitig Wasserski laufen. Wer sich das Spektakel lieber von Land aus anschaut oder mal eine Pause einlegen möchte, kann es sich am Strand bequem machen, noch dazu ganz ohne Kurtaxe. Ganz nebenbei ist der gut 26 Hektar große See auch ein Badeparadies, und sein Sandstrand ist groß genug zum Sandburgenbau.

Neuhaus

Neuhaus, das nahe der Ostemündung in die Elbe liegt, nennt sich stolz »Staatlich anerkannter Erholungsort«. Erstmals erwähnt wird der Ort 1404 in der Bremischen Chronik von Gerhard Rynesberch und Herbord Schene. Dort steht geschrieben, der Erzbischof Otto habe eine Burg »vor deme lande to Hadelen dem stichte to gude« gebaut, »dat hetet dat Nygehus«. Von dieser Burg existiert nur noch die Erhöhung, auf der ein Kriegerdenkmal steht.

Die damaligen Siedlungen standen auf Wurten, von denen sich eine dort befand, wo heute die Neuhäuser Deichstraße verläuft. Im Amtssitz Neuhaus ließen sich vor allem Handwerker und Händler nieder, der Flecken wurde zu einem kleinen **Zentrum von Gewerbe und Schifffahrt** und 1667 auch eigenständiges Kirchspiel.

Auch Neuhaus wurde durch Kriege und Flutkatastrophen gebeutelt, besonders stark von der **Weihnachtsflut des Jahres 1717,** die hier verheerende Schäden anrichtete. Der Deich brach, etliche Menschen ertranken, viele Gebäude wurden vernichtet.

Nach dem Ersten Weltkrieg ging es mit Neuhaus wirtschaftlich bergab, auch der einst blühende Hafen verlor an Bedeutung. Der Straßenbau erwies sich für die Schifffahrt und die Werften als schädlich. Durch den Zusammenschluss der Kreise Neuhaus und Hadeln 1932 verlor Neuhaus den Kreissitz und damit auch seine zentrale Bedeutung in der Verwaltung.

Unbedingt sehenswert ist die Neuhauser **Emmauskirche (3)** aus dem Jahre 1729, ein typischer norddeutscher Backsteinbau. Der Kirchturm ist noch älter, Teile von ihm sind Überbleibsel der alten Kapelle von 1621. Aus dieser Vorgängerin stammen auch noch einige Ausstattungsteile, wie die Pastoren-Epitaphien, der Taufstein und das Altarbild.

Eine Kostbarkeit ist die filigrane **Gipsschnitzerei** aus dem frühen 18. Jahrhundert, nur in zwei weiteren Kirchen in ganz Deutschland gibt es Vergleichbares. Das nur einen halben Meter große Medaillon zeigt die Kreuzigung Christi mit einem überaus detailreichen Hintergrund. Von überregionaler kulturhistorischer Bedeutung ist auch die 1744/45 erbaute **Barockorgel** des Stader Orgelbaumeisters Dietrich Christoph Gloger, dessen einziges noch nahezu unverändert erhaltenes Werk.

Kirchenbesichtigung:
Schlüssel bei der Küsterin Klektau
Bei der Kirche 4, am Kirchplatz
Kirchen- und Orgelführungen:
nach Vereinbarung im Pfarramt
Bei der Kirche 7
Tel. 04752-270, Fax 1479

Und da wäre dann noch etwas Hochgeistiges, wofür Neuhaus ein Geheimtipp ist: der **Absinth.** Seit 1795 gibt es in Neuhaus die Spirituosenfabrik Ulex Nachfolger. Zuerst war es nur Spaß, als Inhaber Olaf Schlichting und der Heilpädagoge Olaf Rehm sich über das aufgehobene Absinth-Verbot unterhielten und auf die Idee kamen, man könnte das Kultgetränk der Künstler und Intellektuellen des 19. Jahrhunderts wieder produzieren – natürlich in gesundheitsverträglicher Abwandlung der Originalrezeptur. Doch schnell wurde Ernst daraus; Olaf Schlichting fand im verstaubten Firmenarchiv ein Rezept, und Olaf Rehm las sich alles an, was es über Absinth zu lesen gab. Und so sind heute bei Ulex drei Varianten des hochprozentigen Kultgetränkes erhältlich: mit 70, 55 und 50 Prozent Alkohol. Probieren kann man ihn und die anderen Tropfen aus eigener Herstellung im zum Familienunternehmen gehörenden Café Alt Neuhaus. Den Absinth bekommt man dort auch ganz stilecht serviert, und das geht so: Auf einen durchlöcherten Löffel legt man drei mit Absinth getränkte Stückchen Würfelzucker, die man anzündet. Die Masse karamellisiert und wird mit dem Löffel in das spezielle, besonders dickwandige Absinthglas gegeben und mit kaltem Wasser aufgefüllt.

Geversdorf

Geversdorf liegt etwas weiter landeinwärts am Stromkilometer 72 auf dem Westufer der Oste. Hier hat man zum ersten Mal die Möglichkeit, die Oste auf einer modernen Klappbrücke zu überqueren. Interessant ist das **Heimatmuseum** im 1883 erbauten Rathaus, zu dem auch ein heimatkundliches Archiv gehört. Über viele alte Bräuche und deren Ursprünge wird hier berichtet, denn dieses Dorf ist reich an Traditionen, die auch heute noch so lebendig sind wie die des Geversdorfer Schützenvereins von 1632.

Die Geversdorfer **Kirche,** die bereits 1233 erstmals erwähnt wurde, ist dem heiligen Andreas geweiht. Ihre heutige Gestalt erhielt die neu im klassizistischen Stil erbaute Saalkirche 1843.

Oberndorf

Schon von weitem sieht man eine Kirche hinter dem Deich. Sie gehört zu Oberndorf, das bei Stromkilometer 63,5 erreicht ist. Eine moderne Klappbrücke verbindet heute die Ortsteile Oberndorf und Bentwisch, die Rampe und Anlegestelle der alten Prahmfähre sind noch deutlich zu erkennen. Rechts und links der Brücke erstrecken sich lange Bootsanleger, die den maritimen Charakter des Ortes unterstreichen. Das Restaurantschiff »Ostekieker«, eine alte Fähre, rundet diesen Eindruck noch ab. Die Kirche St. George, ein roter Backsteinbau, stammt aus dem Jahre 1653, der Turm schon von 1300. Wenn das Wort »idyllisch« für einen Ort gilt, dann für Oberndorf am stillen Strom.

Hemmoor

Acht Kilometer lang ist Hemmoor, das in Höhe des Stromkilometers 50 liegt. Es besitzt kein wirkliches Zentrum, auch wenn es eine Zentrumsstraße gibt. Grund dafür ist, dass hier mehrere Orte zusammengelegt wurden, unter ihnen Warstade, Basbeck und Osten. Die so entstandene Stadt Hemmoor hat heute etwa 8500 Einwohner und ist ein regionales Zentrum, besonders in kultureller Hinsicht. Der **Museums- und Kulturpark** der Stadt liegt am **Kreidesee (4)**. Mittelpunkt ist die Kulturdiele mit Backhaus und Remise sowie dem Haus für Hemmoorer Geschichte und dem Zementmuseum, einem Industriemuseum. In der Kulturdiele finden die unterschiedlichsten Veranstaltungen statt sowie Weihnachtsmärkte, Backfeste und Volkstanztreffen.

Im Jahre 1859 wurden im Bereich des heutigen Hemmoorer Kreidesees bei Braunkohle-Bohrungen der Königlich-Hannoverschen Regierung große Kreidevorkommen entdeckt, 1866 entstand die erste **Zementfabrik.** Bald schon wurde hier im großen Stil Zement hergestellt, ab 1877 unter dem Namen »Portland Cement«. Über 3000 Menschen arbeiteten hier vor dem Ersten Weltkrieg zur Blütezeit der Zementfabrikation. Auch exportiert wurde der Baustoff: So stammte beispielsweise der Zement für den Sockel der New Yorker Freiheitsstatue aus Hemmoor. Die Kreidegewinnung wurde immer stärker technisiert, immer tiefer grub und baggerte man. Nach dem Zweiten

Das Örtchen Oberndorf, links die Kirche St. Georg

Weltkrieg sah es im Hemmoorer Tagebau nicht viel anders aus als heute in Garzweiler; riesige Maschinen fraßen sich durchs Land und hinterließen eine mondähnliche Kraterlandschaft. Doch Mitte der 1970er Jahre wurde der Absatz immer schlechter, und seit 1976 wird keine Kreide mehr abgebaut. Weil nun auch die Pumpen abgestellt wurden, lief die Grube langsam voll. Ende 1983 wurde das Werk ganz geschlossen, die Abbruchreste wurden zur Uferbefestigung des inzwischen entstandenen Sees verwendet. Heute ist der 60 Meter tiefe See nicht nur ein Freizeitparadies, sondern obendrein ein beliebtes, wenn auch nicht ganz einfaches **Tauchrevier.** Das Wasser ist übrigens so sauber, dass der Seesaibling, der besonders hohe Ansprüche an die Wasserqualität stellt, hier heimisch wurde. Aus der alten Anlegestelle der Schuten in Schwarzhütten wurde nun eine Sportbootmarina. Exakt bis hierher konnten auch seegehende Schiffe mit bis zu 4,50 Meter Tiefgang fahren.

Das **Deutsche Zementmuseum (5)** liegt auf dem Freigelände des Museums- und Kulturparks am Rand von Hemmoor an der Oste, direkt neben der Bundesstraße 73 unweit des Kreidesees. Die umgebauten Laderäume einer an Land gesetzten, 26 Meter langen und sechs Meter breiten Zementschute beherbergen die Museumsausstellung. Mit ihren 2,20 Metern Tiefgang und der Ladefähigkeit von 215 Tonnen entsprach das Schiff seinerzeit dem Stand der Technik. Bis in die 1950er Jahre hinein wurden solche Schuten, die selbst keinen Motor hatten, zu Sechserverbänden zusammengestellt und von einem Schlepper nach Hamburg gezogen. Auf dem Rückweg brachten sie Kohle für das Zementwerk mit.

Neben der Schute gibt es auf dem Freigelände weitere technische Exponate, die zur Kreideförderung und Zementherstellung gebraucht wurden. Zwei Dieselkleinlokomotiven und eine Kreidelore zeigen, wie der innerbetriebliche Werksverkehr ablief. Viele Bilder und ein Modell des gesamten Werkes machen die weitläufige Anlage fassbar.

Osten

Schräg gegenüber von Hemmoor liegt Osten am Stromkilometer 56. Der malerische, mehr städtisch als dörflich geprägte Ort hieß bis ins 19. Jahrhundert hinein Kirchosten und war das Zentrum der Ostemarsch. Seit 1974 die Ostebrücke erbaut wurde, ist der Ort sowohl von Kehdingen als auch von der Bundesstraße 73 her leicht erreichbar.

Besiedelt wurde die Region ab etwa dem Jahr 1200, als Eindeichungen für halbwegs gesicherte Lebensverhältnisse sorgten. Dafür sorgten die vom Landesherrn, dem Erzbistum Bremen, angesiedelten **Holländer.**

Älteste Zeugnisse der Besiedelung fand man nahe der heutigen Dorffleet-Schleuse, dort gab es eine **Thingstätte** mit drei Kreuzen, an der die Rechtsprechung durch den Deichrichter geschah. Hier stand vermutlich auch eine erste Kirche. Sowohl die erste Prahmfähre als auch Thingstätte und Kirche wurden durch die schwere Sturmflut von 1391 zerstört. Eine neue Kirche, St. Petri, wurde 1396 auf der Kirchwurt erbaut, die heute Kirchplatz heißt. Eine neue Fähre folgte 1423, etwa dort, wo sich heute die Schwebefähre befindet. Bis zum Ende des 19. Jahrhunderts wuchs der Ort beständig, dafür sorgten schon die 15 Ziegeleien der Umgebung. In dem Maße jedoch, wie sich im 20. Jahrhundert die Verkehrsverhältnisse verbesserten, ging die Bedeutung Ostens zurück.

Die heutige **Kirche St. Petri (7)** ist auch ein Denkmal der Ostener Blütezeit im 18. Jahrhundert. Als Baumeister beauftragte man nämlich den Architekten Johann Leonhard Prey, der auch den Hamburger Michel miterbaute. Im Jahre 1748 wurde der gewaltige Backsteinbau mit dem lichten Kirchenschiff errichtet, in dem vor allem der Altar mit der gut zehn Meter hohen Rückwand sehenswert ist.

Über die Geschichte der Region gibt das Ostener **Heimatmuseum** Auskunft. In der alten Rektorschule werden allerlei Gerätschaften, Haushaltsgegenstände und Möbel aus den unterschiedlichsten Lebensbereichen sowie Werkzeuge aus zahlreichen Wirtschaftszweigen gezeigt. Hier wird ein gutes Stück Alltagsgeschichte lebendig, auch in der Alten Schmiede auf dem Museumshof gibt es nicht nur eine komplette Schmiedewerkstatt zu sehen, man kann sie auch in Aktion erleben. Und weil dieses Museum sich unweit der Schwebefähre befindet, nehmen natürlich das Fährwesen und die Schifffahrt einen gebührenden Raum ein.

Zweifellos das kurioseste Museum der ganzen Gegend ist das Ostener **Buddelmuseum,** beherbergt es doch eine ungewöhnlich reichhaltige Sammlung von mehr als **4500 Flaschen alkoholischer Getränke,** die von der Familie ten Doornkaat in 35 Jahren gesammelt wurden.

Geprägt aber wurde Osten durch die **Schwebefähre (6).** Schon Ende des 19. Jahrhunderts war in der Gemeinde Osten des Öfteren darüber nachgedacht worden, wie man die Ostequerung besser bewerkstelligen könnte als mit der alten kleinen Fähre. Man informierte sich, und bald stand die Idee eines für den scheinbar so gemütlichen und verschlafenen Ort geradezu kühnen Planes. Man entschied sich nämlich für eine Schwebefähre, weil sie den damals noch immer zunehmenden Schiffsverkehr nicht weiter behindern würde. Sie war damals ein supermodernes Wunderwerk der Technik und für die Verhältnisse der kleinen Gemeinde mit 280.000 Mark obendrein superteuer. Im Jahre 1908 ging es los mit den Bauarbeiten. Die Verei-

Einzigartig: die Schwebefähre in Osten

nigte Maschinenfabrik Augsburg Nürnberg (MAN) begann die Eisenkonstruktion zu errichten. Über 80 Meter breit waren die Stützwerke und über 30 Meter hoch. Lasten von mehr als 100 Menschen konnten nach der Eröffnung 1909 auf einmal transportiert werden; was für ein Unterschied zu der alten von Hand betriebenen Prahmfähre! Wenn man dieses Meisterwerk der Stahlbaukunst so betrachtet, kommt einem unwillkürlich der Eiffelturm in den Sinn. So weit hergeholt ist dieser Vergleich nicht einmal, denn ein Schüler Gustave Eiffels lieferte den Entwurf. Die Fähre war als Selbstfahrer weltweit einmalig, diese Technik gab es nur hier in Osten.

Seit die neue Straßenbrücke 1974 in Betrieb genommen wurde, wird die Schwebefähre nicht mehr gebraucht; sie wurde 1975 zum **technischen Denkmal** erklärt. Dennoch verfiel sie in den letzten Jahren sichtbar, die Ostener Bürgerinitiative, die um ihren Erhalt kämpfte, drohte am Finanzbedarf für eine Grundüberholung zu scheitern. Doch dann fanden sie einen prominenten Fürsprecher: König Juan Carlos I. von Spanien ist Schirmherr des Weltverbandes der Schwebefähren. Der König sorgte letztlich für den Durchbruch im zähen Ringen der Ostener Denkmalsschützer um die nötigen Fördermittel. Sie wurden bewilligt, und die Restaurierung, die gut 1,2 Millionen Euro kostete, wurden Anfang 2006 abgeschlossen. So kann die Fähre seit Mai 2006 auch wieder in Fahrt erlebt werden.

Direkt neben der Schwebefähre steht der 1764 erbaute alte Fährkrug mit dem **Fährmuseum.** Es veranschaulicht mit Modellen aus allen Epochen die Geschichte der Ostequerungen. Vom Fährkahn aus dem 14. Jahrhundert bis zum 1909 bei Einweihung der Schwebefähre stillgelegten Fährprahm reicht die Palette. Zum Museum gehören auch die Schwebefähre sowie die neuzeitliche Straßenbrücke.

Hechthausen

Hechthausen mit dem Ostehecht im Wappen ist ein kleiner Ort mit 3500 Einwohnern, er liegt genau dort, wo die Bahn- und Straßenbrücken die Oste queren. Nicht weit davon steht, weithin sichtbar, das Wahrzeichen von Hechthausen, die **Mühle Caroline,** ein zweistöckiger Galerie-Holländer. Der untere Teil dieser Mühlen ist gemauert und sehr stabil. Der auf dem Turm aufliegende Mühlenkopf mit den Flügeln ist drehbar. Dadurch musste, anders als bei den Bockwindmühlen, nicht mehr die ganze Mühle, sondern nur noch der Kopf in den Wind gedreht werden, der untere Teil konnte als Lagerraum genutzt werden. Um die Flügel erreichen zu können, wurde rund um die Mühle herum eine Art Balkon gebaut, die Galerie.

Früher gab es an Stelle der Brücken eine Prahmfähre. Wo es Fähren gab, machten meist auch **Geschichten** von bösen oder geheimnisvollen Fährleuten die Runde. Eine dieser Erzählungen ist die Geschichte vom englischen Gold; sie trug sich Mitte des 19. Jahrhunderts in Hechthausen zu, als die Region noch zu Hannover gehörte.

Die Engländer schickten damals regelmäßig größere Mengen Gold nach Hannover, um die Soldaten und Offiziere ihrer Truppen in Hannover bezahlen zu können. Sommers geschah das zu Schiff über die Elbe und Hamburg. Im Winter aber ging dies wegen des Eisgangs auf der Elbe meist nicht. Dann wurden die Schiffe schon in Cuxhaven entladen, und das Gold wurde auf dem Landweg weitertransportiert. Regelmäßig sah man damals die Planwagen in Reihen auf der Sietwende zur Hechthausener Ostefähre ziehen.

Die Mühle stand auch damals schon am Osteübergang, und der Müller und Gastwirt wusste von den Goldtransporten. Es ging ihm schlecht, dem armen Müller, und so kam er auf die Idee, ein klein wenig des Goldes für sich abzuzweigen. Es gelang ihm, den englischen Transporteuren einen Bären aufzubinden, indem er ihnen erzählte, wegen des starken Eisgangs könne man die Wagen nur zwischen den Tiden, in diesem Fall also erst am nächsten Morgen, über die Oste setzen. Die Engländer fügten sich, zählten die Tonnen mit dem Gold, fütterten die Pferde und kehrten für die Nacht beim Müller ein. Und der fuhr Speis und Trank auf, nur vom Feinsten wurde serviert. Die englischen Gäste wurden bald müde, denn der Müller hatte mit einem Schlafmittel im Essen und Hochprozentigem in den Getränken kräftig nachgeholfen. Einer nach dem anderen fielen die Engländer in einen tiefen Schlaf.

Der Müller hingegen war munter, mit seinen beiden Knechten rollte er in Windeseile eines der Fässer vom Wagen, legte Ketten darum und versenkte es in einem der Entwässerungsgräben. Noch bevor es richtig hell war, weckte er die Engländer und trieb sie zur Eile, denn das Wetter habe sich sehr verschlechtert und sie müssten nun schleunigst übersetzen, so lange das noch ginge. Mit schweren Köpfen schirrten seine Gäste an, ohne die Goldfässer noch einmal nachzuzählen, und ließen sich rasch vom Fährmann übersetzen. Erst in Harburg entdeckten die Engländer den Verlust. Es gab Ärger, hochnotpeinliche Untersuchungen wurden angestellt, aber den Schuldigen ermittelte man nicht.

Nur in Hechthausen begann man zu ahnen, was in jener Winternacht passiert war, obwohl der Müller und seine reich entlohnten Knechte dichthielten. Der Müller, der zuvor ein mittelloser Mann gewesen war und sich selbst die Pacht für die Mühle hatte leihen müssen, wurde zusehends wohlhabender. Seine Schulden waren bald bezahlt, und er konnte bauen. Er starb als unbescholtener Mann, da er klug mit dem Gold umgegangen war und man ihm nie etwas hatte nachweisen können.

Nur in der Londoner Börse warnte angeblich noch lange ein Aushang vor der Hechthausener Fähre.

Sehenswürdigkeiten:

Heimatmuseum Geversdorf
Hauptstraße 5
Geversdorf
www.geversdorf-touristik.de
Besuch nach Anmeldung: Herr Behrens (Tel. 04752-240) oder Herrn Lunden (Tel. 04752-7000)

Haus für Hemmoorer Geschichte
An der Pferdebahn 55
Hemmoor
Tel. 04771-6020
1. April bis 31. Oktober Sa 15–17 Uhr
Vor- und Frühgeschichte, 65 Mio. Jahre alte Versteinerungen aus der Warstader Kreidegrube

Zementmuseum
Cuxhavener Straße
Hemmoor
www.zementmuseum-hemmoor.de
Ganzjährig geöffnet
Industrie- und Sozialgeschichte der Hemmoorer Zementfabrikation, viele technische Geräte aus ehemaliger Zementproduktion

Heimat- und Buddelmuseum
Am Markt 5
Osten
Tel. 04771-5254
www.buddelmuseum.osten.oste.de/
1. Mai bis 15. September Di–So 15–17 Uhr
Exponate aus Jagd und Fischfang, Handel und Gewerbe, Flaschensammlung aus aller Welt

Fährmuseum Am Hotel Fährkrug
Deichstraße
Osten
Tel. 04771-2338
Technisches Baudenkmal Schwebefähre, Fährprahm und Führkahn

Natureum Niederelbe
Neuenhof 8
Balje
Tel. 04753-842110
www.natureum-niederelbe.de
Ganzjährig geöffnet Di–So 10–18 Uhr

Unterkunft und Gastronomie:

Hotel-Restaurant Fährkrug
Deichstr.1
21756 Osten
Tel. 04771-2338
www.faehrkrug.de
Bis 1522 reicht die Haus-Chronik zurück. Der heutige Fährkrug wurde 1764 erbaut, die »Alte Gaststube« ist weitgehend unverändert. Spezialität des Restaurants ist Oste-Stint.

Flusshotel Seefahrer
Achthöfener Deich 10
21756 Osten
Tel. 04771-643955
www.flusshotel-seefahrer.de
Etwas nordwestlich von Osten gelegenes 300 Jahre altes, gemütliches Fachwerkwerkhaus mitten auf der Deichkrone mit Blick auf die Oste; hier gibt es viele Fischspezialitäten. Die Attraktion aber ist es, Fleischgerichte selbst am offenen Lavasteingrill zuzubereiten. Das reichhaltige und hausgemachte Salat- und Beilagenbuffet sowie die Suppen sind im Preis enthalten.

Ferienpark Geesthof
Am Ferienpark 1
21755 Hechthausen
Tel. 04774-512
www.geesthof.de
Im weitläufigen Park finden sich Campingplatz, Ferienhäuser, Ferienzimmer und der Reiterhof. Hier kann man angeln, Wassersport treiben, reiten oder sich im Badeparadies tummeln. Und man kann führerscheinfreie Freizeitboote mieten oder gleich ein Wohnboot nehmen und die Oste erkunden.

Café Alt Neuhaus
Bei der Kirche 1
Neuhaus
Tel. 04752-841033
Café, Internetcafé, Sommergarten. Hier wird Absinth serviert. *Der* Treffpunkt in Neuhaus.

Aktivitäten:

Wasserski-Lift Neuhaus
Karl Wojke
Seestraße 48
Tel./Fax 04752-1260
Tel. am Lift 04752-1261
www.wsno.de/index.htm

Schiffstouren auf Deutschlands dienstältestem Passagierschiff, der »MS Mocambo«, von Oberndorf und Osten aus können hier gebucht werden:
Käpt'n Krock Schiffsvermietung
Eibe von Glasow
Hauptstr. 57
Oberndorf
Tel. 04772-861084, Handy 0175-2883072
www.oste-schifffahrt.de

Deutsche Fährstraße
AG Osteland e.V.
Jochen Bölsche
Fährstraße 3
Osten
www.deutsche-faehrstrasse.de

Die Deutsche Fährstraße

Es gibt sie doch, die übergreifenden Initiativen, die beide Elbufer miteinander verbinden. Das Projekt »Deutsche Fährstraße« ist so ein Vorhaben. Die Deutsche Fährstraße ist die jüngste **deutsche Ferienstraße;** sie verbindet Schleswig-Holstein mit Niedersachsen. Auf rund 250 Kilometern Länge geht es von Kiel am Nord-Ostsee-Kanal entlang nach Brunsbüttel und dann an der Elbe entlang nach Glückstadt. Nach Wischhafen wird mit der Elbefähre übergesetzt, und weiter geht es durchs Kehdinger Moor an die Oste, deren Lauf man bis nach Bremervörde folgt.

Im Verlaufe dieser Route lernt man aus eigener Erfahrung so ziemlich alles über Wasserüberquerungen und die damit verbundenen Schwierigkeiten: **30 Fähren** benutzt man, von der stark motorisierten Elbefähre bis zum Ruderkahn, **20 Brücken** überquert man, **12 Schleusen** und **drei Sperrwerke** kann man sich ansehen. Dabei erlebt man die vielfältigsten **Landschaften,** angefangen mit dem Ostseeausläufer Kieler Förde über die künstliche Wasserstraße Nord-Ostsee-Kanal. Durchs grüne Land fahren fast zum Greifen nah Frachtschiffe, die uns versorgen, und Traumschiffe, die unsere Sehnsüchte mitnehmen. Man sieht die gewaltigen **Kanalschleusen** in Kiel-Holtenau und Brunsbüttel und fragt sich, wie um alles in der Welt man einen Koloss von Schiff auf den Zentimeter genau in so eine Schleusenkammer manövrieren kann, und sieht dann, wenn die Tore geschlossen sind und das Wasser einströmt, an den Beulen, dass das eben nicht immer klappt. Das **Kanalmuseum** direkt an der Schleuse informiert über Bau und Betrieb der Wasserstraße. Man sieht die Unterelbe jenseits der Brunsbütteler Schleusen, die oft mit kurzen, steilen Wellen verdeutlicht, wie nahe man hier schon am Meer ist.

Nach der Elbüberquerung lernt man das niedersächsische Land zwischen Marsch und Moor kennen, durchquert das Kehdinger Moor auf schwingenden Straßen, die auf dem Untergrund zu schwimmen scheinen. Dann geht es an der Oste entlang. Überall lernt man die vielfältigen Möglichkeiten kennen, einen Fluss zu überqueren, macht sich in acht **Museen** kundig, wie mühsam und gefährlich sich das in früheren Jahrhunderten gestaltete, und wie oft es im Winter bei Sturm und Eisgang sogar unmöglich war. Zentrum des Projektes »Deutsche Fährstraße« sind die beiden einzigen deutschen **Schwebefähren** in Rendsburg und Osten. Genauso reizvoll aber ist es, sich in Brobergen mit der Motor-Prahmfähre übersetzen zu lassen und in Gräpel dann Fährmann und Gastwirt Helmut Plate ein »Fährmann hol över« zuzurufen. Zum anderen Osteufer übersetzen lässt man sich diesmal allerdings von einer Prahmfähre, die zwar genauso an einem Stahlseil gleitet wie die Brobergener, aber selbst keinen Motor hat und neben der Tideströmung auf die Handarbeit des Fährmanns angewiesen ist.

Viele Orte am Rande dieser Route blühten erst auf, als eine Fährverbindung zum anderen Ufer möglich wurde; nirgends wird das so deutlich wie an der Oste, die Lebensader der Region war und als Schifffahrtsstraße den Handel ermöglichte. Geversdorf erlebte seinen Aufschwung durch den Handel zwischen Kehdingen und Hadeln, genau wie Oberndorf. Hechthausen profitierte vom Verkehr zwischen Cuxhaven und Hamburg über Stade, Osten wurde ausgesprochen reich. Einst gab es an der Oste 27 Fähren, die nördlichste am Neuhäuser Deich, die südlichste bei den Elmer Bergen kurz vor Bremervörde.

Die Vielfalt macht diese Route so reizvoll, da gibt es technische Wunderwerke zu bestaunen, vergessene Landschaften zu entdecken und maritime Romantik zu erleben.

Kehdingen

Kehdingen erstreckt sich im Wesentlichen zwischen der Elbe im Norden und Osten, Stade und der Schwinge im Süden und bis kurz vor der Oste im Westen.

Faszinierend an diesem Land ist das **Licht.** Ständig ändern sich hier die Farben und Stimmungen. Selten ist der Himmel in gleichmäßiges Blau getaucht, fast immer zieren ihn weiße Gebirge von getufften Haufenwolken oder auch mal dramatisch aufgeplusterte bleigraue Wolkenwände, die Unheil verheißen. Hier ist alles im Fluss, der stetige Wind bringt Bewegung in die Himmelsszenerie und sorgt für ständige Lichtwechsel, die aus dem brettebenen Land eine lebendige, sich immerzu neu erschaffende Umgebung machen. Und im Herbst muss das Grau des Himmels nicht zwangsläufig Wolke sein, auch ein Schwarm von Tausenden **Gänsen** kann den Himmel verdunkeln in dieser Drehscheibe des Vogelzugs.

Nichts ist langweilig in diesem Land, das von den großen Hauptverkehrswegen nur am Rande berührt wird. Da führen abgelegene Chausseen durchs Moor, auf denen man ein sich näherndes Auto Ewigkeiten voraus durch den schwingenden Boden bemerkt, lange bevor man es hören kann. Da gibt es weite, unbesiedelte Landstriche im Norden, die erst nach der Katastrophe von 1962 eingedeichten Außendeichlande Nordkehdingens. Da gibt es endlos lange Dörfer, Hof an Hof, einer stattlicher als der andere, mit weitem Abstand an den Straßen aufgereiht und durch Entwässerungsgräben voneinander getrennt. Da findet man kleine Häfen

Land des Himmels und des Lichts

an den Elbnebenarmen, versteckte maritime Landschaften mit alten Schiffen und dem großen Strom immer in Reichweite. Kaum ein paar Kilometer landeinwärts schwelgt die Natur in ihrem Maifarbrausch mit riesigen blühenden Rapsfeldern und dem Zauber der Obstblüte. Zwischendrin immer wieder Pferde, denn neben Viehwirtschaft und Apfelanbau ist die Zucht von Hannoveraner Pferden eine Säule der Kehdinger Landwirtschaft. Da gibt es weite Strände und die Elbwatten zum Entspannen und eine Menge mehr Kulturelles zu entdecken, als man es vermuten würde.

Die freien Menschen Kehdingens

Die Anfänge der Besiedelung Kehdingens liegen weitgehend im Dunklen, erst mit dem Einzug der Bremer Bischöfe als Landesherren gab es verlässliche Aufzeichnungen. Sicher ist, dass hier mindestens ab dem **1. Jahrhundert** Menschen siedelten, und die hatten es schwer in dem ungeschützten, immer wieder **überschwemmten** Land. Ganz schlimm wurde es mit der Küstenabsenkung des 5. Jahrhunderts. Erst die Eindeichungen des 11. Jahrhunderts machten eine Kolonisation im größeren Stile möglich.

Diese Besiedlung erfolgte in Kehdingen aus drei Richtungen, von Stade, von der Wingst und vom holsteinischen Elbufer her. Auch landeinwärts sicherten sich die Kehdinger nun, denn nicht nur gegen die Sturmfluten der Elbe deichten sie, sondern auch gegen die Hochwasser der Schwinge im Süden und der Oste im Osten. Schon damals wurde ein weites Außendeichland belassen, die breiten Priele wurden zu Elbnebenarmen und zeigten sich für die Anlage von Häfen als hervorragend geeignet.

Die Unterteilung in **Nord- und Südkehdingen** geschah durch die Siedlerströme. Wo sie bei Hamelwörden, von der Oste und der Schwinge kommend, zusammentrafen, verläuft bis heute die Grenze. Der **Name »Kehdingen«** übrigens scheint mit den Begriffen »Kai«, »Kaje« oder »Kade« zusammenzuhängen, demnach bedeutet Kehdingen »Uferland«.

Lange blieb Kehdingen ein abgeschiedener Landstrich, im Süden durch die Schwinge, im Norden und Osten durch die Elbe und im Westen durch die Moore und die Oste nur schwer zugänglich. In dieser relativen **Abgeschiedenheit** blieben dann auch der Norden und Süden eine Einheit, obwohl die Gerichtsbarkeit und Verwaltung getrennt waren. Regelmäßig tagten die Landgemeinden des Nordens und Südens auf dem Schinkel bei Hamelwörden. Sowohl unter den Welfen als auch unter den Bremer Erzbischöfen bewahrten sich die Kehdinger große **Freiheiten** und **Selbstständigkeit.** So ist bereits 1157 von den »liberi homines de Kedinghis« die Rede. Der dauernde Kampf gegen den Blanken Hans machte auch hier ein starkes Gemeinwesen nötig, das zu einer selbstbewussten Gemeinschaft wuchs, mit einigem Freiheitssinn, wie die Schlachten von 1274, 1300 und 1337 beweisen, als die Kehdinger sich gegen die **Bremer Erzbischöfe** erhoben. Der Jahrzehnte währende Kampf fand seinen Höhepunkt 1334, als die Kehdinger die erzbischöfliche Burg »Kiek in de Elv« zerstörten, die vermutlich bei Ritterhof lag.

Wohl zahlten die Kehdinger von da an Kontributionen und leisteten Rossdienste, sofern sie adlig waren. Ihre **Gräfen** aber, die Vertreter des Landesherrn, mussten von da an ausschließlich geborene Kehdinger Adlige und Hofbesitzer sein. Die Selbstständigkeit ging so weit, dass die hiesigen **Kirchspiele** auch eigenständige Verwaltungs- und Gerichtsbezirke waren. Obendrein wählten die Kirchspiele jeweils Land- und Deichgeschworene, und die Grundeigentümer wählten auf dem Schinkel zwölf Hauptleute, die mit den beiden Gräfen aus Nord- und Südkehdingen das Land regierten. Dabei war man recht großzügig, denn als Grundbesitzer galt man bereits, wenn man drei Morgen besaß. Das sind nach heutiger Rechnung drei Hektar. Die Geschworenen und die Meenheit - das ist die Bauernschaft - entschieden in der Landesversammlung. Man hatte also fast schon so etwas wie ein **Parlament,** das die Regierung kontrollierte. Sogar eigene Bündnisse wurden geschlossen, wie mit Stade oder Dithmarschen. Mit den Altländern zusammen bildete man die **Landstände,** die gegenüber dem Bremischen Landesherrn Kehdinger Belange vertraten.

Nach dem Dreißigjährigen Krieg behielten die **Schweden,** deren Heere Kehdingen mindestens so zugesetzt hatten wie die der Dänen, das mittlerweile in ein weltliches Herzogtum umgewandelte Erzbistum Bremen und machten Stade zum Sitz des Generalgouverneurs.

Bald bedrängten die **Dänen** unter Karl X. Kehdingen, sie besetzten das Land während des Nordischen Krieges, bis Dänemark das Herzogtum 1715 an Hannover abtrat. Zwar behandelten die Preußen, an die das Königreich Hannover 1866 fiel, die Kehdinger recht schonend, doch mit deren Selbständigkeit war es nun bald vorbei.

Das **Mittelalter** mit den Kehdinger Freiheiten ist lebendig geblieben, nicht nur in vielen Traditionen, sondern auch ganz greifbar. Die Orientierungsstufe am Schulzentrum Freiburg errichtete das mittelalterliche **Modelldorf »Op de Hörn«** in Balje. Ursprünglich war dieses Modelldorf innerhalb einer Veranstaltung des Stader Schwedenspeichermuseums errichtet worden Es konnte aber nicht auf Dauer am Ort bleiben und musste wieder abgerissen werden. In Balje fand es auf einer Wiese einen neuen Standplatz. Ein ganzer

Freiburg vor der großen Sturmflut von 1962

mittelalterlicher Dorfkern entstand nun um eine Kirche herum mit allem, was zum mittelalterlichen Dorfleben gehörte, einer Schmiede, einer Lederwerkstatt, Bäckereien, Spinnereien und Färbereien sowie einer Schreibstube; selbst ein Gefängnis ist vorhanden. Die Anlage wurde ganz bewusst nicht als Museum konzipiert, sondern als Aktionskulisse, in der große und kleine Menschen spielerisch das Mittelalter erfahren können. Wer das Dorf in Aktion erleben will, sollte sich telefonisch erkundigen, an welchen Tagen Schulklassen dort sind, dann kann man nämlich nach Herzenslust mitmachen. Nach dem Ende der Orientierungsstufen in Niedersachsen wird das Projekt weiter von der Freiburger Haupt- und Realschule betreut.

Im Vogelparadies Nordkehdingen

Kaum eine Landschaft in Norddeutschland hat sich binnen weniger Jahrzehnte so verändert wie Nordkehdingen. Eine Flutkatastrophe wie 1962 sollte nie wieder geschehen, und so setzte man die **Deiche** so nahe an die Elbe, wie es nur irgend ging. Die hier im Norden so großen Außendeichgebiete verschwanden fast völlig. Nach der neuerlichen Flutkatastrophe von 1976 stockte man noch einmal auf, erhöhte die Deiche weiter. Man baute rastlos weiter, bis auch der letzte Elbnebenarm und der kleinste Nebenfluss abgeriegelt waren. Allein zwischen Wischhafen und der Oste blieben von 68 Quadratkilometern Außendeichland gerade mal acht übrig.
Was für **dramatische Veränderungen** das für die **Natur** mit sich brachte, zeichnete sich bald ab, denn es gab keine Überflutungsgebiete mehr, unzählige Feuchtbiotope fielen trocken. Das weite, Ebbe und Flut ausgesetzte und von unzähligen Gräben und Prielen durchzogene Grünland war verschwunden. Viele Vogelarten der Feuchtgebiete gingen im Bestand drastisch zurück, und manche verschwanden genauso wie etliche Pflanzen.
Das alles war weder rückgängig zu machen, noch hätten die Anwohner in den flutgefährdeten Gebieten einen Rückbau und an dessen Stelle eine Erhöhung der alten Deiche akzeptiert. Der Sicherheitsgedanke hatte Vorrang. Dennoch, eine Chance gab man der Natur. Das nun fast beiläufig »gewonnene« Land wurde nicht der intensiven Nutzung und Besiedlung anheimgegeben; die so geschaffenen **Naturschutzflächen** wurden zu Refugien der gefährdeten Watt-, Wasser- und Wiesenvögel. Hier werden ihnen geeignete Brut-, Mauser-, Nahrungs- und Rastlebensräume geboten, und sie finden hier einen weitgehend ungestörten Lebensraum vor.
So konnte Nordkehdingen - wenn auch mit großen Veränderungen - doch das bleiben, was es war: ein Vogelparadies und eine Drehscheibe des Vogelzuges. Denn hier gibt es noch immer weite Brack- und Süßwasserwatten vor dem Elbufer, die bei Ebbe einen reich gedeckten Tisch freigeben: ein Gourmettempel für hungrige Vögel. Die winterlichen Überschwemmungen im knappen Außendeichland führen zu einer reichen, spät aufwachsenden Vegetation, in der die bodenbrütenden Vögel im Frühling geeignete Neststandorte und ihre Küken ein vielfältiges und reichhaltiges Nahrungsangebot finden.
Zu den Hauptzugzeiten im Frühjahr und im Herbst geht es auf diesem **Rastplatz des ostatlantischen Vogelzugs** zu wie auf einem Großflughafen. Hier finden zahlreiche Arten Rast- und Futterplätze in den Watten und Marschen. Dabei ist es wichtig, dass die Vögel möglichst ungestört bleiben, denn jedes hektische Auffliegen kostet die Vögel viel Kraft.
Zu den in Kehdingen rastenden Vögeln gehören Kiebitze, Blessgänse, Nonnengänse, Goldregenpfeifer, Zwergschwäne, Rallenvögel und Kraniche.
Aber auch ein bedeutendes **Brutgebiet** ist Nordkehdingen, die Hälfte der hier brütenden 50 Arten steht auf der »Roten Liste«

der gefährdeten Vogelarten, wie Lachsseeschwalben, Kampfläufer, Wachtelkönig, Säbelschnäbler, Rotschenkel, Wiesenweihe oder Schilfrohrsänger.

Vogelbeobachtungspunkte

Welche Vögel man sieht, hängt natürlich in erster Linie von der Jahreszeit ab.

Beobachtungsturm und Beobachtungspavillon beim Natureum Niederelbe:
Hier hat man einen weiten Blick auf das Deichvorland des Hullen und des Belumer Außendeichs. Beobachtet werden können Brandgänse, Krickenten, Seeschwalben, Brachvögel, Säbelschnäbler und Austernfischer.

Dampferstieg Freiburg (9):
So nennt man den Weg vom Freiburger Hafen hinaus zum Radarturm. Beobachtet werden können hier Uferschnepfen, Kiebitze, Sturm- und Lachmöwen, Schnatterenten, Nonnengänse, Brandgänse und Graureiher sowie Schwanenkolonien im gesamten Deichvorland und in den elbnahen eingedeichten Marschen.

Fähranleger Wischhafen:
Direkt vom Parkplatz aus kann man Brandgänse, Löffelenten, Krickenten, Austernfischer, Rotschenkel und andere Arten auf dem Allwördener Außendeich und dem Vorland des Wischhafener Sandes beobachten.

Krautsand, Sperrwerk Ruthenstrom:
Von der Sperrwerksbrücke hat man einen guten Blick auf alle möglichen Wat- und Wattvögel wie Löffelenten, Graugänse, Kiebitze, Austernfischer und Graureiher.

Tour mit dem Vogelkieker:
Vom Doppeldecker aus lernt man zu sehen, bekommt ausführliche Erklärungen und wird später Vögel erkennen, die man vorher weder gekannt noch überhaupt wahrgenommen hätte (siehe auch Kasten).

Kehdingen bietet Wildgänsen ideale Lebensbedingungen

Mit dem »Vogelkieker« im Land zwischen den Deichen

Es ist ein ungemütlicher Novembertag, grau und immer kurz vor dem Nieseln. Doch es ist Vogelzugzeit und damit hohe Zeit für einen Ausflug mit dem »Vogelkieker«, der fahrenden doppelstöckigen **Ausflugsstation des Vereins für Naturerlebnisse.** Zwischen dem heute weit im Landesinneren liegenden Deich aus der Zeit vor 1962 und dem heutigen Hauptdeich geht es von Freiburg aus direkt am Elbufer entlang. Noch erkennt man zwischen dem früheren und dem neuen Hauptdeich Reste der alten Landschaftsform. Das wellenförmige Profil stammt noch aus der Außendeichzeit. Damals wurde das Land oft überflutet, und das Wasser konnte in den Rinnen ablaufen, während die Tiere sich auf die Erhebungen retten konnten. Man hat dem Wasser in Nordkehdingen mit den Eindeichungen der 1960er und 70er Jahre einen gewaltigen Teil der Überflutungsfläche genommen. Fast das ganze Gebiet westlich des Freiburger Hafenpriels wurde **eingedeicht,** nur noch ein schmaler Streifen Außendeichland blieb übrig. So weit wurde das Land entwässert, dass sogar Ackerbau möglich gewesen wäre. Spätestens das aber hätte für viele Vogelarten, die Feuchtbiotope, wie sie nur im Vordeichland vorkommen, als Nahrungsgrundlage brauchen, entweder den Ortswechsel oder den Tod bedeutet, wie die begleitende Ornithologin erklärt.

Beim ersten Stopp sieht man zunächst einmal nichts, aber schnell gelingt es der Führerin, die Augen ihrer Fahrgäste zu sensibilisieren. Und dann sieht man die braunen Punkte auf der Wiese, eine gemischte Vogelgruppe aus dunkelgrün schillernd und weiß gezeichneten **Kiebitzen** und **Goldregenpfeifern,** die bald in großen Schwärmen auffliegen.

Die Ornithologin macht auf die **Verhaltensanpassungen** vieler Tiere hier draußen an der Elbe aufmerksam. Da stehen Rehe, die im Wald Einzelgänger sind, in kleinen Gruppen auf dem keine Deckung bietenden flachen und offenen Gelände, da haben Falken gelernt, rüttelnd in der Luft zu stehen, weil ihnen die zur Beutebeobachtung sonst genutzten Bäume fehlen.

Die weiten Grünlandflächen sind **Brutgebiete** und **Rastplätze** vieler Vogelarten, aber auch jede Menge **Feldhasen** haben hier ideale Lebensbedingungen gefunden.

Die Ornithologin weist auf die zahlreichen Gatter mit den **orangefarbenen Plaketten** hin. Dabei handelt es sich um Flächen, die der Landkreis Stade aufgekauft hat und die nun für einen eher symbolischen Obolus verpachtet werden, denn ihre landwirtschaftliche Nutzungsmöglichkeit ist stark eingeschränkt. Nur **Rinderhaltung** ist hier erlaubt, und selbst das nur in sehr eingeschränktem Umfang von zwei Rindern pro Hektar Fläche. Hier im Grünland gibt es nämlich unzählige **Bodenbrüter;** die nicht sehr bewegungsfreudigen Rinder zertrampeln deutlich weniger Nester, als das beispielsweise Pferde tun würden. Selbstredend ist auch jeglicher chemische Pflanzenschutz und Gülledüngung verboten, und nicht einmal mähen darf der Pächter seine Wiese ohne Erlaubnis des Naturschutzwartes.

Vor allem **Uferschnepfen, Austernfischer** und **Kiebitze** brüten in Nordkehdingen. Ihre Nahrung finden sie am Wasser; mit ihren langen Schnäbeln können sie nicht im Trockenen nach Nahrung suchen, sie würden stecken bleiben. Kiebitze sind zudem auf niedriges Gras angewiesen, denn die kleinen Küken werden nicht gefüttert. Die Jungen müssen vom ersten Tag an selbst auf Nahrungssuche gehen. So klein, wie sie noch sind, brauchen sie kurzes Gras. Kiebitze schließen sich übrigens gerne **Goldregenpfeifern** an, die immer in Schwärmen auffliegen. Wie man Goldregenpfeifer, die

unten etwas heller im Gefieder sind als oben, auf einer Wiese sicher erkennen kann, erklärt die Ornithologin so: Ganz einfach, sie sitzen immer zu Hunderten auf einer Wiese und haben alle den Kopf in dieselbe Richtung gedreht: dem Wind entgegen.
Langsam wird der Blick der Vogelkieker-Gäste geschärft für die vielfältigen Lebensgemeinschaften am Elberand und ihre Besonderheiten. **Bussarde** würde man in diesem feuchten Land wohl kaum vermuten, denn sie sind ja abhängig von Mäusen. Und doch gibt es sie hier, und die meisten Exemplare sind hier sogar noch kräftiger in der Statur als anderswo. Sie sammeln hier die nach jeder Sturmflut angefallenen toten Mäuse, nehmen also auch durchaus Aas als Nahrung an. Auch lernt man, wie viele Farbvariationen es im Federkleid der Bussarde gibt.
Plötzlich stoppt der Bus: Eine **Schwanenkolonie** ist in Sicht. Wer die Gegend kennt, wird sie leicht wiederfinden, erklärt die Vogelkundlerin, denn Schwäne sind sehr standorttreu, wobei die Gruppen oft gemischt sind; Höcker- und Singschwäne sitzen friedlich in einer Gruppe zusammen. Wie auf Kommando setzen sie sich in Bewegung, die ganze Gruppe hebt ab und fliegt mit dem gleichmäßigen Geräusch ihrer Schwingen über die begeisterte Vogelkiekergruppe. Und dann sehen wir ihn am Deich: ein Schwarm von **Nonnengänsen.** Er kommt direkt auf uns zu, und dann verdunkeln Tausende von Gänsen den Himmel und rauschen über die Elbe.
Natürlich, es sind die in der arktischen Tundra brütenden Nonnengänse, die in großen Gruppen von bis zu 5000 Vögeln auch in den Elbmarschen überwintern, wegen derer man an einem grauen Novembertag eine solche Exkursion unternimmt, aber bei einer Vogelkiekertour erfährt man viel mehr, etwas unbezahlbar Wichtiges sogar. Man lernt nämlich staunend die Lebensgemeinschaften in der Elbnatur kennen mit ihren vielfältigen Vernetzungen und Abhängigkeiten und beginnt zu begreifen, was für weitreichende Folgen scheinbar geringe Eingriffe haben können. Nicht nur der Blick für die Vogelwelt wird hier geschärft, sondern auch die Sensibilität für Fragen des Naturschutzes.

Nun sind aber Vögel nicht alles, was Nordkehdingen zu bieten hat. Eine kleine städtebauliche Perle ist Freiburg, das sich auch als guter Standplatz für Ausflüge in die Umgebung erweist.
Schmuck **restauriert** präsentierte sich der Flecken zur 850-Jahr-Feier im Jahre 2004, dem Städtebauförderprogramm sei Dank. Dreieinhalb Millionen Euro regnete es auf den Ort, unter anderem wurden 43 private und zwei öffentliche Gebäude restauriert.
Erstmals erwähnt wurde Freiburg **1154** in der Slawenchronik Helmold von Bosaus, in der ein Burgausbau vermerkt wurde. Die **Burg** gab es also schon, woraus man schließen kann, dass Freiburg sogar noch älter ist und in jedem Fall zu den ältesten belegten Siedlungen der Region gehört. Der fast unzugängliche Ort war damals auf der Landkarte als sicherer Punkt für den Bremer Erzbischof und Landesherrn Hartwich I. eingezeichnet. Sie wurde mit den Burgen Stades und Bremervördes errichtet, um **Heinrich dem Löwen** Paroli zu bieten. Die Burg allerdings überdauerte nicht, sie wurde bereits 1167 von Heinrichs Mannen zerstört und Freiburg in die bremisch-welfischen Kämpfe hineingezogen.
Stader Stadtrecht erhielt das rasch wachsende Freiburg bereits **1271,** und es war den **Bremern** ein wichtiger Hafen geworden. In den 60er und 70er Jahren des 14. Jahrhunderts nutzte Albert II. von Bremen Freiburg als Kaperhafen. Immer wieder attackierte er die vor Freiburg auf Reede liegenden und auf die einsetzende Tide wartenden Hamburger Handelsschiffe und raubte sie aus. 1430 wurden Freiburg der **Flecken-Status** (ein Status zwischen Stadt und Dorf) und die **Marktrechte** übertragen.
Auch Freiburg musste unter **wechselnden Herrschaften** überleben, vom Erzbistum Bremen über dänische und schwedische Verwalter, die Könige von Hannover und Preußen reicht die Liste der Landesherren. Genauso wenig wie von Kriegen wurde der Ort von **Katastrophen** verschont, große Brände, Seuchen wie Pest und Cholera, vor allem aber die Sturmfluten suchten die Einwohner immer wieder heim.
Das führte zu einem besonderen Schulterschluss der Freiburger, einem **Zusammenhalt,** der sich auch heute im **Bewahren alter Traditionen** äußert. Die Freiburger Schützengilde, aus der heraus sich 1620 zusätzlich eine Brandgilde bildete, besteht bereits seit 1598. Die Brandgilde war sogar die Erste auf diesem Ufer der Elbe. Und die **Schützengilde** hatte wahrhaftig eine wichtige Funktion in der Geschichte, wie ein Volksschauspiel des ehemaligen Amtsrichters Lattmann bei der 850-Jahr-Feier es darstellte. Der ursprüngliche Titel »Das Freiburger Gildefest im Jahre 1698« wurde griffig umformuliert in: »Die Schweden kommen«. Das Stück spielt 1698, als die Schweden sich von Stade aus aufmachten, um Freiburg zu plündern und zu brandschatzen, und das ausgerechnet zum Jahrestag des 100-jährigen Bestehens der Schützengilde! Doch die Freiburger, ob Bauer, Knecht oder Edelmann, standen wie ein Mann zusammen und schlugen den schwedischen Angriff unter der Führung ihres Schützenkönigs Junker Georg zurück. Der Gräfe als Vertreter des Landesherrn zeigte sich darob so beeindruckt, dass er dem Junker erlaubte, seine Liebste zu heiraten, obwohl sie nur eine Bauerntochter war.
Anders als die übrigen Kehdinger Ortschaften wirkt Freiburg sehr kompakt, die kleine **Altstadt** sehr geschlossen. Deutlich erkennt man noch die hufenförmige, bis viereinhalb Meter hohe Wurt, auf der der Ort ursprünglich angelegt wurde. Die Freiburger Altstadt ist ein kleines Gesamtkunstwerk. Herauszuheben ist darin nur die **Kirche St. Wulphardi (8),** die ziemlich auf der Mitte der alten Ortswurt steht. Die von der Sturmflut des

Freiburgs Hafensperrwerk

Jahres 1825 stark beschädigte einschiffige romanische Basilika wurde 1837 abgebrochen. An ihrer Stelle wurde schon im gleichen Jahr eine spätklassizistische Nachfolgerin geweiht, die nach Plänen des Stader Bauconducteurs Ernst Heinrich Blohm zwar an gleicher Stelle, aber etwas höher gelegen erbaut wurde. Der rechteckige Backsteinsaalbau ist von seinen Rundbogenfenstern gegliedert, einziger Außenschmuck ist das Backsteingesims. Den Innenraum bestimmt die umlaufende Empore, die in den Kanzelaltar übergeht; über allem erstreckt sich die bunte Volutendecke. Die übrigen farbigen Ausgestaltungen stammen erst aus den Jahren 1914 bis 1919. In der Orgel an der Westempore wurden gerettete Teile der alten Orgel von 1580 verwendet. Die höhere Lage der Kirche sollte lebensrettend sein, denn während der Sturmflut 1962 stand sie als einsame Insel in den Freiburger Fluten und bot den Einwohnern Schutz.

Für den einst bedeutenden Freiburger **Hafen** kam in den 1970er Jahren das Aus, als die letzten Kümos abgefertigt wurden. Der kleine Hafenpriel ließ auch hier keine kostendeckende Küstenschifffahrt mehr zu. Das Sturmflutsperrwerk gab dem kleinen Hafen den Rest, denn nun konnten nur noch Schiffe mit maximal 45 Metern Länge und weniger als acht Metern Breite Freiburg anlaufen. Und so dient der einstige Wirtschaftshafen mit dem charakteristischen Silo heute als idyllischer Sportboothafen.

Am Allwördener Deich ist in einer alten Kornmühle der **Kunstverein Kehdingen** untergekommen, der sich überaus rührig und mit Erfolg um die Kulturlandschaft Nordkehdingens bemüht. Im regelmäßigen Wechsel kann man hier Ausstellungen von Bildhauern, Malern und Fotografen aus der Region sehen. Auch Workshops finden hier statt.

Unterwegs in Nordkehdingen

Ideal geeignet ist die Region für **Wanderungen** und **Radtouren,** zum Wandern kann man sich auch einfach einige der schönsten Abschnitte der Radtouren heraussuchen. Oder man wandert einfach auf dem Deich entlang durch das Land. Die Entfernungen sind nicht groß, und so bleibt immer genug Zeit für Besichtigungen, für ein Bad zwischendurch und etwas Muße, das stille Land auf sich wirken zu lassen.

Eine der schönsten Routen führt vom Freiburger Hafen aus auf gut ausgeschilderten Wirtschaftswegen am Elbdeich entlang bis zum **Ostesperrwerk.** Reizvoll ist es immer wieder, auf den Deich zu steigen und den Blick über das weite Land und den hier schon sehr breiten Strom schweifen zu lassen. Deutlich erkennt man auf dem anderen Ufer das Störsperrwerk, die Kernkraftwerke Brunsbüttel und Brokdorf sowie die Schleusenzufahrten vom Nord-Ostsee-Kanal. Auf jeden Fall sollte man sich an die **Erläuterungen** am Hafenparkplatz halten, die genau beschreiben, wann welcher Weg im ehemaligen Außendeichland von wem betreten oder befahren werden darf. Immer sollte man bedenken, dass auch Radfahrer störend für die Natur sein können. Besonders das Deichvorland, das in ganzer Länge dieser Tour unter Naturschutz steht, sollte man meiden. Aber beobachten kann man es vom Deich aus wunderbar. Im Wattengebiet an der Oste kann man mit etwas Glück sogar ein paar **Seehunde** entdecken.

Von Hörne aus kann man noch einen Abstecher zum Ostesperrwerk und zum **Natureum** (siehe Kapitel »An der Oste«) machen. Zurück Richtung Freiburg geht es von Hörne aus entlang des alten Deiches über Balje, wo man das **Mittelalterdorf »Op de Hörn«** besichtigen kann. Auf dem Gellertweg kommt man von Hörne aus zwar bis zu den **Baljer**

Leuchttürmen, doch liegen sie mitten im Naturschutzgebiet Hullen, und das Betreten ist hier nur während eines kurzen Zeitraumes im Hochsommer gestattet. Sie sind schon ein toller Kontrast, diese beiden Baljer Richtfeuer, das schnörkellose rot-weiße moderne Oberfeuer und das bullige weiße Unterfeuer, das heute technisches Baudenkmal ist. Weiter geht es nach **Krummendeich,** das mit seinem **Naturfreibad** zur Erfrischung lockt, und das auch noch kostenlos. Entstanden ist das Gewässer als Brack in Folge eines Deichbruches bei der großen Weihnachtsflut von 1717. Auch die zahlreichen kleinen und großen übrigen Teiche und Seen der Region sind fast alle auf die gleiche Art entstanden.

Wer mag, kann jetzt noch einen kleinen Abstecher Richtung Süden nach **Oederquart** machen und den **Schinkel** am Hollerdeich anschauen, eine Thingstätte, die bis 1852 Wahlort der Hauptleute war und bis heute ein Symbol der Kehdinger Freiheiten ist. Am Ortsausgang von Oederquart, nicht weit vom Schinkel entfernt, liegt der **Ziegelhof,** der die früher gängige Hofbauweise wohlhabender Besitzer zeigt: Eine dreigiebelige Front reiht Haupthaus, Scheune und Viehstall akkurat nebeneinander auf. Von Oederquart aus geht es über Landesbrück wieder zurück nach Freiburg.

Von Krummendeich geht es, immer am Deich entlang, über Osterwechtern, Stellenfleth und Laack zurück nach Freiburg. Die Tour ist mit rund 40 Kilometern gut an einem Tag zu bewältigen, und es bleibt genug Zeit zum Schauen und Baden. Man sieht nicht nur viel Natur auf dieser Route, sondern erfährt beim Durchqueren der Dörfer viel von deren Geschichte, durch die Bauten, alte, oft sehr stattliche Höfe, die meist liebevoll restauriert sind. Ein weiteres schönes Beispiel der Kehdinger Bauweise bietet auch das heute als Hotel genutzte **Gut Schöneworth** unweit von Freiburg am Obstmarschenweg, das aus zwei backsteinernen Hallenhäusern und einer Scheune aus dem 19. Jahrhundert besteht.

Etwas südlich von Freiburg liegt **Hamelwörden,** das eine sehenswerte Kirche besitzt. **St. Dionysius** ist die älteste Kirchengründung Kehdingens. Das heutige Gotteshaus steht auf Resten einer romanischen Feldsteinkirche, deutlich kann man an dem rechteckigen Backsteingebäude die Bauabschnitte des 15. und 18. Jahrhunderts erkennen. Das Brauthaus wurde 1729 an der Südseite angebaut, ein Fachwerkbau 1828 im Norden. Der Altar stammt in seiner heutigen Gestalt aus den Jahren um 1700. Schön ist auch die **Orgel,** 1842 durch den Stader Orgelbauer Georg Wilhelm geschaffen. Dies ist allerdings nicht die erste Hamelwördener Orgel, bereits 1565 wird hier erstmalig ein solches Instrument erwähnt.

Wischhafen – von Fluten und Scharlatanen

Seit Tagen schon fegte der steife Südwestwind über das flache Land. Noch ging es ja, wenn auch schon einzelne Orkanböen um die Häuser heulten und erste Dächer von Scheunen gerissen hatte. Es konnte ja immer noch gut gehen. Und so betete man am **Heiligen Abend 1717** in Kehdingen besonders inbrünstig.

Doch schon am nächsten Morgen kündigte sich das Unheil an, denn der Sturm drehte auf Nordwest und nahm weiter zu. Das Wasser konnte nicht mehr ablaufen, nicht einmal in der Nacht bei Ebbe, und nun tobte der **Orkan** wie entfesselt. Mit der Flut krachten in riesigen Brechern gewaltige Wassermassen an die Deiche Kehdingens. Am Morgen **brachen die Deiche** dann einer nach dem anderen. Die Bilanz der Flut war schrecklich: 421 Menschen starben allein in Kehdingen, 957 Pferde und an die 8000 Rinder ertranken, 238 Häuser wurden zerstört, 1153 schwer beschädigt.

Noch heute sind um Wischhafen herum die teichähnlichen **Bracks** zu sehen, allesamt Überbleibsel der verheerenden Flut, bei der es zu einem 100 Meter breiten Grundbruch des Deiches kam. Alle Reparaturversuche scheiterten, immer war die nächste Flut schneller da, noch stärker und höher als der neu errichtete Deich. Die Situation muss verzweifelt gewesen sein damals, man griff nach jedem Strohhalm. Und wie es im Leben so ist, manchmal entpuppt sich ein Retter in der Not als Scharlatan.

Als die Flut von 1719 einen gerade von über 1000 Menschen errichteten und über 90.000 Reichstaler teuren Notdeich einfach weggespült hatte, erhörten die Wischhafener das Werben **Jacob Ovens'.** Der hatte alle bisherigen Versuche als völlig untauglich abqualifiziert und versprach, es besser zu wissen. Auf einer verkürzten und begradigten Linie sollte sein Deich weiter im Landesinneren verlaufen, plante der frisch ernannte Oberdeichmeister. Aber auch sein Deich überstand den folgenden Winter nicht, bei der Sturmflut vom November 1720 wurde er zertrümmert. Ovens aber forderte dreist für einen weiteren Versuch den Besitz der gesamten Gemeinde Hamelwörden für sich als Entlohnung, und zwar im Voraus. Doch nun reichte es den Leidgeprüften, sie jagten Ovens, der später sogar lebenslänglich im Zuchthaus einsitzen musste, aus dem Amt. Die Kasse war um 400.000 Reichstaler ärmer und der Deich immer noch nicht dicht.

Ein neuer Versuch ließ zwei Defensionsdeiche errichten, die das Land immerhin zu beiden Seiten des Bruchs schützen sollten. Sie verliefen bis weit ins Moor hinein. Nach der Neujahrsflut von 1721 ließ man den Deichbau resigniert ruhen. Erst 1742 konnte mit Hilfe der hannoverschen Landesregierung der Bruch geschlossen werden.

Heute weiß man, warum es so schwierig war, den Bruch zu schließen. Abgesehen von der Größe waren dafür die Lage dicht an der Elbe sowie die dort vorhandenen Bodenverhältnisse verantwortlich - der Deich stand auf **Treibsand.**

Die **Defensionsdeiche** kann man übrigens heute noch erkennen. Der südliche Defensionsdeich dient als Straßendamm, auf ihm verläuft die Bundesstraße 495.

Von Küstenschifffahrt und Elbefähren

Das Leben der Wischhafener war immer von der Elbe geprägt, sie litten unter ihr bei den vielen Sturmfluten, und sie lebten von ihr, denn der Hafen war Wischhafens Lebensader.

Viel davon erfährt man im **Küstenschifffahrts-Museum (11),** das gleich hinter dem alten Elbdeich am Hafen liegt, untergebracht in einer denkmalgeschützten backsteinernen Mühle. Vor dem Zweiten Weltkrieg gab es noch 240 Küstenschiffe in Kehdingen, noch fast alle im Besitz ihrer Kapitäne und überwiegend von kleinen Werften in der Region gebaut. Viele Modelle zeigen die **spezifischen Schiffstypen der Region** vom Ewer bis zum modernen Feeder und machen den Wandel anschaulich. Und auch die **technische Entwicklung** vom Holzbau zum Stahlschiff, vom Segler zum Motorschiff mitsamt aller modernern Elektronik wird dargestellt. Auch vom **Leben an Bord** erzählt das Museum und zeigt, wie die Besatzungen dort wohnten und arbeiteten. Wer mag, kann sich in einem Original-Steuerhaus einmal ans Ruder begeben und die Maschine anstellen. Den Wandel im Aussehen und im Wirtschaftsleben der Kehdinger Häfen stellen Schaubilder eindringlich dar.

Es lohnt sich, am Hafen entlangzuspazieren, in dem oft wunderbar restaurierte **alte Segler** liegen. Am Ende des Beckens, wo die Wischhafener Süderelbe beginnt, befindet sich eine kleine Werft, und direkt davor ist der angestammte Liegeplatz der **»Iris-Jörg«,** eines 1956 in Rendsburg erbauten Küstenmotorschiffs. Das zum Museum gehörende

Kümo ist sehr flach gebaut und hat klappbare Masten; so konnte es bis weit ins Binnenland fahren. Die »Iris-Jörg« war viele Jahre im Holztransport zwischen Skandinavien und dem Ruhrgebiet unterwegs.

Ein schöner **Spaziergang** führt vom Küstenschifffahrts-Museum in nördlicher Richtung auf dem alten Elbdeich entlang, am Fährhaus und dem alten Fähranleger vorbei aus dem Ort heraus und dann fast parallel zur Bundesstraße 495 zum neuen Fähranleger. Bis heute ist Wischhafen in erster Linie durch die **Elbfähre (10) nach Glückstadt** bekannt, die einzige Möglichkeit, elbabwärts von Hamburg die Elbe mitsamt dem Auto zu überqueren. Zwar ist seit einiger Zeit eine feste Elbquerung, die seit den 1960er Jahren ab und zu angedacht wurde, wieder in der Diskussion, aber bis die dafür wohl nötige Milliarde für eine Tunnelquerung bei chronisch klammen Staatskassen lockergemacht ist, wird noch viel Wasser die Elbe hinunterlaufen. Wenn es überhaupt so weit kommt. Man sieht die Sache mit einem lachenden und einem weinenden Auge in Kehdingen und Vorteile ohnehin hauptsächlich für den Durchgangsverkehr.

Ein Stück Tradition ist diese seit 1919 bestehende Fährverbindung für die Einheimischen, nicht nur die Touristen würden sie gerne behalten. Das seinerzeit vom Glückstädter Kapitän Ernst Sturm gegründete Familienunternehmen hat vier Fähren im Einsatz, die im Sommer im 20-Minuten-Takt zwischen Wischhafen und Glückstadt pendeln und jährlich 60.000 Fahrzeuge befördern, zehn Prozent davon Lkw. Die Fahrzeiten sind mit 25 Minuten etwas kürzer geworden, seit 1968 in Wischhafen und 1981 in Glückstadt neue Anleger weit außerhalb der Orte in Betrieb genommen wurden. Das bedeutete für Fußgänger allerdings, dass der Wegg in den Ort vor allem in Glückstadt ziemlich weit geworden ist. Aber wer die Fähre einfach nur als kleine Elbekreuzfahrt nutzen will und nur hin und mit dem gleichen Schiff wieder zurückfährt, ohne an Land zu gehen, bekommt für wenig Geld eine Menge Spaß.

Die »Iris-Jörg«

Im Moor

Als »wild und geheimnisvoll« beschrieb Richard Linde vor 100 Jahren das Kehdinger Moor in seinem Buch »Die Niederelbe«. Nordwestlich von Stade erstreckt es sich, oder besser das, was vom Moor übrig geblieben ist, nämlich ein gut zwanzig Kilometer langer Streifen bis fast an die Oste heran.

Vor Tausenden von Jahren lagerte sich hier **Schlamm** aus den beiden Flüssen Elbe und Oste an. Von ganz allein entstanden **Dämme,** die das Wasser nicht mehr abfließen ließen. Der über die Jahrtausende dann nur noch vom Regen gespeiste See begann zu **verlanden.** Schilf und Rohr wuchsen von den Rändern aus zur Mitte, Torfmoose wucherten zur Oberfläche und bildeten aus dem unter ihnen liegenden abgestorbenen Pflanzenmaterial mehr als vier Meter dicke **Torfschichten.**

Früher galten Moor als lebensfeindlich und unheimlich, weshalb sie von den Menschen nach Möglichkeit gemieden wurden. Erst vor gut 200 Jahren begann man am Rande des Kehdinger Moors damit, die Flächen zu entwässern und zu **kultivieren;** man hatte den **Torf als Brennmaterial** entdeckt und begann mit dem Abbau. Als Pflanzenerde wurde er übrigens erst viel später entdeckt. Zunächst wurde der Torf mühsam von Hand gestochen, die Gräben mit dem Spaten gegraben. Später, in den 1930er Jahren, setzte man zur Moorkultivierung Maschinen ein, nach dem Zweiten Weltkrieg begann man, riesige Torfbagger zu benutzen. So veränderten Torfabbau und landwirtschaftliche Nutzung das Gesicht des Kehdinger Moores immer mehr, heute sind fast 80 Prozent der alten Moorflächen entwässert. Das Gelände sieht aus wie eine Wiesen- und Weidelandschaft. Nur an den Straßen merkt man manchmal

Typische Moorlandschaft

Eine echte Knochenarbeit: Torfstechen

noch, dass man im Moor ist. Da spürt man, wenn man mit dem Fahrrad oder zu Fuß unterwegs ist, ein leichtes Schwingen, wenn von ferne ein Auto naht, und man sieht die langen Wellen auf der Straße.
Inzwischen hat man umgedacht und betrachtet Moore als wertvolle **Naturflächen** mit einmaligen Biotopen, die schützenswert sind; **Renaturierung** ist angesagt. Nach und nach sind immer mehr Flächen wieder zu wirklichen Mooren geworden; Entwässerungsgräben wurden zugeschüttet, abflusslose Regionen entstanden, die angestammten Lebensgemeinschaften wurden wieder heimisch. Nun sieht man wieder weite Wollgrasflächen, Moorlilien, Moosbeeren und sogar Insekten fressende Moorpflanzen wie verschiedene Sonnentauarten.
Wer den Lebensraum Moor genauer kennen lernen möchte, sollte unbedingt eine Fahrt mit dem »**Moorkieker**« unternehmen. Eine 20 PS starke kleine **Lokomotive** zieht die umgebauten Torf-Loren. Auf der vier Kilometer langen Rundstrecke wird alles Wissenswerte von kompetenten Führern vermittelt, vom entbehrungsreichen Leben der hier lebenden Menschen über den Torfabbau bis hin zu den Pflanzen- und Tiergemeinschaften im Moor. Alle Stadien der Landschaftsentwicklung werden unterwegs und bei den Stopps gezeigt. Dazu kann das Hochmoor auf einem 1200 Meter langen sicheren **Bohlenweg** erkundet werden, Bodenprofile werden in der Natur und anhand von Modellen gezeigt, es wird über den Torfabbau gestern und heute sowie über die Renaturierungsmaßnahmen informiert. Einen weiten Überblick über das Kehdinger Moor bekommt man von einem **Aussichtsturm.** Die Moorkieker-Touren starten unweit von Drochtersen im **Aschhorner Moor** auf dem Gelände der Euflor-Humuswerke.

Zentrum Südkehdingens ist **Drochtersen.** Nach den Eingemeindungen von Dornbusch, Krautsand, Assel und Hüll zählt der 1287 erstmals urkundlich erwähnte Ort heute an die 12.000 Einwohner. Die große Blütezeit der Region aber war das 19. Jahrhundert, als die vielen **Ziegeleien** der Umgebung das Wirtschaftsleben bestimmten. Davon profitierten natürlich auch die Häfen Südkehdingens. Über diese nämlich lief der Transport der Ziegel; besonders nach Hamburg wurde viel geliefert, denn dort wurde nach dem großen Brand von 1842 jede Menge Baumaterial für den Wiederaufbau gebraucht, große Teile der Speicherstadt sind mit Kehdinger Ziegeln erbaut worden.

Ins Abseits geriet Südkehdingen nicht erst mit dem Ende der traditionellen Küstenschifffahrt. Als die **Bahn** anfing, der Schifffahrt Transportvolumen zu nehmen und Fabrik- wie Firmenansiedlungen zunehmend dort erfolgten, wo ein Bahnanschluss möglich war, begann der Abstieg. Kehdingen wurde nicht ans Reichsbahnnetz angeschlossen, zu abgelegen, zu dünn besiedelt war es, zu schwer zu erschließen durch Moore und die ständige Sturmflutbedrohung. Nur eine Kleinbahn wurde von Stade bis an die Oste nach Itzwörden gelegt, insgesamt 50 Kilometer lang war die **Kehdinger Kreisbahn.** Doch einen wirklichen Fortschritt konnte man sie nicht nennen, bei einer Höchstgeschwindigkeit von 30 Stundenkilometern brauchte sie für die Strecke mehr als drei Stunden, größere Transporte waren damit ohnehin nicht möglich. Nach nur 34 Betriebsjahren wurde die Kreisbahn zu Gunsten von Omnibuslinien eingestellt - ein tränenreicher Abschied, denn die Kehdinger hatten ihre Kleinbahn inzwischen ins Herz geschlossen.

Was die wirtschaftliche Entwicklung Kehdingens betrifft, so ist das **Transportproblem** noch heute akut, immer noch fehlen leistungsfähige Verkehrsverbindungen. Man ist hin- und hergerissen zwischen der neuen Anziehungskraft, den ein Autobahnanschluss Drochtersen und der Region bringen würde, und den negativen Folgen. Die Gemeinde sucht im Spannungsfeld von Ökonomie und Ökologie eine Zukunft zu finden.

Es ist viel los in Drochtersen, ein rühriger Gewerbeverein startet regelmäßig Aktionen, die Tausende in den Ort locken, vom Blütenfest bis zur Messe, vom Fischmarkt über den Flohmarkt zum Bauernmarkt und dem Weihnachtsmarkt. Und auch an **kulturellen Veranstaltungen** wird hier einiges auf die Beine gestellt; im November findet regelmäßig ein Kunstmarkt statt, bei dem regionale Künstler ausstellen.

Wer mehr über die Ziegeleigeschichte Südkehdingens erfahren möchte, wird sich für die **Ziegelei Rusch** interessieren, die bei Assel in Drochtersen-Ritsch im ehemaligen Außendeichland liegt und leicht an dem schlanken Schornstein zu erkennen ist (nicht zu verwechseln mit dem viel bulligeren Bleiturm der ehemaligen Kugellagerfabrik in Barnkrug). Die Ziegelei Rusch ist denkmalgeschützt, sie fertigt aber heute noch Ziegel aus historischem Baumaterial im alten Ringofen von 1881. Diese werden in ganz Deutschland für die **Restaurierung alter Bauten** verwendet. Von den einst 130 Ziegeleien der Umgebung blieb nur das Klinkerwerk bei der traditionsreichen Produktionsweise. Der 1881 gegründete Betrieb ist ein Familienunternehmen, das heute von Matthias Rusch, dem Urenkel des Gründers, geleitet wird. Mit den Bauern der Region werden Abziegelungsverträge geschlossen, die es dem Klinkerwerk erlauben, die Tonerde bis zu einer Tiefe von 80 Zentimetern abzugraben. Dieses relativ schonende Verfahren ermöglicht es, die Flächen wenig später wieder landwirtschaftlich zu nutzen. Die geformten Vollklinker kommen dann für 14 Tage in den mit Kohle beheizten, 22 mal 60 Meter großen Ringofen, den der Brand ganz allmählich durchwandert. Luftablässe oben über dem Ofen erlauben eine Kontrolle und Steuerung des Brandes. Unter **Denkmalschutz** steht nicht nur der Ringofen, sondern die gesamte Anlage mitsamt Gleisen und Schiffsanleger; noch bis 1974 wurden die Steine fast ausschließlich mit dem Schiff transportiert.

Wenn man schon einmal in Assel ist, kann man bei der **Heimatstube Assel** vorbeischauen. Hier werden Exponate aus Haushalt, Handwerk, Landwirtschaft und Schifffahrt gezeigt, die tiefe Einblicke in die bäuerliche Vergangenheit und die handwerkliche Tradition der Region ermöglichen. Immer wieder gibt es auch Sonderausstellungen zu Kehdingens Häfen und Schifffahrt sowie zu Deichbau und Sturmfluten.

In **Drochtersen Hüll** hat sich ein kleines kulturelles Zentrum gebildet. Hier, am Westrand des Kehdinger Moores, liegt im Hochmoor in Niederhüll das **Elfersche Anwesen (12),** das seit 1993 im Besitz des »Heimatvereins Hüll und Umgebung« ist. Dieser Heimathof ist ein lebendiges **Museum,** das über alle Lebensbereiche der Moorbauern Geschichten erzählt. Zum Komplex gehören das reetgedeckte Haupthaus, die reetgedeckte Viehscheune und ein Backhaus, das aus dem Nachbarort Engelschoff-Neuland stammt, sowie der Geräteschuppen, die Wagenremise und der Bauerngarten. Dieser 1,5 Hektar große Garten folgt in seiner Anlage historischen Vorbildern. Weil der Heimathof nicht nur in Exponaten die alten Zeiten vorführen möchte, sondern als lebendiges Museum angelegt ist, werden hier bei den Aktionstagen immer wieder auch alte Fertigkeiten und altes Wissen weitergegeben, von der Pflanzenkunde bis zum Haushalt.

Ganz im Kontrast dazu steht - wenn auch nur inhaltlich und nicht, was die Bauten betrifft - der **KunstRaum** in Hüll. Die 1994 gegründete Kulturinitiative residiert in einer denkmalgeschützten Scheune und besitzt einen über 200 Quadratmeter großen Galerieraum. Der KunstRaum hat sich der **zeitgenössischen Kunst** verschrieben, von der experimentellen Musik über das Theater bis zur Literatur finden hier interessante Ausstellungen und Veranstaltungen statt, mit denen die Kulturinitiative schnell überregionale Bekanntheit erlangte.

Elbinsel Krautsand

Die touristische Perle Südkehdingens ist die Elbinsel Krautsand, die verwaltungsmäßig ebenfalls zu Drochtersen gehört und streng genommen gar keine Insel mehr ist. Erstmals erwähnt wurde sie schon 1575 als »Krutsand«; damals lebte dort noch keine Menschenseele, nur als Sommerweideland wurde sie genutzt. Erst ab 1620 lebten Menschen auf Krautsand: Zunächst waren fünf Pächter hinausgezogen und hatten Häuser auf Wurten errichtet. Die Zahl der Siedler nahm langsam zu, und so wurde 1682 fast genau in der Mitte der Insel eine Kirche erbaut. Wenige Jahre später, 1688, wurden auf Krautsand 21 Bauernstellen gezählt. Die damalige Kirche existiert heute nicht mehr, an ihrer Stelle wurde 1885 ein neues Gotteshaus erbaut. Zwar gibt es die Kirchenwurt noch, doch liegt sie heute ganz woanders, nämlich statt auf der Inselmitte nur noch knapp 200 Meter vom Elbufer entfernt, so sehr wanderte und veränderte sich die Insel.

Krautsand gehörte ursprünglich, genau wie **Pagensand,** zu einer großen Insel, die durch Sturmfluten zunächst zu einer Art Inselgruppe auseinandergerissen wurde. Später drifteten Pagensand und Krautsand immer weiter auseinander, Pagensand wanderte elbaufwärts, Krautsand rückte immer näher ans südliche Elbufer. Krautsand war in diesem **Wanderungsprozess** den Sturmfluten schutzlos ausgesetzt, die etwa 30-mal im Jahr die Insel überfluteten, welche bis 1976 uneingedeicht blieb. Durch die Inselwanderung wurde auch die Wischhafener Süderelbe immer schmaler. Auf Karten und Beschreibungen der Zeit um 1800 war sie noch 1000 Meter breit, heute sind es gerade mal 40, und die Insel verbindet sich an der Südspitze immer mehr mit dem Festland.

Obwohl Krautsand jahrhundertelang eine richtige Insel und oft vom Rest der Menschheit abgeschnitten war, entstand hier nie ein richtiges Dorf. Zu dünn war die Besiedelung, zu weit lagen die Höfe auf ihren Wurten aus-

Buhrfeind's Hotel auf der Elbinsel Krautsand

einander und zu oft war die Insel überflutet, als dass sich dörfliche Strukturen hätten bilden können. Die Höfe lagen ja auch deshalb so weit auseinander, weil sie inmitten ihrer Ländereien lagen. So konnten sich im Notfall Mensch und Vieh schneller retten.
Ein wenig mehr Anschluss an die Welt erhielt Krautsand in den 1930er Jahren, als immerhin schon an die 1000 Menschen auf der 16 Kilometer langen und drei Kilometer breiten Insel lebten. Eine **Straßenbrücke** wurde 1936 gebaut und dann die Straße nach Drochtersen. Bis dahin war die Fähre nach Dornbusch die einzige Verbindung über die Wischhafener Süderelbe nach Kehdingen hin gewesen.
Noch einmal hatte Krautsand 1976 unter einer Sturmflut schwer zu leiden, dann wurde **eingedeicht.** Nun gibt es keine Überflutungen mehr, und langsam, aber sicher verändert sich der Charakter der Besiedelung. Man braucht nicht mehr auf Wurten zu bauen, rückt näher zusammen und entwickelt zusammenhängende dorfähnliche Siedlungsstrukturen.
Für Generationen von Ausflüglern war **Buhrfeinds Gasthof** neben dem Leuchtturm das bekannteste Gebäude der Insel. Bereits um 1800 hatte die Familie Buhrfeind hier eine Gaststätte errichtet und so den **Ausflugsverkehr** nach Krautsand mitbegründet. Auch den Seeleuten war das Gasthaus wohl bekannt, denn dort befand sich der Anleger der Fähre nach Glückstadt. Für zusätzlichen Betrieb sorgte die Reede vor dem Anleger, denn bevor man daranging, die Elbe im großen Stile auszubaggern, war hier Schluss für die Ozeanliner, weiter elbaufwärts konnten sie vor 1910 nicht laufen, der Fluss war noch zu flach. Und so wurde Buhrfeinds Gasthof bereits vor 100 Jahren ein florierendes Ausflugslokal. Das damalige Gebäude erwies sich aber bald als hochwassergefährdet und wurde 1864 gut 250 Meter ins Inselinnere verlegt.
Im 20. Jahrhundert waren die Tage des regen Schiffsverkehrs am Krautsander Anleger bald gezählt. Durch die Vertiefung der Elbe versandete dieser Teil des Ufers immer mehr, so dass zunächst die Landungsbrücke verlängert wurde. Später besann man sich sogar der Helgoländer Vorgehensweise und bootete die Ausflügler aus.
Noch bis zum Ende des vergangenen Jahrhunderts war Buhrfeinds Gaststätte ein bevorzugtes Ausflugsziel der Region. Man fuhr zu Buhrfeind, denn das sagte man, wenn man Krautsand meinte. Dort spielte sich ein Strandleben ab wie sonst nur in den Nordseebädern; Krautsand am Sonntag, das war wie ein Kurzurlaub. Immer mehr **Camper** kamen dazu und entdeckten die Insel als nahes Urlaubsziel, und aus vielen wurden Dauergäste und eingeschworene Krautsandfans. Die großen Tage der Gaststätte gingen dennoch zu Ende, seit 2001 ist das immer noch im Familienbesitz befindliche Gasthaus geschlossen; ein neues Konzept soll aber bereits angedacht sein, hört man.
Doch Buhrfeind hin, Buhrfeind her, die Fans blieben ihrer Insel treu. Immer noch ist Krautsand ein Erlebnis. Um den Elbanleger herum herrscht an Sommertagen ein Trubel, der an Badeorte erinnert, nur ein paar Meter weiter aber ist es still mit reichlich Platz, Ruhe und Natur pur. Kilometerweit kann man am Elbstrand entlang wandern, der mal von Schilfufern unterbrochen wird, an anderen Stellen bei Ebbe durch weite Wattflächen verbreitert wird. Auf dem Deich sitzen und den vorüberziehenden Schiffen nachzuschauen, lässt die Zeit vergessen, durch die weite Wiesenlandschaft zu radeln oder zu wandern, lässt den Kopf frei werden, und hinter einem Gebüsch am Strand zu liegen, ist Entspannung pur.
Übrigens: Ein Bad in der Elbe ist bei der ständig überwachten, heutzutage wieder guten Wasserqualität im Sommer eine herrliche Erfrischung.

Festung Grauerort (13)

In der Festung Grauerort merkt man schnell die **Nähe zu Stade,** denn den Stader Bürgermeister Hermann Ott findet man hier in jeder freien Minute, die er aufbringen kann. Er ist Vorsitzender des Fördervereins Festung Grauerort e.V. und einer der Initiatoren der ersten Stunde.

Hier kam die Natur den Militärstrategen entgegen. Die Festung liegt auf einer vorspringenden Landzunge, einer Marschkante, die sich bis dicht an die Elbe schiebt. Sie diente schon seit Jahrhunderten der Beobachtung des Stroms. Zuerst nutzten **Seeräuber** im Mittelalter Grove, wie man Grauerort nannte, als es 1137 erstmals urkundlich erwähnt wurde. Zwar gelang es immer wieder, Piraten zu stellen, aber Herr wurde man dieser Plage lange nicht. Die Bremer Erzbischöfe versuchten es gar mit einer Zwingburg, in der sie die Seeräuber einkerkerten. Den Kehdingern allerdings ging das zu weit; einen solchen Eingriff in ihre Freiheiten duldeten sie nicht, sie zerstörten die Burg 1344.

Jahrhunderte später kamen die **Schweden** und bauten einen halben Kilometer nördlich der heutigen Feste eine **Schanze,** die zur Verteidigung gegen die Dänen dienen sollte. Das aber klappte nicht, denn die Dänen dachten gar nicht daran, von See aus anzugreifen, sie kamen von der Landseite her und nahmen die Schanze kampflos ein. Eine Küstenbatterie installierten erstmals die Franzosen 1807 im Zuge der Kontinentalsperre.

Auch die **Preußen,** die 1866 die Region übernahmen, als sie Hannover annektierten, erkannten die strategische Bedeutung Grauerorts. Bereits 1868 schickte man sich an, die heutige Festung als Artillerie-Fort anzulegen, um Hamburg vor französischen Angriffen zu schützen. Es entstand der Typ einer »Neu-Preußischen Fortifikation«.

Der Grundriss ist sechseckig, seine Begrenzungen werden von zehn Meter hohen Erdwällen gebildet, zur Landseite wurde die Anlage zusätzlich mit Gräben gesichert. In die beiden zur Elbe zeigenden Hochwälle sind je 68 Meter lange Kasematten eingebaut. Zur Sicherung gegen den Fluss haben sie eine Mauer, hinter der ein Rhondengang verläuft. Diese so genannte »Carnotsche Mauer« konnte ebenso wie die anderen Wälle und das Tor von drei Kehlgangsbunkern aus mit Geschützen und Gewehrfeuer gesichert werden. Diese Gewehrkapponieren lagen an der Nord- und Südspitze sowie am Tor der Feste.

Im südlichen Wall lagen das Tor und die Torkasematte, flankiert von den Unterständen für die Wachmannschaften. Die beiden Wälle und Kasematten zur Elbe hin waren mit je fünf Geschützstellungen und Mannschaftsunterkünften bestückt. So ist die Anlage bis auf einen Durchbruch bis heute erhalten.

Zwar war Grauerort im Deutsch-Französischen Krieg von 1870/71 in die Küstenverteidigung integriert, es sollte aber weder in diesem Krieg noch später jemals einen Schuss abfeuern. Während des Ersten Weltkrieges diente Grauerort als **Seeminendepot,** und dabei blieb es auch nach Kriegsende. Eine 200 Meter lange Landungsbrücke wurde 1926 in die Elbe hinausgebaut und mit einem Gleisanschluss versehen. Auch den Zweiten Weltkrieg erlebte Grauerort als Minendepot.

Von der englischen Besatzung wurde Grauerort nicht zerstört, die Festung diente noch bis weit in die 1950er Jahre hinein als **Flüchtlingsunterkunft.** Später verwahrloste die Anlage, bis der Förderverein sich 1997 des Geländes annahm.

Heute ist die Feste Grauerort nicht nur ein Denkmal preußischer Militärarchitektur, sondern sie dient auch als stimmungsvolle **Veranstaltungskulisse,** egal ob für »Bunker Beat« oder Opernaufführung.

Seit 2005 kann man sich die Festung auch von der **Kleinbahn** aus anschauen: Auf 1500 Metern Strecke zieht eine Deutz-Diesellok

Die Festung Grauerort

aus dem Jahre 1936 ein paar Wagen mit Passagieren über das Festungsgelände.
Nach dem Zweiten Weltkrieg diente die Minenverladebrücke als Ausflugsort. Da Helgoland von den HADAG-Dampfern nicht angelaufen werden konnte, suchte die Reederei händeringend Ersatzziele für die weiße Flotte und wurde in Grauerort fündig. Schon 1948 wurde auf der Brücke ein **Ausflugslokal** gebaut, das im Volksmund schnell »Klein Helgoland« hieß. Von Hamburg und vom Stader Stadthafen aus lief die HADAG es in den Sommermonaten bis zu vier Mal täglich an. Als die Reederei den Seebäderdienst nach Helgoland 1953 wieder aufnahm, ging es schnell bergab mit »Klein Helgoland«. 1959 übernahm der Bützflether Schützenverein das Ausflugslokal, riss es ab und baute es im Ort wieder auf. Bis auf die alte Minenverladebrücke erinnert heute nichts mehr an die großen Tage von »Klein Helgoland«. Nur der Strand und die sich nördlich anschließenden Schilf- und Wattenflächen sind immer noch genauso schön und anziehend wie zur Blütezeit des Lokals.
Immer einen Ausflug wert sind auch die kleinen **Häfen** am Kehdinger Elbufer und die Nebenarme der Elbe, wie Dornbusch und die Wischhafener Süderelbe. Besonders schön ist die Strecke von Krautsand aus am Ruthenstrom vom Nordende über den Asseler Sand entlang bis hinunter zum Barnkruger Hafen und weiter zur Festung Grauerort und nach Abbenfleth. Eigentlich unnötig zu sagen, dass man hier wunderbar mit dem Fahrrad fahren oder wandern kann. Wer mag, kann auf diese Weise direkt von der Wischafener Fähre über die Brücke am Sperrwerk fahren und so am Deich entlang zur Insel Krautsand gelangen.

Touristeninformation Kehdingen:
Stader Straße 139
21737 Wischhafen
Tel. 04770-831129, Fax 831328
www.tourismus-kehdingen.de
Werktags (außer Mi) 10–13 Uhr

Fährverbindung:
Elbfähre Glückstadt – Wischhafen GmbH & Co
Am Fleth 49
Glückstadt
Tel. 04124-2430, Fax 7194
www.elbfaehre.de

Sehenswürdigkeiten:

Mittelalterdorf »Op de Hörn«
Kontakt:
Jörg Petersen, Tel. 04779-8261, Fax 921044
Klaus-Dieter Melahn, Tel. 04779-8432
Haupt-und Realschule Freiburg, Tel. 04779-923421, Fax 923424

Kunstverein Kehdingen e.V.
Rita Helmholtz
Allwördener Deich
Freiburg
Tel. 04779-921550
www.kunstverein-kehdingen.city-map.de
Sa und So 14–18 Uhr

Kehdinger Küstenschiffahrts-Museum
Unterm Deich 7
Wischhafen
www.kuestenschiffahrtsmuseum.de
Kontakt:
Museumsleiter Volker von Bargen, Tel. 04770-7179
April bis November Sa und So 10–12.00 und 13–18 Uhr

Heimatstube Assel
Asseler Straße 42
Drochtersen-Assel
Kontakt:
A. Christ, Tel. 04148-610061
H. Busch, Tel. 04148-5271
1. und 3. So im Monat geöffnet

Heimathof Hüll
Niederhüll 23
Drochtersen
Besichtigung nach Vereinbarung
und an den Aktionstagen
Kontakt:
Ewald Sölter, Tel. 04143-5474
oder Helga Daß, Tel. 04775-665

KunstRaum e.V.
Bauernreihe 1
Drochtersen
Tel. 04775-8249
Mi–Sa 16–21 Uhr, So 11–18 Uhr

Klinkerwerk Rusch
Gauensieker Straße 2
Drochtersen
Tel. 04143-269
www.rusch-klinker.de
Das letzte noch traditionell arbeitende Klinkerwerk mit Ringofen kann von Gruppen nach Anmeldung besichtigt werden. Einfach nachfragen, manchmal kann man sich als Einzelperson einer Gruppe anschließen.

Festung Grauerort
Förderverein »Festung Grauerort« e.V.
Kontakt: Hans-Hermann Ott, Tel. 04146-929701
www.grauerort.de
1. April bis 31. Oktober So und an Feiertagen 10.30–18 Uhr

Vogelkieker und Moorkieker
Anmeldung: Tel. 04141-12561
www.vogelkieker.de
Bürozeiten Mo–Do 8–16 Uhr, Fr 8–12 Uhr

Verein für Pferderennen
am Krautsander Elbstrand e.V.
Süderstr. 19
Drochtersen/OT Krautsand
Tel. 04143-999362
www.elbstrandrennen.de

Unterkunft und Gastronomie

In Kehdingen findet man ein breites Angebot an Übernachtungsmöglichkeiten in Ferienwohnungen und Ferienhäusern, aber auch für Wohnmobile gibt es zahlreiche Stellplätze. Verzeichnisse hält die Touristeninfo Kehdingen bereit.

Hotel Gut Schoeneworth
Peter Göhring
Landesbrücker Straße 42
21729 Freiburg
Tel. 04779-/92350
www.gutschoeneworth.de
Am Ortsrand von Freiburg schon in der Weite der Nordkehdinger Landschaft gelegener traumhafter Gutshof mit drei Fachwerkbauten.

Hotel Kehdinger Hof
Hauptstraße 59
21729 Freiburg
Tel. 04779-316
Mitten im alten Ortskern gelegen

Gästehaus und Restaurant Enno Sieb
Ostener Str. 3
21737 Wischhafen
Tel. 04770-7108
www.gaestehaus-sieb.de
An der B 495 in Wolfsbruchermoor gelegen. Das Restaurant hat für seine regionale Küche und die Portionsgröße bei den Einheimischen einen legendären Ruf.

Obsthof Wolfgang Quast
Süderdeich West 44
21730 Balje
Tel. 04753-655, Fax 464
www.dergemuetlichehofladen.de
Urlaub einmal anders: Ferienwohnungen auf einem Obsthof abseits vom Urlaubstrubel.

Ferienhaus am Obsthof
Jan Sumfleth
Hohenlucht 15
21734 Oederquart
Tel. 04753-841010
Internet: www.oederquart.de/sumfleth/ferienhaus_jan_sumfleth.htm
Mitten in Kehdingens stiller Natur und weit ab von allem Trubel gelegenes komfortables Ferienhaus.

Restaurant und Hotel Fährhaus Wischhafen
Fährstraße 16
21737 Wischhafen
Tel. 04770-7172
www.faehrhaus-wischhafen.de
Direkt am Jachthafen an der Wischhafener Süderelbe gelegen.

Ferien im »Backhaus«
Familie Kötz
Schanzenstr.24
21706 Krautsand
Tel. 04143-5111, Fax 5068
www.ferien-bei-den-koetzens.de
Urlaub in einem traumhaft renovierten Fachwerkhaus, einem alten Backhaus mitten in einem Apfelhof, hier kann man vom Bett aus auf die Elbe gucken.

Strandhotel Krautsand
Silke und Leo Vermeer
Zur Elbaussicht 3
21706 Drochtersen-Krautsand
Tel. 04143-999250

Stade

Hansestadt und Schwedenfestung

»Hansestadt und Schwedenfestung« nennt sich Stade mit einigem Stolz. Etwas außergewöhnlich ist das schon, denn welche Stadt lebt schon in einer so innigen Liebe zu seiner ehemaligen Besatzungsmacht?

Diese Beziehung ist nicht etwa nur eine Erfindung des Touristikbüros auf der Suche nach einem griffigen Slogan, es bestehen tatsächliche lebendige Kontakte nach **Schweden.** Karlshamn ist Stades Partnerstadt, und auf schwedische Gäste trifft man in der Stader Altstadt beileibe nicht nur zur regelmäßig stattfindenden »Schwedenwoche«. Die Schweden hatten einen großen Einfluss auf das Gesicht der Stader Altstadt. Dieser Stadtkern blieb übrigens fast vollständig erhalten und glänzt heute prächtig restauriert.

Manchmal scheint der Himmel auch solch einer kleinen Stadt in der Provinz Segnungen wie einen großen Dukatenesel zu schicken. Das heißt, ernsthaft betrachtet war es nicht der Himmel, und es war auch kein Dukatenesel, der die kleine Stadt unweit der Schwingemündung unverhofft doch wieder zu **Wohlstand** kommen ließ. Es war die **Industrieansiedlung** Anfang der 1970er Jahre und namentlich der Chemie-Gigant Dow Chemical mit dem warmen Millionenregen von Gewerbesteuer, der Stade quasi über Nacht reich machte. 80 Prozent des gesamten Stader Gewerbesteueraufkommens machen seither die Zahlungen des Chemiegiganten aus. Das machte eine **Altstadtsanierung** aus einem Guss möglich, bei der nicht auf den Pfennig geguckt werden musste und bei der die Stader Verantwortlichen zudem großes Augenmaß und eine seltene Behutsamkeit mit der alten Bausubstanz an den Tag legten. Kein Wunder, dass es Auszeichnungen regnete und Stade zum Modell für Stadtsanierung wurde.

Auch um die Weihnachtszeit eine Reise wert: die wunderbar restaurierte Stader Altstadt

So wurde am Ende gut, was 1659 mit einer **Brandkatastrophe** begonnen hatte. Das große Feuer war am Rande der Stadt durch eine banale Unvorsichtigkeit entstanden. Wie bei vielen Bränden jener Zeit, lag am Ende fast die ganze Stadt in Schutt und Asche, zwei Drittel waren zerstört, und damit war auch Stades **mittelalterlicher Kern** dahin. Dass Stade heute ein mittelalterliches und kein barockes Stadtbild bietet, liegt daran, dass man keine neue Stadt auf dem Reißbrett konzipierte, wie es damals durchaus üblich war, sondern man baute sie auf dem Riss der alten Straßen wieder auf. Die neuen Häuser wurden auf den alten Fundamenten errichtet, soweit diese den Brand überstanden hatten. So stehen die Häuser an den gleichen alten Straßen wie im Mittelalter, die sogar ihre Namen weitgehend behielten.

Dass diese Stadt nahe am Wasser errichtet wurde, erkennt man bis heute an der Bauweise der alten Häuser: Statt eines ebenerdigen Erdgeschosses baute man **Hochparterre.** Ein paar Stufen höher - manchmal entscheidende Meter und Zentimeter - waren Hab und Gut besser vor den **Sturmfluten** geschützt, die manchmal, wie im Jahr 1962, auch die Stader Altstadt erreichten.

Auch wenn Stade von städtebaulichen Sünden weitgehend verschont wurde: Einen Schildbürgerstreich leistete man sich aber doch. Der alte **Hanschafen** ist vom neuen Hafen und der Schwinge abgeschnitten. Wo einst eine Baumbarriere schwamm und später eine Klappbrücke stand, wurde ein Damm ins Wasser geschüttet, der Wall für die neue Straßenbrücke. Oberflächlich betrachtet sieht man davon am Hansehafen nicht viel, ein wenig verwaist wirkt er. Die Szenerie mit dem Ewer »Willi«, dem einzigen Schiff im geschichtsträchtigen Hafenbecken, täuscht. Der Ewer kam über die Straße und musste mit einem Kran ins Wasser gehievt werden. Nun hat sich ein Verein gebildet, der Geld sammelt und für die schönste Möglichkeit zur Korrektur Stimmung macht: Eine Klappbrücke würde den Alten Hafen wieder nutzbar und Stades maritimes Glück vollkommen machen.

Den Stader **Stadthafen** haben die Segler längst als attraktives Wochenendziel entdeckt. Der wirtschaftlich kaum noch genutzte Hafen sieht die Sportbootfahrer als kleinen finanziellen Ausgleich für das verlorene Frachtaufkommen der Küstenschiffer. Um die 6000 Sportboote laufen Stade jährlich an. Zwar sind die Liegegebühren nicht so hoch wie bei Frachtschiffen, aber es läppert sich.

Man kann sich kaum noch vorstellen, dass der Stader Stadthafen noch vor wenigen Jahrzehnten Zentrum eines **Gewerbegebietes** mit Werft, Lederfabrik und einer großen Holzhandlung mit eigenem Sägewerk war, für das die Küstenschiffe Holz aus Skandinavien brachten. Aus dieser Zeit sind nur zwei dekorative Kräne geblieben, heute stehen jenseits des Hafens ein Hotel und ein paar Bürogebäude.

Streifzug durch Stades Geschichte

Menschen siedeln sich in Gegenden an, die besonders günstige Lebensbedingungen zumindest erhoffen lassen. Stade entstand deshalb genau dort, wo die Schwinge aus der Geest in die Marsch trat und dann in die Elbe floss; auch zur Nordsee war es nicht mehr weit. Lange Zeit war das Wasser das Element, dem Stade seine Bedeutung verdankte. Dazu trafen sich hier wichtige **Verkehrswege** des frühen Mittelalters.

Stades Anfänge dürften etwa um das Jahr **800** liegen. Damals entstand westlich der heutigen Hökerstraße auf dem Ausläufer des letzten Geestrückens eine **Siedlung** mit Schiffslandeplatz, in der auch schon Kaufleute und Handwerker lebten. Sie wurde zum ersten Mal 994 in der Chronik Thietmars von Merseburg als »Stethu« erwähnt; in diesem Jahr überfiel der Wikingerstamm der **Askomannen** den Ort. Wenig später verlegten die Harsefelder **Udonen** ihren gräflichen Sitz nach Stade, schütteten den Spiegelberg auf, errichteten darauf eine kleine Burg und legten unten am Fuß des Berges eine Hafenmole an. Dann gingen sie flugs daran, Siedlung und Befestigung auszubauen und auszudehnen.

Es dauerte nicht lange, und andere Herren schauten begehrlich auf den aufblühenden Ort an der Schwinge. Mit Erlaubnis von Kaiser Konrad II. gründeten die **Bremer Erzbischöfe 1038** eine **zweite Siedlung** ganz in der Nähe und erhielten dafür gleich das Markt-, Münz- und Zollprivileg. Auch **Kirchen** baute man in den konkurrierenden Siedlungen, St. Cosmae et Damiani im alten Kaufmannswyk und St. Wilhadi in der bischöflichen Siedlung. Zwei **Klostergründungen** unterstrichen die wachsende Bedeutung Stades, St. Georg (1132) und St. Marien (1142).

Nachdem 1144 mit Rudolf II. der letzte Udonengraf gestorben war, kam es zu einem Jahrzehnte währenden **Erbfolgestreit** zwischen dem **Bremer Erzbistum** und den **Welfen.** Legitimer Nachfolger war der Bremer Dompropst und spätere Erzbischof Hartwig, der die Grafschaft zum Lehen erhielt. Aber auch Heinrich der Löwe erhob Anspruch auf den Grafentitel, wenn die Grundlagen dafür allerdings auch zweifelhaft waren und, was die historische Quellenlage betrifft, nicht eindeutig belegt sind. Erst nach vier Jahrzehnten des Zwistes gab Heinrich klein bei, und nach 1188 kam es zur Vereinigung der beiden Stader Siedlungen, die mit der Burg den Bremer Erzbischöfen übertragen wurden.

Das gab Stade einen Schub in der Entwicklung. Bereits Ende des 12. Jahrhunderts war sie, sowohl was die Fläche als auch, was die Bedeutung angeht, bei weitem **größer als Hamburg. 1209** verlieh Kaiser Otto IV der Siedlung die **Stadtrechte.** Nun wurde groß ausgebaut, im Norden und Westen wurde aufgeschüttet, um 1250 wurde der geschwungene, noch heute existierende Alte Hafen gebaut, der auch Hansehafen genannt wird. Stade gehörte nämlich, wie 1267 vermerkt wurde, zur »Antiqua Societas«, den ältesten **Hansemitgliedern.**

Dies war die erste große Blütezeit der Stadt. Perfekt wurde das Kaufmannsglück **1259,** als Stade das **Stapelrecht** erhielt. Nun mussten also alle Schiffe, die von See kamen, in Stade stoppen und die Waren drei volle Gezeiten lang hier anbieten – das war so gut wie eine Lizenz zum Gelddrucken, und 1272 kam auch noch das Münzrecht dazu. Auch eine erste **lokale Verfassung** gab sich die Stadt 1279 mit den »Stader Statuten«.

Man lebte gut vom Tuchhandel, dem Getreidehandel mit Jütland und dem Umschlag von Luxusgütern aus Holland und Flandern. Der **Tuchhandel** hatte dabei für Stade sicher die größte Bedeutung, was sich auch in der Besetzung des Stadtrates äußerte: Wandschneider (Tuchfernhändler) stellten dort lange die Mehrheit.

Die selbstbewusste Stadt betrieb eine sehr **eigenständige Außenpolitik,** nicht nur dem Landesherrn, sondern auch der Hanse gegenüber. Doch dann begann die Entwicklung an der Stadt vorbeizulaufen: Die Schwinge verschlickte zunehmend, und der einige Kilometer von der Elbe entfernte Hafen begann zu klein zu werden für die immer größer werdenden Hansekoggen. Und vor allem hatte sich da ein Konkurrent po-

Auf dem Stader Fleet, Blick von der Büttelsbrücke auf die Hudebrücke

sitioniert, der überaus geschickt darin war, sich Vorteile zu verschaffen: **Hamburg.** Von Anfang an bedrohte es die Rolle des Stader Hafens, hatte es doch verstanden, die eigenen Kaufleute vom Stader Stapelzwang zu befreien. Zunehmend gelang es den Hamburgern, ihren Handelspartnern zumindest gleiche Rechte zu verschaffen.

Der **Niedergang Stades** begann, und im 15. und 16. Jahrhundert zog Hamburg den über die Elbe laufenden Handel an sich. Die Würfel dafür waren gefallen, als Hamburg sich 1480 das Monopol für den Getreidehandel sichern konnte.

Nur einmal noch kam die Stadt zu einer kurzen Blüte, als man den Alleingang wagte. In schwieriger wirtschaftlicher Lage kam 1587 die Niederlassung englischer Tuchkaufleute, der **Merchants Adventures Company,** Stade gelegen. Die ursprünglich in Antwerpen ansässigen Merchants Adventurers waren dort 1567 von den Spaniern vertrieben worden und schlossen mit Hamburg einen Zehnjahresvertrag über Handelsprivilegien und freie Niederlassung ab. Nicht zuletzt wegen der streng lutherisch ausgerichteten Politik des Hamburger Senats gingen die Merchants Adventurers für zehn Jahre nach

Heute Sitz des Regionalmuseums: der Schwedenspeicher

Emden. Als 1587 erneut verhandelt wurde, scheute Hamburg den langen Arm der Spanier genauso wie den Bannstrahl der Hanse, die eine erneute Niederlassung in ihren Mitgliedsstädten ablehnte. Die Hanse habe Stade auch nicht gegen Hamburg geschützt, lange schon habe man keine Vorteile mehr durch die Hanse gehabt, argumentierten die Stader, als auch ein von der Hanse erwirktes **kaiserliches Mandat** eintraf, das die Ansiedlung der Engländer untersagte, 1597 verfügte der Kaiser gar ihre Ausweisung. Anfang des 17. Jahrhunderts stagnierte der Tuchhandel. Als das kaiserliche Mandat auf Betreiben der Stader ausgesetzt und die Niederlassung der Engländer bestätigt wurde, stand denen nun ab 1611 das ganze Reich inklusive Hamburg und damit der größere Markt wieder offen. Doch schnell war für Stade auch diese Blüte Vergangenheit. Die **Krise der Wandschneiderei** wurde zur Krise Stades, auch mit großen inneren Konflikten. Auch andere Folgen hatte das Abenteuer mit den Merchants Adventures, und dieses Datum wird in Stade nicht gern genannt, denn 1601 erfolgte darob der **Rausschmiss aus der Hanse.**

Zum Ende des Dreißigjährigen Krieges eroberten die **Schweden** Stade. Die Bremer und Verdener Erzbistümer wurden säkularisiert und in Herzogtümer umgewandelt. Schon bald machte Generalgouverneur Hans Christoph von Königsmarck Stade zum **Verwaltungszentrum** und ging daran, die Festungsanlagen auszubauen. 1675 wurden die neuen Bastionen angelegt und vier Ravelins (eigenständiges Festungswerk mit dreieckigem Grundriss, das den Grabenabschnitt zwischen zwei Bastionen schützte). In den nächsten Jahren folgten weitere Ausbauten. Aus der Fernhandelsstadt war nun ein Verwaltungssitz geworden, und das belastete die Stadt enorm, denn Grundbesitzer wurden für den Bau von Wohnungen für die höheren schwedischen Verwaltungsbediensteten enteignet, Häuser wurden beschlagnahmt, eine Garnison von mehr als 1000 Soldaten mit ihren Familien musste durch Einquartierung untergebracht werden. Allerdings blieb auch Geld in der Stadt, denn die Besatzer waren auch Kunden, und das **kulturelle Leben** blühte mit ihnen auf.

Nach dem **Brand von 1659** wurde Stade wieder aufgebaut, mit ungeheuren privaten Anstrengungen und einem Kraftakt der öffentlichen Hand - kaum ein öffentliches Gebäude stand noch -, die sich sogar beim Erzfeind Hamburg Geld lieh. So glückte der Wiederaufbau, der Stades Gesicht bis heute prägt, in wenigen Jahrzehnten.

Doch kaum strahlte Stade im alten Glanz, kam es wieder zu großen Zerstörungen, als **1712** die **Dänen** anrückten und die Stadt belagerten. Mit der Eroberung Stades endete die schwedische Besatzung, die Stadt stand erneut vor den Trümmern von Hunderten von Häusern. Dazu kam noch die letzte große **Pestepidemie,** bei der Hunderte Stader starben. Nach dreijähriger Herrschaft der Dänen, in der die Stadt förmlich ausgepresst wurde, fiel sie 1715 an **Hannover.**

Bald wurden nun wenigstens die Einquartierungslasten geringer, denn ab 1736 wurden am Sande die ersten Kasernen gebaut.

Wirtschaftlich versank die Stadt im Dornröschenschlaf einer relativ unbedeutenden Landstadt, auch die Bevölkerung wuchs erst wieder im 19. Jahrhundert an. Eine erste **Industrialisierungsphase** setzte in Stade 1850 ein, sie musste sich aber außerhalb der engeren Stadtgrenzen vollziehen, da Stade bis 1867 immer noch den Status einer Festung hatte. Im Jahre 1866 hatte **Preußen** Hannover annektiert und war nun Stader Landesherr. Die bedeutendsten der damals erfolgten **Gewerbeansiedlungen** wie mehrere Ziegeleien, die Saline, das Mineralölwerk, eine Getreide- und Holzhandlung (die auch die Eisenbahnlinie Harburg - Cuxhaven baute), eine Gummiwarenfabrik sowie einige Eisengießereien und eine Maschinenfabrik

bestimmten Stades Wirtschaftsleben bis weit ins 20. Jahrhundert hinein.
Einer ersten **Eingemeindungswelle** in der Mitte des 19. Jahrhunderts folgen 1910 und 1924–26 weitere. Nun war auch endlich **Stadersand,** das Gebiet der Schwingemündung, Stadtgelände, und mit **Brunshausen** und **Campe** weitere wichtige Industrie- und Gewerbeflächen im städtischen Besitz.
Den **Zweiten Weltkrieg** überstand Stade fast völlig unbeschadet, obwohl es seit 1935 einen Fliegerhorst besaß und im Krieg auf dem Schwarzen Berg eine Jägerleitstellung. Eine andere Herausforderung aber hatte Stade im Zusammenhang mit dem Krieg zu bewältigen: Zu den etwa 18.000 Einwohnern der Stadt kamen 12.000 **Flüchtlinge.** Bald stellte sich heraus, dass die Verwaltungsstadt Stade, die im neu geschaffenen Niedersachsen Kreis- und Bezirkssitz wurde, zu wenig gewerbliche und industrielle Arbeitsplätze hatte.
Den Anfang der neuen Wirtschaftsentwicklung machte 1960 der Bau des **Ölkraftwerks** Schilling an der Elbe, dem der Bau der neuen **Saline** an der Schwingemündung folgte. Ab Ende der 60er Jahre wurde auf dem **Bützflether Sand** aufgespült und ein neues Industriegelände erschlossen, auf dem Stade seit der Eingemeindung Bützfleths 1972 die Hände hatte. Große Industrieansiedlungen wie die der Dow Chemical, der VAW und der AOS auf dem neuen Gelände sowie die Inbetriebnahme des **Atomkraftwerks** bescherten der Stadt ein zuvor nicht für möglich gehaltenes **Gewerbesteueraufkommen.** Das versetzte die Stadt in die Lage, ab 1973 die große **Altstadtsanierung** durchzuführen und statt einer einfachen Stadthalle 1989 mit dem »Stadeum« ein 72 Millionen Mark teures Kultur- und Tagungszentrum zu eröffnen.
Stade erscheint heute wirtschaftlich stabil; weder der Abzug der Bezirksregierung nach Lüneburg im Jahre 1978 noch die Schließung der Kernkraftwerks 2003 konnten die Stadt erschüttern.

Stader Stolz

Gern und mit ein wenig hochgereckter Brustraus-Haltung zeigt jeder Stader seinen Besuchern die Stadt. Wer wäre nicht stolz auf dieses herausgeputzte Schmuckstück und seine über 1000-jährige Geschichte? Doch besonders stolz sind die Nachfahren der alten **Kaufmannsfamilien;** schließlich haben sie über Jahrhunderte in einer prosperierenden Stadt die Geschicke mitbestimmt. Man ist wohlhabend und hält an uralten **Traditionen** fest.
Und Tradition ist auch der Gemein- und Bürgersinn in Stade, der in den **»Brüderschaften«** eine ganz spezifische Ausprägung erfuhr. Waren diese anfangs noch die einer Kirchengemeinde angeschlossenen Gebetsbruderschaften, die Männer gleichen Standes und gleicher Profession im Gebet und der Mildtätigkeit zusammenbrachte, änderte sich das nach der Reformation. Von da ab galten der Zusammenhalt unter den Brüdern und der Wille zur Hilfe untereinander sowie außerhalb der Gemeinschaft als Ziele der Stader Brüderschaften, von denen vier bis heute überdauerten.
Die St.-Pankratii-Brüderschaft entstand 1415, die St.-Antonii-Brüderschaft 1439, die Rosenkranz-Gotteshülfe-Brüderschaft 1482. Die jüngste noch existierende Brüderschaft, die Kaufleute- und Schifferbrüderschaft, wurde erst 1556, also nach der Reformation gegründet, was ihren profaneren Namen erklärt. Bis heute ist es Brüderpflicht, besonders den Armen zu helfen. Und seit jeher vollzog sich das Geldsammeln für diese Mildtätigkeit nicht in pietistischer Strenge, sondern vor allem im Rahmen des jährlichen **Stiftungsfestes,** und dort mit allerlei spaßigen **Ritualen.** Zwar haben sich die Sitten verfeinert, und man wirft heute nicht mehr mit frisch abgenagten Hühnerknochen, sondern mit Papierstapeln und Papierkügelchen, die für eine reichliche Spende erworben werden, einfach

Bier macht immun gegen Seuchen

Und dann gibt es da noch eine ganz andere Brüderschaft in Stade. Schon 1454 findet man in Stader Urkunden Hinweise auf die »St. Gertruden-Brüderschaft der Brauerknechte in der St. Nikolai-Kirche«. Auch sie verfolgte wohltätige Zwecke, besonders die Pflege der Kranken und Siechen lag den **Brauern** am Herzen. Der Brauerknechtsgilde gehörte spätestens ab 1491 das Fachwerkhaus in der Bungenstraße 22, zu dem 200 Jahre später noch das Nachbarhaus kam.
Damals glaubte man, das Brauen und der regelmäßige Genuss vor allem des aus Zinnkrügen getrunkenen Eierbieres mache **immun gegen allerlei Krankheiten** und sogar gegen Seuchen wie die Pest. So übernahmen die Brauerknechte die Pflicht, die **Leprakranken** im Spital St. Gertrud draußen vor dem Schiffertor zu versorgen. Einmal im Jahr wurden die Aussätzigen dann zur Leprosenschau in die Stadt geführt, und zwar durch die Bungenstraße, die ihren Namen von den trommelähnlichen Bungen erhielt, mit denen der Zug warnend begleitet wurde. Die Begutachtung der Kranken fand im Rosenort des damals schon so genannten Gildehauses Knechthausen statt, das auch von Anfang an ein Schankhaus war.
Berühmt waren vor allem die **Fastnachtsfeiern** der Gildebrüder, bei denen das Eierbier in Strömen floss und neue Brüder aufgenommen wurden.
Anders als es die schöne, im Jahr 1604 angesiedelte Geschichte erzählt (siehe »Von Deichgrafen und Klabautermännern«), weiß man gar nicht so genau, wie die Brauerknechte zu ihrer Aufgabe als **Totenträger** kamen, es gibt keine historischen Belege. Erste Hinweise darauf gab es bereits 1579, offiziell bestätigt wurde das Privileg vom Rat erst 1685. Die Wirkung und Präsenz der Geschichte war aber so stark, dass man das Jahr 1604 in Ermangelung besseren Wissens nun einfach als Beginn dieser Tradition annahm. Aber während der letzen großen Pest von 1712 traten dann tatsächlich ausschließlich die schwarz gewandeten Brauerknechte als Totengräber auf.
Bier gebraut wird in Stade schon lange nicht mehr, aber die Brauerknechte gibt es immer noch. Das jahrhundertealte **Privileg** als Totenträger blieb ihnen, doch schon im 19. Jahrhundert wurden auch Angehörige anderer Berufe in die Gilde aufgenommen. So tragen noch heute gesetzte Männer im schwarzen Umhang, Kniebundhosen, Schnallenschuhen und Dreispitz jeden Toten würdevoll zu Grabe. Bräuche sind langlebig in Stade.

Knechthausen, das Haus der Brauereigilde

in die Luft, auf den Tischnachbarn oder auch die Angebetete. An diesem Tag ist solches Treiben erlaubt, denn der Erlös eines jeden zum Werfen erworbenen Papierstapels dient wohltätigen Zwecken. So werden weiterhin einmal im Jahr die wertvollen Silberpokale, Becher, Humpen und Sammelbüchsen aus dem Schrank geholt und für die Stiftungsfeste geputzt, die mit Festmahl, Tanz, großen Roben und uralten Ritualen die unangefochtenen Höhepunkte des Stader Gesellschaftslebens sind. Für die Öffentlichkeit sind diese Feste normalerweise nicht zugänglich, außer auf Einladung eines Bruders. Weil das Gros der in Frack und Zylinder gewandeten Brüder nicht unter den Minderbemittelten Stades zu finden ist, ist das Spendenaufkommen erklecklich. Wer hier Bruder ist, hat es geschafft und »gehört dazu«.

Auf etwas ist man in Stade besonders stolz, nur sitzt es gleichzeitig wie ein ewig bohrender Stachel im Herzen eines jeden wahren Staders: die Sache mit **Hamburg.** Man war im 12. Jahrhundert doch so viel bedeutender, größer und reicher als der Konkurrent. Mancher Alteingesessene hat den Abstieg bis heute nicht verwunden.

Und noch einen Stader Stolz gibt es: die **Orgeln,** denn sowohl die St.-Wilhadi-Kirche als auch die St.-Cosmae-Kirche besitzen außergewöhnliche Instrumente, die den überregionalen Vergleich nicht zu scheuen brauchen. In St. Cosmae entstand 1677 mit der Vollendung der noch von seinem älteren Vetter Berendt Huß begonnenen Orgel durch den jungen Arp Schnitger der so genannte **Schnitger-Stil** im Orgelbau. Arp Schnittgers Handwerkskunst vollendete die norddeut-

In der Stader Altstadt ist alles bestens ausgeschildert

sche Barockorgel und versah sie mit einem besonders hellen und klaren Ton voll scharfer Brillanz. Er und seine Schüler haben 170 Orgeln gebaut oder in wesentlichen Teilen umgebaut, von denen 30 bis heute erhalten sind. Seine späteren Meisterwerke sind in Hamburg zu besichtigen, in den Kirchen St. Nikolai und St. Jacobi. Zum Ruhm der Orgel von St. Cosmae trug in nicht unerheblichem Umfang Vincent Lübeck (1656-1740) bei, er ließ als Organist sogar noch eine Trompetenstimme einbauen. Im Aussehen noch prächtiger und größer ist die etwas jüngere Orgel von St. Wilhadi, ein Werk des Bremers Erasmus Bielfeldt.

Stader Sehenswürdigkeiten

Stade hat eine Menge Sehenswertes zu bieten, dennoch sollte man nicht einfach Highlight für Highlight abhaken, sondern bei einem **Spaziergang** in Ruhe das alte Stadtbild und die vielen interessanten Kleinigkeiten auf sich wirken lassen, durch die stillen kleinen Gassen spazieren, den romantischen Anblick »Klein-Venedigs« genießen, auf den alten Wallanlagen im Grünen rasten und im Sommer am Fischmarkt draußen sitzend die Atmosphäre genießen. Die Fassaden der Häuser sind reich an Formen und unterschiedlichstem Zierrat, es lohnt sich, hochzuschauen. Wer die Zeit hat, sollte auch einen Spaziergang durch die Wallanlagen am Burggraben unternehmen, Stades grünem Ring, angefangen von der Kehdinger Straße ganz herum bis zum Hafen. Immer wieder öffnen sich dabei überraschende Sichtachsen, und es finden sich verträumte Ecken zum Ausruhen, unberührt vom städtischen Trubel. Seit 2004 ist es auch möglich, Stades grüne Lunge vom Wasser aus zu genießen, wenn man nicht selbst paddeln mag. Ein großer **Kahn**, benannt nach Aurora von Königsmarck, befördert nun, ähnlich wie im Spreewald, Touristengruppen vom Holzhafen zur Insel.

Natürlich kann man Stade auf eigene Faust erkunden, am schönsten ist aber ein **Rundgang** mit einer der beiden hiesigen Nachtwächterinnen, denn da erfährt man vor der Kulisse der stimmungsvoll beleuchteten Stadt allerhand aus dem alten Stader Leben.

Am besten beginnt man einen Stadtrundgang am alten **Hansehafen,** das ist nicht nur sinnvoll, sondern auch praktisch, denn am Stadthafen befindet sich ein großer, auch für Busse und Wohnmobile geeigneter **Parkplatz;** wenn dieser voll sein sollte, kann man auf die andere Hafenseite hinter das Hotel Ramada-Treff ausweichen. Direkt neben dem Schwedenspeicher ist auch die **Touristeninformation** untergebracht.

Unübersehbar trifft man zuallererst auf den **Schwedenspeicher,** der 1692 bis 1705 direkt am Hafenausgang als Proviantnaus der schwedischen Garnison erbaut wurde. Der 41 Meter lange und 16 Meter breite Holzständerbau wurde zur Wasserseite hin auf das bereits vorhandene Mauerwerk gesetzt und zusätzlich von zehn Meter langen Pfählen gesichert. Die vier Geschosse werden von Holzständerreihen getragen, die noch weitgehend im Originalzustand erhalten sind. Der vornehmlich als **Getreidespeicher** genutzte Bau ist relativ schmucklos, die Erker wurden einst als Aufzüge genutzt. Einziger Zierrat ist das Sandsteinportal, das eine Kartusche mit dem Monogramm des damaligen schwedischen Königs Karl XII. trägt. Solange Stade Festung war, wurde der Schwedenspeicher **militärisch genutzt.** Ab 1909, als die Stadt das Gebäude erwarb, war er wieder Lagerraum. Nach dem Zweiten Weltkrieg verfiel der Schwedenspeicher mehr und mehr und wäre fast abgerissen worden, doch 1975 schaffte eine Bürgerinitiative den Stimmungsumschwung, und der Bau wurde saniert. Seit 1977 dient er nun als **Regionalmuseum.**

Auf der anderen Seite des Hafens steht das sehr viel kleinere **Baumhaus,** das 1774/75 als

Wohn- und Dienstgebäude des Baumschließers errichtet wurde. Der Baumschließer war eine Art Hafenmeister, der über den Alten Hafen wachte und die Zufahrt mit einem im Wasser schwimmenden, angeketteten Baum verschloss. Anfang der 1970er Jahre kaufte der Stader Maurer Jürgen Berg das Baumhaus und machte es zu einem **Privatmuseum für Stader Geschichte;** vor allem die Alltagsgeschichte findet hier Raum.

Zwischen den beiden Museen beginnend, erstreckt sich der im Halbrund geschwungene alte Stader **Hansehafen aus dem 13. Jahrhundert.** Zunächst hatte er hölzerne Spundwände, später wurden sie mit Granit erneuert; die heutigen Backsteinmauern stammen aus der Zeit nach 1870. Sonst blieb der Hafen unverändert, was ihn zu einer Rarität macht. Die Ringe zum Festmachen und die zum Wasser hinunterführenden Treppen zeigen noch, wie klein die Schiffe nach heutigen Maßstäben waren: Der Abstand zwischen den Treppen entsprach genau einer durchschnittlichen Ewerlänge.

Zu beiden Seiten des Alten Hafens laufen **Straßen** entlang, auf der Baumhaus-Seite Am Wasser Ost, auf der Schwedenspeicher-Seite Am Wasser West. Am Wasser Ost wohnten vorwiegend Kapitäne und Fährschiffer. Zwischen den schön restaurierten Häusern aus dem 17. und frühen 18. Jahrhundert auf der Ostseite hindurch blickt man in zwei steil bergauf führende **Gassen** hinein, deren eine, der Säbelberg, an der engsten Stelle kaum zwei Meter breit ist. Folgt man ihr, steigt man auf zum **Spiegelberg,** der Ende des 10. oder Anfang des 11. Jahrhunderts aufgeschüttet wurde. Hier stand eine Burg, die aber schon im 13. Jahrhundert verfiel. Die Kirche St. Pankratii allerdings wurde erst 1733 abgerissen. Von ihr zeugt nur noch das alte **Pfarrhaus** (Nr. 4). Ein bemerkenswerter Bau ist auch das **Traufenhaus** (Nr. 1–2) mit den klassizistisch gerahmten Haustüren und den geschwungenen Ständerstreben.

Die Burgstraße hinuntergehend, gelangt man zum **Fischmarkt** am Ende des Hafenbeckens. Welche Bedeutung der Fischmarkt einst hatte, wird auch deutlich, wenn man sich einmal umschaut und sieht, wie viele Straßen auf diesen relativ kleinen Platz zulaufen. Erstmals erwähnt wurde der Fischmarkt im 14. Jahrhundert, doch ist hier wohl immer mehr als nur Fisch verkauft worden. Auch einen **Kran** hat es hier nach alten Urkunden schon im 14. Jahrhundert gegeben, dieser wurde aber beim großen Brand vernichtet. Zumindest als äußere Hülle wurde der Kran dann 1977 im Zuge der Stadtsanierung neu errichtet, das technische Innenleben allerdings fehlt ihm. Dafür zeigt im Inneren heute eine kleine **Ausstellung** Interessantes aus der Geschichte des Hafens. Im benachbarten **Waagegebäude** aus dem Jahre 1753 wurden die von den Schiffen gehievten Lasten gleich gewogen und verzollt.

Hafen und Fischmarkt beschließt die **Hudebrücke** über den Schwingekanal, gleich auf der Westseite findet sich ein **Figurenensemble** namens »Mutter Flint mit dem Stint«.

Wo am Hafen einst die wirklich reichen Stader wohnten, ist unschwer zu erkennen: am **Wasser West.** Die **Fassaden** der alten Kaufmanns- und Getreidehändlerhäuser sind überaus **prächtig gestaltet.** Gleich an der Ecke, schon jenseits der Kehdinger Straße in der Bungenstraße, liegt das alte **Kramerhus,** das seinen Namen der Seidenkramerfamilie Platja verdankt, die es im 17. Jahrhundert erbauen ließ. Das dreigeschossige Fachwerkhaus besitzt einen doppelt vorgekragten Giebel.

Auf der anderen Straßenseite, am Wasser West, steht gleich um die Ecke das **Kunsthaus,** ein dreigeschossiges Kaufmannshaus, deren beide Obergeschosse genauso vorgekragt sind wie der Giebel; die Konsolen sind reich verziert, und die Ständer haben geschwungene Fußstreben. Am Sturz der Spei-

Berühmte Staderin: »Mutter Flint mit dem Stint«

cherluke des höchsten Geschosses kann man das Jahr der Baus nachlesen: Anno 1667. Die noch vorhandene Aufzugwinde am Giebel zeugt davon, dass dieses Gebäude als Wohn- und Speicherhaus gebaut wurde. Genutzt wird das Kunsthaus heute als große Galerie mit wechselnden Ausstellungen.

Sehenswert ist die ganze Straße; all diese Fachwerkhäuser stammen aus dem **17. Jahrhundert,** das Haus Wasser West 3 ist sogar eines der wenigen, das den großen Brand überstand, es wurde bereits 1636 erbaut.

Weiter Richtung Schwedenspeicher, hinter einem kleinen Vorgarten, etwas von der eigentlichen Straße entfernt, steht das **Goebenhaus,** das eigentlich ein Doppelhaus ist. Es besteht aus zwei dreigeschossigen Bauten mit nahezu identischen Fachwerkfassaden.

Zwei Stader Frauenschicksale

Die Geschichte, auch die Alltagsgeschichte einer Stadt wie Stade, betrifft nicht nur Männer, auch wenn sie jahrhundertelang eher die Handelnden waren. Frauen aus den Unterschichten hatten es doppelt schwer. Einer dieser Frauen hat Stade erstaunlicherweise ein Denkmal gesetzt: »Mutter Flint mit dem Stint« heißt das am Fischmarkt stehende, einer **Fischhändlerin** gewidmete Denkmal.
Die resolute Fischhändlerin kam 1861 als Fischerstochter **Margarethe Pape** in Steinkirchen zur Welt. Nach Stade kam sie 1883, wo sie sich und ihre uneheliche Tochter mehr schlecht als recht durchschlug. Sie heiratete drei Mal und bekam sechs Kinder. Mit ihrem letzten Ehemann, dem Zimmermann Ludwig Flint, eröffnete sie 1906 in der Poststraße eine Fischhandlung. »Mutter Flint« wurde stadtbekannt, wie sie jahrein, jahraus bis 1949 im Kinderwagen die Stinte zum Verkaufsstand auf dem Pferdemarkt karrte. 1952 starb Margarethe Flint, neunzigjährig.
So war es nicht nur in Stade zu Zeiten, als harte Arbeit nur ein knappes Überleben sicherte und das Alter nur im **Familienverband** halbwegs in Würde verbracht werden konnte. Wer keine nahen Angehörigen mehr hatte, für den blieb nur das **Armenhaus,** das wie das Stader Johanniskloster gleichzeitig auch Altersheim war. Ein Heraus aus dem Armutskreislauf war für Menschen wie »Mutter Flint« so gut wie unmöglich, ein Aufstieg durch Bildung undenkbar und unbezahlbar, von einem selbstbestimmten Leben ganz zu schweigen.
Ein anderes Stader Frauenschicksal ist weit über die Region bekannt geworden, nur wissen wenige, dass **Maria Aurora von Königsmarck** in Stade geboren wurde, und zwar 1662, in der Großen Schmiedenstraße 19. Sie war die Enkelin des schwedischen Gouverneurs Hans Christoph von Königsmarck. Anders als »Mutter Flint« hatte sie Zugang zur **Bildung,** was damals auch in aristokratischen Kreisen keine Selbstverständlichkeit war. Maria Aurora von Königsmarck war eine überaus gebildete Frau und galt obendrein als eine der schönsten Frauen ihrer Zeit. Voltaire nannte sie gar »die berühmteste Frau zweier Jahrhunderte«. Schnell stand sie im Rampenlicht, sei es bei gesellschaftlichen oder kulturellen Ereignissen; sie verstand es, mit ihrer Schönheit Menschen anzuziehen und sie mit ihrem Geist für sich zu gewinnen.
Als sie versuchte, den Mord an ihrem Bruder Philip aufzuklären, den vermutlich seine Liebe zur Kurfürstin von Hannover das Leben gekostet hatte, begegnete sie **August dem Starken** von Sachsen. Sie wurde seine Mätresse und gebar ihm einen Sohn, Moritz von Sachsen, der später einer der berühmtesten Marschälle Frankreichs wurde. Maria Aurora war durch ihre Klugheit in der Lage, sich August auch nach dem Ende ihrer Liebesbeziehung gewogen zu halten. Ihre reiferen Jahre verbrachte sie ab 1700, mit dem Titel »Frau« geschmückt, als **Äbtissin** des Frauenstiftes Quedlinburg, ein Arrangement, das August ausdrücklich befürwortete. Sie starb 1728 in Quedlinburg, und im Tode verband sie eines mit »Mutter Flint«: sie war genauso **bettelarm.**
Zwar war es ihr gelungen, ihr Leben weitgehend selbst zu bestimmen, und sie agierte meisterlich und mit großem diplomatischem Geschick an den Höfen Mitteleuropas, und für die Zeit führte sie sicher ein geradezu atemberaubend freies Frauenleben. Es blieb aber auch ihr verwehrt, ihre Bildung und Intelligenz dazu einzusetzen, selbst ihren Lebensunterhalt zu sichern; hierzu bedurfte sie immer eines Gönners.

In diesem Haus wurde 1816 der preußische General August von Goeben geboren, später besaßen es die Freudentheils, eine am Ort bekannte Juristenfamilie. Beide Haushälften haben identische Türen mit Segmentbogen und einer Holzrahmung, die Steinquadern täuschend ähnlich sehen.
Das Prunkstück dieser schon ein wenig an Lübeck und Danzig erinnernden Straße ist das **Bürgermeister-Hintze-Haus.** Die Sandsteinfassade von 1621 ist imposant, aber viel mehr blieb vom Original auch nicht erhalten. Denn obwohl das Haus den Brand von 1659 überstand, war es in den 30er Jahren des vorigen Jahrhunderts durch das schwache Fundament so durchgebogen, windschief und marode geworden, dass man sich entschloss, es abzureißen und unter Erhalt der Backsteinseitenwände neu aufzubauen. Diese Fassade des im Ganzen noch älteren spätgotischen Baus war 1621 im Weserrenaissance-Stil umgebaut worden Sie wurde 1932 originalgetreu wieder aufgebaut; im Inneren allerdings hat das Haus mit dem Original nicht mehr viel zu tun, es wurde völlig neu aufgeteilt und auch verkürzt.
Geht man vom Fischmarkt durch die Bungenstraße, trifft man auf ein ehemaliges Fachwerkhaus aus dem 17. Jahrhundert, das als solches nicht mehr zu erkennen ist. Der Stader Senator und Unternehmer August Borcholte ließ es 1894–96 von Grund auf umgestalten. Das so genannte **Senatorenhaus** bekam ganz nach dem Geschmack der Zeit eine Neorenaissancefassade und an Obergeschoss und Giebel üppigen Zierrat mit Stuckornamenten sowie Konsolen unter dem Dachgesims. Der kleine Spitzgiebel überdacht die Haustür und die Kartusche mit der Hausnummer 18. Die grüne Front besteht nicht aus Steinquadern, sondern ist aufgeputzt.
Nur durch die Kleine Twiete vom Senatorenhaus getrennt ist der Doppelgiebel des Gildehauses der Brauerknechte, **Knechthausen.**

Das Bürgermeister-Hintze-Haus

Das Haus Nr. 22 ist seit 1491 im Besitz der Brauerknechtsgilde, das Nebenhaus Nr. 20 wurde 1692 von der Gilde dazugekauft. Danach wurden die beiden Häuser im Inneren zu einem umgestaltet und mit einem Fachwerkanbau erweitert, der eine große Diele erhielt, den »Rosenort«. Die Ständer beider Häuser haben Fußstreben, die mit geschnitzten Halbsonnen verziert sind, die backsteinernen Ausfachungen sind gemustert. Die beiden zweigeschossigen Giebelhäuser haben Vorkragungen mit reich verzierten Konsolen. Heute befindet sich wie eh und je ein Restaurant im Gildehaus Knechthausen.
Gegenüber dem Senatorenhaus geht die Rosenstraße ab, die über die Schwinge führt und im spitzen Winkel auf die Bäckerstraße trifft. Von der auch »Rosenbrücke« genannten **Büt-**

telsbrücke hat man einen schönen Blick auf »Klein Venedig«, die überbaute Hudebrücke am Fischmarkt. Früher wurden über die hier einem Fleet ähnelnde Schwinge Ewer mit gelegtem Mast bis zur alten Wassermühle gestakt; diese brannte 2003 ab. Einen Blickfang zum Erholen und voller Beschaulichkeit stellen die verwunschenen kleinen Gärten am Wasser dar.

Auch ein Blick in die **Bäckerstraße** ist durchaus lohnend; an ihrem Anfang steht eines der ältesten und schönsten Häuser der Stadt, das **Traufenhaus** aus dem Jahre 1590. Das dreigeschossiges Doppelhaus ist ungewöhnlich reichhaltig verziert, besonders die Halbsonnen auf den Fußstreben der Ständer sind bemerkenswert, keine gleicht der anderen. Weitere Häuser aus dem 16. und 17. Jahrhundert lohnen in dieser Straße eine Detailbetrachtung.

Die **Hökerstraße,** auf die die Bäckerstraße trifft, ist das, was der Name besagt, die Einkaufsstraße der Stadt. Hier waren schon immer die Kaufleute, die Höker, ansässig. Auch in der Hökerstraße befinden sich eine ganze Reihe interessanter Bürgerhäuser. Das **Hökerhus** ist das in seiner Geschlossenheit kompletteste mittelalterliche Kaufmannshaus in der Stadt. Man findet im Inneren noch spätgotische Elemente und einen bis heute fast unveränderten Grundriss. Die Fassade des prächtigen Fachwerkhauses stammt aus dem Jahre 1650 und ist außergewöhnlich reich verziert.

Stades Machtzentrum, das **Rathaus** in unmittelbarer Nähe der Kirche St. Cosmae, ist ein schönes Beispiel für den Wiederaufbau auf den Ruinen des Brandes von 1659. Das erste Rathaus von 1279 war ein zweigeschossiger Hallenbau mit einem Festsaal im Obergeschoss und einer Kaufhalle im Erdgeschoss. Das alte Ratskellergewölbe sowie einige massive Ziegelmauern überstanden den Brand, und so blieben sie dem Neubau als spätgotisches Fundament erhalten. Auf dem mittelalterlichen Gewölbe, das eine imposante dreischiffige Halle von 24 mal 11 Metern Größe überspannte, wurde 1667 der an flämische Spätrenaissancebauten erinnernde repräsentative **Neubau** errichtet. Zweiflügelig ist das Stader Rathaus mit dem 31 Meter langen Nordflügel zur St.-Cosmae-Kirche hin und dem 34 Meter langen Westflügel zur Hökerstraße. Die Backsteinfronten sind durch Sandsteingesimse verziert, welche die Fassade an den Fensterlinien gliedern. Bis zur Erdgeschoss-Fensterlinie hinauf sieht man im Format größere Ziegel. Sie stammen von nach dem Brand abgerissenen Gebäuderesten. Das Hauptportal des Rathauses liegt an der Hökerstraße und fand sein Vorbild im Bremer Gewerbehaus. Die Vorlagen der Statuen kann man am Giebel des Bremer Rathauses betrachten. Das Rundbogentor mit seiner schweren zweiflügeligen Tür wird von einem rechteckigen, prächtig verzierten Rahmen aus Sandstein eingefasst. Auf den beiden korinthischen Säulen finden sich die **allegorischen Figuren** Klugheit, »Prudentia«, und die Gerechtigkeit, »Justitia«. Sie flankieren das von Löwen getragene **Wappen** des damaligen schwedischen Landesherrn König Karl XI. Mittig darunter ist sehr viel kleiner und bescheidener das Stader Stadtwappen mit dem Schlüssel angeordnet. Über allem thront – wie könnte es in dieser Stadt des Handels auch anders ein – **Gott Merkur.** Das Portal ist der Hingucker an der sonst sehr klar gegliederten Front, der sonst nur noch die verschnörkelte vergoldete Jahreszahl des Baus als Zierrat dient: Anno 1667.

Ein Blick ins **Innere** lohnt sich, denn hier zeigt sich das frühe **Barock** als Bauphase sehr viel deutlicher als an den Fassaden. An ein Schloss erinnert die breite, zweiläufige **Holztreppe,** die das Erdgeschoss dominiert. Alle Türen haben hölzerne Rahmen, die als Trompe-l'œil mit ihrer rotbraunen gemaserten Farbgebung Marmor vortäuschen. Im Obergeschoss befindet sich der **Rathaus-**

saal, ein großer Festsaal mit einer weithin berühmten **Akustik.** Man betritt ihn durch ein mit reichen Ornamenten und viel Blattgold verziertes Prachtportal.

Das Rathaus befindet sich direkt im Schatten der **Kirche St. Cosmae et Damiani,** kurz Cosmae-Kirche genannt. Schon für das 9. oder 10. Jahrhundert vermutet man an dieser Stelle einen romanischen Vorgängerbau. Die einstige Ratskapelle der Stader Grafen hat viele Umbauten erlebt und stammt in ihrer heutigen Gestalt aus dem 13. Jahrhundert, als man hier einen backsteinernen einschiffigen Saalbau errichtete, der bald mit zwei kurzen Kreuzarmen, einem langgestreckten Altarraum, einer Vierung und einem achteckigen **Vierungsturm** versehen wurde, der bis heute Wahrzeichen der Stadt ist. Im 15. Jahrhundert wurden Nebenräume am Altarraum angebaut, 1604 folgte das Brauthaus, die Ostfassade erhielt im 17. Jahrhundert ihre dreigiebelige Fassade. Das Innere der Cosmae-Kirche wurde beim großen Brand von 1659 fast völlig zerstört, genauso der Turmhelm. Ratszimmermeister Andreas Henne, der den Wiederaufbau leitete, gab auch dem neuen, 1684 fertiggestellten **Turmhelm** seine charakteristische **barocke Form,** die ihn bis heute unverwechselbar macht. Von der alten Innenausstattung blieb nur ein Kronleuchter erhalten, aus der Zeit vor dem Brand stammt sonst nur noch der **Gertruden-Altar,** der etwa um das Jahr 1500 erschaffen wurde. Er wurde im 19. Jahrhundert in den südlichen Seitenraum des Altars von St. Cosmae hinter einem schon 1673 gefer-

Der prächtige Gertrudenaltar in der Kirche St. Cosmae

tigten kunstvollen schmiedeeisernen Gitter eingebaut, nachdem die St.-Nicolai-Kirche, in der er bis dahin stand, 1834 abgebrochen wurde. Nicht belegt ist, ob dieser Flügelaltar mit der Heiligen Gertrud in der Mitte und den Aposteln in den Flügeln womöglich anfangs in der Gertrudenkapelle vor dem Schiffertor stand.

Den **Hauptaltar** schuf der Hamburger Bildhauer Christian Precht 1674–77. Das Mittelfeld mit dem Kreuzigungsrelief wird von je zwei gedrehten Säulen flankiert, darüber befindet sich ein Aufsatz mit der Grablegungsszene, alles aus Holz geschaffen, das im Trompe-l'œil-Stil marmoriert bemalt ist.

Glanzstück der Kirche ist die 1668–73 erbaute **Barockorgel** des Glückstädter Orgelbauers Berendt Huß, die von seinem hoch begabten Gesellen und jüngeren Vetter **Arp Schnitger** vollendet wurde. Sie begründete den Ruf des weltberühmten Orgelbauers. Die inzwischen aufwendig restaurierte Orgel hat heute wieder ihr historisches Klangbild und ist bei vielen Konzerten und Orgelvespern zu hören.

Blick auf St. Cosmae vom Johanniskloster aus

Unweit der Cosmae-Kirche befindet sich das **St. Johanniskloster,** das von Franziskanern um 1240 erbaut wurde, als Abt Albert vom Benediktinerkloster St. Marien in den Konvent übertrat; er schrieb hier seine »Stader Annalen«. Nach der Reformation begann der Niedergang des Klosters, das nun mehr und mehr verfiel und zum Armenhaus wurde. Beim großen Brand wurde auch die Klosteranlage zerstört. Wieder aufgebaut wurden 1673 nur die Klostergebäude im Fachwerkstil, nicht jedoch die Kirche. Noch bis 1972 diente das Kloster als Altenheim, bevor es von Grund auf saniert wurde; heute wird es von kulturellen und sozialen Organisationen als Domizil genutzt.

In der nahen **Salzstraße** übrigens findet man ganz andere Fassaden als in der Bäcker-, Bungen- oder Hökerstraße. Hier wohnten einst **Handwerker,** was man an den wesentlich schmuckloseren Fassaden der Häuser aus dem 17. und 18. Jahrhundert erkennt.

Die **Kirche St. Wilhadi** sieht man, wenn man die Kleine Schmiedestraße in Richtung Große Schmiedestraße geht. Der Blick durch die Flutstraße zeigt den imposanten viereckigen Westturm, der als »Schiefer Turm von Stade« zusammen mit dem Turm von St. Cosmae die Stadtsilhouette prägt. Auch die alte bischöfliche Wilhadi-Kirche hatte eine romanische Vorgängerin aus dem 11. Jahrhundert, während die heutige dreischiffige Hallenkirche aus dem 14. Jahrhundert stammt. Ältester Teil der Wilhadi-Kirche ist der Westturm aus dem 13. Jahrhundert. Sein nach dem Brand von 1659 aufgesetzter, dem Cosmae-Turm ähnelnder Turmhelm wurde 1724 durch Blitzschlag zerstört und bekam danach sein heutiges Aussehen mit einem schlichten, flachen Zeltdach.

Das Langhaus der Kirche blieb während des Brandes von 1659 erhalten, allerdings brannte das Innere der Kirche aus. Die neue Innenausstattung wurde einheitlich schlicht gehalten, der bis zum Gewölbe emporreichende, zweigeschossige **Hauptaltar** mit der zentralen Kreuzigungsgruppe und die Kanzel stammen aus Hamburger Werkstätten und wurden vom Hamburger Kaufmann Claus Wilkens gestiftet.
Ähnlich wie bei der Cosmae-Kirche ist auch in St. Wilhadi die **Orgel** der kulturhistorisch bedeutendste Schatz. Sie wurde 1731-1736 vom Bremer Meister Erasmus Bielfeldt erbaut, nachdem ein Blitzschlag 1724 die alte Orgel zerstört hatte. Auch sie hat heute nach einer Grundsanierung wieder ihr historisches Klangbild.
Über die Kleine und Große Schmiedestraße, einst Wohngebiete der schwedischen Beamten, kommt man, rechts durch die Goos gehend, auf den **Pferdemarkt,** der vom **Zeughaus** dominiert wird. Errichtet wurde der Bau als Waffenarsenal der schwedischen Garnison 1697-99 auf dem Georgsberg, auf dem 1132-37 das Prämonstratenserstift St. Georg erbaut worden war. Bis ins 15. Jahrhundert hinein war diese Kirche die zweitgrößte im Bremer Erzbistum. Auch eine Lateinschule gehörte damals dazu, aus dem später das Gymnasium Athenaeum hervorging. Das Zeughaus ist ein dreischiffiger Holzständerbau mit massiven Außenmauern. Bis 1919 wurde es militärisch genutzt, danach diente es als Markthalle, Jugendherberge, Lagerraum und Kino. In den 1990er Jahren wurde das Innere völlig umgestaltet, es beherbergt heute eine vielfältig genutzte **Passage.** Bei den Umbauarbeiten wurden **archäologische Grabungen** durchgeführt. Diese legten eine alte **Krypta** frei, in der sich das Grab des hier 1363 beigesetzten Bremer Erzbischofs Gottfried von Arnsberg befindet.
Am Zeughaus vorbei und die Inselstraße hinuntergehend, stößt man auf die Wallstraße, die man überquert und in die Neubourgstraße einbiegt. Rechts trifft man auf der Königsmarckbastion sogleich auf das **Geschichts- und Heimatmuseum** mit Exponaten zur bürgerlichen Wohnkultur und zum Hausrat sowie zur Geschichte des Stader Blaudrucks. Besonders sehenswert ist die Sammlung Altländer **Trachten.**
Etwas weiter folgt eine hölzerne Brücke, die auf den **Bleicher-Ravelin** führt, welcher aber von den Stadern nur »Insel« genannt wird. Eine Gaststätte gibt es hier schon seit dem 19. Jahrhundert, das **Freilichtmuseum** seit 1912. Dazu gehört die Bockwindmühle, ein Altländer Marschbauernhaus von 1733 aus Huttfleth, eine Altländer Prunkpforte und ein Fachhallenhaus von 1641 aus Himmelpforten, in dem das Restaurant untergebracht ist.

Schloss Agathenburg

Sehr zum Verdruss der Stader gehört Agathenburg nicht zu denjenigen umliegenden Gemeinden, die man in den 70er Jahren des vorigen Jahrhunderts eingemeinden konnte; Agathenburg kam zu Horneburg. Dabei hätte das Königsmarcksche Schloss doch so schön zur Stader Stadtgeschichte gepasst.
Auf dem hohen Geestrücken direkt an der Kante zur Marsch hin hatte der schwedische Generalgouverneur **Hans Christoph von Königsmarck** 1655 ein **dreigeschossiges Schloss** bauen lassen, dem er genauso wie dem umgebenden Dorf, das bis dahin Lieth hieß, den Namen seiner Frau gab. Mit dem Schloss wurden auch Torhaus, Marstall, Brauerei und Wohnraum für die Bediensteten erbaut, die alte Anlage ist heute am Vorhof wieder gut zu erkennen. Erhalten blieb auch der im 18. Jahrhundert hufeisenförmig um zwei Fischteiche herum angelegte Schlosspark. Ursprünglich hatten die Grafen Königsmarck unterhalb des Schlosses auch einen Barockgarten anlegen lassen, aber der

Schloss Agathenburg

wurde leider im vergangenen Jahrhundert zu Weideland umfunktioniert.
Lange konnten die Königsmarcks sich ihres Schlosses nicht erfreuen. Als sie **verarmten,** erwarb der Kurfürst von Hannover und englische König **Georg II.** den Besitz und setzte einen Verwalter ein, den Amtsmann. Der Sitz des Amtsmannes wurde 1859 nach Stade verlegt, das Schloss verwaiste, und die Ländereien wurden als Domäne verpachtet. Nach dem Ende des Königreichs Hannover verpachteten die neuen preußischen Herren das Schloss zunächst neu, bevor sie es 1877 an eine Eignergemeinschaft aus Agathenburg verkauften.
Ein **Brand** ließ 1921 nur die Außenmauern und die Kellergewölbe des Schlosses stehen, die damaligen Besitzer Hans und Sophie zum Felde ließen das Schloss wieder aufbauen und herrichten. Von Sophie zum Felde erbte der Stader Geschichts- und Heimatverein das Schloss 1983 und gab es an den Landkreis weiter. Nach einer gründlichen **Restaurierung** wurde Schloss Agathenburg 1991 als **Kulturzentrum** eröffnet und ist seitdem wieder ein beliebtes Ausflugsziel. Zu diesem Kulturzentrum gehört auch ein Museumsteil mit einer Dauerausstellung zur Geschichte der Königsmarcks, dazu kommen Wechselausstellungen und ein reichhaltiger Veranstaltungskalender, der alle kulturellen Bereiche abdeckt. Nicht nur das Schloss, auch der alte Pferdestall wird heute für öffentliche und private Feiern genutzt.

Praktische Informationen

Touristeninformation am Hafen
Hansestr. 16
Tel. 04141-409170
www.stade.de
Mo–Fr 10–18 Uhr, Sa, So10–15 Uhr

Öffentliche Führungen durch die Altstadt:
April bis September Mi und Sa 14.30, So 11.30 Uhr
März und Oktober bis Dezember Sa 14.30 Uhr
Treffpunkt: Touristeninformation (siehe oben)

Sehenswürdigkeiten:

Schloss Agathenburg
Hauptstraße
Agathenburg
Tel. 04141-64011
www.schlossagathenburg.de
März bis Oktober Di–Sa 14–18, So 10–18 Uhr,
November bis Februar Di–Sa 14–17, So 10–17 Uhr

Baumhaus-Museum, Hans-Jürgen Berg
Wasser Ost 28
Tel. 04141-45434
März bis Oktober Sa 15–18, So 14–18 Uhr
November bis Februar So 15–17 Uhr

Schwedenspeicher Museum
Wasser West 39
Tel. 04141-3222
www.schwedenspeicher.de
Di–Fr 10–17 Uhr, Sa und So 10–18 Uhr

Heimatmuseum Stade
Inselstraße 12
Tel. 04141-2332
April bis Oktober Di–Fr 14–17, Sa, So 14–18 Uhr

Freilichtmuseum
Auf der Insel
Tel. 04141-3222
Täglich 10–13 und 14–17 Uhr

Kulturschiff »Greundiek«
Stadthafen
Tel. 0175-5152010

STADEUM Kultur- und Tagungszentrum
Schiffertorsstraße 6
Tel. 04141-40910
Internet: www.stadeum.de

Unterkunft:

Hotel-Restaurant Schwedenkrone
Richeyweg 15
21682 Stade
Tel. 04141-81174
www.schwedenkrone.de
Am Stadtrand gelegen

Parkhotel Stader Hof
Schiffertorstraße 8
21682 Stade
Tel. 04141-4990, Fax 49900
www.staderhof.de
Am Stadeum unweit der Altstadt gelegen

Ramada-Treff Hotel Stade
Am Kommandantendeich 1–3
21680 Stade
Tel. 04141-99970
www.ramada.de
Direkt am Stadthafen gelegen

Ramada-Treff Hotel Herzog Widukind
Große Schmiedestraße 14
21682 Stade
Tel: 04141-99980
www.ramada.de
Mitten in der Altstadt gelegen

Akzent Hotel Zur Einkehr
Freiburger Straße 82
21682 Stade
Tel. 04141-2325
www.hotelzureinkehr.de
Am Stadtrand an der Straße nach Kehdingen, noch in Altstadtnähe gelegen

Restaurants:

Barbarossa
Salzstraße 25
Tel. 04141-2884
www.barbarossa.stade.net

Knechthausen
Bungenstr. 20–22
Tel. 04141-45300
www.knechthausen.stade.net

Inselrestaurant
Auf der Insel
Tel. 04141-2031
www.insel-restaurant.de

Der Alte Schwede
Sattelmacherstr. 10
Tel. 04141-3633
Norddeutsches und Schwedisches

Das Alte Land

Drei Meilen vor Hamburg

Die Sonne scheint, der übliche leichte Wind weht von der Elbe herüber und wiegt das Blütenmeer über dem grünen Marschland sanft hin und her. Strahlend weiß hebt es sich gegen den blitzblauen Himmel ab. Erste zartrosa Felder mit Apfelblüten umrahmen das endlose Weiß. Es ist Kirschblüte im Alten Land, die faszinierendste Jahreszeit für einen Besuch. Man spaziert durch blühende Obstgärten und atmet den Blütenduft ein, den fast zehn Millionen Obstbäume verströmen. Rote Äpfel in den Kisten der vielen Stände und Hofläden locken zum Reinbeißen. Radler fahren an gleichmütig auf maigrünen Deichen grasenden Schafen vorbei und passieren Bauernhöfe mit stattlichen Fachwerkhäusern. Hinter jeder Biegung der gewundenen engen Straßen trifft man auf ein neues Bild, kommt mal an malerischen Katen vorbei, die sich hinter die Deiche ducken, mal an röhrichtbestandenen Fleeten. Ja, die Blütezeit ist die farbenfrohste Zeit im Alten Land, das Weiß der Blüten lässt die frischen Maifarben besonders leuchten. Selbst der Himmel scheint dann blauer als sonst, und die Elbe sowieso. Wie geschaffen für eine Radtour oder Wanderung ist diese Jahreszeit, und mindestens genauso schön ist eine Pause in einem Hofcafé oder Kaffeegarten, um in der lauen Luft unter den blühenden Bäumen frischen Butterkuchen zu genießen.

Aber natürlich ist das Land zwischen Stade und Hamburg auch zu anderen Jahreszeiten einen Besuch wert, etwa um zur Erntezeit die frischen Äpfel oder Kirschen direkt vom Hof zu kaufen oder im Spätsommer im Landcafé Pflaumenkuchen von frisch geernteten Früchten zu genießen, oder mit den Füßen im Wasser an der Elbe entlangzuwandern – Möglichkeiten gibt es genug, und die vielen Dorfkirchen, Leuchttürme, Windmühlen und Museen warten ganzjährig auf Besucher. Es ist ein überschaubares Gebiet von 35 Kilometern Länge und acht Kilometern Breite, das man sich auch gut erwandern kann. Dazu kommen gut 110 Kilometer Deiche, an deren Fuß zumindest befestigte Wege, meist aber sogar geteerte kleine Straßen entlangführen, von denen viele nur wenig befahren sind.

Junges Altes Land

Eigentlich ist das Alte Land ja ein relativ junger Landstrich. Nach der **Weichsel-Eiszeit,** vor ungefähr 10.000 Jahren, schmolzen die bis hierhin vorgedrungenen Gletscher ab und formten mit ihrem Schmelzwasser das Urstromtal der Elbe. Der Meeresspiegel stieg, es bildeten sich Moore zwischen Geest und diesem Urstromtal. Die Elbe lagerte im Gebiet der heutigen Elbmarschen mit den Gezeiten Sinkstoffe ab, genau wie das abfließende Gletscherschmelzwasser. Dadurch verlandete das Urstromtal, auch die Bucht zwischen Stade und Hamburg. Parallel zur Elbe entstand im Gebiet des heutigen Alten Landes das Hochland und dahinter das tiefer gelegene Sietland. Aufgrund seiner höheren Lage war das Hochland früher besiedelt. Nach den Berichten von Plinius dem Älteren waren die **Chauken** schon im **1. Jahrhundert** hier ansässig. Sie vermischten sich später mit den Sachsen, als diese die Elbe überquerten.

Den Durchbruch in der Besiedelung und Sicherung des Landes aber brachte die **Hollerkolonisation** im 11. Jahrhundert. Ins Land gerufene Holländer brachten die Wasserbautechniken ihrer Heimat mit, deichten das Land ein, entwässerten es und machten es urbar. Die alteingesessenen sächsischen Einwohner taten es ihnen schnell gleich. Zwar gibt es keine Kolonisationsurkunden, doch berichtet ein Schriftstück von Erzbischof Friedrich aus dem Jahre 1133 erstmals von holländischen Kolonisten. Erste Belege Altländer Ortsnamen gibt es 1059 mit Twie-

lenfleth und 1143, als es um den Zehnten in Ditterschop (Hollern) und Huttfleth geht. Noch heute erinnern nicht nur die schnurgeraden Entwässerungsgräben an die Holländer, sondern auch einige **Windmühlen** und die Hogendiekbrücke, eine kleine weiße Zugbrücke. Sprachliche Zeugnisse gibt es kaum, denn spätestens nach drei Generationen hatten sich die Holländer mit den sich vermehrt ansiedelnden Sachsen vermischt.
Die **Eindeichung** und **Besiedelung** ging **schrittweise** vor sich, dabei ging man von Stade aus Meile für Meile vor. Alle drei **Meilen,** wie man diese fast gleich großen Abschnitte damals nannte, haben natürliche Grenzen. Die erste Meile liegt zwischen Schwinge und Lühe, die zweite zwischen Lühe und Este und die dritte zwischen Este und der Süderelbe, heute größtenteils bereits auf Hamburger Stadtgebiet und vielfach von Gewerbe und Industrie mit Beschlag belegt. Man deichte die drei Gebiete rundum ein, denn man musste auch gegen Hochwasser aus dem Landesinneren sichern. Wenn die

Erinnerung an die Holländer: die Altländer Windmühle »Aurora« in Borstel

Bützfleth
ehdinger
Moor
Götzdorf
Haselau
Hohenhorst
Hase
Auberg
Drommel
Juelssand
Hasel
Mar
mmah
Stade
Twielenflether
Sand
Twielenfleth
2
1
Hollern
Lühe-
sand
els-
Agathenburg
Grünen-
deich
4
5
Stei
Guderhand-
viertel
Mi
6
Schwinge
Dollern
Lühe
73
Altes L
Deinste
Helmste
Freden-
beck
N
Neuenkirchen
Horne
burg
0
5 Km
Aue
© EDITION TEMMEN
Issendorf

rrege
Appen
Pinneberg
Ellerb
Rellinge
431
Holm
Schenefeld
en
Rissen
deler
arsch
Sülldorf
HAMBU
Wedel
Schiffsbegrüßungs-
anlage
3
Schulau
Blankenese
Hanskalbsand
Neßsand
Hahnhöfer-
sand
nen
10
Borstel
Cranz
7
8
9
Finkenwerder
Jork
Königreich
Alte Süderelbe
Estebrügge
11
Neuenfelde
amm-
ausen
Este
Francop
Buxtehude
12
13

Flüsse aus der Geest beispielsweise nach Regenperioden viel Wasser führten, drohten den tief gelegenen Gebieten des Sietlandes auch von hier verheerende Überschwemmungen. So verliefen die Deichlinien gegen das Landesinnere am Rande der zwischen Marsch und Geest gelegenen Moore. Dabei entstanden drei abgeschlossene große **Polder.**
Der Begriff **»terra vetus«,** Altes Land, wurde erstmals Ende des 13. Jahrhunderts für diesen Landstrich benutzt. Bisher ging die Forschung davon aus, dass mit der Bezeichnung »Altes Land« zunächst nur die I. und II. Meile gemeint waren. Heute tendiert man eher dazu, das früher besiedelte Hochland als das ursprünglich Gemeinte anzusehen.
Seit der Zeit Heinrichs des Löwen gehörte das Alte Land zur **Grafschaft Stade,** um die zwischen den **Welfen** und den **Bremer Erzbischöfen** ein Erbfolgekrieg entbrannt war. Nach 1336 wurde das Erzbistum auch weltlicher Herr aller Altländer, während es kirchlich nur für die I. Meile zuständig war, die anderen beiden Meilen gehörten zu Verden.
Seit 1397 galt im Alten Land eine ähnliche landständische Verfassung wie in Kehdingen mit erzbischöflichen **Gräfen** als Vertretern des Landesherrn. Die **Selbstständigkeit** ging weit, auch hier waren die Kirchspiele eigenständige Verwaltungs- und Gerichtsbezirke und das Deichwesen genossenschaftlich organisiert. So genossen die Altländer für jene Zeit viele **Freiheiten** und eine weitgehende Selbstverwaltung nach ähnlichem Muster. Verwaltungsmäßig eingeteilt war das Alte Land damals in sechs **Vogteien** und zwölf **Hauptmannschaften,** die durch ihre Hauptleute bei der Landesversammlung vertreten waren. Dort hatten sie die Interessen der Hofbesitzer so zu vertreten, wie es ihnen aufgetragen war.
Im Dreißigjährigen Krieg arg heimgesucht, gelangte das Alte Land wie Stade zwischen

Altländer Haus mit Prunkpforte

Altländer Fachwerkhäuser

Die Fachwerkhäuser des Alten Landes sehen nicht nur hübscher aus als schlichtere Bauten, sie sind auch grundlegend **anders konstruiert.** Bei diesen Fachwerkhäusern tragen nämlich nicht die Wände das Dach oder die nächsthöhere Etage, sondern zwei senkrechte **Ständerreihen,** die mit **Querbalken** verbunden sind und die durch die ganze Länge des Hauses laufen. Die einzelnen **Fächer** dieses Rahmenwerkes aus Holz werden dann mit Steinen ausgefüllt, früher auch mit lehmbeworfenem Holzflechtwerk.

Der im Alten Land vorherrschende Haustyp dieses Zweiständerhauses ist das **»Niederdeutsche Fachhallenhaus«,** in dem ursprünglich Mensch und Tier unter einem Dach lebten, denn auch im Alten Land war einst die Viehzucht ein wichtiger Beitrag zum Lebensunterhalt. Die beiden Ständerreihen begrenzen die hallenartige **Diele,** die sich mit einem großen Tor zum Hof hin öffnet. In den Kübbungen zwischen den Ständerreihen und den Außenwänden stand das Vieh.

Auf der Giebelseite zur Straße liegt das **Kammerfach,** unterteilt durch einen breiten **Gang,** zu dessen beiden Seiten ein oder mehrere Räume liegen. Die **Tür zur Straße** hin ist nur von innen zu öffnen, und dies geschah nur zu ganz wenigen Gelegenheiten. Die Braut zog durch diese mit Schnitzereien wie dem Lebensbaumsymbol und Sonnenrädern verzierte Brauttür mit ihrer Mitgift ein, und später, wie die anderen Familienmitglieder, nach ihrem Tod wieder aus. Ansonsten wurde die Tür nur im Katastrophenfall geöffnet. Die eigentliche Eingangstür lag an der Längsseite. Zwischen Kammerfach und Diele befindet sich das **Flett,** der Küchenraum, von dem aus der Rauch aus dem schornsteinlosen Haus durchs Dach entwich.

Die **Giebel** der Altländer Häuser sind meist gewaltig und auf der Hofseite abgewalmt, die Reetdächer sind riesig. Die Giebelbauweise mit Vorkragungen ist weit verbreitet, die Abtreppungen aber entsprechen nicht unbedingt der Geschosszahl, denn die meisten Altländer Fachwerkhäuser haben nur zwei Geschosse, das obere diente oft als Kornboden für das gedroschene Getreide. Die **Giebelzierden** bilden meist gekreuzte **Schwäne** oder seltener **Pferdeköpfe.** Die Pferdeköpfe gehen wohl auf die alten Sachsen zurück, die Bedeutung der Schwäne ist nicht restlos geklärt; man findet sie tritt überwiegend in der II. und III. Meile. Die Schwanengestalten sind dabei regional sehr unterschiedlich, es gibt die Gruppe der weißen Lüheschwäne, die grünen Esteschwäne und die grün-weiße Zwischengruppe. Vielfach sieht man **Tulpen,** die auf die holländische Herkunft hinweisen.

Typisch für das Alte Land sind die **Prunkpforten** als Hofeinfahrten; meist führt eine Brücke über einen Graben dorthin. Die mit Schnitzereien und Inschriften reich verzierten Pforten erlauben auch hoch beladenen Heuwagen die Durchfahrt. In den Seitenteilen sind oft Türen für Fußgänger eingebaut. Gebaut sind die Prunkpforten aus weiß gestrichenem Holz, gedeckt sind sie mit roten Ziegelpfannen.

Von innen anschauen kann man solch ein typisches Altländer Fachwerkhaus im **Stader Freilichtmuseum** auf der Insel und im **Museum Altes Land** in Jork.

1645 und 1712 unter **schwedische Hoheit,** der drei Jahre **dänischer Besatzung** folgten. Im Jahre 1715 fiel das Alte Land an den Kurfürsten von **Hannover,** und nach dem napoleonischen Intermezzo der Jahre 1810–14 an das Königreich Hannover, bis dieses 1866 von **Preußen** annektiert wurde. Ein Jahr später wurde das Alte Land dem Stader Marschkreis zugeschlagen. Noch heute gehört die Region zum **Landkreis Stade.**
Neben Krieg und Besatzung hat das Alte Land immer wieder besonders schwer unter dem **Blanken Hans** gelitten. Auch hier brachen immer wieder Deiche, richteten die einströmenden Wassermassen Verheerungen an und starben viele Menschen. Doch die Altländer wichen nicht.

Fährt man durch das Alte Land, wird man schnell bemerken, dass dieser Landstrich während seiner Geschichte **nie zu den ärmsten** zählte. Große Höfe mit imposanten reetgedeckten **Fachwerkhäusern** bestimmen das Bild. Dazu gehören die Prunkpforten und reichlich **Zierrat** an den Fassaden, Backsteine sind in den Gefachen zu kunstvollen Mustern angeordnet, und auf den Giebeln thronen filigran geschnitzte, gekreuzte Schwäne als Fruchtbarkeitssymbol sowie als Boten des Frühlings und des Lichts. An der vorderen Giebelfront sind Brauttüren angebracht, und die Giebelfassade zieren geschnitzte Sinn- und Segenssprüche. Manche dieser prächtig restaurierten Häuser stammen noch aus dem 17. Jahrhundert. Man ist stolz auf die eigenen Traditionen und Bräuche im Alten Land, und so wurden die alten Häuser genauso erhalten wie die Altländer **Trachten,** die zu den schönsten Deutschlands gehören, vor allem aber zu den prächtigsten mit ihrem dazugehörenden Filigransilberschmuck.
Zum Reichtum trug und trägt besonders der **Obstanbau** bei, wenn auch die Bedingungen heute zu EU-Zeiten schwieriger geworden sind. Das Alte Land ist das **größte geschlossene Obstanbaugebiet Deutschlands** und mindestens Nordeuropas, je nach Zählweise auch ganz Europas. Dazu entwickelte es sich aber erst in der Nachkriegszeit, wenn auch der Obstanbau hier eine lange Tradition hat; schon vor 650 Jahren wurden im Alten Land die ersten Früchte geerntet. Möglich wurde das durch die relativ geschützte Lage hinter dem 30 bis 40 Meter hohen Geestrücken. Heute gibt es etwa 1300 Obstbauern auf den 170 Quadratkilometern des Alten Landes, mehr als drei Viertel der Fläche dient dabei dem **Apfelanbau.**

Die »Freundin des Windes« – die Twielenflether Windmühle

Auch viele Jugendliche pflegen im Alten Land noch die Traditionen

Durch die I. Meile zur Lühe

Gleich an Stades Stadtgrenzen beginnt das Alte Land: Rechts und links Obstbäume, so weit das Auge reicht. **Hollern** liegt am Obstmarschenweg, dem Hauptverkehrsweg durchs Alte Land zwischen Stade und Hamburg. Hollern wurde 1143 erstmals als »Thitgeriscoph« erwähnt, seit etwa 1640 trägt es seinen heutigen Namen. Seine Kirche wurde erstmals 1250 erwähnt. **St. Mauricius (1)** liegt etwas abseits der Hauptstraße und ist einen kleinen Umweg wert. Beeindruckend ist der bullige runde **Wehrturm,** dessen mehr als halbmeterdicken Mauern aus Ziegeln und Feldsteinen bestehen. Er erinnert an die Wehrtürme der Deutschordensburgen. Da er vermutlich schon im **12. Jahrhundert** entstand, dürfte er das älteste erhaltene Bauwerk des Alten Landes sein. Und schief ist er, der Turm von St. Mauricius, und das ist allemal optisch beeindruckend. Auch sonst hat die Dorfkirche einige kleine kulturhistorisch interessante Ausstattungsdetails zu bieten, wie das **Taufbecken** aus dem 14. Jahrhundert sowie **Flügelaltar** und **Kanzelhaupt** aus dem Jahre 1572. Lohnend ist auch ein genauerer Blick auf einige sehr schöne alte **Fachwerkhäuser** direkt am Obstmarschenweg.
Das am Elbufer gelegene **Twielenfleth** ist schon von alters her ein Dorf der Schiffer und Lotsen gewesen, es ist der älteste urkund-

Lühesand – Paradies für Vögel, Camper und Wassersportler

Dreieinhalb Kilometer lang und 800 Meter breit ist das kleine Paradies mitten in der Elbe, und ein großer Teil von ihm ist **Naturschutzgebiet.** Lühesand ist der Traum aller **Camping-Puristen,** weit weg von allen Komfort-Plätzen mit ihren Ver- und Entsorgungsmöglichkeiten aller Art. Allein die Anreise ist schon eine Herausforderung. Das gilt besonders für die Dauercamper mit ihren Wohnwagen. Es ist immer ein Schauspiel, zu Saisonanfang und Saisonendende zu beobachten, wie die großen Wagen auf die Camper-Fähren verladen werden und über die Lühesander Süderelbe schippern. Es sieht dann so aus, als ob die Wohnwagen auf dem Wasser fahren, von den Fähraufbauten ist nichts mehr zu sehen. Bei so viel Mühe muss etwas dran sein an dieser Insel, denn etliche der Dauercamper kommen seit mehr als 30 Jahren, manche gar schon in der dritten Generation.

Auch die **Campingplatzbetreiber** sind schon seit Generationen auf Lühesand; 1947 zog die Familie Blohm ganz auf die Insel, nachdem Heinrich Blohm schon seit Jahren als Inselwart fungiert hatte. Nach der großen Flut von 1962 übernahm Willi Blohm die Fährverbindung. Das bis dahin wilde und kostenlose Campen wurde nun in Bahnen gelenkt, später kamen auch feste Wochenendhäuser dazu. Heute »herrscht« mit Holger Blohm nun schon die dritte Generation der Familie auf Lühesand. Ein wenig Nestwärme und Rat und Tat bei Campingproblemen gibt es gratis im kleinen **Gasthaus** von Petra und Holger Blohm, das legendäre Bauernfrühstück weckt die Lebensgeister, wenn man bei kabbeligem Wetter mit seinem Kajak oder seiner Segeljolle angekommen ist.

Weil man nun nicht mehr wie in den Nachkriegsjahren überall auf der Insel campen kann, hatte die Natur die Chance zu überleben. Eine Hälfte der Insel ist das ausschließliche Reich der **Vögel,** 18 Arten brüten hier, selbst solche Raritäten wie Schwarzkopfmöwen finden hier Ruhe zur Aufzucht der Jungen.

Zwar hat der Campingplatz der autofreien Insel 180 Plätze für Zelte und Wohnwagen (die zu mehr als drei Vierteln fest in der Hand von Dauercampern sind), aber keine Strom- oder Wasserversorgungsleitungen an den Stellplätzen, **Wasser** wird hier noch von Hand geholt, und **Strom** wird mit Windrädern und Solaranlagen erzeugt. Hier kann man auch noch direkt an der Elbe zelten, was besonders die Kajaksportler erfreut, der Kajak wird an Land gezogen, das Zelt daneben aufgebaut und fertig. Bei Ebbe gibt die Elbe ein ganzes Stück Sandbank her, das dann als breiter Badestrand dient.

Auch für einen **Tagesausflug** ist Lühesand ein lohnendes Ziel. Die **Fähren** fahren im Sommer von 8 bis 20 Uhr mehrmals täglich, am Wochenende noch öfter. Das Vogelschutzgebiet auf Lühesand wird vom NABU Stade betreut:

NABU Kreisverband Stade
Hohenfelde 29
21720 Mittelnkirchen
www.nabustade.de
Ansprechpartner Rainer von Brook, Tel. 04142-8116859

lich erwähnte Ort im Alten Land. Bereits 1059 kommt der Ort in einem Schreiben des Bremer Erzbischofs Adalbert vor.
Die Ursprünge der in ihrer jetzigen Form 1819 errichteten Twielenflether **Kirche St. Marien** liegen im Dunklen, klar ist nur, dass die Fundamente wesentlich älter sind. Der für die Region charakteristische einzeln stehende Glockenturm stammt von 1615.
Wahrzeichen des Ortes ist die **Windmühle Venti Amica (2),** »Freundin des Windes«, ein Galerie-Holländer, den Heinrich Friedrich Noodt, der Ur-Ur-Großvater des heutigen Besitzers Hein Noodt, 1851 kaufte. Bei diesem Holländer Mühlentyp wird nur der Kopf mit dem Windrad in den Wind gedreht. Das Müllerhandwerk hat Tradition in Twielenfleth, die erste Mühle wird hier 1331 erwähnt.
Ein beliebter Ausflugsort der Stader ist das Twielenflether **Fährhaus** und der **HADAG-Anleger** mit dem Imbiss. Kilometerweit kann man hier auf dem Elbdeich oder am Strand spazieren gehen. Auch für **Wohnmobile** gibt es hier direkt am Elbufer einen Stellplatz mit wunderbarem Blick. An die maritime Geschichte Twielenfleths erinnert der kleine weiße **Leuchtturm** an der Straße, der nun als Museum dient und eine Ausstellung von **Schiffsmodellen** beherbergt, die ein Bild von der Entwicklung der Schifffahrt im letzten Jahrhundert vermittelt.
Vom Twielenflether Elbdeich aus sieht man schon die Elbinsel **Lühesand,** die sich bis vor Grünendeich erstreckt. In Sandhörn, dort wo der große Parkplatzes liegt, besteht eine Möglichkeit, auf die Insel überzusetzen (siehe Kasten).
Grünendeich ist eine alte sächsische Siedlung an der Mündung der Lühe. Einige Urnenfunde belegen, dass hier schon um das Jahr 500 herum gesiedelt wurde. Auch die Grünendeicher **Kirche** heißt **St. Marien,** sie ist ein dreischiffiger Fachwerkbau. Die Ausmauerungen bestehen aus in Mustern gesetzten Backsteinen. Der hölzerne Glockenturm stammt von 1625, ein großer Teil der Innenausstattung aus den Jahren 1616–18; diese ist farbig und mit viel Schnitzwerk versehen. Glanzstücke und die wohl ältesten Teile der Kirche sind der Altar mit der auf Tannenholz gemalten Kreuzigungsszene, die danebenstehende Kanzel und das Taufbecken.

Leuchtturm beim Anleger an der Lühe-Mündung

Ähnlich eng wie Twielenfleth ist auch Grünendeich mit der Elbe verbunden, hier lebten **Seeleute, Fischer und Lotsen.** Von den einst an der Lühe gelegenen elf kleinen Werften gibt es heute keine Spuren mehr. Auch schwitzen längst keine Seeleute mehr auf den Bänken der Seefahrtsschule und büffeln sich zum Patent für mittlere und kleine Fahrt, wie das seit 1850 der Fall war. Seit Ende 2002 ist die Schule geschlossen. Das Gebäude dient jetzt als **»Haus der maritimen Landschaft Unterelbe« (4).** Dort gibt es neben viel In-

formationsmaterial die sehenswerte Ausstellung »Meer erleben an der Elbe«. Das 1980 gegründete **Planetarium** der ehemaligen Seefahrtsschule kann bei allgemeinen Vorführungen an den Publikumstagen besichtigt werden, Besuchergruppen erhalten auch Sondertermine. Alle Vorführungen erfolgen durch einen Kapitän und Navigationslehrer, der sich in der Astronomie auskennt.

Neben der alten Seefahrtsschule liegt der Grünendeicher **Leuchtturm,** der auch Bestandteil des Ortswappens ist. Daneben wiederum steht ein für die Gegend typisches altes Schifferhaus. Charakteristisch für den 39 Meter hohen, rot-weiß gestreiften und auf einem sechseckigen Sockel stehenden Leuchtturm ist sein Stahlgitter. Der Turm dient als Oberfeuer und ergibt mit dem neuen Unterfeuer in Lühe die mit 8140 Metern **längste Richtfeuerlinie der Elbe.** Am linken Ufer der Lühemündung in Grünendeich befinden sich ein großer Parkplatz sowie einige Imbisswagen, allerlei Spiel- und Unterhaltungsmöglichkeiten, ein Wohnmobilstellplatz und der HADAG-Anleger, der auch vom Elbe-City-Jet als Haltestelle genutzt wird; von hier kann man mit dem Schnellkatamaran nach Stade und Hamburg fahren. Gerade für Touristen ist die **Schnellfähre** eine tolle Möglichkeit, sich **Hamburg** und dessen Hafen zu nähern, zumal man direkt an den Landungsbrücken ankommt. Fast anachronistisch wirkt daneben die kleine **Personenfähre (3)** nach Schulau, die ihre Existenz zäh behauptet. Sogar ein neues Schiff wurde angeschafft, moderner als die beliebten alten Schiffe »Lühe« und »Schulau«. Viele Elbanwohner vermissen die beiden alten Schiffsladies, denn immer mehr Menschen entwickeln eine Liebe zu den traditionellen Schiffen, je kleiner ihre Zahl gegenüber den futuristischen Entwürfen wird, die man täglich auf der Elbe sieht.

Eine Tour nach Schulau ist eine wunderbar beschauliche Fahrt. Beide Fähren nehmen Fahrräder mit.

Steinkirchen ist der historische Hauptort der I. Meile des Alten Landes; der schöne alte Ortskern rund um den alten Markt stammt überwiegend aus dem 18. Jahrhundert. Dort sieht man eine Vielzahl prächtiger **Häuser (5)** wie z.B. das Haus Bürgerei 27, das 1618 erbaut wurde. Die **Kirche St. Martin und Nicolaus** wurde erstmals 1332 erwähnt und wohl um 1500 im großen Stile umgebaut. Zwischen 1637 und 1735 wurde sie dann noch einmal umgestaltet und erhielt nun den Charakter einer barocken Saalkirche mit einem 1773 eingebauten, stuckverzierten Holztonnengewölbe. Die 1687 an der Westwand eingebaute und mit einem darüber sich öffnenden Stuckvorhang reich verzierte **Arp-Schnitger-Orgel** ist das Prachtstück dieser Kirche. Sie ist noch weitgehend im Original erhalten.

Das malerische Bild Steinkirchens, das man während eines Spaziergangs auf dem Lühedeich am besten genießen kann, rundet die **Hogendiekbrücke** ab, die erst 1975 erbaut wurde. Sie ersetzt eine ähnliche, 1942 abgerissene Zugbrücke und erinnert an die holländischen Siedler, die einst das Alte Land eindeichten.

Mittelnkirchen, das 1221 erstmals urkundlich erwähnt wurde, ist das nächste Dorf lüheaufwärts. Mindestens so malerisch wie Steinkirchen ist es mit seinen kleinen Häusern auf dem Lühedeich und den hinter dem Deich wie an einer Schnur aufgereihten Gehöften; dahinter liegen streng aufgeteilte landwirtschaftliche Flächen. Die Kirche **St. Bartholomäus** wurde 1322 zum ersten Mal erwähnt und später mehrfach umgestaltet. Der quadratische Glockenturm wurde wohl 1721 errichtet und war früher höher als heute. Nach mehreren Blitzeinschlägen und Orkanschäden hatte man 1837 genug und beließ ihn in der heutigen Höhe.

Guderhandviertel ist das Schätzchen der I. Meile, mehr Idylle an der Lühe, mehr Romantik geht kaum, hier ist es noch am ursprünglichsten, und kaum irgendwo findet man eine solche Anhäufung von bildschönen Fachwerkhäusern. Besonders schön sind die Häuser mit den Nummern 85 und 54. In Guderhandviertel steht auch **der älteste erhaltene Fachwerkbau des Alten Landes (6)**, ein reetgedeckter Speicher aus dem Jahre 1587 neben dem ebenfalls sehr schönen und über 300 Jahre alten Haus Nr. 50. Eine Kirche gibt es in Guderhandviertel nicht.

Neuenkirchen ist eines der abgelegensten Dörfer im Alten Land und das kleinste dazu. Dementsprechend ist auch die Neuenkirchener Kirche die kleinste an der Lühe. Entstanden ist **St. Johannes** im 17. Jahrhundert, sie wurde 1825 sowie 1925–31 jeweils völlig abgetragen und wieder aufgebaut. Die Orgel aus dem Jahr 1936 stammt von Paul Ott. Kulturgeschichtlich am interessantesten ist der **Altar** mit dem mittelalterlichen Flügelretabel mit Apostelfiguren aus dem 14. und 16. Jahrhundert.

Eine besonders auffällige **Prunkpforte** steht vor dem Haus Dorfstraße 56, dem Dorfgemeinschaftshaus, das einst Heinrich Hellwege gehörte, der von 1955–59 niedersächsischer Ministerpräsident war.

Durch die II. und III. Meile

Eine Wanderung auf dem **Lühedeich** ist besonders abwechslungsreich: Vieles sieht ein wenig nach Holland aus, hinter der nächsten Lühewindung verträumte grüne Landschaft, mal fährt ein Boot gleichmäßig tuckernd vorbei und verschwindet hinter der nächsten Flussbiegung, Kirchen verschwinden fast hinter dem Deich, nur wenige Meter dahinter machen sich stolze Fachwerkhäuser auf blitzsauber gefegten Höfen hinter imposanten Prunkpforten breit. Dann wieder führt der Deichweg an kleinen, oben auf dem Deich stehenden Häusern vorbei – eine Dorflandschaft, in der die Idylle gepflegt wird.

Mitten in der II. Meile und unbestrittenes **Zentrum** des Alten Landes ist **Jork.** Das war es auch über die ganze Geschichte als Gräfensitz und ab 1885 als Sitz des Kreises Altes Land. Erstmals urkundlich erwähnt wurde Jork 1221 als »Majorca«, was nichts anderes als »Zehnthof« bedeutete, das nahe Borstel hieß damals »Zesterfleth«. Die Urkunde lässt erkennen, dass beide Orte wohl älter sind und vermutlich bischöfliche Gründungen der Verdener waren. Damals war Jork ein Marschhufendorf von 3,8 Kilometern Länge. Von der Zester, der heutigen Wettern, wurde das Dorf in der Mitte durchflossen, rechts und links von ihr bildete sich der Ortskern der Siedlung unter starkem holländischen Einfluss.

Jork wuchs schnell, weil es im Schnittpunkt der Hauptverkehrswege lag, seit 1659 war es Verwaltungs- und Gerichtssitz. Bis heute entwickelte es sich zu einem Flecken mit knapp 12.500 Einwohnern, in dem der **Obstbau** eine große Bedeutung hat, wie auch zunehmend die **Tourismuswirtschaft.**

Dominiert wird der idyllische Ortskern von Jork durch den **Gräfenhof (7),** der heute als Rathaus der Samtgemeinde dient. Vermutlich bis ins 12. Jahrhundert reicht seine Geschichte zurück, stand hier doch in Jorks Gründungstagen der Herrenhof. Der Gräfenhof in seiner heutigen Form ließ der damalige Gräfe Matthäus von Haren 1648–51 erbauen. Wie auch in Kehdingen waren die Gräfen die vom Landesherren eingesetzten, einem Gouverneur ähnlichen Verwalter. Der Originalbau bestand aus einem zweistöckigen Querhaus mit angefügtem Langhaus als Wirtschaftsteil. Erst 1971 kam im Zuge einer großen Restaurierung der etwas verkürzte Querbau dazu. Dazu wurde der Giebelteil eines alten Bauernhauses verwendet, das bis dahin in Westerjork stand, auch die prächtige Brauttür von 1823 wurde eingebaut.

Die Kirche St. Matthias in Jork

Die Jorker **Kirche St. Matthias (8)** wurde 1664 auf spätgotischen Fundamenten errichtet, der für das Alte Land so charakteristische frei stehende Glockenturm wurde 1685 fertiggestellt. Der von Heinrich Rink geschnitzte spätbarocke doppelgeschossige **Altar** von 1710 kam im Zuge eines größeren Umbaus dazu; er zeigt in der Mitte die Passion und Grablegung, an den Seiten die Evangelisten. Gestiftet wurde er 1710 von der Hamburger Kaufmannsfamilie Schuback aus Dankbarkeit dafür, dass sie ein Erdbeben in Lissabon überlebt hatte. Die Kanzel ist ein reich verziertes Werk des Buxtehuder Meisters Tamke und dürfte auch von 1664 stammen. Von der **Arp-Schnitger-Orgel** sind nur noch der unter Denkmalschutz stehende Prospekt von 1709 und drei Register vorhanden. Den Innenbau der Kirche deckt eine blaue Holztonnendecke mit goldfarbenen metallenen Sternen. Dieses Blau wiederholt sich im barocken Kastengestühl aus dem 17. und 18. Jahrhundert, das mit reich verzierten Türen zum Gang hin abgeschlossen ist.
Der Name Schuback sollte noch einige Bedeutung in Jork haben. Dort wo heute die

Sparkasse steht, stand einst der Herrensitz dieser Familie. Dort heiratete **Gotthold Ephraim Lessing** am 8. Oktober 1779 die Hamburger Witwe Eva König in Jork. Seitdem ist Jork auf besondere Weise mit Leben und Werk Lessings verbunden.
Im Ortsteil Westerjork (Nr. 49) befindet sich das **Museum Altes Land (9)** in einem Fachwerkhaus aus dem Jahre 1825, dem **Kohlmeierschen Haus.** Das Museum berichtet über das Leben der Altländer, den Kampf mit dem Blanken Hans, den Deichbau und den Verkehr auf dem Wasser von der Küstenschifffahrt bis zu den kleinsten Kähnen auf den Flethen. Dazu kommt die Entwicklung der speziellen Altländer Fachwerkhäuser und die Entwicklungen in der Landwirtschaft, vom anfangs dominierenden Ackerbau und der Viehzucht zum Obstanbau. Und natürlich kommen die Lebensverhältnisse der Menschen nicht zu kurz.
Nach **Borstel,** das heute ein Ortsteil von Jork ist, gelangt man, wenn man vom Gräfenhof aus der schnurgerade nach Nordosten laufenden Wettern folgt; die Atmosphäre erinnert gleichermaßen an Holländer Grachten und die Lagunenstadt Venedig. »Klein Venedig« wird Borstel denn auch genannt, wegen der Idylle an der Wettern und der Ortslage an der Hahnöfer Süderelbe, die Hahnöfersand vom Festland trennt. Das heißt, streng genommen ist auch **Hahnöfersand** heute keine Insel mehr, seit der Deichbau der 1970er Jahre die beiden Inselspitzen mit dem Festland verband. Bekannt ist Hahnöfersand heute als **Gefängnisinsel** für kriminelle Jugendliche und Frauen. Der Deichbau brachte das endgültige Aus für den Borsteler Hafen, der einst ein bedeutender Obstumschlagplatz war.
Im Ortszentrum liegt die **Kirche St. Nikolaus,** die nicht die erste Borsteler Kirche ist. Das erste Gotteshaus stand auf Hahnöfersand, es wurde aber durch Sturmfluten immer wieder stark beschädigt und daher im 14. Jahrhundert in den Ortsteil Kohlenhusen verlegt. Aber auch diese Kirche wurde 1380 und 1393 schwer **von Fluten beschädigt,** worauf man sie am heutigen Platz neu errichtete. Sie liegt auf einer Wurt neben dem ehemaligen bischöflichen Zehnthof, dem Wehrtschen Hof. Auf dieser Wurt wurde auch der alte Friedhof angelegt. Erstmals erwähnt wurde diese Kirche im Jahre 1400. Von dem spätgotischen Bau sind heute nur noch wenige Mauerreste vorhanden, das derzeitige Aussehen erhielt St. Nikolaus durch die **Renovierung** in den Jahren 1770–72. Damals wurden die hölzerne Tonnendecke und die Seitenemporen eingezogen sowie der Kanzelaltar errichtet. Das Innere dominiert das farbenprächtige **Kastengestühl** mit den üppigen Ornamenten am Holzgitterwerk, wie überhaupt eine barocke heitere Leichtigkeit diese Kirche charakterisiert.
Neben dem Jorker Gräfenhof ist der Borsteler **Wehrtsche Hof** der einzige erhaltene **Herrensitz** des Alten Landes. Er wurde im 13. Jahrhundert erstmals erwähnt und gehörte im 17. Jahrhundert dem Grafen Königsmarck, weshalb er auch »Königsmarkscher Hof« genannt wurde. Aus jener Zeit stammen auch die mit üppigen Schnitzereien versehene Barock-Wendeltreppe, die Türsturz-Schnitzereien und Holzbilder von Kreuzigung und Auferstehung. Führungstermine können bei den Altländer Gästeführerinnen telefonisch erfragt werden.
Wahrzeichen von Borstel ist die nach Aurora von Königsmarck benannte **Windmühle Aurora (10)** aus dem Jahr 1860, die neben der Twielenflether Venti Amica letzte noch existierende Altländer Windmühle. Sie steht direkt am Deich. Eine kleine Rast auf der Aussichtsterrasse mit dem weiten Blick über das Land sollte man sich hier gönnen. Der Obstmarschenweg führt von Jork in östlicher Richtung nach **Königreich,** ein 1150

Blick auf Borstel, auch »Klein Venedig« genannt

Oftmals liebevoll bemalt:
die Altländer Haustüren

gegründetes Dorf mit einer Vielzahl denkmalgeschützter alter Fachwerkhäuser.

Estebrügge liegt etwas südlich und wie Königreich an der Este, damit an der Grenze zur III. Meile. Viele Häuser stehen auf dem Estedeich, so zieht sich das Städtchen weit am Fluss entlang. Den Namen gab dem Ort die Brücke über die Este, die erstmals 1331 erwähnt wird. Diese Brücke im Kern Estebrügges war bis 1873 die einzige Verbindung über den Fluss im ganzen Alten Land. Diesem Umstand ist geschuldet, dass Estebrügge vorwiegend von Handel und Handwerk geprägt war, was einige Bürgerhäuser bis heute zeigen. Ein Blick von der Brücke zeigt die ganze Idylle des alten Ortskerns mit den Ufergärten der Bürgerhäuser.

Das Estebrügger Zentrum mit den **Bürgerhäusern** entwickelte sich um die Brücke und die **Kirche St. Martin (11)** herum, die aus dem Jahre 1700 stammt und auf den Fundamenten mindestens zweier Vorgängerinnen steht, einer Holzkirche aus dem 13. Jahrhundert und einer Fachwerkkirche, deren Innenausstattung übernommen wurde. Die backsteinerne barocke Saalkirche hat einen Holzturm von 1664 mit einem gedrehten Pyramidenhelm.

Sehenswert ist das bronzene **Taufbecken** aus dem 14. Jahrhundert, die mit üppigen Schnitzereien verzierte **Kanzel** von 1656 und das bemerkenswerte, mit vielen Ornamenten, Engeln und Spruchbändern bemalte **Tonnengewölbe** von 1700. Glanzpunkt der Kirche ist der **Orgelprospekt** aus dem Jahre 1702, der von Arp Schnitger stammt.

Auf der östlichen Esteseite liegt, unweit der Estebrücke, in **Moorende** die **Esteburg,** ein gewaltiges, von Wassergräben umgebenes Gutshaus, das Diederich von Schulte 1609 erbauen ließ. Das Gebäude ist in Privatbesitz und kann nicht besichtigt werden.

Im Mündungsbereich der Este in die Elbe liegt **Cranz** schon auf Hamburger Stadtgebiet. Von hier hat man einen herrlichen Blick auf Hamburgs schönsten Stadtteil, Blankenese. Auf dem Altländer Ufer liegt das letzte Relikt einer großen Schiffbautradition an der Unterelbe, die **Sietas-Werft,** die den Sprung in die neue Schiffbauzeit geschafft hat. Nicht weit östlich der Werft befindet sich in **Neuenfelde** mit der letzten **Ziegelei** des Alten Landes ein weiteres Zeugnis eines ausgestorbenen Wirtschaftszweiges. Auch Neuenfelde, das 1059 in einer Urkunde des Bischofs Adalbert von Bremen erstmals erwähnt wurde, gehört zu Hamburg, es ist **eines der prächtigsten Dörfer** im Alten Land. Hier gibt es die imposantesten Prunkpforten, die üppigsten Verzierungen an den Fassaden, viele noch aus dem 7. Jahrhundert. Auch die **Kirche St. Pankratius** besitzt eine **Arp-Schnitger-Orgel** aus dem Jahre 1683, die letzte, die noch mit einer originalen Windlade betrieben wird, und eines seiner gelungensten Werke.

Praktische Informationen

Touristeninformation:

Tourismusverband Landkreis Stade/Elbe e.V.
Kirchenstieg 30
21720 Grünendeich
Tel. 04142-813838
www.tourismusverband-stade.de
Mo–Fr 8–12 Uhr, Mo–Do 14–16 Uhr

Altländer Gästeführungen
Westerjork 49
21635 Jork
Tel. 04162-1333
www.altlaender-gaestefuehrungen.de

Tourismusverein Altes Land
Postfach 1111
21718 Steinkirchen
Tel. 04142-81170
www.tourismus-altesland.de

Sehenswürdigkeiten:

Haus der Maritimen Landschaft Unterelbe
Kirchenstieg 30,
Grünendeich
Tel. 04142-812076
www.maritime-elbe.de
Infostelle November bis März Do, So 12–16 Uhr, April bis Oktober Do, Fr 12–16, Sa, So 12–17 Uhr

Museum »Altes Land«
Westerjork 49
Jork
Tel. 04162-5715
April bis Oktober täglich außer Mo 11–17 Uhr
November bis März Mi, Sa, So 13–16 Uhr

Fähren:

Lühe Schulau-Fähre GmbH Kapitän T. Hoffmann
Carl-von-Ossietzky-Weg 41
21684 Stade
Tel. 04141-788667
www.luehe-schulau-faehre.de

Hansestar – Klaus Suhr elbe-city-jet
Peerkoppel 67 a
21706 Drochtersen
Tel. 04148-610276
www.elbe-city-jet.de
Fahrkarten gibt es an Bord und bei Stade Tourismus-GmbH, Hansestr. 16, 21682 Stade, Tel. 04141-409170

Campingplatz & Fährbetrieb Lühesand
Holger Blohm
21720 Grünendeich
Tel. Festland 04142-13 36, Insel 2775
www.luehesand-camper.de

Unterkunft:

Im Alten Land gibt es jede Menge Unterkünfte, sogar ein ausgewachsenes Feriendorf:

Feriendorf Altes Land Verwaltungsgesellschaft mbH
21723 Hollern-Twielenfleth
Tel. 04141-7980
www.feriendorf-altesland.de

Obst Art Hotel
Hollernstraße 91
21723 Hollern-Twielenfleth
Tel. 04141-786081
www.obstart-hotel.de
Im neuen Hotelangebot des bekannten Hollerner Hofs gibt es auch spezielle Programme für Radler.

Restaurant und Hotel Windmüller Achter de Kark
Kirchweg 3
21720 Steinkirchen
Tel. 04142-81980
www.hotel-windmueller.de
Hinter dem Lühedeich gelegenes kleines Hotel

Gastronomie:

Restaurant-Cafe Altländer Obsthof
Hollernstraße 97
Hollern-Twielenfleth
Tel. 04141-70707
www.altlaenderobsthof.de
Das kleine Restaurant befindet sich in einem liebevoll eingerichteten Fachwerkhaus und bietet hervorragende Küche sowie selbstgebackene Kuchen nach Traditionsrezepten.

Restaurant Herbstprinz
Familie Scholz
Osterjork 76
Jork
Tel. 04162-7403
www.herbstprinz.de
Nicht nur Spitzenküche – das Auge isst mit in diesem originalgetreu eingerichteten, denkmalgeschützten, über 300 Jahre alten Fachwerkhaus

Die Mühle Jork, Eckhard Burfeindt
Am Elbdeich 1
Jork
Tel. 04162-6395
www.diemuehlejork.de
Ausgezeichnete regionale Küche in der Borsteler Mühle am Deich der Süderelbe

Café Kännchen
Bürgerei 1
Jork
Tel. 04162-6955
Direkt im Ortskern von Jork gelegenes gemütliches und originelles Café. Hier wird erstklassiger Kuchen inmitten einer Sammlung von Kaffeekannen serviert.

Radeln und wandern zwischen Obstbäumen

Im Alten Land gibt es **13 ausgeschilderte Radrouten** auf 80 Kilometern Strecke. Manche von ihnen sind längere Rundstrecken, aus denen man sich aber auch gut einzelne Abschnitte herauspicken kann. Es wäre ja schade, wenn man nicht genug Zeit zum Schauen oder zum Besichtigen hätte. Aber natürlich gibt es auch jede Menge Möglichkeiten, das Land auf eigene Faust per Rad zu erkunden. Eine ganze Reihe tauglicher **Karten** kann man dazu erwerben, allen voran die des Tourismusverbandes Landkreis Stade/Elbe e.V. Die folgenden Routen sind **zwei besonders schöne Strecken.**

Die Erste ist 34 Kilometer lang und hat **Cranz** auf dem Hamburger Stadtgebiet als Start- und Endpunkt. Es geht zunächst auf dem Radweg am Elbdeich entlang, in Richtung Borstel, wer mag, kann auch auf dem Deich mal ein Stückchen radeln oder wandern; von dort kann man die Elbinsel Hahnöfersand sehen. **Borstel** wird nach sieben Kilometern erreicht, dort ist Zeit für eine kleine Rast an der Windmühle direkt am Deich. Weitere sechs Kilometer geht es an der Elbe entlang nach **Grünendeich,** über das **Lühesperrwerk** hinweg, dann biegt man von der Elbe ab in Richtung **Steinkirchen,** immer an der Lühe entlang geht es durch das idyllische **Guderhandviertel,** dann wieder über die Lühe nach **Mittelnkirchen** und dann auf dem Obstmarschenweg nach **Jork,** dem Hauptort des Alten Landes, in dem es viel zu sehen gibt. Von Jork geht es dann über **Königreich** und an der Este entlang zurück nach Cranz.

Auf dieser Strecke begegnet einem alles, was das Alte Land ausmacht, langgezogene Dörfer mit prächtigen Fachwerkhäusern, dicke Pötte, die hinter dem Deich auf der Elbe vorüberziehen, Leuchttürme, die ihnen den Weg weisen, kleine Straßen, die sich am Lühedeich entlangschlängeln, große Obstplantagen und kleine Obstgärten mit verträumten Katen, lauschige Hofcafés, in denen noch nach alten Familienrezepten gekocht und gebacken wird, und interessante Kirchen und Museen.

Die zweite Route ist auch zum **Wandern** geeignet, sie führt auf beiden Seiten der Lühe mitten durchs Kirschenland. Sie beginnt am Parkplatz des **Lühesperrwerks** und führt am westlichen Ufer der Lühe entlang. Wer mag, kann fast die ganze Strecke auf dem Deich wandern. Nach sechs Kilometern erreicht man die **Hogendiekbrücke,** nach insgesamt acht Kilometer **Steinkirchen.** Auf der anderen Seite der Lühe kehrt man dann zu ihrer Mündung zurück. Wer noch mehr Fachwerkhäuser, Prunkpforten und ländliche Idylle sehen will, fährt noch bis **Neuenkirchen** weiter, das nach 18 Kilometern erreicht ist, überquert dort die Lühe und fährt am anderen Ufer über **Mittelnkirchen** zurück zum Sperrwerk.

Zwischen den Meilen

Flussidyll

An den Austrittsstellen der Elbnebenflüsse Schwinge, Lühe und Este aus der Geest haben sich sehr früh bereits Siedlungen gebildet. Stade wurde 994 erstmals erwähnt, Horneburg an der Lühe und Buxtehude 959. Damit liegen die drei Orte auch an den Grenzen der drei Meilen des Alten Landes, Stade am Ende der I. Meile, Horneburg zwischen der I. und II. Meile und Buxtehude zwischen der II. und III. Meile. Dort waren die Möglichkeiten zum **Handel** besonders gut, denn die Wasserstraßen waren die wichtigsten Transportwege.

Horneburg

Luftkurort ist Horneburg nicht mehr, denn diese Bezeichnung kam aus der Mode. Viel Wasser und sogar **Wald** gibt es hier immer noch, was in der elbnahen Region keineswegs selbstverständlich ist. Grün ist hier die vorherrschende Landschaftsfarbe. Horneburg liegt am Geestrand, genau dort, wo die Lühe, die von der Quelle bis Horneburg Aue heißt, aus der Geest ins Marschland tritt, um dann durchs Alte Land nach sieben Kilometern in die Elbe zu fließen. Noch im vorigen Jahrhundert fuhren Küstenschiffe - Ewer und später kleine Kümos - lüheaufwärts bis nach Horneburg.

Der Geestrand im Raum Horneburg ist schon früh **besiedelt** gewesen, älteste Funde sind die Großgräber in der Nähe von Gut Daudieck, die aus der Zeit um 3500 v. Chr. stammen. Bestimmt haben die Horneburger Geschichte die **Burgmänner.** Die Horneburg wurde 1255 gegründet und war eine **Wasserburg** an einem Winkel (Horn) der Lühe, die am Rande einer Geestzunge lag. Seit der Gründung waren die Familien Borch und Schulte Burgmänner in Horneburg. Sie fungierten als Verwalter der Lehensgüter des Harsefelder Klosters und waren auch die Gerichtsherren des Burggerichtes. Dazu hatten sie für das Harsefelder Kloster und die Bremer Erzbischöfe Steuern einzuziehen.

Die Vorburg bewohnten sie gemeinsam, die kreisrunde Hauptburg war unbewohnt. Beide Bauten waren jeweils mit einem acht Meter breiten Graben abgeschirmt und über eine Zugbrücke zugänglich. Wahrscheinlich hatte die Hauptburg, die als Fluchtburg diente, auch einen Wall. Gut 250 Jahre wurde auf diese Art verwaltet, erst um 1500 begannen die Burgmänner mit ihren Familien die Burg zu verlassen und sich im Gebiet der heutigen Langen Straße niederzulassen. Hier bildete sich der mittelalterliche Flecken, immer mehr Handwerker, Händler und Herbergswirte siedelten sich dort an. Immer wichtiger wurden die Handelswege an der Furt über die Lühe und die Handelsschifffahrt über Lühe und Elbe nach Hamburg.

Schwer heimgesucht wurde Horneburg im **Dreißigjährigen Krieg,** als Johann Graf von Tillys Truppen 1627 den Ort zu großen Teilen niederbrannte, genau wie die schwedische Armee fünf Jahre später. Graf Königsmarck, der schwedische Verwalter, ließ 1645 auch die Horneburg schließen. Erst in den Zeiten der Hannoveraner Herrschaft kam Horneburg zur Ruhe und blühte auf. Heute hat der Ort knapp **4000 Einwohner,** die, rührig in Vereinen engagiert, eine Menge auf die Beine stellen; der Horneburger Veranstaltungskalender hat auch für Besucher einiges zu bieten.

Sehenswert sind besonders das **Schloss** und der **Schlosspark.** Nach dem Auszug der Burgmänner aus der Burg Richtung Lange Straße blieb dort nur die Familie von Düring, die auf dem Vorburggelände das Gut errichtete. Seit 1840 stand dort ein Fachwerkhallenhaus, das 1886 durch ein zweigeschossiges **Herrenhaus** im Tudorstil ersetzt wurde, dem im Süden ein dreistöckiger Backsteinturm beigesetzt wurde. Der Schlosspark wurde als englischer Landschaftspark konzipiert, die Garteninsel bildete die alte Hauptburg. Der Marstall des Gutes, der 1870 auf mittelalterlichen Fundamenten erbaut wurde, beherbergt heute das Regionalmuseum für Ausspann und Fuhrwesen und das dazugehörige Handwerksmuseum.

Buxtehude, die Märchenstadt

Es gibt sie also wirklich, diese Märchen- und Fabelstadt von Has und Igel, in der die Hunde mit dem Schwanz bellen. Und sie ist quicklebendig, die 36.000-Einwohner-Stadt an der Este im Hamburger »Speckgürtel«. Ihren Einwohnern hat sie einiges zu bieten. Da ist die Nähe zum Großraum Hamburg mit seinen attraktiven Jobs, Spitzensport in der ersten Handball-Liga der Frauen und vor allem ein für die Stadtgröße enormes kulturelles Angebot. Nicht nur einen Kleinkunstpreis, sondern sogar einen **Literaturpreis** vergibt die Stadt, den »Buxtehuder Bullen«, eine renommierte Auszeichnung für Kinder- und Jugendbücher.

Enge Gassen, an denen vorzüglich restaurierte Kaufmannshäuser stehen, Flethe, in denen sich deren Fachwerkfassaden mit dem Himmel um die Wette spiegeln und in denen ein alter Ewer Geschichten von Handel und Schifffahrt erzählt, Kopfsteinpflaster und verträumte Winkel, über allem der imposante Petrikirchturm, dazu schicke kleine Läden und Boutiquen, erstklassige Gastronomie, kleine urige Kneipen, Szene-Treffs, die im Sommer zu Straßencafés mutieren – in Buxtehude lässt sich's leben.

Erstmals erwähnt wurde die Stadt an der Este **959** als bäuerliche Siedlung »Buochstadon«, also etwa »Buchengestade«, 1135 wird der Ort als »Buchstadihude« erwähnt. Diese neue Endung »-hude« bezeichnet eine Anlegestelle, genauer gesagt einen kleinen Flusshafen. Diese Siedlung lag im Bereich des heutigen Ortsteils Altkloster auf dem Geestrand am westlichen Ufer der Este. Wie der Name es vermuten ließ, gab es hier ein **Kloster.** Das Benediktinerinnenkloster wurde 1196 gegründet und blieb bis zur Säkularisierung durch die Schweden im 17. Jahrhundert das bedeutendste Frauenkloster an der Niederelbe.

Mit der Besiedlung des Alten Landes im 12. Jahrhunderts, wuchs die Bedeutung Buxtehudes, **Handel und Verkehr** nahmen zu, nur die Lage auf dem Geestrand war nicht mehr so günstig. So entschied sich 1285 der Bremer Erzbischof Giselbert zur einer **Neugründung** im knapp zwei Kilometer vom alten Hude- und Klosterort entfernten Moorstreifen zwischen Geest und Marsch, der im Klosterbesitz war. Das Wichtigste an diesem neuen Ort sollte ein **Hafen** werden, der nicht nur für kleine Flusskähne, sondern auch für Elbschiffe tauglich sein sollte. So wurde das neue Buxtehude planmäßig um dieses Hafenbecken herum angelegt. Es entstand eine **grachtenartige Anlage** – kein Wunder, es waren Holländer, die hier federführend tätig waren. Selbst den Namen des heute noch erhaltenen Stadtgrabens, »Viver«, brachten sie mit. Die Viver umschloss den Stadtkern wie ein Karree, das mitten hindurchgehende Fleth leitet das Estewasser durch die Stadt; es diente bis vor wenigen Jahrzehnten als Hafen. Zur Zeit der Stadtgründung war er der modernste künstlich in einer Stadt angelegte Hafen im nördlichen Europa. Die gesamte Stadtanlage ist bis heute erkennbar, selbst die Wegführung ist weitgehend erhalten geblieben.

Handel und Verkehr nahmen den neuen Ort schnell an, Buxtehude blühte auf und erhielt 1328 das **Stadtrecht** vom Bremer Erzbistum, in die **Hanse** trat man 1363 ein. Längst wurde die neue Siedlung »Buxtehude« genannt, die alte Siedlung um das Benediktinerinnenkloster herum hieß nun Altkloster. Buxtehude profitierte vor allem von der hier günstigen Möglichkeit, Menschen, Vieh und Waren über die Elbe zu setzen, ein Geschäft, das auch nach dem Ende der großen Hansezeit florierte. So führte die »Ochsenweg« genannte Route der großen **Viehtransporte** von Jütland nach Holland bei Wedel über die Elbe nach Buxtehude. Noch im Jahre 1600 wird vermeldet, dass hier 20- bis 30.000 Ochsen im Jahr über die Elbe gesetzt werden. So ist es nicht verwunderlich, das Buxtehude bis zum **Dreißigjährigen Krieg** ausgesprochen wohlhabend war. In diesem allerdings wurde Buxtehude schwer heimgesucht, wechselnde Besatzungen mit Einquartierungen und marodierender Soldateska, und am Ende drei kurz aufeinander folgende Pestjahre zwischen 1625 und 1628 rafften einen großen Teil der Buxtehuder dahin. Danach begann der Niedergang der Schifffahrt und des Viehhandels, und die Elbe wurde nun bei Harburg überquert.

Erst der Beginn der **Industrialisierung** brachte neues Wirtschaftsleben nach Buxtehude, als sich der Hafen und die schiffbare Este als Standortvorteile erwiesen. Weiteren Aufschwung brachte 1881 der **Eisenbahnanschluss.** Den Zweiten Weltkrieg überstand Buxtehude fast unzerstört, weitere Industrie- und Gewerbebetriebe siedelten sich an. Die Verkehrsanbindung ist gut, Hamburg nahe. Die kluge Ansiedelungspolitik ließ einen gesunden **Branchenmix** entstehen, der Buxtehude die **niedrigste Arbeitslosenquote Niedersachsens** eintrug. Die Stadt steht in dem Ruf, offen für Neuerungen, ja regelrecht experimentierfreudig zu sein. Den Namen »Musenort« erhielt die Stadt wegen ihres **großen Kulturprogramms** und der Vergabe von Kunst- und Literaturpreisen. Rund um das Buxtehuder Museum entstand ein richtiges Kulturzentrum.

Und er guckt und guckt und guckt: der »Flethekieker«

Altstadtbummel

Die Buxtehuder Altstadt wird weithin sichtbar dominiert vom 75 Meter hohen Turm der **St.-Petri-Kirche (12),** die als bedeutendstes Baudenkmal und **Wahrzeichen** der Stadt gilt. Sie wurde als gotische Backsteinkirche ab 1286 errichtet und ist als **dreischiffige Basilika** einmalig für eine norddeutsche Hallenkirche. Geweiht wurde die Kirche erst 1400. Der ehemals barocke Turm brannte nach Blitzschlägen zweimal ab und wurde 1853 im neogotischen Stil wieder errichtet. Auch die alte Arp-Schnitger-Orgel traf der Blitz, sie wurde von Wilhelm Furtwängler ersetzt. Den barocken **Hochaltar** im Hauptschiff schuf 1710 der Hamburger Bildhauer Hans Hinrich Römers, Stifter war der aus Buxtehude stammende Reeder Michael Wilckens.

An der Westwand des Nordschiffes befindet sich mit dem **Halepaghen-Altar** das bedeutendste Ausstattungsdetail der Buxtehuder Petrikirche. Der um 1510 vom Lübecker Künstler Wilhelm Dedeke geschaffene Altar ist Magister Gerhard Halepaghe und seinem Neffen Dr. Hermann Langbehn gewidmet, die auf den Außenseiten der Seitenflügeln verewigt sind. Letzterer ist wohl auch als Stifter des Altars anzunehmen. Halepaghe war Vorsteher des Buxtehuder Klerus und als Kirchen- und Sozialreformer Begründer einer der ältesten **Stiftungen** (Halepaghen-Stiftung von 1484), in die er sein ansehnliches Vermögen einbrachte. Die Stiftung ist heute noch sozial tätig, und das über 600 Jahre alte Buxtehuder Gymnasium trägt Halepaghes Namen. Ihm ist auch eine Bronzestatue auf dem St. Petriplatz gewidmet. Die Haupttafel auf der Innenseite des Altars zeigt die Kreuzigung, die beiden Flügelinnenseiten zeigen weitere Passionsdarstellungen.

Schräg gegenüber der Kirche, schon in der Kirchenstraße, kommt man zum **Brauhaus,** das in der Alten Markthalle sein uriges Domizil gefunden hat und die alte Bierbrautradition am Leben erhält.

Etwas südöstlich der St.-Petri-Kirche liegt der **Stavenort,** der lange Zeit als Armenviertel galt. Im Mittelalter waren hier die öffentlichen Badestuben, durch ein kleines Tor ging es an die Ostviver, wo Buxtehudes Frauen die Wäsche wuschen. Stavenort ist eine niederdeutsche Bezeichnung, die einen Winkel (Ort) meint, an dem die Badestuben (Staven) stehen. Aus dem alten Gängeviertel, in dem sich die Häuser eng aneinanderdrängten und wo jahrhundertelang Armut und Krankheiten zu Hause waren, ist ein Buxtehuder Prachtstück geworden, in dem ein reiches kulturelles Leben Raum zur Entfaltung findet. Dominiert wird der Stavenort durch das **Museum für Regionalgeschichte und Kunst (13).** Ende der 1990er Jahre wurde der große Wurf in Angriff genommen und ein neuer Bau errichtet, in dem Museum und Stadtarchiv nun Platz finden. Das danebenstehende alte Gebäude wurde prächtig restauriert und verdient wegen seiner ungewöhnlich reich verzierten Fachwerkfassade seinen Namen wieder: **Lebkuchenhaus.**

Etwas südlich von St. Petri steht Buxtehudes **Rathaus,** das von dem Hannoveraner Architekten Alfred Sasse 1913/14 errichtet wurde. Das alte Rathaus aus dem 15. Jahrhundert wurde beim Großen Brand von 1911 zerstört. Dieses Ereignis sowie weitere Szenen aus der Buxtehuder Geschichte sind auf Ölgemälden im Ratssaal festgehalten. Auch einen Ratskeller besitzt das Buxtehuder Rathaus, in dem sich die Gemüter nach den Redeschlachten der Ratssitzungen wieder abkühlen können.

Nordöstlich der St.-Petri-Kirche verläuft die **Fischerstraße,** an der einige bemerkenswerte Häuser stehen, wie z.B. die **Stadtbücherei** (Nr. 2). Das 1736 erbaute Haus diente einst den Lehrern der Lateinschule als Wohnquartier. Das gegenüberliegende Haus **Fischer-**

Das »Lebkuchenhaus« am Stavenort

Einmalig im norddeutschen Raum: Die Petrikirche, Buxtehudes Wahrzeichen

straße 3 mit der Sonne im Spitzgiebel und den reichen Schnitzereien gilt als schönstes Haus in Buxtehude. Das ehemalige Wohnhaus eines Ackerbürgers und Fuhrmannes mit Stallung wurde 1553 erbaut. Die Fischerstraße führt direkt ans Fleth; dies ist eine der schönsten Ecken von Buxtehude.

Am nördlichen Ende des Altstadtkerns fließen am Marschtorzwinger Viver und Fleth zusammen, und von der **Hafenbrücke** hat man einen Postkartenblick auf den ehemaligen nördlichen Altstadtzugang und das Fleth. Zur Buxtehuder **Stadtmauer** gehörten das Geesttor, das Moortor und das Marschtor, das 1851 abgerissen wurde. Der im 16. Jahrhundert erbaute Marschtorzwinger blieb bestehen, er diente als einer von ursprünglich fünf Wehrtürmen.

Das Fleth, der einstmals hochmoderne Buxtehuder Hafen, wird eingerahmt von den Straßen **Ostfleth** und **Westfleth.** Besonders das Westfleth mit seinen Fachwerkhäusern ist eine kleine städtebauliche Perle. Hier lebten einst wohlhabende Händler und Handwerker, die sich solche Häuser mit detailverliebtem Zierrat an den Fassaden leisten konnte. Viele der schmalen, langen Grundstücke reichten einst bis zur Viver. Heute sind sie von der Straße Hinter dem Zwinger aus zugänglich, die direkt vor der Viver teilweise auf der 1682 abgerissenen Stadtmauer steht.

Am Südende wird die Flethszenerie durch die **Flethmühle,** die heute als Hotel dient, und den davorliegenden **Ewer »Margareta«** maritim abgeschlossen. Der 1897 erbaute, knapp 18 Meter lange Ewer kehrte 1991 frisch überholt in seinen Heimathafen zurück.

Romantisch durch die Märchenstadt kommt man bei einem **Stadtrundgang** mit Buxtehudes **Nachtwächterin** Elke Schlichtmann. Mit Hellebarde und Feuerhorn bewaffnet, erzählt sie im Schein der Laterne Märchenhaftes und jede Menge Legenden und Anekdoten aus der Stadtgeschichte.

Praktische Informationen

Informationen:
Stadtinformation
Im Foyer des Buxtehude Museums
Stavenort 2
21614 Buxtehude
Tel. 04161-501297
stadtinformation@stadt.buxtehude.de

Stadtrundgänge:
Der Plan der öffentlichen Führungen ist in der Stadtinformation am Stavenort 2 und unter Tel. 04161-501297 zu erhalten oder per E-Mail unter Elke.Schlichtmann@t-online.de

Sehenswürdigkeiten:

Buxtehude Museum für
Regionalgeschichte und Kunst
Stavenort 2
21614 Buxtehude
Tel. 04161-4021
buxtehude@city-map.de
Di–Fr 13.30–17.30 Uhr, Sa, So 10.30–17.30 Uhr

Handwerksmuseum
Regionalmuseum für Ausspann, Fuhrwesen
und zugehöriges Handwerk
Marschdamm 2c
21640 Horneburg
Tel. 04163-6320
Di–Do 9–12 Uhr,
1. und 3. So des Monats 15–17 Uhr

Unterkunft:

Hotel zur Mühle
Ritterstraße 16
21614 Buxtehude
Tel. 04161-50650
www.hotelbuxtehude.de
Mitten in der Altstadt am Fleth gelegen

Hotel Seeburg
Cuxhavener Straße 145
21614 Buxtehude
Tel. 04161-74100, Fax 741074
www.seeburg.de
Im Ortsteil Neukloster am See gelegen

Gastronomie:

Brauhaus
Kirchenstraße 13
Tel. 04161-3775
www.buxtehuder-brauhaus.de
Zu Füßen der Petrikirche bei Livemusik in rustikaler Atmosphäre Leckeres genießen und dazu Buxtehuder Bier trinken

Abthaus
Abtstraße 6
Tel. 04161-2214
www.abthaus.de
Café, Galerie und Restaurant in einem der ältesten Häuser Buxtehudes

Wunderbar
Ritterstraße 12
Tel. 04161-512511
www.wunderbar-buxtehude.de
Legendärer In-Treff in Buxtehude

Dithmarschen

Der Horizont ist die Grenze

Dithmarschen nennt man das Land zwischen Eider und Elbe, Nordsee und Nord-Ostsee-Kanal. Von der leicht hügeligen Geestlandschaft im Osten abgesehen, wird das Land nach Westen und zur Elbmündung hin immer flacher, bis es bretteben ist.
Große Traumschiffe auf dem Nord-Ostsee-Kanal wechseln mit bunten Krabbenkuttern in den kleinen Häfen an der Elbmündung, und am Ende des Landes folgt das Wattenmeer der Elbmündung, das sich in der Unendlichkeit verliert. Weite Kohlfelder, saftige Weiden, knallgelbe Rapsfelder und später das warme Sommergelb der schnurgeraden Weizenfelder bestimmen das Bild bis zum Horizont, sofern nicht ein Deich dazwischenliegt.
Holsteiner Rinder auf sattem grünem Weideland und Pferde auf den weiten Wiesenlandschaften werden eingerahmt von den zahlreichen **Deichen,** die immer die wichtigsten Bauwerke Dithmarschens waren. Es ist zu großen Teilen ein von Menschen dem Meer abgerungenes Land, das erst durch den Deichbau zu nutzbaren Kögen wurde, gegen die Sturmfluten gesichert, so gut man es konnte, entwässert, urbar gemacht und besiedelt.
Verträumte kleine **Dörfer** mit prächtig restaurierten und herausgeputzten **Bauernhäusern,** die allesamt am Wettbewerb »Unser Dorf soll schöner werden« teilnehmen könnten, sind die dominierende Siedlungsform. Es gibt **keine größeren Städte** in Dithmarschen, das noch heute ländlich geprägt ist, selbst der Hauptort Heide hat gerade mal 20.000 Einwohner. Daher ist dieser Landstrich so **beliebt bei Touristen:** Zwei Millionen Übernachtungen im Jahr zählt die Region, die geradezu prädestiniert ist für Ferien auf dem Bauernhof oder einen Fahrradurlaub.

Berühmt ist Dithmarschen als **Kohlland,** in der Region werden jährlich 80 Millionen Kohlköpfe auf 2500 Hektar Fläche geerntet, das macht das Land zum größten geschlossenen Kohlanbaugebiet Europas.
Dithmarschen, das Land der Köge, ist ein Bauernland mit einer **außergewöhnlichen Geschichte,** daraus schöpft es seine Traditionen. Und so sind die Dithmarscher nicht einfach stur und dickschädelig, wie man es ihnen nachsagt, sondern **standfest und stolz.** Standfest gegen Wasser und Sturm, stolz auf die Geschichte der freien Bauernrepublik.

Land der freien Bauern

Die Dithmarscher Geschichte beginnt natürlich nicht erst mit der Bauernrepublik. Die erste Erwähnung menschlichen Lebens in Dithmarschen findet sich bei **Plinius dem Älteren** und stammt aus der Zeit kurz nach Christi Geburt. Er erlebte das Land ähnlich wie die gesamte Unterelbe: mieses Wetter, ständige Gefahr der Überflutung und Menschen, die in armseligen Hütten ein noch armseligeres Leben fristeten – Rom, städtisches Leben und Zivilisation schienen ihm Lichtjahre entfernt.
Wie im ganzen Umland, bildete sich auch in Dithmarschen direkt am Ufer von Elbe und Nordsee durch die ständigen Anlagerungen von Sinkstoffen ein **erhöhter Landstreifen;** auf diesem lebten schon zu Plinius' Zeit Menschen. Funde von Häuserresten in der Gegend von Brunsbüttel bewiesen das. Erst sehr viel später begann man **Wurten** zu errichten und darauf die Häuser zu bauen. Diese Wurten sind noch heute zu erkennen. Etwa um das Jahr 1000 begannen die Dithmarscher, Ringdeiche um die Wurten herumzubauen und so auch ein Stück Land zu sichern, ein Jahrhundert später war man so weit, durch längere Verbindungsdeiche auch größere Gebiete einzudeichen. So entstanden also ab 1100 nach und nach die

Freier Blick bis zum Horizont

ersten **Köge.** Man kann sich vorstellen, was für ein Kraftaufwand das in der maschinenlosen Zeit war und wie viel Gemeinschaftsarbeit dafür nötig war.

Aus dieser Zeit stammen die **»Geschlechter«,** die sich als Gemeinschaften mehrerer Familien bildeten, die einander Schutz und Unterstützung versprachen, aber auch die Beziehungen untereinander regelten und die Gesellschaft Dithmarschens ordneten. Diese Geschlechter sollten bedeutend werden für die Geschichte Dithmarschens.

Das politische Leben regelten bald nach den Eindeichungen die **Kirchspiele,** die keinesfalls nur Kirchengemeinden waren. Adelige Herren gab es in Dithmarschen nämlich nicht, und Herrschaftsansprüche dort durchsetzen zu wollen, kam lange einem Himmelfahrtskommando gleich. Das musste 1144 auch der Stader Udonengraf Rudolf erleben, der in Burg erschlagen wurde. Die Erbfolgeauseinandersetzung stürzten Stade in den Strudel der Kabbeleien zwischen **Welfen** und **Bremer Erzbischöfen.** Das auf der anderen Elbseite liegende Dithmarschen blieb davon weitgehend unbehelligt. Ab 1227 waren dann die Bremer Erzbischöfe auch formal als Dithmarscher Landesherren eingesetzt, was die Anwohner aber weniger kümmerte. Dort hatten nach wie vor die Kirchspiele das Sagen, sie dirigierten die Deicharbeiten, wurden mehr und mehr zu Organen der Rechtsprechung und bestimmten die Politik. Daraus entwickelte sich dann nach und nach eine Art **föderative Verfassung.**

Trischen-
damm
Friedrichskoogspitze
Kaiserin
Seehundaufzuchtstation
Friedrichskoog
Fischereihafen
Schmolteck
Diek-
sander-
koog
Neuland-
halle
Klein-
dieksand
Schadendorf
Kaiser-
Wilhelm-
Koog
Neufelderkoog
N
0
5 Km
© EDITION TEMMEN

↑ Heide
Gudendorf
Barlt
Burg
St. Michaelisdonn
marschen
Kuden
Nord-Ostsee-K
Süderwisch
Eddelak
Schmedeswurth
Westerbüttel
Fle
Mühlenstraßen
ufeld
Brunsbüttel
S
S
2
3
Elbe
Krummen-

Im Herbst 1434 trafen sich einige Kirchspielvertreter und bildeten eine noch lose Vereinigung, aus der sich ein den Kirchspielen übergeordnetes politisches System entwickelte. Es bildete sich ein **Gremium aus 48 Regenten,** das die Geschicke Dithmarschens gleichberechtigt bestimmte. Politisch hatte Dithmarschen nun zwar eine horizontale föderale Struktur, allerdings ohne eine dem Regentengremium vorstehende regierende Spitze. Auf der untersten Ebene standen die Kirchspiele, die fünf Bezirke bildeten, welche »Döffte« genannt wurden und die letztlich die Republik bildeten und die 48 Regenten bestimmten.
Man denke nun aber nicht, dass dieses System immer reibungslos funktionierte; Interessenkonflikte gab es auch im damaligen Dithmarschen. Allerdings war man in der Lage, sie friedlich zu lösen, und das machte letztlich den Erfolg der **Bauernrepublik** aus.
Die große Zeit der Republik war das 15. und 16. Jahrhundert, als die Dithmarscher in der damals bekannten Welt keinesfalls als hinterwäldlerische Bauern aus einem abgelegenen Gebiet galten, sondern anerkannte **Handelspartner** waren, die sich weltläufig in der Hanse bewegten. Der **Reichtum** der Dithmarscher weckte Begehrlichkeiten, immer wieder versuchten Nachbarn, ihren Herrschaftsbereich auszudehnen und die Region zu unterwerfen. Ein letztes Mal gelang es den Dithmarschern 1500, ihre Freiheit unter dem legendären Anführer Wulf Isebrand in der **Schlacht bei Hemmingstedt** zu verteidigen. Und diese symbolträchtige Schlacht ist bis heute überaus präsent in Dithmarschen. Die »Letzte Fehde« wurde 1559 geschlagen, aber die Dithmarscher unterlagen dem Holsteiner Herzog Adolf, und die Republik war am Ende, wenn auch kaum Adel ins Land kam und die Region relativ große Eigenständigkeit behielt. Der Geist der Freiheit und der Republik aber blieb bis heute äußerst lebendig in Dithmarschen.

Im Land der Köge

Das Prinzip der **Landgewinnung aus dem Meer** ist immer gleich geblieben, geändert haben sich im Laufe der Geschichte vor allem die technischen Möglichkeiten. Das Meer und die Elbe bringen Unmengen von **Schwebstoffen** mit sich, die sich an der Küstenlinie **anlagern.** Im Laufe der Zeit wächst der Boden. Die ersten Pflanzen siedeln sich an und fangen noch mehr der Sink- und Schwebstoffe auf. Bald wird das immer höher wachsende Land nicht mehr dauernd überflutet. Nun greift der Mensch erstmals massiv ein und baut mit Buschwerk versehene Pfahlreihen, die **Lahnungen**. Dadurch wiederum wird die Geschwindigkeit des bei Flut darüberfließenden Wassers geringer, bei Sturm wird es beruhigt. Das hat zur Folge, dass sich noch mehr Sinkstoffe noch schneller anlagern. Ist das neu entstandene Land dann eingedeicht und entwässert, ist ein neuer Koog mit überaus fruchtbarem Boden gewonnen.
Neue Köge werden heute nicht mehr gebaut, der letzte war 1954 der Friedrich-Wilhelm-Lübke-Koog in Nordfriesland. Seitdem dient das Eindeichen auch in Dithmarschen und Nordfriesland nur noch dem **Küstenschutz.** Es gibt heute noch **170 Köge,** für die 850 Deichkilometer gebraucht wurden.
Wie sehr das Aussehen Dithmarschens durch die Köge verändert wurde, sieht man am besten an **Marne,** das einst nahe der Elbmündung lag und nun aufgrund der Landgewinnungen sieben Kilometer landeinwärts liegt. »Stadt der Marschen und Köge« nennt sich Marne gern selbst; es ist **kultureller und wirtschaftlicher Mittelpunkt der Dithmarscher Südermarsch.**
Knapp 6000 Einwohner hat der alte Marktort heute, dem 1891 die **Stadtrechte** verliehen wurden. Nachdem er 1880 an das Reichsbahnnetz angeschlossen wurde, setzte ein regelrechter Bauboom ein. Viele Gebäude

zeugen von dieser Blütezeit kurz vor dem Ersten Weltkrieg, wie etwa die 1906 geweihte **Maria-Magdalena-Kirche** auf der alten Kirchwurt. Einige Ausstattungsdetails wie das gotische Taufbecken aus der Zeit um 1300 hat sie aus ihren Vorgängerkirchen übernommen. Weithin sichtbar ist ihr 61 Meter hoher Turm.

Etliche Gebäude sind vom **Jugendstil** geprägt, wie das **Rathaus,** das 1914 fertiggestellt wurde. So entsteht der Eindruck einer jungen Stadt, obgleich der Ort bereits 1140 erstmals erwähnt wurde und seit dem frühen Mittelalter als Kirchspielsitz eine bedeutende Rolle im Leben Dithmarschens spielte.

Mit dem **Müllenhoffbrunnen** in einem der drei Stadtparks haben die Marner einem ihrer größten Söhne, dem Germanisten Karl-Viktor Müllenhoff, ein Denkmal gesetzt. Dieser veröffentlichte unter anderem eine Sammlung der **Sagen und Märchen** Dithmarschens und ganz Schleswig-Holsteins. Der ihm gewidmete Brunnen soll an die Sage vom »Wunderbaum« erinnern (siehe Kapitel »Von Deichgrafen und Klabautermännern«). Den stilisierten Baum umtanzen Dithmarscher in Landestracht, zu ihren Füßen hängen die Wappen der Dithmarscher Geschlechter.

Einen originellen Ursprung hat das Marner **Heimatmuseum (1):** Es geht auf eine Runde sammelwütiger Männer zurück, die Skatbrüder des Marner Skatclubs von 1873. Sie sammelten Bewahrenswertes aus der Region und Kurioses. Unter den vielen exotischen Souvenirs von Geschäftsreisen oder militärischen Einsätzen befinden sich ein Einbaum, ein

Lahnungen zur Landgewinnung bei Friedrichskoog

Kutter im Fischerhafen Friedrichskoog

Schild aus Elefantenhaut, chinesische Richtschwerter vom Boxeraufstand 1900 und ein hölzerner Lebensbaum aus Ostafrika. Zu den weiteren Exponaten gehören Funde aus der Vorgeschichte und Frühzeit Dithmarschens und in der kulturgeschichtlichen Abteilung Möbel, Hausrat, Textiles sowie Volkskunst aus bäuerlichen und bürgerlichen Haushalten Marnes.

Von einer ganz anderen, einst im ganzen Norden sehr verbreiteten Tradition zeugt Marnes bekanntestes Unternehmen: das **Dithmarscher Pilsener** ist das bekannte »Beugelbuddelbier«. Öffnet man die Flasche mit dem Bügelverschluss, macht es satt »Plopp«. Dieses Bier hat Kultstatus im Norden. Da kommt ein Stück von der Dithmarscher Beharrlichkeit durch, von der Pflege eigener Traditionen – in Marne wird seit 1775 Bier gebraut – und dem eigenen Weg. Die Dithmarscher sind anders, auch beim Biertrinken. Und solch ein Stück Eigenständigkeit wird auch hier bewahrt, denn die **Brauerei Karl Hintz** in Marne ist die letzte Privatbrauerei an Schleswig-Holsteins Westküste. Bereits in der vierten Generation wird hier nach alten Familienrezepten Bier gebraut. Wer Lust hat, sich die Brauerei anzuschauen, sollte vorher anrufen.

Marne ist eine gemütliche Kleinstadt, die dem Urlauber von guten Einkaufsmöglichkeiten über ansprechende Gastronomie bis zu vielfältigen Sportmöglichkeiten vieles bietet und sich hervorragend als Standort für einen Fahrradurlaub eignet.

Und generell ist Dithmarschens Kooglandschaft ein **Radfahrerparadies:** Wenn man die Deichdurchlässe passiert und von einem

Koog in den anderen fährt, begegnet man höchstens mal einem Traktor, nur selten einem Auto; man hat vor und hinter sich nur Weite und über sich den hohen Himmel, bis der nächste Deich den Blick auffängt. Die Luft schmeckt schon salzig, und hinter den hohen Elbdeichen kommt nur noch Wasser und Watt, Möwen schreien, und fast immer weht eine leichte Brise von der Nordsee her.

Von Südost nach Nordwest kommt man auf der Fahrt an der Küstenlinie entlang von Brunsbüttel zuerst nach **Neufeld** mit seinem malerischen kleinen Hafen, der heute nur noch von Sportbooten genutzt wird; von hier hat man einen weiten Blick über die Elbmündung und die Watten. Dann folgen der Neufelder Koog, der Kaiser-Wilhelm-Koog, der Kronprinzenkoog und der Dieksanderkoog. Im Kaiser-Wilhelm-Koog kann man sich über die Nutzung von Windenergie informieren. Der **Windenergiepark Westküste** unterhält dort ein Informationszentrum; 1987 wurden dort auf rund 20 Hektar Fläche 30 Windgeneratoren mit einer Nennleistung von 1 Megawatt installiert, 1994 folgten sechs weitere Anlagen mit zusammen 1,3 Megawatt.

Der **Dieksanderkoog** wurde unter einem anderen Namen bekannt, im **Dritten Reich** hieß er **»Adolf-Hitler-Koog«.** Mit großem Propagandaaufwand wurde der schon lange geplante und nur wegen Geldknappheit noch nicht errichtete, 9,3 Kilometer lange Deich unter weitgehendem Verzicht auf Maschineneinsatz von 1700 Arbeitern gebaut. Die Arbeitslosigkeit sollte so bekämpft werden - ein Ammenmärchen, es gab keinen Beschäftigungseffekt für Dithmarschen. Eingeweiht wurde der Koog 1935 vom Namensgeber persönlich. Die Siedlerstellen allerdings gingen ausschließlich an Dithmarscher, wiederum mit gewaltigem Propagandawirbel, der fast täglich Besucher dorthin lockte, wo ein neuer Bauernschlag im Musterkoog lebte. Mit dem Kriegsbeginn wurde es ruhig um den nationalsozialistischen Musterkoog, und nach dem Krieg wurde er schlicht in »Dieksanderkoog« umbenannt.

Friedrichskoog, der letzte Ort an der schleswig-holsteinischen Elbmündung, ragt wie ein Erker an Elbmündung und Außenelbe entlang in die Nordsee hinein; es liegt Cuxhaven genau gegenüber. Der Ort besteht im Grunde aus **drei Kögen,** dem Dieksanderkoog von 1935, dem Kaiserin-Auguste-Viktoria-Koog aus dem Jahr 1900 und dem Friedrichskoog von 1853, der nach dem damaligen Landesherrn, dem Dänenkönig Frederik VII. benannt worden war, was dann in preußischer Zeit eingedeutscht wurde. Die Namen der Friedrichskooger Köge spiegeln quasi die ganze jüngere Geschichte der Region wider.

Friedrichskoog ist ein junger Ort, noch vor 150 Jahren war hier nur Nordsee und Elbmündung. 1969 wurde er Erholungsort und 1983 Nordseebad, seit neuestem ist er mit seinen nun 3600 Betten auch **Nordseeheilbad.** Friedrichskoog ist ein familienfreundliches Bad für **Naturfreunde.** Außer Nordsee, Elbmündung und Wattenmeer gibt es hier nur Natur pur und die weiten Kohl- und Rapsfelder in den Kögen, keine Industrie, kein Großgewerbe.

Der Ort besteht aus **zwei Teilen,** die durch die Koogstraße verbunden sind, dem eigentlichen Friedrichskoog und dem direkt am Grünstrand gelegenen Friedrichskoog-Spitze.

Friedrichskoog ist heute noch der Heimathafen der größten **Krabbenkutterflotte** Schleswig-Holsteins, da nimmt es nicht Wunder, dass sich das Ortszentrum um den Hafen herum gebildet hat. Der Hafen ist eine Attraktion, wenn die bunten Kutter einlaufen und ihren Fang löschen, gibt es hier herrlich frische Krabben direkt vom Kutter zu kaufen, je nach Ambition ungepult oder gepult.

Recht malerisch wirkt die Gegend zwischen Hafen und Schleuse und lädt immer wie-

In der Seehundstation

der zu einem Spaziergang ein, um abends noch schnell einmal nach dem Meer zu sehen oder am Tag nach den Seehunden der **Seehundstation,** die direkt an der Schleuse liegt. Diese Station ist der Touristenmagnet Friedrichskoogs, täglich schauen durchschnittlich 1500 Besucher hier vorbei. Die Aufgaben der Station beschreibt ihr kompletter Name: »Seehundstation Friedrichskoog e.V., Information - Aufzucht - Forschung.« Hier haben interessierte Universitätsinstitute die Möglichkeit zur Forschungsarbeit, hier werden verwaiste Heuler aufgezogen und wieder ausgewildert, hier kann der geneigte Besucher alles über Seehunde erfahren. Vor allem aber kann man sich hier die Tiere in Ruhe aus nächster Nähe anschauen, ohne sie in ihrem natürlichen Lebensraum zu stören.

Im Ortszentrum in direkter Hafennähe ist unübersehbar in ihrem Domizil mit dem Grasdach die **Schutzstation Wattenmeer** zu finden, die in ihrem Informationszentrum umfassend über das Wattenmeer und seine Lebensräume informiert. Von Friedrichskoog wird von den Naturschützern auf einer Küstenlänge von 30 Kilometern der Nationalpark Wattenmeer im Südteil von Dithmarschen betreut. Dieser Abschnitt erstreckt sich zwischen dem Meldorfer Koog und der Elbmündung. Auch Exkursionen für Urlauber werden organisiert sowie geführte Wattwanderungen.

Friedrichskoog hat alles zu bieten, was man von einem Badeort landläufig erwartet, Läden und Geschäfte, die in der Saison fast rund um die Uhr geöffnet sind, Restaurants und Cafés und obendrein eine ganz besondere Mühle: die **Hochzeitsmühle »Vergissmeinnicht«,** ein Galerieholländer aus dem Jahre 1860. Nicht nur als Kunstgalerie dient die Mühle heute, hier können sich Heiratswillige in einem ganz besonders stimmungsvollen Rahmen trauen lassen. Zudem dient die Mühle als Veranstaltungsort für allerlei Kulturelles, von der Lesung bis zum Konzert. Auch ein Café mit Weinstube gehört dazu, das donnerstags bis samstags ab 19 Uhr geöffnet ist.

In Friedrichskoog-Spitze liegt der **Grünstrand,** ein Teil ist auch für FKK-Anhänger ausgewiesen. Neben allerlei kleinen Läden, Bistros und Restaurants befinden sich hier das Kurmittelhaus, die Kurklinik, der Kurpark und mehrere Campingplätze. Vor allem eines zeichnet die Strandregion aus: Friedrichskoog erhebt **keine Strandbenutzungsgebühr,** eine Rarität an Deutschlands Küsten. Wattwanderungen sind natürlich neben dem normalen Badebetrieb die Attraktion, in der Ferne sieht man die Vogelinsel Trischen und die Bohrinsel Mittelplatte, und fast zweieinhalb Kilometer kann man sogar trockenen Fußes auf den Resten des **Trischendammes,** der in den 1930er Jahren gebaut wurde, ins Watt wandern. Das ehrgeizige Projekt sollte bis zur 15 Kilometer draußen im Meer liegenden Insel Trischen reichen, doch die See war stärker, Trischen musste als Wohnort aufgegeben werden und ist heute Vogelschutzgebiet. Der Damm wurde nie fertiggestellt.

Brunsbüttel und der Nord-Ostsee-Kanal

Brunsbüttel ist noch viel mehr *die* Stadt des Nord-Ostsee-Kanals, als es das am anderen Ende gelegene Kiel ist, auch wenn der Wasserweg mitten durch Schleswig-Holstein hindurch international »Kiel Canal« genannt wird. Ohne diesen Kanal wäre Brunsbüttel ein beschaulicher, freundlicher Ort in der Weite Dithmarschens, mit ihm haben sich hier bedeutende **Industriewerke** angesiedelt, vor allem aus den Bereichen der chemischen und petrochemischen sowie der Metall verarbeitenden Industrie, aber auch das **Atomkraftwerk** gehört dazu. 1970 entschied die Landesregierung Schleswig-Holsteins, Brunsbüttel zu einem industriellen Schwerpunkt zu entwickeln, eine Entwicklung ganz ähnlich und fast parallel zu der des Stader Raumes auf dem anderen Elbufer. Das Industriegebiet liegt überwiegend auf dem östlichen Kanalufer, das eigentliche städtische Leben findet auf dem Westufer statt. So ist die Uferlandschaft um Brunsbüttel ähnlich wie bei Stade von großen **Gegensätzen** geprägt, hier ländliche Idylle hinterm Deich und dort weitläufige Industrieanlagen.

Die Brunsbütteler lebten schon immer mit und vom Wasser der Elbe. Bekannt wurden die Brunsbütteler durch ihre **Piraterie,** denn in der ersten urkundlichen Erwähnung des Ortes von 1286 wurde ihnen verboten, weiterhin so ungeniert die Hamburger Handelsschiffe zu überfallen. Aber gar zu lukrativ waren See- und Strandräuberei, die Brunsbütteler Freibeuter machten weiter, bis ihnen 1190 die Schifffahrt gleich ganz verboten wurde. Sogar einen Handelskrieg mit Hamburg zettelten die Freibeuter 1434 an.

Das **alte Brunsbüttel gibt es** heute schon lange **nicht mehr.** Immer wieder wurde der Ort von schweren Sturmfluten heimgesucht, die Elbe kam immer näher, bis der Ort 1674 endgültig aufgegeben werden musste. Das

Seehunde

Seehunde - zoologisch *phoca vitulina* - gehören zur Gattung der Robben und dort zur Familie der **Hundsrobben;** sie können bis zu **40 Jahre alt** werden. Die Seehunde des norddeutschen Wattenmeeres werden bis zu **eineinhalb Meter lang,** die Weibchen erreichen ein Gewicht von **80 Kilogramm,** die Männchen an die **100 Kilo.**

Die Meeressäugetiere lebten ursprünglich an Land und waren Fleisch fressende Raubtiere; im Laufe der Evolution passten sie sich jedoch an das Leben im Wasser an. Die Beine wurden zu Flossen, sie lernten, lange und tief zu tauchen und stellten ihre Ernährung von Fleisch auf Fisch um.

Rund **8500** der weltweit existierenden etwa 500.000 Seehunde leben **an der Nordseeküste.** Der Bestand hat sich nach der Seehundstaupe-Epidemie vom Sommer 2002, der fast die Hälfte der hiesigen Population wegraffte, überraschend gut erholt.

Im Wasser sind Seehunde Einzelgänger, an Land jedoch sammeln sie sich zu **Gruppen.** Ihre **Kinderstube** haben sie im Wattenmeer, dort werden die Jungen im **Juni** auf den Sandbänken geboren und sind in der Lage, schon mit der nächsten Flut ihren Müttern ins Wasser zu folgen. Meist haben die Seehundmütter nur **ein Junges,** das bei der Geburt etwa sieben bis zehn Kilogramm wiegt; gesäugt wird es vier bis sechs Wochen lang.

Bei Ebbe liegen die Seehundrudel oft auf den **Sandbänken** und ruhen, die Mütter säugen dort ihre Jungen. Dort können sie vom Wasser aus beobachtet werden. Die Ausflugsschiffe und auch Sportbootfahrer sollen dabei einen Mindestabstand von einigen hundert Metern einhalten, um die Tiere nicht zu stören; Gleiches gilt für Wattwanderer.

Die Jungen folgen ihren Müttern, so weit es geht, und halten den Kontakt durch das **»Heulen«,** das also zunächst einmal eine **ganz normale Verhaltensweise** darstellt. Durch Sommerstürme und Störungen durch Schiffe sowie Wattwanderer, die den nötigen Abstand nicht einhalten, passiert es zuweilen, dass die Seehundmutter und ihr Junges sich verlieren. Wird ein solches **verlassenes Seehundjunges** gefunden, sollte man es **keinesfalls berühren,** sondern umgehend die Seehundstation oder einfach die Polizei anrufen. Dann wird ein Seehundsachverständiger das Tier beobachten und entscheiden, ob Mutter und Junges sich wirklich endgültig verloren haben. Erst wenn das zweifelsfrei feststeht, wird der kleine Heuler geborgen und in der Friedrichskooger Seehundstation großgezogen.

Ideal für eine Radtour: der Nord-Ostsee-Kanal

neue, am Reißbrett geplante Kirchspiel Brunsbüttel entstand bis 1619 weiter landeinwärts um die Jakobuskirche und den großen rechteckigen Marktplatz herum. Dieser **barocke Ortskern** ist sehr sehenswert. Das schönste der um den Markt herumstehenden Häuser ist das **Matthias-Boie-Haus** von 1729. Die **Kirche St. Jakobus** auf der noch zu erkennenden Wurt entstand nach einem Brand 1723-26 neu und besitzt noch einige Ausstattungsdetails der Vorgängerkirchen, wie den Boie-Epitaph von 1590. Den neuen Altar mit dem Aufsatz stiftete der dänische König Friedrich IV., der damals Landesherr war. Der Altar stammt aus Glückstadt, wo er zuvor in der Schlosskapelle gestanden hatte.

Gegenüber der Kirche befindet sich das **Heimatmuseum** mit der **Touristeninformation.** Das Museum zeigt viel aus den großen Zeiten des maritimen Brunsbüttel, es berichtet von Walfängern und Kanalbauern.

Brunsbüttelkoog entstand 1762 westlich von Brunsbüttel durch die Eindeichung im Bereich des Brunsbüttel-Eddelaker Koogs. Der Ort erlebte nach dem Bau des Nord-Ostsee-Kanals durch den neuen Hafen und die Schleusen einen gewaltigen Aufschwung. Hatte er 1895 gerade mal 709 Einwohner, waren es 1905 bereits 3500, und 1949 wurde Brunsbüttelkoog das Stadtrecht verliehen. 1970 wurde die Stadt mit dem ehemaligen Kirchspiel Brunsbüttel und einigen Nachbargemeinden vereinigt; die heutige Stadt Brunsbüttel hat 13.000 Einwohner.

Die Hauptattraktion Brunsbüttels ist der **Nord-Ostsee-Kanal** mit seinen **Schleusen (3).** Schon seit der Segelschiffszeit war es ein Traum, von Meer zu Meer, also von der Nordsee in die Ostsee segeln zu können, ohne das stürmische Skagerrak passieren zu müssen. Viele Planungen hatte es gegeben über die Jahrhunderte. Realisiert wurde aber

Von Meer zu Meer – auf dem Nord-Ostsee-Kanal

Die letzten Segler haben ihre Befahrungsabgabe entrichtet und hetzen die fest in den backsteinernen Kaimauern eingelassenen Leitern hinunter. Klingelnd öffnen sich die Tore der Brunsbütteler Schleusenkammer. Wenn man Glück hat, kann man als Segler vor den größeren Schiffen auslaufen, ohne von deren Schwall, wenn sie Fahrt aufnehmen, hin und her zu tanzen. Segeln darf man nicht im Kanal, alle müssen hier mit **Maschinenkraft** fahren.
Neun Stunden tuckert man nicht viel schneller als im **Schritttempo** auf langen, schnurgeraden Abschnitten, die durch Biegungen mit weiten Kurvenradien unterbrochen werden, vorbei an grünen und fast immer sehr flachen Landstrichen rechts und links des Ufers. Mal grüßt ein Angler, mal ein paar Radler vom Uferweg, Kühe grasen gleichmütig, Pferde tollen über die Koppeln, Schiffe kommen entgegen. Überholt wird man selten, nicht einmal von Sportbooten, denn beim vorgeschriebenen Höchsttempo von 15 Stundenkilometern kann wirklich jeder mithalten.

Ab und zu verbreitert sich der Kanal auf einem ein Kilometer langen Stück auf mehr als die **doppelte Breite.** An beiden Seiten stehen Reihen von Pfählen im Wasser. Manchmal machen alle in derselben Richtung fahrenden Schiffe dort fest und warten. Alle drei Signale stehen dann auf Rot, das bedeutet, die Weiterfahrt ist für den gesamten Verkehr gesperrt. Bald kommen dann in der Ferne, noch hinter der nächsten Biegung, Aufbauten eines Schiffes in Sicht, das sich als **Ozeanliner** entpuppt. Wie ein Hochhaus auf dem Wasser wirkt es. Langsam und majestätisch schiebt es sich vorbei. Spätestens jetzt sieht auch der Zuschauer an Land, warum hier nur so langsam gefahren werden darf und wie gewaltig die Wasserbewegung ist, die ein vorbeifahrendes Schiff verursacht. Die Segelboote werden hin und her geschoben und können sich kaum halten. Das große Schiff zieht sie mit seinem Sog erst an, indem es das Wasser unter ihnen förmlich ansaugt, und dann, wenn es halb vorbei ist, drückt es sie mit der Welle wieder Richtung Land, was manchmal

aussieht, als ob das kleine Boot wie ein Pfeil vom Bogen abgeschossen wird.
Weiter geht die Fahrt unter **Brücken** hindurch, von denen eine einmalig ist: die Rendsburger Eisenbahnhochbrücke mit ihrer Schwebefähre. Immer wieder kreuzen **Fähren** den Kanal, deren Benutzung kostenlos ist, da der Kanal eine künstliche Wasserstraße ist. Sie schlängeln sich zwischen dem Schiffsverkehr hindurch, nur die Segler und Motorboote müssen ihnen Raum geben.
Es ist auch für **Sportbootfahrer** immer wieder ein Erlebnis, den »Kanal«, wie er kurz genannt wird, zu befahren. Man hat Muße, kann sogar bequem an Bord kochen, denn im Gegensatz zur Elbe ist das Wasser hier spiegelglatt, Wellen gibt es nur, wenn ein Schiff vorbeikommt, und das sieht man lange genug im Voraus. Die Crew liegt relaxt mit einer Muck (Becher) Kaffee in der Hand an Deck, sonnt sich und genießt den Tag, auch der Steuermann hat keine Schwerarbeit zu verrichten. Etwas zu tun haben sie alle erst wieder, wenn die **Holtenauer Schleusen** in Kiel in Sicht kommen. Früher schaute man dann angestrengt mit dem Fernglas nach den Lichtsignalen und drehte bei blinkendem Weiß, das heißt »Einfahren für Sportfahrzeuge«, voll auf, um mit Höchstfahrt die Schleusenkammer zu erreichen, bevor die Tore sich schlossen. Heute hat Hightech auch auf den Sportbooten längst Einzug gehalten, und man fragt per Funk nach, wann in welcher Kammer geschleust wird.
Da weiß man eine Stunde vorher, ob man sich beeilen sollte oder ohnehin wird warten müssen. Man sieht die Boote unter der Holtenauer Hochbrücke kreisen, bis sich endlich ein Schleusentor öffnet. Dann ist die Kanalfahrt zu Ende, hinter den Schleusentoren beginnt die Ostsee mit der Kieler Förde. Ein paar mehr Wellen sind dort garantiert.

letztlich nur der 1777–84 erbaute **Eiderkanal,** denn die Eider war damals bereits bis Rendsburg schiffbar, und so mussten »nur« 43 Kilometer Kanal bis Holtenau gegraben werden, bei denen auch noch die neun vorhandenen Kilometer der Obereiderseen genutzt werden konnten. Durch die hohen Gebühren, die das Königreich Dänemark für die Durchfahrt festgelegt hatte, wurde der damals größte Kanal Europas dennoch kein Erfolg. Außerdem lief die technische Entwicklung im Schiffbau dem Eiderkanal davon, denn dessen Schleusen waren nur für kleine Küstenschiffe bis 34 Meter Länge und mit höchstens drei Metern Tiefgang befahrbar.
Ein neuer Kanal musste also her, der für größere Schiffe und vor allem für die im Entstehen befindliche Kriegsflotte tauglich war. Eine diesbezügliche Denkschrift des Hamburger Reeders Dahlström (1840–1922) rannte bei Reichskanzler Otto von Bismarck und Kaiser Wilhelm I. offene Türen ein und wurde sogleich in Planung gegeben.
Den Grundstein legte 1887 noch der greise 90-jährige Kaiser Wilhelm I., sein Enkel Wilhelm II. weihte ihn 1895 ein und nannte ihn seinem Großvater zu Ehren **»Kaiser-Wilhelm-Kanal«.** In der Zwischenzeit hatten an die 9000 Arbeiter – viele von ihnen aus Masuren und Polen – gut 80 Millionen Tonnen Erde bewegt, 99 Kanalkilometer mit allen Arten von Brücken und an den Kanalenden zwei gewaltige Schleusenanlagen gebaut.
Der neue Kanal hatte einen **Wasserspiegel** (Breite über alles) von **67 Metern** und **neun Meter Wassertiefe,** die auf **22 Metern Sohlenbreite** gehalten wurde. Die explosionsartige Entwicklung im Schiffbau, vor allem im Kriegsschiffbau, führte dazu, dass die Kriegsmarine, die ursprünglich gegen den Kanal gewesen war, bereits kurz nach der Jahrhundertwende eine **Erweiterung** forderte. So wurde 1907 mit dem Ausbau begonnen. Am Vorabend des Ersten Weltkriegs war der Kanal auf elf Meter Wassertiefe und 44 Meter

Sohlenbreite bei einem Wasserspiegel von 102 Metern Breite ausgebaut. Dazu war in Brunsbüttel und Kiel je eine neue **Schleuse** gebaut worden. Damals waren die beiden 330 Meter langen und 45 Meter breiten Schleusen die größten der Welt.

Die beiden Weltkriege überstand der Kanal relativ glimpflich; 1948 wurde die bis dahin immer noch »Kaiser-Wilhelm-Kanal«genannte Wasserstraße auf Anordnung der Alliierten wieder in »Nord-Ostsee-Kanal« umbenannt. So war er bereits einmal in der Weimarer Republik bezeichnet worden, ohne dass diese Umbenennung sich damals durchsetzen konnte.

Der letzte große **Ausbau** wurde **1966** begonnen, die elf Meter Tiefe wurden beibehalten, aber nun auf 90 Meter Sohlenbreite bei einer Gesamtbreite von 162 Metern ausgedehnt. So ist der Kanal heute also fast **dreimal so breit** wie bei seiner Einweihung. Der »Kiel Canal« mit gut 50.000 Kanalpassagen jährlich die **meistbefahrene künstliche Wasserstraße der Welt.**

Den Betrieb in den Kanalschleusen kann man sich von zwei Aussichtsplattformen aus anschauen, Karten für den Zutritt gibt es am Seglerhafen beim Pförtner des Schleusengeländes. Auf diesem Gelände befindet sich auch das **Kanalmuseum (2).** Anhand von Modellen kann man sehen, wie die Schleusen funktionieren, erfährt viel über die neuzeitlichen Techniken der Verkehrsüberwachung auf dem Kanal, über den Betrieb des Kanals allgemein, und natürlich wird der Zeitbogen auch zurück bis zum Bau der Wasserstraße gespannt. Viele Fotos vermitteln einen Eindruck davon, was für eine gewaltige Herausforderung dies damals war.

»Straße der Traumschiffe« wird der Kanal auch genannt, und wer das Spektakel einmal erlebt hat, wenn solch ein **großes Passagierschiff** sich langsam durch das grüne Land zu pflügen scheint, kann diesen Namen nachvollziehen.

Natürlich kann man den Nord-Ostsee-Kanal einfach von außen betrachten, kann am Elbdeich entlangwandern und schauen, wie Lotsenversetzboote die Lotsen an Bord der Schiffe bringen. Man kann den Kanal und die besondere Stimmung, auf dem Wasser mitten durchs Land zu fahren, aber auch auf andere Weise erfahren. Landgebunden geht das am besten mit dem **Fahrrad.** Die Touristeninformation Nord-Ostsee-Kanal bietet mehrtägige Touren mit Gepäcktransport an. Oder wie wäre es mit einer mehrtägigen, ganz naturnahen Tour ins Landesinnere, dem **Heu-Hof-Radeln?** Bei dieser rustikalen Variante ist man drei Tage unterwegs, übernachtet wird in Heu-Hotels. Man kann natürlich auch mit dem **Schiff** fahren, beispielsweise mit einem Ausflugsdampfer von Cuxhaven aus oder sogar für ein paar Tage mit einem Frachtschiff von Hamburg aus in die Ostsee.

Touristeninformationen:

Dithmarschen-Tourismus
Markt 10
25746 Heide
Tel. 0481-2122555
www.dithmarschen-tourismus.de

Tourismus-Service und
Kurverwaltung Nordseebad Friedrichskoog
Koogstraße 141, Deichpassage
25718 Friedrichskoog-Spitze
Tel. 04854-904940
www.friedrichskoog.de

Tourist-Information Nord-Ostsee-Kanal
Altstädter Markt
24768 Rendsburg
Tel. 04331-6963844
www.nok-sh.de/

Sehenswürdigkeiten:

Schutzstation Friedrichskoog
Nationalpark-Infozentrum
Südseite Hafen
Friedrichskoog
Tel. 04854-1648
www.schutzstation-wattenmeer.de/verein/
friedrichskoog.html
Ostern bis Ende Mai Sa, So und an Feiertagen
11–17 Uhr, ab Juni täglich 11–15 Uhr

Seehundstation Friedrichskoog e.V.
An der Seeschleuse 4
Friedrichskoog
Tel. 04854-1372
www.seehundstation-friedrichskoog.de

Hochzeitsmühle Vergissmeinnicht
Koogstraße 90
Friedrichskoog
Tel. 04854-1506
www.hochzeitsmuehle.de

Heimatmuseum des Marner Skatclubs von 1873
Museumstr. 2
Marne
Tel. 04851-3518
Di–Fr 15–17 Uhr, So 10–12 Uhr

Dithmarscher Brauerei
Karl Hintz GmbH & Co. KG
Oesterstr. 18
Marne
Tel. 04851-9620
www.dithmarscher.de

Windenergiepark Westküste GmbH
Kieler Straße 19
Rendsburg
Info-Tel. 04331-182465

Aktivitäten:

Frachtschiffreise Hamburg – Ostsee
(Zielhäfen wechseln) – Hamburg
Vollpension, Dauer 7 Tage
pro Person 59 €/Tag
Info und Buchung:
Tel. 04332-991816

Fährlinie Cuxhaven-Brunsbüttel
für Fußgänger und Radfahrer sowie
Nord-Ostsee-Kanalfahrten Mai bis Oktober bei:
Personen Schifffahrt Brunsbüttel
Mühlenstraße 13
Wilster
Tel. 0171-2863454
www.psb-brandt.de

Fahrradverleih
2-radcenter Köster
Koogstraße 93
Brunsbüttel
Tel. 04852-92280

Fahrradverleih
Fahrrad Claßen
Koogstraße 72
Friedrichskoog
Tel. 04854-235

Unterkunft:

Wie überall in Schleswig-Holstein, gibt es auch in Dithmarschen jede Menge Pensionen, Ferienhäuser und Ferienwohnungen der unterschiedlichsten Standards. Die Touristeninformationen halten Gastgeberverzeichnisse bereit.

Schleusen Hotel
Koogstraße 67–71
25541 Brunsbüttel
Tel. 04852-9880
www.schleusenhotel.de

Hotel zur Traube
Markt 9
25541 Brunsbüttel
Tel. 04852-54610
www.zur-traube-brunsbuettel.de/
Im alten Ortskern gegenüber der Jakobuskirche gelegen

Die Holsteinischen Elbmarschen

Übersicht

Fährt man, von Cuxhaven kommend, mit dem Schiff elbaufwärts, scheint es, als ob die Landschaft am Holsteinischen Ufer hinter dem Nord-Ostsee-Kanal und dem anschließenden Industriegebiet langsam **binnenländischer** wird. Die Elbe, die bis zum Nord-Ostsee-Kanal noch eher den Charakter einer Nordseebucht hat, wirkt hier mehr wie ein Strom, auch Bäume in Ufernähe werden häufiger. Bis hierher reichen die Seemarschen, Salzwatten und Brackwasserwatten, etwa von hier an erfolgt landeinwärts der Übergang zu den Süßwasserwatten.

Zu den Holsteinischen Elbmarschen, die sich zwischen dem Nord-Ostsee-Kanal und Wedel erstrecken, gehören die **Wilster Marsch,** die **Kremper** mit der **Kollmarer Marsch** und die **Haseldorfer Marsch,** die wiederum aus der **Seestermüher** und der **Wedeler Marsch** besteht. Sie alle liegen zwischen Elbe und Geest und werden von den **Elbnebenflüssen Stör, Krückau und Pinnau** als natürliche Barrieren unterteilt. Diese Flüsse sind, zumindest in ihren Unterläufen, allesamt Tidegewässer.

Entwässerungsgraben an der Pinnau

Nach den letzten Eiszeiten waren weite Teile der Unterelbe tatsächlich eine **Meeresbucht,** deren Uferlinie etwa dort lag, wo sich heute die Geeständer befinden. Später **verlandete** die Bucht langsam, der Fluss lagerte immer mehr Sinkstoffe ab, die sehr sandhaltig waren. Zuerst entstand damals die Haseldorfer Marsch, hauptsächlich aus Sand. Als nächste folgte die Kremper Marsch aus Schlick und Sand. Anders aufgebaut ist die zuletzt entstandene Wilster Marsch, weil die Anlagerungen einen wesentlich höheren Wasseranteil hatten als in den anderen Marschen. Daher kam es hier immer wieder zu starken Absenkungen.

Nachdem sich diese Marschen schon gebildet hatten, kam es zu einem **Anstieg des Meeresspiegels,** der wiederum zu einer **Moorbildung** an den Geeständern führte. So entstanden in allen Elbmarschen Geestrandmoore in Form von Niedermooren.

Als man im 11. Jahrhundert begann, die Marschen **einzudeichen,** geschah das nicht in kleinen Arealen wie bei den Dithmarscher Kögen, sondern, wie auf der anderen Seite der Elbe, rundherum. Es wurde auch landeinwärts gegen die Moorgebiete gedeicht. Man begann an der Elbe, dann weiter an den Elbnebenflüssen entlang und zum Schluss an den Mooren. Das Netz der ursprünglichen natürlichen Wasserläufe ist heute nur noch an den Ortsnamen erkennbar. Vor dem Eindeichen floss das Wasser auch hier durch natürliche, gewundene Flethe ab.

Schon zur Zeit der Holländer im 12. Jahrhundert begann man damit, ein Netz schnurgerader **Entwässerungsgräben** auszuheben, vor allem in der Wilster und der Kremper

Marsch. Einst besorgten überwiegend Bockwindmühlen den Wassertransport, heute tun es moderne Schöpfwerke. Aus der Haseldorfer Marsch, die ja höher liegt, konnte das Wasser auf natürlichem Wege ablaufen.
Aber auch das Eindeichen bedeutete keineswegs das Ende der Gefahren für die Bewohner der Marschen, es gab immer wieder verheerende **Sturmfluten,** die Menschenleben forderten und große Schäden verursachten. In der zweiten Hälfte des 20. Jahrhunderts hatte man nach den Fluten von 1962 und 1976 nun endgültig genug und endlich auch die technischen Mittel, um dem Küstenschutz höchste Priorität einzuräumen - notfalls auch auf Kosten der **Umwelt.** Durch die Eindeichung gingen drei Viertel der früher ständig durch die Tideflüsse überspülten Gebiete verloren, Tiere und Pflanzen verloren ihre Lebensräume, die Sturmflutsperrwerke an allen Elbnebenflüssen taten ein Übriges.
Heute ist man sich der Bedeutung der **Natur** in den Elbmarschen wieder deutlicher bewusst, und erste **Schutzmaßnahmen** zeigen Ergebnisse. Es gibt keine intensive, sondern nur **extensive Landwirtschaft,** die sich meist auf die Grünlandnutzung beschränkt, besonders die Wilster Marsch ist von der Viehzucht geprägt. Dadurch entstand ein Paradies für hier brütende und rastende Vogelarten.
Von einmaliger Bedeutung für die Natur ist gerade in den Elbmarschen alles, was außerhalb der Deiche liegt. Da wären einmal die typischen **Deichvorländer,** die teils früher von Sommerdeichen geschützt wurden und von Prielen und Nebenarmen der Elbe durchzogen sind. Es gibt sie an der Stör und besonders der Störmündung, aber auch in der Seestermüher, der Haseldorfer und der Wedeler Marsch. Im Außendeichbereich bei Hetlingen und Haseldorf bildete sich ein besonders weites Vorland, das von der bis vor drei Jahrzehnten schiffbaren Haseldorfer Binnenelbe und vielen Prielen durchzogen ist. Alle diese Vorländer sind wichtige Feuchtgebiete für Wat- und Wasservögel.
Darüber hinaus sind da die **Watten** in ihrer lehrbuchmäßigen Abfolge. Von der Nordsee aus gesehen nimmt der Salzgehalt des Wasser ab, so dass sich schon in der Wilster Marsch die ersten **Brackwasserwatten** herausbildeten, hier sieht man im Vorland bei St. Margarethen die ersten Brackwasserröhrichte, während es seewärts in Dithmarschen Salzwiesen und Quellerfluren sind. Ab Glückstadt elbaufwärts findet man etwas ganz Seltenes: **Süßwasserwatten,** die größten Mitteleuropas.
Es muss nicht immer Dschungel sein, auch Exkursionen in diese Marsch- und Wattlandschaften mit ihren Vogelparadiesen lassen jeden zum Entdecker werden, vor allem, wenn man beginnt, die komplizierten Zusammenhänge dieser Ökosysteme zu verstehen.

Am Glückstädter Hafen

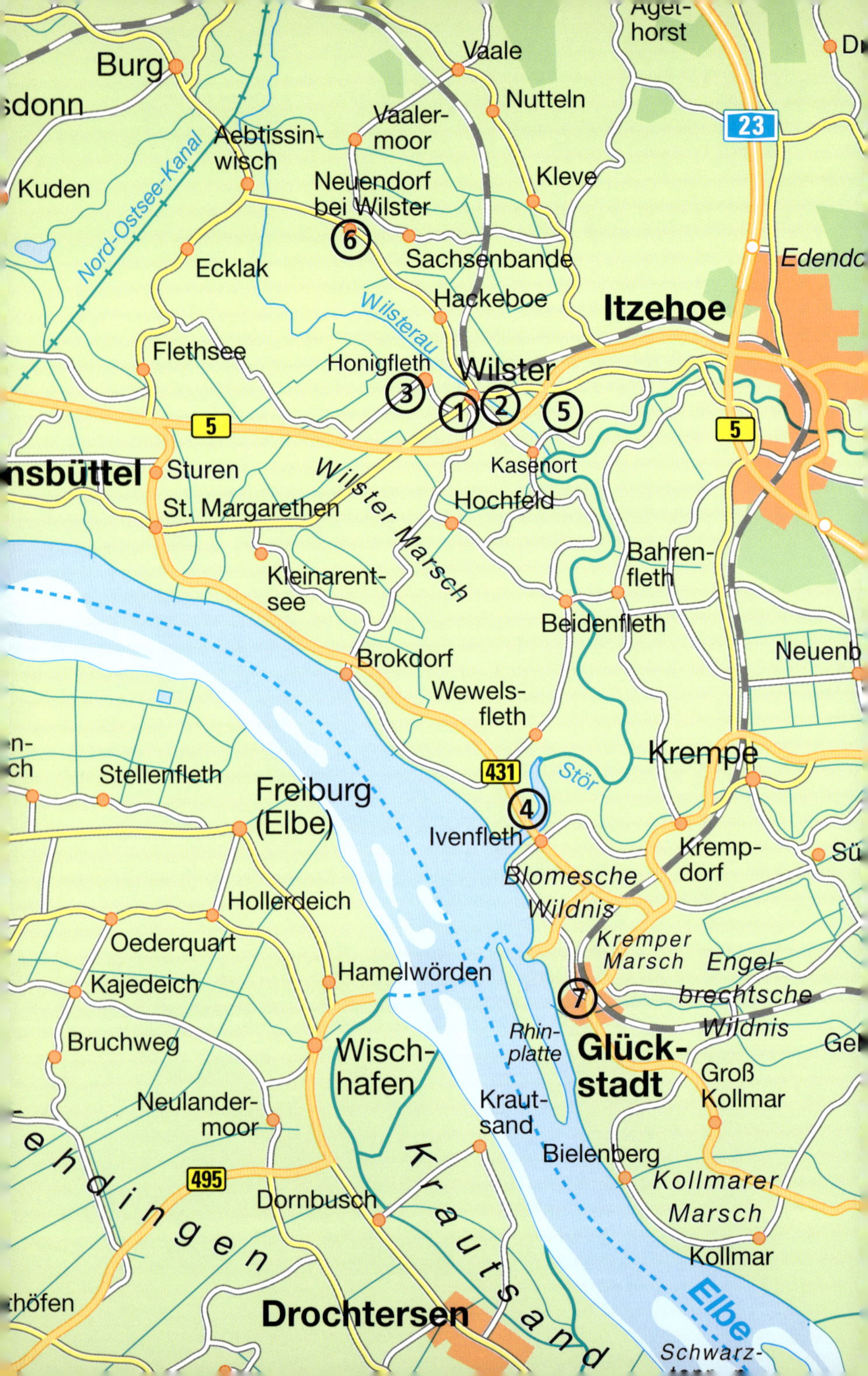

Agel-
horst
Burg
sdonn
Vaale
Nutteln
Dr
23
Vaaler-
moor
Aebtissin-
wisch
Kuden
Nord-Ostsee-Kanal
Neuendorf
bei Wilster
Kleve
6
Sachsenbande
Ecklak
Edendc
Wilsterau
Hackeboe
Itzehoe
Flethsee
Honigfleth
Wilster
3
1
2
5
5
5
nsbüttel
Sturen
Wilster Marsch
Kasenort
St. Margarethen
Hochfeld
Bahren-
fleth
Kleinarent-
see
Beidenfleth
Neuenb
Brokdorf
Wewels-
fleth
Krempe
Stör
431
n-
ch
Stellenfleth
Freiburg
(Elbe)
4
Ivenfleth
Kremp-
dorf
Sü
Blomesche
Wildnis
Hollerdeich
Kremper
Marsch
Engel-
brechtsche
Wildnis
Oederquart
Hamelwörden
7
Kajedeich
Rhin-
platte
Glück-
stadt
Ge
Bruchweg
Wisch-
hafen
Groß
Kollmar
Neulander-
moor
Kraut-
sand
Bielenberg
Kehdingen
Kollmarer
Marsch
495
Dornbusch
Krautsand
Kollmar
höfen
Elbe
Drochtersen
Schwarz-

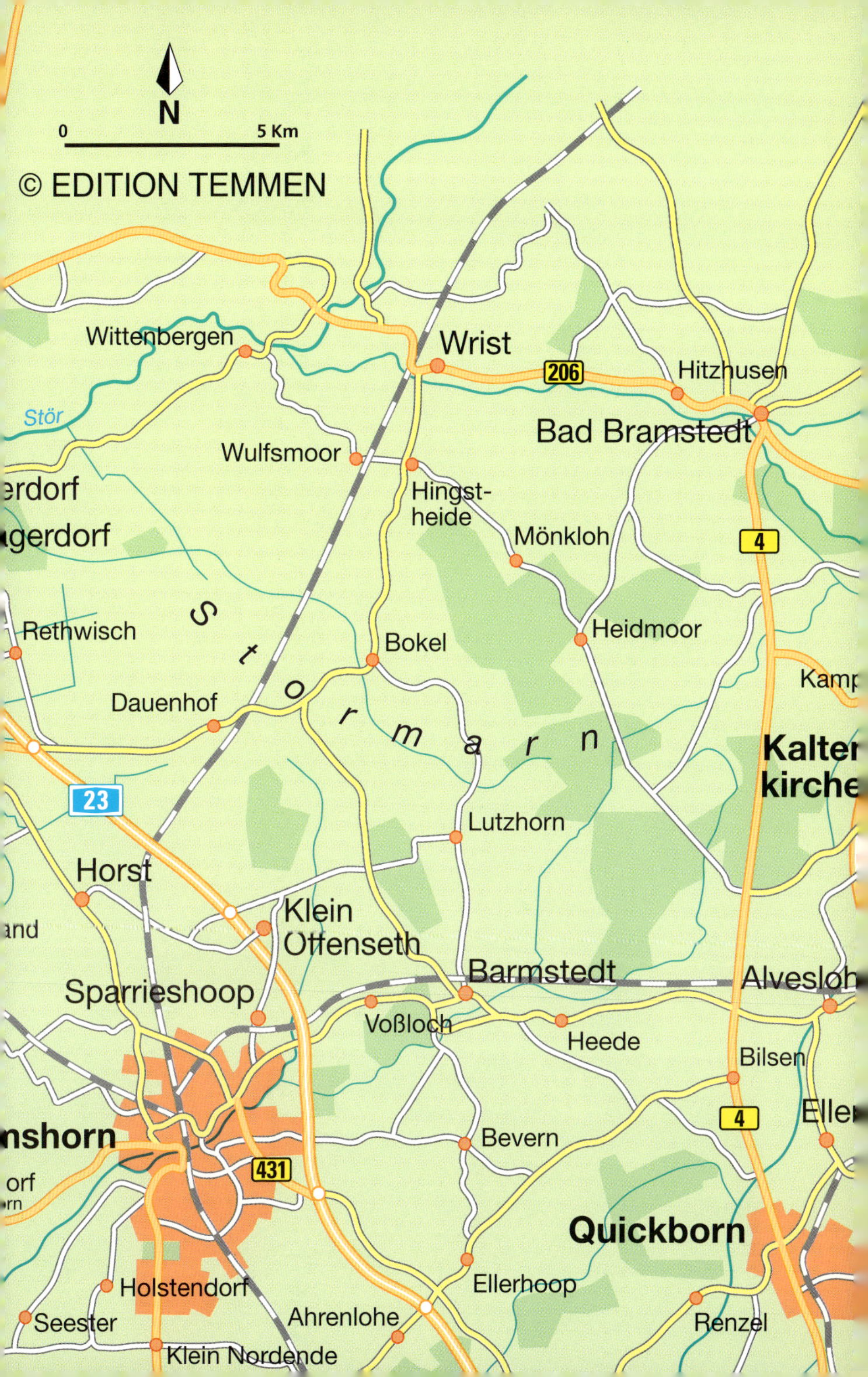
N
0
5 Km
© EDITION TEMMEN
Wittenbergen
Wrist
206
Hitzhusen
Stör
Bad Bramstedt
Wulfsmoor
Hingst-
heide
Mönkloh
4
Rethwisch
Bokel
Heidmoor
Stormarn
Dauenhof
23
Lutzhorn
Horst
Klein
Offenseth
Barmstedt
Sparrieshoop
Voßloch
Heede
Bilsen
4
Bevern
431
Quickborn
Holstendorf
Ellerhoop
Seester
Ahrenlohe
Renzel
Klein Nordende

Streifzug durch die Geschichte

Siedlungen gab es in dem einstmals mehr als unwirtlichen Land zuerst auf den höheren Lagen. Diese ersten Siedler waren **Sachsen,** zu denen sich später im Norden auch **Angeln** gesellten. Etwa um den Beginn unserer Zeitrechnung herum reichte das Wasser noch bis weit über das heutige Marschland hinaus, etwa bis dorthin, wo heute Elmshorn und Itzehoe liegen. Dieses Land wurde zweimal täglich vom Wasser überspült, Ackerbau war da nicht möglich, Viehzucht nur bedingt; was blieb, war der **Fischfang.**

Später bauten die Menschen **Wurten,** die etwas mehr Schutz vor Sturmfluten brachten. Auf ihnen lebten Großfamilien ganz spartanisch in einfachen Schilf- oder Binsenhütten, die mit Tonschlick verschmiert waren. Man fischte und jagte Wasservögel. Dort wo das Wasser noch salzig war, fing man Regenwasser auf. Das Leben war hart hier. Die damaligen Uferbereiche waren noch mit großen Eichenwäldern bestanden, man baute sich **Einbäume,** die einfachste Art, ein irgendwie schwimmfähiges Boot herzustellen.

Gekommen waren Angeln und Sachsen wohl aus den Geestgebieten, von wo sie die Nebenflüsse herunterfuhren. Darauf deutet auch die Bezeichnung »Seestermühe« hin, früher »Szestermuthe«, was mit der englischen Endung »-mouth« zusammenhängen dürfte. Die Besiedlung der Marschen war sehr dünn, die **Lebensumstände** derart widrig, dass im 5. Jahrhundert Wanderungen nach Holland, England und Frankreich einsetzten, denen sich viele Marschbewohner anschlossen. Wie verzweifelt mussten Menschen sein, wie schwer musste ihr Leben sein, wenn viele von ihnen sich in ihren Einbäumen über die Elbe und die See trauten?

Mitte des 9. Jahrhunderts tauchten nie gesehene große, schnelle und wendige Boote auf der Unterelbe auf. Niemand wusste, wer diese Menschen waren, woher sie kamen. Die

Das Leben war einst hart für die Bewohner der Holsteinischen Elbmarschen

Schiffe trugen einen Drachenkopf als Verzierung, der zum Fürchten aussah. Sie waren mit martialisch aussehenden Kriegern besetzt, die jede Siedlung, auf die sie trafen, dem Erdboden gleich machten. Das Überraschungsmoment war auf ihrer Seite, bis hinunter nach Hamburg. Als die **Wikinger** auf ihren hoch mit Beute beladenen Booten wieder elbabwärts fuhren, hatten sich die Sachsen von ihrem Schrecken erholt und sich auf der Elbe mit ihren Einbäumen postiert. Die Schlacht verlief günstig für die Holsteiner Sachsen, die überlebenden Wikinger flohen.
Aber auch vom Land aus wurden die Sachsen immer wieder von Wikingern und Slawen angegriffen, die immer weiter vordrangen und die Elbmarschen lange besetzt hielten. Erst nach der Verdrängung der **Slawen** durch die Sachsen kehrte Ruhe ein. Die **Christianisierung** schritt voran, und es wurden **Holländer** ins Land gerufen, um die Marsch mit Deichen zu sichern. Nun konnten Felder angelegt werden, die auf den fruchtbaren Böden reiche Ernten trugen.
Erste **Dörfer** entstanden an den Nebenflüssen, die Verbindung sowohl zur Geest als auch zur Elbe hatten. Man knüpfte weitläufige **Handelsbeziehungen** an, die Kunde von dem neuen Land, wo es sich leben ließ, verbreitete sich. Es dauerte nicht lange, da erweckte die Gegend, die so offensichtlich gefüllte Taschen versprach, Begehrlichkeiten, sowohl beim Adel als auch auf Seiten Dänemarks. Immer wieder kam es ab dem 15. Jahrhundert zu Streitigkeiten und Scharmützeln mit den **Dänen,** aber auch mit dem **Bremer Erzbistum.**
Schwere Heimsuchungen brachte das 17. Jahrhundert für die Elbmarschen mit sich. Die Leiden des **Dreißigjährigen Krieges** trafen die Region mit voller Härte. Nach dem Friedensschluss taten schwere Sturmfluten und Pestepidemien ein Übriges.
Noch einmal trafen zu Zeiten Napoleons fremde Heere in den Elbmarschen aufeinander. **Kosaken,** die unter dem französischen Marschall Jean-Baptiste Bernadotte, dem späteren schwedischen König, im napoleonischen Heer dienten, zogen gegen Dänemark. Die **Dänen** rückten überstürzt ab, die Kosaken folgten ihnen auf dem Fuße, denn ihnen wiederum setzten bereits die **Schweden** nach. Viele verängstigte Einwohner der Elbmarschen flohen damals auf die Elbinsel Krautsand. Als die Marschen 1863 an **Preußen** fielen, kehrte endlich eine Periode des Friedens ein.

Der Roland auf dem Wedeler Marktplatz

Die Wilster Marsch

Die Wilster Marsch ist die nördlichste der Elbmarschen, sie erstreckt sich zwischen dem Nord-Ostsee-Kanal und dem Unterlauf der Stör. Mehr als 50 Prozent der Wilster Marsch liegt bis zu zwei Meter unter dem Meeresspiegel, bei Neuendorf liegt die **tiefste Region** der ganzen Holsteinischen Marschen.
Sie muss einen besonderen Reiz haben, diese Wilster Marsch, sonst hätte sich **Günter Grass** nicht ausgerechnet hierhin verirrt. Hier lebte und arbeitete Grass zwischen 1972 und 1985, hier schrieb er den »Butt« und die »Rättin«. Sein Haus in Wewelsfleth schenkte er dem Land Berlin zur **Förderung von Berliner Schriftstellern.** Benannt wurde das Haus nach dem großen Grass-Vorbild Alfred Döblin. Die Berliner Senatsverwaltung stellt der Stiftung Alfred-Döblin-Preis die Gelder für die Stipendien zur Verfügung. Und so kommt es alljährlich zu einer Landverschickung Berliner Schriftsteller, die allesamt vorher bereits mehr als Talentproben abgeliefert haben. In der weiten Abgeschiedenheit der Wilster Marsch, nahe Stör und Elbe, sammeln die Poeten völlig neue Eindrücke. So lernen dann die Berliner via Zeitungsbericht das Leben der Eingeborenen in der Marsch und in den immer noch fest gefügten Dorfgemeinschaften mit ihren kollektiven »Auszeiten« kennen. Ballermann braucht man im ländlichen Norddeutschland nämlich nicht, man hat ja das Schützenfest und den Feuerwehrball. Fast alle Jungschriftsteller, von denen manche diesen Preis als eine Art Verbannung in ein unwirtliches Exil betrachteten, lernten die Gegend lieben, wenigstens aber respektieren. Es ist also ein wenig wie auf der anderen Seite der Elbe an der Oste, dieses Marschland scheint Kreative magisch anzuziehen. Wer lange genug auf den Horizont schaut, an dem Wasser und Himmel ineinander übergehen, kommt zur Ruhe, öffnet alle Sinne für neue Ansichten, Einsichten und Bilder. Wenn da nur nicht Brokdorf wäre, dieses legendäre Atomkraftwerk, um das die ganze Nation gestritten hat und das die Idylle so trübte.
Nichtsdestotrotz, viel Grün und viel Wasser in einer stillen, weiten Landschaft gibt es noch immer in der Wilster Marsch. Es ist eine Gegend für ruhige Landpartien durch eine Welt, die von unzähligen schnurgerade verlaufenden Wettern und kleinen Entwässerungsgräben geprägt ist. Der **rechte Winkel** ist das Maß der Wiesen- und Weidenlandschaft. Dennoch ist sie nicht überall wie ein Schachbrett rechtwinklig ausgerichtet. Kleine und größere Wasserläufe durchfließen sie und bringen mit ihren Windungen rundliche Beschaulichkeit in die Strenge der rechten Winkel.

Blick auf die Kirche St. Bartholomäus in Wilster

Ein architektonisches Schmuckstück: Detail des Renaissance-Rathauses in Wilster

Das Wasser aus den Gräben musste mit Pumpen aus dem tief unter dem Meeresspiegel liegenden Land befördert werden, was früher mit windbetriebenen **Schöpfmühlen** geschah. Einige schöne Exemplare gibt es heute noch in der Wilster Marsch. Heute erledigen diese Aufgabe 61 Schöpfwerke.

Eine **Radtour** ist die schönste Möglichkeit, die Wilster Marsch zu erkunden, man kann die gleiche Route aber auch mit dem Auto fahren. Startpunkt der Tour ist der Ort, der dieser Marsch den Namen gab, **Wilster.** Bereits **1164** wurde eine Pfarrkirche St. Bartholomäus erwähnt, in deren Umfeld sich eine Handwerkersiedlung gebildet hatte. Und man möchte es nicht glauben, aber der kleine Ort bekam bereits **1282** das **Lübische Stadtrecht** verliehen. Damit ist Wilster eine der ältesten Städte Schleswig-Holsteins. Einstmals war Wilster durch den Seehandel eine ausgesprochen **wohlhabende Stadt,** in der im 16. Jahrhundert 26 Schiffe ihren Heimathafen hatten. Sie fuhren bis Schottland und Spanien und exportierten das Getreide der Region, denn Wilster war einst ein **Zentrum der Getreideverarbeitung;** zu den vielen Schöpfmühlen der Region kamen Windmühlen, die zum Mahlen des Getreides dienten. Bis zum Ende des 18. Jahrhunderts war die Zahl der Schiffe sogar auf 40 angestiegen.

Wilster ist ein Städtchen voll idyllischer Winkel an der Wilsterau und mit einem **Stadtkern** voller restaurierter alter Häuser, deren vielfältige und detailreich verzierte Fassaden mehr als einen flüchtigen Blick wert sind. Einer der schönsten Renaissance-Bauten ganz Holsteins ist das **alte Rathaus (1)** Wilsters, das 1585 erbaut wurde. Es ist auch in seiner Ausstattung ein kleines Juwel. Delfter Fliesen, kostbare Schnitzereien und die großzügige Gestaltung zeugen vom damaligen Wohlstand. In der früheren Gerichtsstube und dem alten Festsaal ist heute die Doos'sche Bibliothek mit ihren über 3000 Büchern untergebracht.

Das Rathaus von Wilster, »Doos'sches Palais« genannt

Das **Naturkundliche Museum** ist im Nebengebäude des Rathauses mit der Kran-Anlage und vielen alten Ausstattungsdetails zu finden. Hier wird eine Dauerausstellung zur Tier- und Pflanzenwelt der Region gezeigt. Zu besichtigen ist das Museum in Verbindung mit Stadtführungen oder während besonderer Veranstaltungen.

Die mittelalterliche hölzerne **Bartholomäuskirche (2)** wurde 1780 durch einen repräsentativen Neubau ersetzt, gewisse Ähnlichkeiten mit dem **Hamburger Michel** sind nicht zu übersehen, denn entworfen wurde er von dessen Baumeister Ernst Georg Sonnin (1713–1794); daher nennen die Bewohner von Wilster ihre Kirche auch nicht ohne Stolz »Sonnin-Kirche«.

Im engen zeitlichen Zusammenhang mit der Bartholomäuskirche steht das **neue Rathaus,** zu dem die Stadt ganz ohne eigenes Zutun kam. Das 1785 erbaute Haus wurde womöglich ebenfalls nach Plänen von Sonnin erbaut, ganz sicher ist das aber nicht. Im Jahre 1828 wurde das Haus von der damaligen Inhaberin, der Witwe Doos, der Stadt Wilster vermacht, daher wird es im Volksmund **»Doos'sches Palais«** genannt. Von Kunstkennern wird das neue Rathaus als Juwel vornehmer bürgerlicher Bau- und Einrichtungskunst des ausgehenden 18. Jahrhunderts eingestuft. Beispiel hierfür ist der großzügige Spiegelsaal im Obergeschoss, der seinem einstigen Besitzer als Repräsentationsraum diente.

Von Wilster aus radelt man immer an der **Wilsterau** entlang, einem Fluss, der eigentlich keiner mehr ist – seit der Verbindung mit dem Nord-Ostsee-Kanal fließt sein Wasser nicht mehr. Aber er besitzt Abschnitte, die so verträumt daliegen, dass man sich in einem Märchen wähnt.

Bei **Kasenort** mündet die Wilsterau in die Stör; dort schützt seit dem 15. Jahrhundert eine **Schleuse** mit Fluttoren die Marsch vor Überschwemmungen. Die heutige Schleuse wurde 1925 als Nachfolgerin der alten Holzschleuse gebaut. Eine wirtschaftliche Bedeutung hat die Schleuse nicht mehr, sie wird vor allem von Sportbooten, aber auch von Ausflugsschiffen genutzt. Zur Entwässerrung wird sie aber sehr wohl noch gebraucht. Bei Ebbe liegt der Wasserspiegel der Wilsterau über dem der Stör, und das Wasser drückt die Schleusentore auf, die dann bei einsetzender Flut vom Schleusenwärter wieder geschlossen werden. Die Wilsterau ist für die Entwässerung der Marsch sehr wichtig. Um die 3500 Hektar Land werden trockengehalten, indem Schöpfwerke das Wasser aus den tiefer gelegenen Landstrichen in die Wilsterau pumpen.

Nicht weit von Kasenort entfernt und einen Abstecher wert ist die **Honigflether Schöpfmühle (3),** eine der letzten ihrer Art. Sie liegt unweit der Bundesstraße 5 und kann besichtigt werden.

Weiter geht die Fahrt, den Störwindungen folgend, am Deich entlang nach **Beidenfleth,** wo man mit der 1620 erstmals erwähnten **Stör-Fähre** einen Ausflug über den Fluss machen kann. Sie ist eine der letzten Seilfähren, die noch in Betrieb ist. Geprägt wurde

Die Schleuse Kasenort

Die Stör

Die Stör heißt Stör wegen des Störs, könnte man kalauern, aber verdankt der Fluss seinen Namen wirklich diesem Fisch? Es gibt zwei Deutungen. Eine **Namenserklärung** meint, dies sei eine alte Bezeichnung, die nichts anderes als **»stark fließender Fluss«** bedeute, und das ist die Stör ja im Oberlauf tatsächlich. Und auch im Unterlauf bringt die Tide eine beträchtliche, wechselnde Strömung mit sich. Denn zwischen der Mündung und Kellinghusen schafft sie das, was auch die Elbe vollbringt: im Wechsel der Gezeiten zweimal täglich bergauf fließen.

Die zweite Namensdeutung geht allerdings tatsächlich davon aus, dass dieser Fluss einmal reich an **Stören** war, und auch das ist nicht von der Hand zu weisen. Noch vor gut 100 Jahren wurden hier Störe in großen Mengen gefangen, und sie lieferten einen Spitzenkaviar. Auch Lachse, Stinte, Flundern und Aale gab es in der überaus fischreichen Stör in Hülle und Fülle.

Die Stör ist der **größte holsteinische Nebenfluss der Elbe,** er war früher in der Marsch nur mittels der Fähren Wewelsfleth und Beidenfleth zu überqueren. Bis das Störsperrwerk gebaut wurde, war der Landverkehr zwischen den Marschen nur durch den Umweg über die Geest möglich.

Der Fluss entspringt bei **Neumünster,** trennt die Wilster von der Kremper Marsch, ist **87 Kilometer lang** und entwässert rund 1780 Quadratkilometer Land. Die 30.000 Hektar der Stromniederung sind seit 1975 durch das **Sperrwerk** an der Mündung in die Elbe geschützt. Gegen den Bau hatten sich damals vehemente Bürgerproteste gerichtet, denn mehrere historische Gebäude hatten dafür weichen müssen. Andererseits hat dieses Sperrwerk mittlerweile gut 600 Sturmfluten abgehalten.

Bis hinauf zum Pegel (Wasserstandsmess-Station) Rensing bei Kellinghusen ist die Stör tideabhängig und eine Seeschifffahrtsstraße. Der **Tidenhub** ist recht beträchtlich, an der Mündung beträgt er 2,80 Meter, und selbst im schon ein ganzes Stück landeinwärts gelegenen Itzehoe sind es noch 2,50 Meter.

Bereits 1875 und 1905 ist die Stör reguliert und **begradigt** worden. Das bekam dem Fischreichtum, der zu jener Zeit ohnehin durch Überfischung abzunehmen begann, nicht so sehr, der Küstenschifffahrt half es schon noch, denn die außer im Mündungsbereich bis Beidenfleth relativ engen Windungen des Flusses machten es größeren Schiffen schwer, das Gewässer zu befahren.

Nach dem Zweiten Weltkrieg nahm die Bedeutung der Stör als Frachtweg immer mehr ab, **Fischerei** gibt es hier praktisch nicht mehr. Dafür wuchs in den letzten Jahrzehnten die Attraktivität für **Wassersportler,** die überhaupt nur noch bis hinauf nach Itzehoe mit Schiffsverkehr rechnen müssen. Vom breiten Fluss in Mündungsnähe, auf dem Segler noch Platz genug haben, gegen den Wind aufzukreuzen, bis hin zu den engen Windungen des Oberlaufs findet hier jeder Wassersportler sein Dorado.

Vertrackt kann im Unterlauf der **starke Tidestrom** sein, zahllose Segler haben das bei An- und Ablegemanövern schon schmerzlich erlebt, das heißt, meist trugen die Schiffe die Beulen und Schrammen davon. Wer einmal beispielsweise in Beidenfleth erlebt hat, was ein einziges schwach motorisiertes Segelboot für ein Chaos am Anleger anrichten kann, wenn der Skipper die Strömung falsch einschätzt, wer einmal gehört hat, was für einen ohrenbetäubenden Knall es gibt, wenn man, friedlich in seiner Koje liegend, nachts von einem anderen Boot gerammt wird, wird diesem Fluss, der »nur« ein Nebenfluss der großen Elbe ist, künftig sehr ernst nehmen.

Die Stör-Fähre bei Beidenfleth

das Dorf mit dem sehenswert restaurierten Ortskern nicht nur durch die Landwirtschaft, sondern besonders durch die Fischerei. Aber nicht nur auf Stör und Elbe fischte man, Anfang des 19. Jahrhunderts schickte man von hier aus die »Harmonie« auf Grönlandfahrt zum Walfang.

Etwas abseits der Stör fährt man die letzten Kilometer nach **Wewelsfleth** zur Mündung der Stör in die Elbe. Hier sichert seit 1975 das gewaltige **Störsperrwerk (4)** die Marsch vor den Sturmfluten. Ursprünglich lag das 1238 erstmals urkundlich erwähnte Wewelsfleth noch unterhalb der Störmündung im heutigen Elbwatt, es galt als Schlupfwinkel für **Seeräuber.** Der alte Ort, dem die Naturgewalten hart zugesetzt hatten, wurde von seinen Einwohnern an der Wende vom 15. zum 16. Jahrhundert aufgegeben und die Siedlung an den heutigen Ort **verlegt.** Geprägt war der Ort an der Störmündung lange von Fischerei, Schifffahrt und dem Schiffbau. Als eine der wenigen Werften im Unterelberaum hat die Wewelsflether **Peterswerft** den Niedergang der Küstenschifffahrt überlebt und gibt noch immer 300 Beschäftigten Arbeit.

Unweit des Elbdeiches liegt im Außendeichland eine denkmalgeschützte Hofanlage aus dem 18. Jahrhundert. In der Bargscheune des Hofes ist ein bemerkenswertes kleines, **»Fahrradscheune«** genanntes **Museum** untergebracht, das Fahrräder aus den vergangenen 130 Jahren zeigt.

Weiter geht die Fahrt an der Elbe entlang und verleitet immer wieder mal dazu, oben auf dem Deich zu rasten und einfach nur auf den Fluss zu schauen. Man kommt nach **Brokdorf,** das bis vor drei Jahrzehnten ein weitgehend unbekanntes und beschauliches Dorf war. Dann geriet es durch den Kraftwerkbau und die Protestwellen in die Schlagzeilen.

Deutschlands »Tiefpunkt« in Neuendorf

Der Name »Brokdorf« stammt von der wohl ältesten Familie der Region, den von Brockdorffs. Auch die erste urkundliche Erwähnung von 1220 verdankt der Ort einem Brockdorf, nämlich Hildeslev von Brochthorp, dem ältesten belegten Familienmitglied.

Heute lebt man mit dem Kraftwerk, die einen Einwohner bejahen es – es bringt der Region 300 Arbeitsplätze –, die anderen haben sich resignierend abgefunden.

Sieht man einmal von dem Betonklotz ab, gehört eine Wanderung auf dem Elbdeich nach **St. Margarethen** mit zum Schönsten, was die Region zu bieten hat. Auf der einen Seite das flache Grünland mit den Entwässerungsgräben, vielen gepflegten Höfen mit restaurierten Fachwerkhäusern, auf der anderen Seite der hier schon sehr breite Strom mit seinen Watten.

St. Margarethen ist die letzte Ortschaft vor dem Brunsbütteler Industriegebiet. Benannt wurde sie nach der heiligen Margarethe, die der Legende nach gemartert und enthauptet wurde. Erstmals erwähnt wurde eine Siedlung in der Gegend bei Scheelenkuhlen im Jahr **1344** unter dem Namen »Elredeluete«, später wurde der Ort »tom Flethe« und »Elredfleth« genannt. Wegen der immer stärker werdenden Bedrohung durch die näher rückende Elbe entschlossen sich die Einwohner, den bedrohten Teil abzureißen und am Platz des heutigen St. Margarethen wieder aufzubauen. Im Jahre 1500 war man immerhin so weit, dass man am St.-Margarethen-Tag Einweihung feiern konnte. So beschloss man dann, dem neuen Ort ihren Namen zu geben. St. Margarethen hat seinen **alten Ortskern** weitgehend bewahren können, vor allem die Reihe der auf dem Deich stehenden Häuser macht den besonderen Reiz aus.

Vor dem Beginn des Industriegebietes verlässt man das Elbufer und fährt über Landscheide oder Ecklack nach Norden, wobei es zig Streckenvariationen über die unzähligen kleinen Straßen gibt. Erreicht man die Wilsterau, folgt man dem Flusslauf bis nach Achterhörn, biegt dort nach rechts ein und erreicht bei **Neuendorf Deutschlands tiefste Stelle (6).** Ein acht Meter hoher Pfahl markiert die Stelle und veranschaulicht, was 3,54 Meter unter dem Meeresspiegel bedeuten und wie hoch bei einer Sturmflut das Wasser hier reichen würde.

Zurück geht es nun an der Wilsterau entlang Richtung Wilster. Die letzte Sehenswürdigkeit auf dieser Tour ist die **Rumflether Mühle »Aurora« (5)**, eine Windmühle vom Typ Galerieholländer, die 1872 als Kornmühle erbaut wurde und heute noch voll funktionsfähig ist.

Wo es so viel Wasser gibt, bietet es sich natürlich an, die Region als **Wasserwanderer** per **Kanu** oder **Kajak** kennen zu lernen. Die Wilsterau ist ein ideales Revier auch für An-

Brokdorf, ein Stück deutscher Befindlichkeit

In Brokdorf steht das jüngste Kernkraftwerk der Region, ein 130 Megawatt-Druckwasserreaktor. Was in Stade begonnen hatte, sollte in Brokdorf vollendet werden, Atomkraftwerke sollten den benötigten billigen Strom liefern, der so sehr der Industrieansiedlung förderlich schien.

Als das Stader Kernkraftwerk geplant, genehmigt und gebaut wurde, gab es noch keine großen **Protestwellen.** In Brokdorf war das ganz anders. Ein Jahrzehnt hatte die Menschen sensibilisiert, Umweltschutz war kein Randthema mehr, und die Gefahren der Atomenergie waren ins Bewusstsein der Massen gelangt. Mit dem Ende des ungebremsten Wachstumsbooms der Nachkriegsjahre zog eine neue Nachdenklichkeit ein. Erste Zweifel tauchten auf, ob es immer so weitergehen könnte, oder ob eines Tages ein Preis dafür zu zahlen wäre. Beileibe nicht nur die in ihren politischen Anliegen letztlich gescheiterten 68er fanden in der Anti-Atomkraftbewegung eine neue politische Heimat, sondern besorgte Bürger aller politischer Ausrichtungen fanden Gefallen an grüner Politik.

Vor diesem Hintergrund versuchte die Kieler Landesregierung, die **Anti-Brokdorf-Demonstrationen** zu verhindern. Im Februar 1981 hatte der spätere saarländische SPD-Umweltminister Jo Leinen, der damals in der Bürgerinitiative »Umweltschutz Unterelbe« aktiv war, eine Großdemonstration angemeldet. Der zuständige Landrat des Kreises Steinburg hatte darauf für die Wilster Marsch ein dreitägiges Demonstrationsverbot erlassen, das zwar vom Verwaltungsgericht Schleswig abgemildert, vom Oberverwaltungsgericht jedoch bestätigt wurde und damit in Kraft trat. Später stellte übrigens das Bundesverfassungsgericht fest, dass dieses Verbot verfassungswidrig war.

Trotz des Verbotes versammelten sich am **28. Februar 1981** gut 100.000 Menschen in der Wilster Marsch rund um Brokdorf zur bis dahin größten Anti-Atomkraft-Demonstration in Deutschland. Gut 10.000 aus dem ganzen Land zusammengezogene Polizisten sollten die Demonstranten daran hindern, bis nach Brokdorf durchzukommen, sämtliche Zufahrtswege wurden weiträumig abgeriegelt. Zehntausende so von ihrem eigentlichen Ziel Abgedrängte demonstrierten friedlich weitab vom Baugelände. Trotz des Großaufgebotes von Polizei und Bundesgrenzschutz kamen Demonstranten von allen Seiten kreuz und quer über die Wiesen und Feldwege, bis es etwa 20.000 bis zum abgesperrten Baugelände geschafft hatten. Unter sie hatten sich militante Atomkraftgegner gemischt und »Reisechaoten«, wie der damalige Kieler Innenminister Uwe Barschel sie nannte. Diese Gruppen versuchten, das Gelände zu stürmen, es kam zu regelrechten **Schlachten,** in deren Verlauf unzählige, an den Gewaltaktionen völlig unbeteiligte Demonstranten sowie zahlreiche Polizisten zu Schaden kamen.

Brokdorf wurde zum **Symbol des Widerstandes** gegen die Nutzung der Atomenergie. In der Folge wurde nie wieder versucht, an der Unterelbe ein Atomkraftwerk zu bauen.

Während Stade Ende 2003 abgeschaltet wurde, dürfte es für Brokdorf immer noch heißen: ... und läuft, und läuft, und läuft. Brokdorf wird wohl erst am 22.12.2018 abgeschaltet werden.

Praktische Informationen

Touristeninformation:
Touristik Süd-West-Holstein e.V.
Viktoriastraße 14
25524 Itzehoe
Tel. 04821-69472
www.touristik-sued-west-holstein.de

Sehenswürdigkeiten:

Schöpfmühle Honigfleth
Stördorf (Nähe B 5)
Tel. 04823-8858 (Herr Sievers)

Rumflether Mühle »Aurora«
Rumflether Straße
Wilster
Tel. 04823-8245 (Herr Martens)

»Die Fahrradscheune«
Außendeich 3
25599 Wewelsfleth
Tel. 04829-455
Mai bis Oktober jeden 2. So im Monat

Aktivitäten:

Kanuverleih:
Verleih an der Rumflether Mühle
Mo–Fr 14–18 Uhr, Sa, So 11–18 Uhr

Personen-Schifffahrt Brunsbüttel
Inh. Thorge Brandt
Bürgermeister-Zülch-Weg 3
Wilster
Tel. 04823-92610

Kanutouren auf Wilsterau und Stör, auch geführt
Kanu-Base, Bodo Harmuth
Bekende 14
Hulje
Tel. 04827-999452
www.kanu-base.de

Fahrradverleih
2-Rad-Haus Lamberty
Burger Straße 15
Wilster
Tel. 04823-8216
www.wilster.de/lamberty

Unterkunft und Gastronomie:

Elbblick Brokdorf
Hotel Sell
Dorfstraße
25576 Brokdorf
Tel. 04829-9000

Dat oole Fährhus
Deichreihe 28
25599 Wewelsfleth
Tel. 04829-1421

fänger und Familienausflügler. Der Fluss verbindet den Nord-Ostsee-Kanal mit der Stör, ist also streng genommen kein Fluss mehr und hat seine natürliche Fließgeschwindigkeit verloren, er ist aber durch das Schleusen bei Kasenort dennoch tidebeeinflusst. Einst war die Wilsterau ein bedeutender Verkehrsweg, bis weit ins 20. Jahrhundert hinein erfolgte die Versorgung der Region mit Gütern aller Art über den Fluss.

Die Wilsterau ist ein enges Gewässer mit malerischen Abschnitten in Wilster und weiten, fast unberührt erscheinenden Wiesen- und Weidenlandschaften, aus denen immer wieder Gräben in den Fluss führen, so dass man sich manchmal in einem Wasserlabyrinth wähnt.

Direkt an der Rumflether Mühle kann man **Kanus und Kajaks ausleihen,** es aber auch erst einmal mit einer **Tretboottour** versuchen. Wer eine längere Kanutour auf einem Flussabschnitt machen möchte, der außerhalb liegt, kann Boot, Kartenmaterial und Ausrüstung mieten und an den Startpunkt bringen lassen.

Der Unterlauf der Stör wird, je näher man der Mündung kommt, immer mehr ein Tidefluss, das gilt für den ganzen Abschnitt zwischen Wilster und Kremper Marsch. Wer hier paddeln will, muss nicht nur die normale Fließgeschwindigkeit beachten, sondern im besonderen Maße die **tidenabhängige Strömungsrichtungsumkehr.** Die Strömung kann dabei in der Flussmitte ganz anders sein als an den Rändern. Auch die Stromgeschwindigkeit kann von unerfahrenen Paddlern leicht unterschätzt werden. Als »Sonntagspaddler« sollte man sich also einer geführten Gruppe anschließen, um das Revier kennen zu lernen.

Windmühle »Aurora« in Rumfleth

Die Kremper Marsch

Der Name »Kremper Marsch« hat sich für den ganzen zwischen Stör und Krückau gelegenen Landstrich eingebürgert. Streng genommen gibt es zwischen den beiden begrenzenden Flüssen zwei Marschen, die **Kremper Marsch** etwa bis zur Höhe von Glückstadt und im Süden von der Gegend um Kollmar bis zur Krückau hinunter die **Kollmarer Marsch.**

Die Kremper Marsch besitzt wie die Wilster Marsch weite Gebiete, die etwa einen Meter unter dem Meeresspiegel liegen, allerdings liegen die Uferränder sowohl an der Elbe als auch an den Nebenflüssen höher.

Da findet man Bezeichnungen auf der Landkarte: **»Engelbrechtsche Wildnis«** oder **»Blomesche Wildnis«** – was für Namen! Sie stammen aus der Zeit des Baus von Glückstadt. Noch im 17. Jahrhundert war die Region eine für Menschen unwirtliche Gegend, aus der erst mühsam eine Kulturlandschaft geschaffen werden musste, eine Wildnis eben, in der allenfalls im Sommer Vieh weiden konnte. Erst im Laufe der Jahrhunderte wurde nach dem Eindeichen fruchtbares Marschland daraus. Eingedeicht wurde diese Wildnis überhaupt nur, weil ein Dänenkönig einen Traum hatte (siehe »Glückstadt«).

Gerade in der Kremper Marsch sieht man die unterschiedlichsten **Siedlungsstrukturen.** Marschhufendörfer, die nur eine Seite der Straße bebauten, Fleetdörfer wie Sietwende, in den Moorabschnitten um Altenmoor stehen die Häuser auf Pfählen. Am deutlichsten an die holländischen Siedler erinnert in der Struktur Neuenbrook.

Die vielen **Eichen- und Kastanienalleen** wird man besonders im Hochsommer zu schätzen wissen; sie schützen nicht nur vor der Sonne, sondern bringen auch Abwechslung in die flache Landschaft, in der Bäume rar sind. Dabei ist das Marschland durchaus vielfältig. Die unendliche grüne Weite der Wiesen wird immer wieder unterbrochen durch gewundene Wasserläufe mit weltvergessenen Abschnitten, die die Zeit verträumt zu haben scheinen. Heimelige aufgeputzte **Katen,** von bunten Blumengärten geziert, stehen in langen Reihen an den engen Deichwindungen, als ob sie einander durch ihre Nähe Schutz geben könnten. Dann wieder **Viehhaltung** auf den großen rechteckigen Weiden, hellbraun gesprenkelte Kühe auf dem Grün. Überwiegend, aber nicht ausschließlich, ist Landwirtschaft hier Viehwirtschaft und ein wenig auch Pferdezucht. Im Hochsommer sieht man auch immer mal wieder riesige sonnengelbe Kornfelder im Wind wogen. Ein besonderer Anblick bietet sich im Mai, wenn der **Raps** blüht, dann leuchten die weiten blühenden Felder mit dem frischen Grün um die Wette, und über der Marsch hängt ein leichter Duft von Honig.

Es gibt viele Wege durch die Marsch, ob von Krempe aus oder von Glückstadt, und es muss auch nicht immer ein Ziel da sein. Diese Landschaft ist wie geschaffen dazu, sich treiben zu lassen.

Glückstadt, die Matjesstadt

Da war Glückstadt nun also, vom damaligen Landesherrn Dänenkönig Christian IV. an der Rhinmündung aus der Wildnis gestampft, und begann ihr Leben. Sie war nicht Generation für Generation gewachsen, sie war einfach da, und so mancher suchte nun in dieser neuen, ganz im Renaissancestil erbauten Stadt sein Glück zu machen, die mit großzügigen **Handelsprivilegien** ausgestattet war. In der kurzen Zeit von 1615 bis 1628 wurde Glückstadt geplant und gebaut. Den Grundriss für Stadt und Festung hatte Christian IV. 1616 selbst abgesteckt, nachdem die »Wildnisse« beiderseits der Rhinmündung eingedeicht waren. Am **22. März 1617** wurde Glückstadt bereits das

Binnenhafen in Glückstadt

Stadtrecht verliehen. Da die Stadt ein wichtiger strategischer Platz werden sollte, wurden für die Garnison und den Flottenstützpunkt neben der Festung Zeug-, Proviant und Gießhäuser gebaut.

Der ehrgeizige Versuch Dänemarks, von Glückstadt aus mit Hamburg konkurrieren zu wollen, ließ sich nur auf dem Wasser durchsetzen, und so war Glückstadt von Anfang an eine Stadt der **Schifffahrt** und der **Fischerei.** Bedeutend war Glückstadts Rolle in der **Grönlandfahrt**. Immerhin fast 200 Jahre lang fuhren von Glückstadt aus zwischen 1671 und 1863 **Walfangschiffe** ins Nördliche Eismeer, um Wale und Robben zu fangen. Bald 600 Ausfahrten wurden in Glückstadt registriert, damit hatte die Stadt neben Altona den größten Anteil an Schleswig-Holsteins Grönlandfahrt. Deren Blütezeit war das erste Viertel des 19. Jahrhunderts, damals, um 1820, besaß Glückstadt 17 Grönlandschiffe. Man kann sich das pralle Hafenleben vorstellen, wenn die Grönlandfahrer zurück von der Fangfahrt in den Heimathafen einliefen und fast 1000 Seeleute an Land gingen.

Zweites Standbein und nach der Glanzzeit des Walfangs lange Zeit zweitwichtigster Wirtschaftszweig in der Stadt war die **Heringsfischerei,** Glückstadt galt und gilt immer noch als die deutsche Heringsstadt, auch wenn längst schon keine Logger mehr von hier aus auslaufen. Die Fischverarbeitung mit der Spezialisierung auf den Hering blieb. Heute ist Glückstadt weit über die Region hinaus für seine Matjesspezialitäten bekannt; zu den **Matjeswochen** zwischen Juni und September kommen inzwischen Gäste von fern und nah, oft in Verbindung mit einer Schiffstour auf der Elbe.

Die Gründung einer Stadt

Es gab hier keine Vorgängersiedlung, die etwa den Gewalten des Wassers weichen musste, kein Dorf, nicht einmal einen Deich. »Wildnis« nannte man dieses unkultivierte, Wasser und Wind fast schutzlos ausgesetzte Land, an dem die Sturmfluten nagten, es Winter für Winter zu verschlingen drohten.

Und genau dort an der Rhinmündung sollte sie nun entstehen, die neue Stadt, so hatte es sich **Dänenkönig Christian IV.,** der ja auch Herzog von Schleswig und Holstein war, im Jahre **1614** in den Kopf gesetzt. Nichts Geringeres als eine **Renaissancestadt nach italienischem Muster** schwebte ihm vor. Es war ein kühnes Vorhaben und ein fantastischer Plan, denn er wollte mit dieser Stadt und Festung machtpolitisch Stellung beziehen und Front machen gegen **Hamburg** und die Herrschaft auf dem anderen Ufer der Elbe. Christian hatte **Großmachtambitionen,** er wollte künftig den Seehandel dominieren und diese Umsatzströme nach Dänemark umleiten. Dieser Plan klingt heute wie die Idee eines Traumtänzers. Damals aber war Hamburg noch lange nicht das, was es heute ist, es war noch ein langer Weg zur Welthandelsmetropole. Dazu kam, dass das Elbfahrwasser damals noch sehr dicht am holsteinischen Ufer entlang verlief, man konnte also von Glückstadt aus tatsächlich den **Schiffsverkehr kontrollieren.**

Bevor die Pläne Gestalt annehmen konnten, musste zuerst einmal der Landstrich an der Rhinmündung, der heute noch »Wildnis« genannt wird, **eingedeicht** werden, was auch in Rekordtempo gelang. Bereits im November 1615 war es vollbracht. Nun konnte es losgehen mit dem Bau der geplanten idealen Stadt und Festung.

Ein **zentraler Markt** wurde geschaffen, von dem **Radialstraßen** abgingen, die zu den genau 250 Meter entfernten **Bastionen** verliefen. Die Bastionen waren wiederum jeweils 250 Meter voneinander entfernt und durch die äußere **Ringstraße** miteinander verbunden. Ein zweiter innerer Ring entstand gut 160 Meter vom Markt entfernt und verband wieder alle Radialstraßen miteinander.

Schnurgerade verliefen die Straßen, an denen die Häuserfronten ebenso schnurgerade aufgereiht waren. Glatt mussten die Fassaden sein, ganz ohne Vorbauten, Erker oder Balkone, die einem etwa eingedrungenen Feind hätten Deckung bieten können.

Bereits am **22. März 1617** stellte Christian die **Gründungsurkunde** aus. Nach einem **Namen** musste er nicht lange suchen. »Dat schall glücken und dat mutt glücken, und denn schall se ok Glückstadt heten!«, soll er gesagt haben, und so hieß die Stadt nun Glückstadt und bekam auch noch die Fortuna als Wappen.

Vor allem ab Beginn des **Dreißigjährigen Krieges** 1618 wurde der Festungsbau noch mehr als der Stadtausbau mit gewaltigem Aufwand durchgezogen. Da war sie nun also erbaut worden, aber so eine am Reißbrett erstandene Stadt mit den damals modernsten denkbaren Bauten braucht ja auch Einwohner, die sie zum Leben erwecken. Christian überließ nichts dem Zufall und begann rechtzeitig, **Siedler anzuwerben,** die er mit Religionsfreiheit lockte. So kamen auch portugiesische Juden in die junge Stadt, die neben Holländern und Deutschen nun die Bevölkerung bildeten. Der Aufwand im Festungsbau hatte sich gelohnt, denn im Dreißigjährigen Krieg konnte Glückstadt 1627 als einzige Festung des Landes der **Wallensteinschen Belagerung standhalten.**

Es gelang 1644/45 von hier aus, die **Schweden** in Holstein erfolgreich zu bekämpfen, und 1649 wurde die Regierungskanzlei für Schleswig und Holstein nach Glückstadt verlegt, womit es sogar **Landeshauptstadt** war, was sich erst änderte, als 1867 Schleswig-Holstein preußische Provinz wurde.

Glückstadt hatte also durchaus eine wichtige Stellung erreicht, sich aber weder wirtschaftlich so entwickelt wie geplant noch Hamburg den Seehandelsrang abgelaufen, wie es Christian IV. geplant hatte.

Wo es den besten Matjes gibt? Das ist natürlich auch Geschmackssache, aber eigentlich kennt man da keinen Zweifel. Im **»Kandelaber«** direkt am Marktplatz kann man beim **Matjesbuffet** einmal probieren, wie ungeheuer kreativ man den immer gleichen Fisch doch zubereiten kann.

So war und ist trotz des Endes der Fischerei Wasser noch immer das Glück von Glückstadt. Den Platz der Heringsfischer nahmen **Freizeitkapitäne** ein, die glücklich mit diesem Liegeplatz das idyllische Erbe pflegen, und die Gastlieger besuchen den Glückstädter Hafen eben wegen dieser Liegeplätze, die es ähnlich stadtnah an der Elbe nur noch in Stade gibt. Und wenn sie nicht deshalb kommen, dann eben zum Matjesessen. Spöttische Gemüter meinen: Raus mit der Fortuna aus dem Stadtwappen, rein mit dem Matjes, spätestens seit der Rekordveranstaltung vom Himmelfahrtstag 2004, als 6000 Menschen an einer drei Kilometer langen Tafel 30.000 Matjesfilets mit 20.000 Scheiben Vollkornbrot, 400 Kilogramm Butter und 200 Kilogramm Zwiebeln aßen – **Weltrekord!**

Glückstädter Sehenswürdigkeiten

Der strategische Wert der **Festung,** die 1628 immerhin der Belagerung durch das kaiserliche Heer unter Wallenstein standgehalten hatte, und ihre Bauweise waren im Laufe der Zeit von der Entwicklung überholt, und so konnte sie der Belagerung durch die Gegner Napoleons in den Jahren 1813/14 nicht mehr trotzen. Daher wurden die nutzlos gewordenen Festungsanlagen 1815/16 **geschleift.**

Nach nahezu drei Jahrhunderten innerhalb der vom Dänenkönig Christian IV. gezogenen Festungsgräben und Wälle konnte Glückstadt sich nun **ausdehnen.** Ihre geplanten Grundlagen sind allerdings bis heute auf dem **Stadtplan** deutlich zu sehen. Vom Marktplatz aus erkennt man das System der Straßen am besten. Vom ursprünglichen

Matjes

Matjes ist eine **holländische Bezeichnung,** sie stammt von dem Wort *majtje,* das **»Jungfrau«** bedeutet. Und jungfräulich muss der Hering noch sein, soll er zu Matjes verarbeitet werden. Er darf noch nicht geschlechtsreif sein, also noch keine Ansätze von Milch und Rogen zeigen, muss aber drei Jahre alt sein. Dann, in der Zeit etwa ab Mitte Mai bis Juni, hat der Hering eine ganz besondere Art von **Fett,** die ihn in Geschmack und Konsistenz besonders zart macht.
Der Hering wird gekehlt und kommt in ein Fass mit **Salzlake** - nur Salz darf an den Fisch, sonst nichts -, wo er an der Gräte **sieben Tage** reift und immer wieder bewegt wird. Nach einer Woche wird die Gräte herausgezogen und die Haut entfernt, fertig ist der butterweiche und milde Fisch.
Was den **Unterschied zum holländischen Matjes** ausmacht? Die Holländer nehmen den Hering vollständig aus. Beim Glückstädter Matjes hingegen bleibt nach dem Ausnehmen ein kleines Stückchen **Darm** im Fisch. Das bewirkt in der Salzlake die **enzymatische Reifung** und den besonderen Geschmack. Gemeinsam ist beiden Matjessorten, dass der Fettgehalt mindestens zwölf Prozent betragen muss.

sechseckigen Stadtgrundriss wurde nur das östliche Halbsechseck verwirklicht, während der westliche Teil sich mehr am Lauf der Mündung des Rhins orientierte als an Christians Entwurf einer idealen Stadt.
Vom Markt laufen sieben Radialstraßen zu den Festungswällen, drei angedeutete Radialstraßen (Pseudoradialstraßen) und zwei den Markt berührende Straßen führen zum Hafen. Der breite Straßenzug **»Am Fleth«,** der so sehr an eine holländische Gracht erinnert, war früher der Hauptverkehrsweg. Das heißt, nicht die Straße war es, sondern das mit dem Hafen verbundene, früher viel breitere **Fleth,** auf dem vor allem die Fischer ihre Waren direkt zum Markt transportieren konnten. Noch heute ist der **Markt** Zentrum des städtischen Lebens, Am Fleth und die ostwärts vom Markt rechtwinklig vom Fleth wegführende Große Kremper Straße sind die Shoppingmeilen der Glückstädter.
Auf der Ostseite des Marktes liegt die **Stadtkirche,** die mit der Stadt zusammen errichtet wurde und 1621 fertiggestellt war. Sie hat einen bemerkenswerten Barockturm, dessen Spitze die Fortuna mit der Königskrone als Windfahne ziert. Die Glückstädter Stadtkirche ist die erste Kirche, die nach der **Reformation** in Schleswig-Holstein errichtet wurde. Der Innenraum wartet mit sehr einheitlich barocker Ausgestaltung auf, markant und den Raum dominierend sind die mitbemalten Holzemporen.
Fast genau gegenüber liegt das **Rathaus,** das 1642 als zweigeschossiger Backsteinbau im niederländischen Renaissancestil erbaut und 1872 erneuert wurde, wobei sein ursprüngliches Aussehen bewahrt wurde.
Rechts um die Ecke am Fleth steht mit der Hausnummer 43 das **Brockdorff-Palais (7),** das heute das **Detlefsen-Museum** beherbergt. Erbaut wurde das Palais 1631/32 für den Schwiegersohn Christians IV., den Statthalter Christian von Pentz, benannt hingegen ist es nach seinen letzten Besitzern, der Fami-

Die Glückstädter Kirche mit ihrem Barockturm

lie von Brockdorff, der das Palais zwischen 1802 und 1877 gehörte. Das Detlefsen-Museum zeigt Exponate zu Kultur und Geschichte Glückstadts und der Elbmarschen.

Am Fleth erinnert nicht nur die grachtenartige Anlage an den holländischen Anteil der Glückstädter Urbevölkerung, auch einige im **holländischen Stil** erbaute Häuser, wie zum Beispiel die Hausnummern 33 und 34.

Die Große Kremper Straße ist nicht nur Einkaufsmeile der Stadt, sie führt auch direkt zu den weitläufigen, baumbestandenen alten **Bastionen** und **Wallanlagen** mit den Festungsgräben, die in zwei **Teichen** enden.

Wendet man sich in die entgegengesetzte Richtung und folgt der Königstraße, kommt man zum **Wasmer-Palais,** einem der zahlreichen Stadtpalais' in Glückstadt. Es wurde für den Konferenzrat von Wasmer erbaut und 1726 barock umgestaltet. Von 1756 bis 1864 war der Bau Sitz des Obergerichtes, er beherbergt heute die Volkshochschule. Es lohnt sich, einen Blick hineinzuwerfen, allein schon wegen des prächtigen Treppenhauses.

Die Häuserzeile aus dem 17. Jahrhundert am **Binnenhafen** mit ihren Traufen- und Giebelhäusern zählt zu den **bedeutendsten Uferstraßen Norddeutschlands.** Bedeutend sind auch das bereits 1630 erbaute **Palais »Quasi non possidentes«** (»Als ob wir nicht die Besitzer wären«) und das **Turmhaus** mit dem Wiebke-Kruse-Turm. Dieses Turmhaus ist eines der ältesten Gebäude der Stadt, es diente König Christian als erstes Wohnhaus. Später ging es in den Besitz seiner Geliebten Wiebke Kruse über. Der alte Speicher komplettiert das schöne, geschlossene Bild, das man am besten von der anderen Straßenseite aus genießen sollte. Dort stehen auch noch das alte **Admiralitäts-Palais** sowie das **Rantzau-Palais.**

Die **Fähre** nach Wischhafen zum niedersächsischen Elbufer fährt heute außerhalb der Stadt vom Fähranleger aus ab.

Im Zeichen des Glücks: Fortuna findet sich überall in Glückstadt wieder

Krempe, die kleinste Stadt Holsteins

Und dann gibt es da noch eine Stadt in der Kremper Marsch. Wie aus dem Nichts taucht sie in der grünen Marschunendlichkeit auf, keine Vororte, kein Hinweis, plötzlich ist man in Krempe und fast schon wieder draußen. Doch halt, Krempe ist einen Zwischenstopp wert, denn der **alte Ortskern** ist durchaus ansehnlich. Immerhin ist diese mit rund 2000 Einwohnern kleinste Stadt Holsteins wesentlich älter als das viel größere Glückstadt; ihren Namen brachten schon die holländischen Siedler im 12. Jahrhundert mit; an Glückstadt dachte da noch niemand. Und deshalb heißt diese Marsch »Kremper Marsch« und nicht etwa »Glückstädter Marsch«.

Krempe wurde **1234** erstmals urkundlich erwähnt und ist seit 1239 im Besitz der Stadtrechte. Über die Kremper Au war die Stadt mit Stör und Elbe verbunden, sie trieb zu ihrer Blütezeit im 16. Jahrhundert mit seiner 19 Schiffe umfassenden Handelsflotte **Handel** mit ganz Westeuropa und Russland.

Doch dann verschlickte die Kremper Au immer mehr, dazu wurde Glückstadt erbaut und vom Landesherrn, dem dänischen König, kräftig protegiert. Der **Abstieg** hatte begonnen und ließ sich nicht aufhalten: Schon 1696 war die Stadt das, was man heute landläufig pleite nennen würde.

Vom alten Glanz zeugt heute noch der Marktplatz, besonders das schön restaurierte **Rathaus** aus dem Jahre 1570, eines der schönsten Renaissance-Rathäuser des Landes. Der zum Marktplatz zeigende Südgiebel belegt den ganzen Reichtum der damaligen Stadt. Das Eingangsportal ist ein Barockelement und stammt aus dem Jahre 1784. Die in den Untergeschossen ebenfalls backsteinernen Seitenfronten weisen in den Obergeschossen ein überaus reich verziertes Fachwerk auf.

Sowohl an der Rathausstraße als auch an der Siftstraße und der Breiten Straße finden sich weitere Bauten, die von Krempes einstigem Glanz zeugen. Auf einem weiter gefassten Rundweg zwischen dem Hohenfelder Umlaufkanal und dem Norderwall lernt man die Überbleibsel der alten **Festung** Krempe kennen. Die erste Burganlage mit zwei Burggräben und Palisadenwänden entstand, nachdem der Schauenburger Graf Johann VI. 1333 die Bauerlaubnis erteilt hatte. Von diesem Bau überdauerte nichts, auch von den folgenden Ausbaustadien, die allesamt unter dänischer Herrschaft erfolgten und Dänemark nach Süden absichern sollten, blieb wenig. Die Erweiterungen Christians IV. der Jahre zwischen 1595 und 1603 sind bis heute auf dem Stadtplan zu erkennen, auch ihre Ähnlichkeit mit der Glückstädter Festungsanlage fällt sofort ins Auge. In seiner letzten Form bestand das Festungssechseck aus dem über 25 Meter breiten Burggraben

Reich verziert: das Kremper Rathaus

und dem über vier Meter hohen Festungswall, dazu kamen vorgezogene Bastionen sowie Tor-Ravelins. Christian hatte, bevor er Glückstadt bauen ließ, Krempe gefördert. Die zunehmende Verschlickung der Kremper Au und der lange Weg zur Elbe ließen ihm die Stadt aber als zunehmend ungeeignet für den ihm vorschwebenden Flottenstützpunkt erscheinen.
Im Gegensatz zu Glückstadt hielt Krempe dem Ansturm der Heere **Wallensteins** nicht stand, nach sieben Monaten musste Krempe sich 1628 ergeben. Die Schäden waren beträchtlich, dazu hatte Krempes Abstieg längst begonnen; Glückstadt wurde übermächtig, Krempe immer mehr an den Rand gedrängt. Bereits 1696 hatte man begonnen, die Festung zu schleifen, die sich im einzigen wirklichen Ernstfall doch nicht bewährt hatte. Der Burggraben und Reste des Festungswalles sind heute Bestandteile des Stadtparks.

Das Leuchtfeuer bei Kollmar

Die Kollmarer Marsch

Die Kollmarer Marsch ist **Landschaftsschutzgebiet,** sie erstreckt sich südlich von Glückstadt bis hinunter zur Krückau. Heute ist die Region hauptsächlich von der Landwirtschaft geprägt.
Kollmar, das etwas nordwestlich der Krückau liegt und der Marsch den Namen gab, wurde **1377** erstmals als Pfarrei zu **Asvlet** urkundlich erwähnt. Zwar gibt es erst für die mittelalterlichen Gründungen Belege, doch kann man annehmen, dass hier bereits im 2. Jahrhundert Menschen siedelten. In jedem Fall lebten die frühen Siedler in dieser Gegend auf den höheren Uferwällen der Elbe, Elbnebenflüsse und Priele, die sich durch Ablagerungen natürlich gebildet hatten.
Asvlet wurde 1393 von den Gewalten der Elbe zerstört. Die Kirche wurde wenig später nach Kollmar verlegt und dort 1448 erstmals erwähnt. 1494 wurde Kollmar zusammen mit der Haseldorfer Marsch vom Dänenkönig an Hans von Ahlefeld verkauft.
Auch in Kollmar, das weithin durch seine **Windmühle** zu erkennen ist, gab es schon früh einen **Elbhafen,** man nutzte einen Priel hinter einer kleinen Landzunge und befestigte ihn sowie später auch die Landzunge mit einer Feldsteinmole. Gegenüber der Hafeneinfahrt im Südosten gab es im Nordwesten einen Durchstich, so dass der Strom durch den Hafen lief und ihn weitgehend schlickfrei hielt. Später wurde vor die Steinmole eine Reihe von Pfählen in den Grund gerammt, an denen Schiffe festmachen konnten, ohne an die Mole gedrückt zu werden. Mit langen Gangways kam man an Land. Auch dem Ausflugsverkehr wurde später Rechnung getragen und am Ende der Mole ein **Anleger** gebaut. Noch um 1900 gaben 26 Frachtewer Kollmar als Heimathafen an, und viele Fischer fuhren hinaus zum Störfang. Heute ist auch hier die Frachtschifffahrt Geschichte, es machen nur mehr **Sportboote** im Hafen fest.

Direkt am vor dem Deich liegenden Hafen liegt ein schöner **Sandstrand,** der im Sommer gern als Badestrand genutzt wird, die Wasserqualität ist überprüft und gab in den letzten Jahren keinen Grund zu irgendwelchen Beanstandungen. Hinter dem hohen Deich verschwindet Kollmar, von der Elbe aus betrachtet, fast ganz.

Ein **Rundgang** durch den Ort lohnt sich durchaus, auch wegen der Pausen, die von Kollmars Gastronomie angenehm und kurzweilig gestaltet werden. Wer sich nicht nur vom weithin gerühmten Sonntagsbrunch im gemütlichen **Café Sünnschien** verwöhnen lassen will, kann dort auch viel über die Region erfahren. Wirt Jürgen Timm nämlich schreibt plattdeutsche Lieder und Döntjes und gibt gern mal etwas zum Besten. Der gebürtige Kollmarer ist so ganz nebenbei auch Profimusiker, der als plattdeutscher Liedermacher und Mitglied der Musikgruppe »Speelwark« bekannt ist.

Kollmar ist zu jeder Jahreszeit einen Ausflug wert, nicht nur wegen des Cafés, sondern wegen der Umgebung. Immer reizvoll ist eine Wanderung auf dem Elbdeich, der hier noch höher zu sein scheint als anderswo. Man hat einen besonders weiten Blick über die Marschlande, der vor allem zur Zeit der Rapsblüte wunderbar ist. Auf der anderen Seite fließt die Elbe, das heißt, genauer gesagt sieht man hier **zwei Elben.** Auf der großen Wasserstraße ziehen die dicken Pötte vorbei und dicht vor Kollmar die Segler, von denen viele die Pagensander Nebenelbe befahren. Dazwischen sieht man sie liegen, die stattliche Elbinsel Pagensand.

Viele gut erhaltene reetgedeckte **Bauernhäuser** stehen in langen Reihen an den kleinen Straßen oder hinter Deiche gekauert. Sie zeugen noch heute vom einstigen Wohlstand der Bauern in der Region. Kleine Katen wurden zu kleinen Schmuckkästchen hergerichtet; sie lassen die bescheidenen Lebensverhältnisse der einst in ihnen lebenden Fischer und Kätner kaum noch erahnen.

Empfehlenswert ist eine Deichwanderung elbabwärts nach **Bielenberg,** das einen beachtlichen Sandstrand besitzt, der sich bestens zum Baden eignet. In entgegengesetzter Richtung kann man einen Spaziergang zum **Krückausperrwerk** unternehmen.

Ein **Fahrradausflug** führt von Kollmar aus in östlicher Richtung im weiten Bogen am wasserlaufreichen Gebiet um die Ritt zur Krückau, die man bei Kronsnest mit einer kleinen Fähre überqueren kann. Über Seestermühe geht es zum Krückausperrwerk, das man überquert und dann am Deich nach Kollmar zurückkehrt.

Am Krückau-Sperrwerk

Pagensand, die Störtebeker-Insel

Für alle, die an der Niederelbe groß geworden sind, hatte Pagensand immer eine ganz besondere Faszination. Für viele von uns lag sie ständig in Sichtweite und war Ziel für Wochenendausflüge mit dem Boot.

Mitten im Fluss liegt sie, ist etwa einen Kilometer breit und sieben Kilometer lang, denn hier wechseln Schilfgürtel mit Stränden und Dünen, Wald mit Wiesen. Pagensand ist sicher die **landschaftlich vielfältigste der Elbinseln.** Das Süßwasserwatt und die Flachwassergebiete der Pagensander Nebenelbe sind dabei genauso einmalig wie die Dünenregion auf den alten Spülflächen, die etwa die Hälfte der Inselfläche ausmachen.

Entstanden ist die Insel im **18. Jahrhundert,** weil die Watten sich so hoch aufgelagert hatten, dass langsam eine Sandbank entstand. Im Jahre 1836 begann man, diese Sandbank durch Anpflanzungen von Schilf, Röhricht und Weiden mit der bestehenden Insel **Hungriger Wolf** zu vereinen. Getan hat das damals der erste »Pagenbauer« Dietrich Meinert. Der Hungrige Wolf war auch so eine von vielen Geschichten umrankte Insel, ein gefährlicher **Mahlsand,** der Fischerboote und Schiffswracks im Handumdrehen und auf Nimmerwiedersehen in die Tiefe zog.

Zu ihrer heutigen Größe von **520 Hektar** wuchs die Insel erst im 20. Jahrhundert an, als man in den 20er Jahren mit den Aufspülungen aus den Elbausbaggerungen begann.

Bis vor zwei Jahrzehnten war Pagesand **bewohnt,** wenn man so sagen will. Dort lebte nur der legendäre Pagenbauer Harder auf seinem Hof, zu dem auch eine kleine Gaststätte mit Unterkunftsmöglichkeit gehörte. Heute steht die Insel unter **Naturschutz,** aber man darf sie als Wassersportler noch immer an einigen genau festgelegten Stellen betreten und sogar ein **Zelt** aufschlagen.

Ein wenig ist geblieben von der alten Faszination, die sich in vielen Geschichten und Legenden ausdrückte. So soll etwa der verschwundene **Schatz** des Seeräubers Klaus Störtebeker hier versteckt sein.

Der Bogen der Träume erstreckt sich zwischen Twains »Tom Sawyer«, Stevensons »Schatzinsel« und den alten, am Fluss kursierenden Seeräubergeschichten. Wer hätte als Kind nicht davon geträumt, hinüberzufahren, ein Zelt aufzuschlagen, ein Feuer anzuzünden, selbst gefangene Fische zu braten, am herunterbrennenden Feuer zu sitzen, den vorbeiziehenden Schiffen nachzuschauen und ihrem Wellenschlag zu lauschen? Und wer weiß, was für wilde Abenteuer man dort erleben könnte?

Genauso einen Kindheitstraum erzählt **Uwe Timm** in seinem Jugendbuch **»Der Schatz auf Pagensand«.** Natürlich ist ein Boot dabei, muss ja, ein altes Segelboot, rott, morsch und undicht wie ein Sieb, aber es hält sich für das Abenteuer der vier Hamburger Jugendlichen Georg, Benno, Jan und Jutta noch lange genug über Wasser. Den sagenumwobenen Störtebekerschatz wollen sie suchen, auf dem Medemsand, dem Osteriff und dann auf Pagensand, es gibt ja schließlich viele Theorien, wo er liegen soll. Aber schon auf dem Schweinesand nimmt das Abenteuer seinen Anfang. Dort begegnen sie dem »König von Albanien«, der von düsteren Ganoven bedroht wird. Nun wollen sie auch seinen Staatsschatz mitsuchen. Als das altersschwache Segelboot dann einen Gewittersturm nicht übersteht, werden die vier auf Pagensand zu Schiffbrüchigen und beginnen nun, den Staatsschatz des Königs zu suchen. Das wäre an sich ja als schöne Robinsonade Abenteuer genug, aber nun tauchen die bösen Buben wieder auf ... Mehr wird hier nicht verraten, das kann jeder selbst nachlesen. Erschienen ist das Buch z.B. in der Jungen Bibliothek der »Süddeutschen Zeitung«.

Praktische Informationen

Touristeninformationen:

Touristik Süd-West-Holstein e.V.
Viktoriastraße 14
25524 Itzehoe
Tel. 04821-69472
www.touristik-sued-west-holstein.de

Touristeninformation Glückstadt
Große Nübelstr. 31
25348 Glückstadt
Tel. 04124-937585
www.glueckstadt-tourist-info.de

Fahrradverleih:
Touristeninformation Glückstadt, siehe oben

Sehenswürdigkeiten:
Detlefsen-Museum im Brockdorff-Palais
Am Fleth 43
Glückstadt
Tel. 04124-937630
Di 14–17 Uhr (Juni bis August 14–18 Uhr),
Fr, Sa 14–18 Uhr, So 14–17 Uhr

Unterkunft:
Hotel und Restaurant Raumann
Am Markt 5–6
25348 Glückstadt
Tel. 04124-91690
www.hotel-raumann.de

Gastronomie:

Restaurant Kandelaber
Am Markt 14
Glückstadt
Tel. 04124-932777

Restaurant Der kleine Heinrich
Am Markt 2
Glückstadt
Tel. 04124-3636

Cafe Sünnschien
Schulstraße 2
Kollmar
Tel. 04128-473
www.cafe-suennschien.de

Hotel Restaurant-Café Fährhaus Kollmar
Am Deich 1
Kollmar
Tel. 04128-941270
www.faehrhaus-kollmar.com

Restaurant Op de Deel
Am Neuendeich 127
Blomesche Wildnis
Tel. 04124-8700
Romantisch dekorierte Bauernkate mit hervorragender Küche

Restaurant Ratskeller zu Krempe
Am Markt 1
Krempe
Tel. 04824-38154
www.ratskeller-krempe.de

Die Seestermüher, Haseldorfer und Wedeler Marsch

Für den Bereich zwischen Krückau und Wedel ist der Name »Haseldorfer Marsch« als Gesamtbezeichnung gängig. Dabei liegt zwischen Krückau und Pinnau zunächst die Seestermüher Marsch, an die sich südlich der Pinnau erst die Haseldorfer Marsch anschließt. Etwa zwischen Hetlingen und Wedel folgt dann die Wedeler Marsch. Es sind dies die **am höchsten gelegenen Holsteinischen Elbmarschen.**

Zwar verlaufen sich die Menschen auch hier, da und dort ein Auto in der grünen Weite, mal ein paar Fahrradfahrer. Dennoch bemerkt man südlich der Krückau, vor allem an Sommerwochenenden, schon deutlich die **Nähe zum Großraum Hamburg.** Unten an der Elbe ist das anders, da sieht man sie vor und hinter dem Deich auf den asphaltierten Wegen radeln oder skaten, trifft auf viele Wanderer und Menschen, die es sich auf Decken gemütlich gemacht haben und den Blick über das geschützte Deichvorland und den Strom genießen. An den Stränden liegen sie im sonnenwarmen Sand, Kinder baden. Längst ist dieses Gebiet zu einer »Grünen Lunge« Hamburgs geworden.

Durch die Seestermüher Marsch

Die Seestermüher Marsch, die zum **Kreis Pinneberg** gehört, wird von den Flüssen Krückau und Pinnau eingerahmt. Seestermühe, Esch und Neuendeich liegen wie mit einer Klammer verbunden am alten Deich zwischen Krückau, Elbe und Pinnau relativ nahe an den Flussufern, nur Seester liegt ein klein wenig weiter landeinwärts. Vor diesem Ort liegt zwischen den alten Winterdeichen und den niedrigen Sommerdeichen das einstige Deichvorland, das heute zum **Vogelparadies** geworden ist. Im Winter dient dieses Gebiet als Rastplatz vor allem für Großvögel. Verschiedene Gänsearten überwintern dort ganz. Die Tiere finden reichlich Nahrung, um sich die Energievorräte anzufuttern, die sie für den Frühjahrsflug in ihre Sommerquartiere in den arktischen Tundren brauchen. In keilförmigen Formationen fliegen sie zu Tausenden über das Land und verbringen die Nacht in den Feuchtwiesen. Sie vertragen sich gut mit den benachbarten Schwänen, die sich dort paarweise niedergelassen haben. Es ist ein unvergessliches Erlebnis, hier oder in Kehdingen einmal eine Schwanenkolonie abheben und fliegen zu sehen.

Die Weide lieferte einst das Material für die Bandreißer

Vor der Seestermüher Marsch erstreckt sich zwischen Krückau und Pinnau im Deichvorland der **Eschschallen.** Er wird bei Flut überspült und ist von einer Vielzahl ebenfalls tideabhängiger Priele durchzogen. Das fünf Kilometer lange **Naturschutzgebiet** mit einer Fläche von knapp 280 Hektar ist überaus wichtig für den Erhalt der natürlichen Flusslandschaft mit ihren einmaligen Süß-

Kollmarer
Marsch
Neuendorf
bei Elmshorn
Kollmar
Elbe
Krückau
Holster
Seester
Seester-
mühe
Kle
Schwarz-
tonnen-
sand
Pagen-
sand
Seester-
müher
Marsch
Barnkrug
Assel
Abbenfleth
Pinnau
Moor
Bützfleth
Haselau
Heist
Hohenhorst
Götzdorf
Auberg
Drommel
Haseldorf
Juelssand
Haseldorfer
Marsch
Twielenflether
Sand
Twielenfleth
Hetlinge
Lühe-
sand
Fähr-
mann-
sand
Hollern
Agathenburg
Grünen-
deich
Lühe
N
Steinkirchen
0
5 Km
Guderhand-
viertel
Mittelnkirch
© EDITION TEMMEN
Dollern
73
1
2
3
4
5
6
7
8
9

Quickborn
Ellerhoop
Ahrenlohe
lende
Renzel
Kummerfeld
Tornesch
Hasloh
etersen
Tangstedt
Bönni
stedt
23
Appen
Ellerbeck
Pinneberg
Rellingen
m
Schenefeld
Rissen
HAMBURG
Süldorf
10
el
Schiffsbegrüßungs-
anlage
12
Schulau
Blankenese
sand
Neßsand
ahnhöfer-
sand
stel
Cranz

Heute wieder häufig genutzt: Reet

wasserwatten sowie deren Röhrichtbeständen, Hochstaudenrieden, den Pappel- und Weidenreihen und dem Weidengebüsch. Hier findet man den letzten Rest naturbelassener Landschaft des Urstromtals der Unterelbe. Es handelt sich dabei um ein hochkomplexes Fluss-Ökosystem mit Brackwasserröhrichten und **Pflanzen- und Tierarten,** die sich gerade auf diese Verhältnisse spezialisiert haben. Dazu gehören Arten wie der Tidefenchel oder der Schierlings-Wasserfenchel, die es weltweit nur hier gibt. Auch kann hier ein weiter Übergang von Wasser- zu Landlebensräumen beobachtet werden, mit passenden Lebensbedingungen für verschiedenste Arten. Unzählige Brutvogelarten sind im Eschschallen heimisch, vom Kampfläufer über die Lachsseeschwalbe bis hin zum Seeadler. Wenn für einen Landschaftsabschnitt an der Unterelbe der Begriff »einzigartig« gelten kann, dann für den Eschschallen.

Das **Schallenhaus** ziemlich am Nordende des Eschschallens steht einsam hinter dem Hauptdeich. Es erinnert an die einstige wirtschaftliche Bedeutung und Nutzung dieses Schilfgebietes. Alljährlich im Spätherbst wurde hier das **Reet** zum Dachdecken geschnitten. Das Haus diente den Reetschneidern als Übernachtungsstätte. Hier und in der Haseldorfer Marsch hatten Reetschneider, Reetdecker und **Bandreißer** ihr Auskommen, Berufe, die heute fast völlig ausgestorben sind. Bandreißer ernteten an den Weiden die längsten, geradesten Triebe, entrindeten sie und fertigten daraus Fassreifen, die Bänder. Reetdecker gibt es heute noch, und die wenigen Handwerker, die sich auf diese Dachdeckerkunst verstehen, sind längst gesuchte Spezialisten geworden. Die Zahl der Katen und Häuser, die wieder ihr angestammtes Reetdach erhalten, steigt ständig. Nur das Reet kommt nicht mehr von der Unterelbe. Es wird heute in Ungarn und Polen geerntet.

Seester, das dieser Marsch den Namen gab, nennt eine der **ältesten Kirchen** der Region sein Eigen. Die Kirche **St. Johannes (2)** stammt wohl aus dem Jahr 1500 und besitzt noch ihren alten frei stehenden Glockenstuhl. Auf dem alten, um die Kirche herum angelegten **Friedhof** gibt es eine ganze Reihe fast genauso alter Grabsteine, der älteste stammt aus dem Jahre 1598. Der kleine Ort hat im Kern seine Ursprünglichkeit bewahrt, da stehen kleine, liebevoll restaurierte Häuser mit ihren Fronten direkt an der Dorfstraße, die sich schmal in engen Windungen an der Kirche vorbeischlängelt.

Seestermühe wurde urkundlich zum ersten **Mal 1141** erwähnt und ist ein beschauliches Dorf mit einer typischen **Marschenkirche (3),** die einen Holzturm besitzt, denn der Boden würde einen schweren Turm mit Glocke am Kirchenschiff nicht tragen. Vor allem aber gibt es hier neben wunderschönen Katen und stattlichen Höfen ein veritables **Schloss (4)** mit einem Schlosspark.

Der Ort Seestermühe ist über die Geschichte hinweg untrennbar mit dem **Gut Seestermühe** verbunden, das seit Jahrhunderten im Besitz der Grafen Kielmannsegg ist. Der Gutshof liegt, in seinem alten Schlosspark mit Lindenallee, Graben und Teich eingebettet, direkt dem Bürgerhaus gegenüber. Wie Kollmar gehörte das Gut einst den Ahlefeldts, die es im 18. Jahrhundert aus Geldnot an die Kielmannseggs verkauften. Der spätbarocke Neubau des Gutshofes war Ende des 18. Jahrhunderts nötig geworden, nachdem das alte Haus abgebrannt war. Am Neubau soll seinerzeit auch Ernst Georg Sonnin, der Erbauer des Hamburger Michels, planerisch mitgewirkt haben.

Fährt man am alten Deich entlang über Esch bis hinunter an die Pinnau und dann am Fluss aufwärts bis nach **Neuendeich,** kann man dort über die Pinnau nach **Klevendeich** fahren. Die **Drehbrücke (5)** ist mit 110 Jahren die älteste in Holstein und verbindet die Seestermüher mit der Haseldorfer Marsch. Man sollte sich die Zeit nehmen, auf der Brücke ein wenig zu verweilen und die Landschaft zu genießen. Oder man lässt sich ganz in der Nähe der Drehbrücke im auf dem Deich liegenden Spezialitätenrestaurant Aal-Kate verwöhnen.

Die älteste Kirche der Region steht in Seester

Durch die Haseldorfer und die Wedeler Marsch

Nicht weit von Klevendeich entfernt liegt **Haselau,** das 1224 als adliges Gut erstmals urkundlich erwähnt wurde. Aus dieser Zeit sind nur noch Reste der alten Wasserburg am Burggraben zu sehen. Die Haselauer **Kirche (6)** mit dem 46 Meter hohen hölzernen Glockenturm stammt aus dem frühen 14. Jahrhundert. Sehenswert im Inneren sind die „Zuckerhutglocke« von 1250 sowie die Kanzel von 1641 und der barocke Altar. Die benachbarte **Hengststation** des Verbandes der Züchter des Holsteiner Pferdes ist ein Zeugnis der langen Pferdezuchttradition der Haseldorfer Marsch.

Haseldorf, das dieser Marsch den Namen gab, kann auf eine über **800-jährige Geschichte** zurückblicken. Schon im 12. Jahrhundert gab es hier einen Ritter de Haselthorpe, der wie seine Nachfolger, die Herren von Bramstede, dem fernen bremischen Landesherrn dienten. Sie waren damals die einzigen »Ordnungsfaktoren«, und als ihr Geschlecht 1259 ausstarb, regierten hier Raubritter, bis 1375 die Schauenburger Grafen die Region übernahmen. Ab 1494 übernahmen dann die von Ahlefeldts Haseldorf, bis finanzielle Not sie 1731 zum Verkauf an die Schildens zwangen. In der Folge wurde das Gut oft in der weiblichen Linie vererbt, daher kam es zu ständigen Namenswechseln. Die unterschiedlichsten Persönlichkeiten besaßen nun das Gut. Am bekanntesten wurde zweifellos **Prinz Emil von Schönaich-Carolath-Schilden** (1852–1908). Der gebürtige Breslauer übernahm das Gut nach seiner Eheschließung mit Baronesse Katharina von Knorring. Nebenbei bemerkt war es eine glückliche Ehe, aus der sechs Kinder hervorgingen. Der dichtende Prinz pflegte seine Freundschaften mit Detlev von Liliencron, Richard Dehmel, Gustav Falke und Gustav Frenssen, die allesamt zwecks regen Austauschs oft in Haseldorf zu Gast waren. Selbst sein berühmter Freund Rainer Maria Rilke besuchte ihn 1902 für einige Wochen. Emil von Schönaich-Carolath-Schildens Grabstein liegt auf dem Friedhof neben der Kirche.

Die **Gutsanlage** mit dem für die Allgemeinheit zugänglichen, in einer Deichschleife gelegenen **Schlosspark (7)** liegt im Zentrum Haseldorfs. Das Herrenhaus, ein Backsteinbau mit geschlämmten Außenwänden, wurde erst von den Schildens 1804 erbaut. Der Entwurf stammt von Christian Friedrich Hansen, dem damaligen königlich dänischen Landbaumeister in Holstein, der für seine klassizistischen Bauten bekannt war.

Unweit des Herrenhauses steht die aus der ersten Hälfte des 13. Jahrhunderts stammende **St.-Gabriel-Kirche (9)** mit einem historisch bedeutenden Sandstein-Epitaph an der

Die Haselauer Kirche

Illustre Gäste gingen hier ein und aus: Gutsanlage Haseldorf

Ostwand, das über die blutige Familienfehde der Ahlefeldts von 1599 berichtet.
Haseldorf ist aber vor allem ein alter **Hafenplatz** an der Elbe, auch wenn man sich das heute kaum noch vorstellen kann. Das Gebiet um die **Haseldorfer Binnenelbe (1)** ist ein wahres Wasserlabyrinth mit unzähligen Nebenarmen und Verästelungen, das früher eine direkte Verbindung zur Elbe hatte. Einst war die Haseldorfer Binnenelbe die direkte Fortsetzung der Hetlinger Binnenelbe, doch durch den neuen Deich beim Haseldorfer Hafen sind sie heute voneinander abgeschnitten.
Bereits die Sturmflut von 1962 hatte jedermann die Bedrohung vor Augen geführt. Die schwere **Sturmflut von 1976** dann führte zu einem Deichbruch bei Hetlingen und überschwemmte die ganze Haseldorfer Marsch. Nun sah man sich in den Deichbauvorhaben bestätigt und baute den neuen **Deich,** der kurz vor Haseldorf den östlichen Teil der Haseldorfer Binnenelbe abriegelte.
Der neue Haseldorfer Hafen liegt am Sielauslass des jetzigen Hauptdeiches unweit des Dwarsloches, er dient hauptsächlich der Sportschifffahrt. Zugang zur Haseldorfer Binnenelbe hat man von Südwesten über das Dwarsloch, von Norden über die Pagensander Nebenelbe.
Vom Hauptstrom der Elbe ist die Haseldorfer Binnenelbe durch die Inseln **Auberg/Drommel** sowie **Bishorster Sand** getrennt, zwei wunderbaren Naturschutzgebieten. Es lohnt sich, dieses Wasserlabyrinth mit den vielen kleinen Wasserläufen, Inselchen und Watten bei einer Bootstour zu erkunden.
Das 1239 erstmals erwähnte **Hetlingen** liegt unmittelbar am alten Landesschutzdeich und genau wie Eckhorst auf einem Geesthügel, die Siedlungen sind sächsischen Ursprungs. Bis ins 16. Jahrhundert war dieses Gebiet

obendrein eine wertvolle, nicht flutgefährdete Ackerfläche, die einzige sichere Insel weit und breit. Erst 1709 ging man daran, den Ort bis an den Geestrand einzudeichen.

Geprägt hat die Haseldorfer Marsch und Hetlingen über 250 Jahre lang die Zunft der **Bandreißer.** An der Mehrzweckhalle setzte die Gemeinde ihnen 1989 mit einer vom Kulturverein Hetlinger Marsch gestifteten Skulptur ein Denkmal. In diesem Bandreißerdorf wurden aus entbasteten, aufgespaltenen und dann rundgebogenen Weidengerten **Fassbänder** hergestellt, die vor allem Butterfässer auch ohne Metall zusammenhielten. Benutzt wurden dazu die Weidenschösslinge der Korbweide, die meist im Vordeichgebiet angepflanzt wurde. Auch solche Weiden hat der Kulturverein wieder angepflanzt.

Auf der damaligen Insel **Hetlinger Sand,** einer Sandbank, die das Umland weit überragte, ließ der dänische König Christian V. 1672 die **Hetlinger Schanze (9)** anlegen, um seine Position gegen Hamburg und gegen die Schweden in Stade abzusichern. Fast ein Jahrhundert später, 1768, wurde die nicht mehr benötigte Schanze eingeebnet. Zu erkennen ist sie noch heute von weitem. Markiert wird sie von den riesigen **Strommasten** hier und auf Lühesand. Sie stehen 1,2 Kilometer auseinander und sind mit 227 Metern die höchsten Strommasten Deutschlands.

Ein Stück nordwestlich erkennt man einen kleinen weißen Bau, den alten Leuchtturm **Juelssand** an der Einfahrt ins Dwarsloch, der »Kleiner Kohn« genannt wird.

Der feinsandige Elbstrand an der Hetlinger Schanze liegt nicht weit vom Sportboothafen. Man findet hier viele schöne Plätze unter den Weiden, und elbaufwärts gibt es sogar einen **FKK-Strand.** Der Juelssand – auch

Blick vom Elbdeich bei Haseldorf

Das Theaterschiff »Batavia« in Wedel

»Twielenflether Sand« genannt – war einst bewohnt, hier stand ein Bauernhaus, das aber nach der Umwidmung als Naturschutzgebiet abgerissen wurde. Nur der kleine, nun nicht mehr zugängliche Leuchtturm blieb übrig. Schaut man Richtung Wedel, sieht man den **Fährmannsand,** der ungefähr in Höhe des Hetlinger Klärwerks beginnt und bis Wedel reicht. Hier etwa beginnt die **Wedeler Marsch,** die sich südwestlich bis an den Geestrücken erstreckt, der in Wedel bis direkt an die Elbe reicht. Der Fährmannsand ist trotz der Deichbaumaßnahmen noch immer eine der bedeutendsten **Süßwasserwatten** überhaupt und ein Vogelparadies. Unweit des Deiches hat der Hamburger Landesverband des Naturschutzbundes Deutschland (NABU) als kleinen Ausgleich für den verlorenen tidebeinflussten Lebensraum eine 18 Hektar große Fläche gepachtet und dort die **Vogelschutzstation Wedeler Marsch** mit der Beobachtungsstation Hermann-Kroll-Haus eingerichtet. Hier kann man im Herbst und Frühjahr den Durchzug zahlreicher Vogelarten beobachten.

Wedel ist neben Glückstadt die einzige **Elbuferstadt** am holsteinischen Ufer, sie reicht bis an die Hamburger Stadtgrenze heran. Erstmals urkundlich erwähnt wurde Wedel **1212.** Die Stadt an einer Furt nahe der Mündung der Wedeler Au in die Elbe war jahrhundertelang ein nicht unbedeutender **Handelsplatz.** Hier trafen sich nämlich etwa seit dem 13. Jahrhundert die beiden großen jütländischen **Ochsenwege,** die Marschdrift von Itzehoe und die Geesttrift von Bramstedt her. Der Aufstieg Wedels begann mit der Einrichtung der Elbfähre im 16. Jahrhundert,

denn nun konnten die Ochsen wesentlich schneller weiter ins Binnenland gebracht werden. Wedel wurde zu einer Drehscheibe, und der Ochsenmarkt lockte Händler von nah und fern an, denn hier wurden bis zu 30.000 Tiere angeboten.
Von dieser großen Zeit des Marktfleckens Wedel zeugt der ursprünglich hölzerne und 1558 etwas grobschlächtig aus Bückeburger Sandstein gehauene **Roland.** Er ist das Zeichen der Marktgerechtigkeit und des Marktfriedens und steht denn auch am Marktplatz, dem Zentrum der Wedeler Altstadt. Wedels Sehenswürdigkeiten sind im Wesentlichen rund um den Roland angesiedelt. Hier ballt sich Kulturelles und Kulinarisches.
So steht in der Rolandstraße das 1758 erbaute **Reepschlägerhaus,** ein Fachwerkbau, an dem ein liebevoll angelegter Kaffeegarten zum Verweilen lädt. In der Küsterstraße trifft man zuerst auf die **Wedeler Kirche.** Sie wurde 1840 als damals schon fünfte Kirche an diesem Platz errichtet. In einer dieser Vorgängerinnen wirkte der Pastor und Barockdichter **Johann Rist** (1607–1667), der allein 658 Kirchenlieder und 30 Dramen schrieb. Ebenfalls in der Küsterstraße zeigt das **Heimatmuseum** Exponate zur Stadtgeschichte. Dem größten Sohn der Stadt gewidmet ist das **Ernst-Barlach-Museum (10),** das sich in der Mühlenstraße 1 befindet, dem Geburtshaus des Bildhauers (1870–1938). Das Museum beherbergt nicht nur eine Dauerausstellung, die dem Lebenswerk Barlachs gewidmet ist, sondert wartet auch immer wieder mit viel beachteten Sonderausstellungen auf. Ein Stück weiter die Mühlenstraße hinab trifft man auf das 1731 errichtete **Brauhaus** und die am verträumten Mühlenteich gelegene **Wassermühle.**
Auf dem Weg zum an der Elbe liegenden Ortsteil Schulau überquert man die Wedeler Au

Alle Nationalhymnen dieser Welt

Praktische Informationen

Touristeninformation:
Tourismus in der Marsch e.V.
Oberrecht 7b
25436 Neuendeich
Tel. 04122-901460

Sehenswürdigkeiten:

Theaterschiff »Batavia«
Brooksdamm
Wedel
Tel. 04103-85836
www.batavia-wedel.de

Heimatmuseum Wedel
Küsterstraße 5
Wedel
Tel. 04103-13202
www.heimatmuseum.net/museum-wedel/
Do–So 14–17 Uhr, So auch 10–12 Uhr
Ernst-Barlach-Museum Wedel
Mühlenstraße 1
Wedel
Tel. 04103-918291
www.ernst-barlach.de
Di–So 11–17 Uhr

Unterkunft:

Hotel und Restaurant Am alten Elbdeich
Scholenfleth 1
25489 Haseldorf
Tel. 04129-255
www.am-alten-elbdeich.de

Hotel Diamant
Schulstraße 2–4
22880 Wedel
Tel. 04103-702600
www.hoteldiamant.de

Gastronomie:

Restaurant Aal-Kate
Kuhlworth 21
Neuendeich
Tel. 04122-2264
www.aal-kate.de

Schulauer Fährhaus
Parnaßstraße 29
Wedel
Tel. 04103-92000
www.schulauer-faehrhaus.de

Aktivitäten:

Hermann-Kroll-Haus
NABU Wedel
Kontakt: Hans Jacobi
Liethfeld 11
Wedel
Tel. 04104-3049
Di, Do, Sa, So 9–17 Uhr

Lühe-Schulau-Fähre GmbH
Kapitän Thorlef Hoffmann
Carl-von-Ossietzky-Weg 41
Stade
Tel. 04141-788667
www.luehe-schulau-faehre.de

und sieht direkt an der Brücke das **Theaterschiff »Batavia« (11)** liegen. Das über 100 Jahre alte Kanonenboot, das vorher viele Jahre als Dorado der Wassersportler hinter dem Drommel lag, ist heute beliebtes Ausflugsziel und eine geschätzte Kleinkunstbühne.

Westlich vom Schulauer Hafen liegt der größte tideunabhängige **Sportboothafen** Europas; über 2000 Boote finden hier Versorgungsmöglichkeiten und einen Liegeplatz, von der kleinsten Jolle bis zur Luxusjacht reicht die Palette. Im Schulauer Hafen befindet sich der Anleger der **Lühe-Schulau-Fähre,** die Personen und Fahrräder über die Elbe ins Alte Land nach Lühe befördert.

Benachbart ist der weltweit bekannte »Welcome-Point« oder »Willkommhöft«, wie die **Schiffsbegrüßungsanlage (12)** des Schulauer Fährhauses genannt wird. Im Fährhaus kann man nämlich nicht nur bei herrlichem Elbblick auf der Terrasse gut essen und das sehenswerte **Buddelmuseum** besichtigen. Seit 1952 ist es zur Tradition geworden: Hier werden ein- und auslaufende Schiffe über eine Lautsprecheranlage mit ihrer **Nationalhymne** begrüßt und verabschiedet. Dabei wird das internationale Signal für »Gute Reise« am 40 Meter hohen Mast aufgezogen und die Hamburger – nicht etwa die deutsche – Flagge gedippt, worauf das Schiff mit dem Dippen seiner Flagge antwortet.

Hier fängt **Hamburg** an. Na ja, eigentlich noch nicht, aber die zwei, drei Kilometer übersieht ein echter Hanseat großzügig.

Register